JINDAI XIFANG ZHEXUE DE JINGSHEN

近代西方哲学的精神

——（修订版）——

李超杰 著

商务印书馆
创于1897 The Commercial Press

2017年 · 北京

图书在版编目(CIP)数据

近代西方哲学的精神/李超杰著．—修订本．—北京：商务印书馆，2017

ISBN 978-7-100-14668-5

Ⅰ．①近…　Ⅱ．①李…　Ⅲ．①西方哲学—近代哲学—研究　Ⅳ．①B504

中国版本图书馆 CIP 数据核字(2017)第 154872 号

近代西方哲学的精神

(修订版)

李超杰　著

商 务 印 书 馆 出 版

(北京王府井大街36号　邮政编码100710)

商 务 印 书 馆 发 行

北京市白帆印务有限公司印刷

ISBN 978-7-100-14668-5

2017年8月第1版　　开本 787×960　1/16

2017年8月北京第1次印刷　　印张 32

定价：85.00元

目　录

导论　近代西方哲学的准备、精神与线索

近代哲学史之所以能够存在，是靠总的哲学史，靠几千年的哲学进程；精神必须走过这一漫长的道路，才能产生近代哲学。

——黑格尔

在法国、英国和意大利，近代哲学是从全盘否定古代哲学，或者像在意大利那样，至少是从否定亚里士多德哲学起家的。

——费尔巴哈

启蒙运动就是人类摆脱自己所加之于自己的不成熟状态。不成熟状态就是不经别人的引导，就对运用自己的理智无能为力。

——康德

近代哲学首先是并且始终是认识论的。当然，近代思想家们仍然关注形而上学、伦理学、政治学乃至神学问题，但在大多数情况下，他们是从知识论开始，探讨获取知识的有效手段、知识的本性与限度。当他们进而思考其他问题的时候，他们的观点通常是——如果不是全部的话，至少是大部分——由他们此前对于认识论问题的回答所决定的。

——兰普雷希特

达·芬奇《抱银鼠的女子》

近代西方哲学一般指16世纪末至19世纪中叶的欧洲哲学。从地域上看，它主要分布于英、法、德、荷等西欧各国。从代表人物方面看，一般把培根和笛卡尔看作近代哲学的鼻祖，而以黑格尔宣告这个时期的结束。近代西方哲学既是古代和中世纪哲学的延续，又表现出若干新的特征和趋向。

一、近代西方哲学的准备：文艺复兴时期及其哲学

黑格尔说："近代哲学史之所以能够存在，是靠总的哲学史，靠几千年的哲学进程；精神必须走过这一漫长的道路，才能产生近代哲学。"[1] 文艺复兴时期及其哲学构成了近代哲学的一个必要准备。

（一）意大利与文艺复兴

费尔巴哈（Ludwig Andreas Feuerbach，1804—1872）说，近代哲学按其籍贯来说是意大利人的。"热情奔放的意大利人想必从一开头就觉得，经院哲学的那座阴暗森严的修道院过于狭窄，住在里面太不舒服；经院哲学按其外貌来说，就是与意大利人的气质、自然观和美感格格不入的。近代哲学发源于意大利，这一点对于它后来的发展不是没有意义的。甚至在它后来比较成熟的年代里，甚至在一些较寒冷的地区，近代哲学仍然保存着它的出生证，仍然保持着南国天空的炽热火焰。"[2]

文艺复兴（Renaissance）是14至16世纪欧洲新兴资产阶级的思想、文化运动，是欧洲历史上一次重大的新文化运动，也是欧洲历史从中世纪向近代世界的过渡时期。文艺复兴（源于意大利语

Rinascimento）发端于中世纪晚期的意大利，15 世纪后期开始，该运动迅速扩展到西欧各国，到 16 世纪，这场运动达到顶峰。16 世纪意大利著名画家、建筑师和艺术史家乔尔乔·瓦萨里（Giorgio Vasari，1511—1574）在 1550 年问世的《意大利艺苑名人传》中，正式使用该词作为新文化的名称。1855 年，法国历史学家和作家儒勒·米什莱（Jules Michelet，1798—1874）在其多卷本《法国史》第七卷《文艺复兴》一书中把该词改写为法语 Renaissance。瑞士学者雅各布·布克哈特（Jacob Christoph Burckhardt，1818—1897）的《意大利文艺复兴时期的文化》一书使该词得以定型，西方史学界随后开始把该词作为 14 至 16 世纪西欧文化的总称。

意大利作为文艺复兴的发源地和近代思想的摇篮，这绝非偶然。首先，得天独厚的地理位置和相对宽松的政治环境使意大利的很多城邦在经济上处于欧洲的领先地位。在 15 世纪早期，威尼斯已经成为世界上最强大的商业中心，也是当时欧洲最富裕的城市；佛罗伦萨则是世界上屈指可数的手工业中心。这些富足起来的人们，已经不满足于只是活着，他们开始讲究生活的情趣。法国史学家丹纳（Hippolyte Adolphe Taine，1828—1893）说："整个欧洲还处在封建制度之下，人像凶悍有力的野兽一般只知道吃喝，打架，活动筋骨。相反，意大利差不多已经成为近代国家了。"[3] 与当时欧洲其他地区的人相比，意大利人"更博学，更富足，更文雅，更能点缀生活，就是说更能欣赏和产生艺术品。"[4]"随着财富累积，财富拥有者借由赞助文学和艺术来满足感官；各地统治者、教皇及君主也加入了这一行列，因为他们找到了能从臣民的新财富中征收税款的方法。"[5] 比如，在 15 世纪，统治佛罗伦萨的美第奇家族（Medici family）就把大量的财富用来资助思想家和艺术家。美第奇家族是佛罗伦萨乃至全意大利最为著名的家族之一，这个家族在文艺复兴时期所起的作用如此之大，以致如果没有它，意大利文艺复兴的历史就要重写。

其次，古代文献的重新发现为这场运动提供了一个重要的契机。毫无疑问，即使在文艺复兴之前，希腊拉丁文化对于意大利精神文化的影响也是巨大的。在意大利人眼中，古希腊罗马时期是人类历史上的黄金时代，也是欧洲文化史上的一个高峰，而且，文艺复兴时期的意大利人把自己视为罗马人的后代，认为自己有责任充当罗马文化的继承人。对于意大利人与罗马人在精神气质上的联系，丹纳表示认同。“意大利人的想象力是古典的，就是说拉丁式的，属于古希腊人和罗马人的一类。”[6]但到了中世纪，古希腊罗马时期的很多作品已经失传，学者们往往只能通过阅读新柏拉图主义者和奥古斯丁等人的著作间接地了解古代作家及其作品。这些古代作品在阿拉伯人那里得到了保存。随着意大利与中东贸易的发展，这些古代作品及其观念被带到了意大利，成为文艺复兴的一个重要思想资源。在当时的意大利，搜集、购买、抄写和保存古代文献蔚然成风，有人甚至不惜牺牲房产、土地乃至生命以增加自己的藏书。抄书特别是抄写希腊文本成了一个非常时髦且受人尊敬的职业。1450年左右，德国金匠约翰内斯·谷登堡（Johannes Gutenberg，1398—1468）发明了活字印刷机，这无疑大大地提高了传播和保存古代文献的效率，引起了一次学习的革命。据统计，在印刷术发明之前，全欧洲的总藏书量不超过10万册，而到了1500年前后，欧洲的藏书量已经增至近千万册。

再次，意大利上层阶级和市民的城市生活是文艺复兴得以产生的一个重要因素。文明的繁荣在很大程度上和城市的发展密切相关，希腊文明是这样，文艺复兴的文化也是如此。恩格斯曾经说过：“欧洲式文艺复兴的时代是以封建制度普遍解体和城市兴起为基础的。”[7]布克哈特说：“意大利人在十四世纪以前并没有表现出对于古典文化的巨大而普遍的热情来。这需要一种市民生活的发展，而这种发展只是在当时的意大利才开始出现，此前是没有的。这就需要贵族和市民必须首先学会在平等的条件下相处，而且必须产生这样一个感到需要文化并有时间和力量来取得文化的社交世界。”[8] 在当时欧洲的其他地区，很多有钱人（比如英法的骑士们）往往生活在自己的庄园里，而在意大利中北部，城市生活却扮演着重要角色。到 1300 年，意大利很多城市人口达到或超过了两万，城市共和国成了意大利的主导政治形式。在城市生活中，贵族和市民是居住在一起的，而且，在社交上也鲜有出身和门第观念，这种生活方式为文艺复兴的诞生提供了一种理想的环境。“在面目如此众多，出品如此丰富的艺术家家族周围，还有无数的鉴赏家、保护人、购买者，以及簇拥在后面的广大的群众，不仅包括贵族与文人，也包括布尔乔亚、工匠、普通的僧侣、平民；风气之盛使那个时代的高雅的鉴别力成为自然的、自发的、普遍的东西。由于上下一致的同情和理解，整个城邦都参与艺术家的创作。所以我们不能把文艺复兴时期的艺术看作幸运与偶然的产物；绝不像掷了一把骰子，中了彩，世界舞台上才出现几个天赋独厚的头脑，出现一批绘画的天才。”[9]

（二）人文主义与自然主义

应当指出的是：第一，文艺复兴的“文艺”不仅仅限于文学和艺术，而是涉及更为广泛的文化领域；第二，文艺复兴不是简单地“复古”，而是以复兴古代文化之名，建立和宣传新文化、新思想和新观念。米什莱和布克哈特都把文艺复兴的成就归结为两大发现：一个是人的发现，一个是世界的发现，前者表现了人文主义精神，后者体现了自然主义精神。

1. 人文主义精神。文艺复兴的精神实质和指导思想是人文主义或人本主义（humanism）。正如布克哈特所说，在中世纪，人类意识的两个方面——内心自省和外界观察——都处于睡眠和半睡眠状态。具有个性和情感生活的“自然人”是在人们的视野之外的。在文艺复兴时期的意大利，这种状况开始改变，作为精神个体的个人越来越受到重视，产生了一批多才多艺的人文主义者（humanist）。“这个时期首先给了个性以最高度的发展，其次并引导个人以一切形式和在一切条件下对自己做最热诚的和最彻底的研究。”[10]弗罗斯特对人本主义出现的背景及其意义做了下述生动描述：“它唤醒了一个沉睡的并且在沉睡中被戴上了枷锁因而不得移动的巨人。这个巨人缓缓地挣开了自己的枷锁，站立起来，向全世界宣告了自己的力量。他敢于肯定自己的能力，即通过其理智力量控制世界、认识它的奥秘、掌握它的习性并使之造福于人。这就是人的精神的复兴。它突出了人在宇宙中的地位，因而被叫作‘人本主义’。”[11]

“人文主义者”一词发轫于14世纪的意大利，而“人文主义”则和许多其他的“主义”一样，是19世纪的产物。人文主义者最初即是人文学科（humanities）的教授或学者，而人文学科包括语法学、修辞学、诗学、历史学和道德哲学等，这些学科的通用语言是希腊语和拉丁语。人文主义者通过对上述人文学科的研读，确立和传播“人乃万物之本”的思想。人文主义者的一个主要口号是：“我是人，凡是人的一切特性，我无不具有”。他们倡导宗教自由。尼科劳斯·库萨努斯（Nicolaus Cusanus，1401—1464）提倡不同教义的人群之间的永久和平和容忍；菲奇诺（Ficino Marsilio，1433—1499）认为所有宗教都包含一个共同的核心真理，呼吁全人类的团结和友爱。他们高举世俗化和个人主义的旗帜，认为主宰人类命运的不是上帝，而是人自身。天堂不在来世，而在现世。阿尔伯蒂（Leon Battista Alberti，1404—1472）说，人来到这个世界上是为了享受，为了使自己幸福，幸福的人才会对他人有用，对他人有用的人才会取悦于上帝。他们主张妇女和男子处于完全平等的地位，享有平等的接受教育的权利。他们倡导人的个性，调动一切手段——诗歌、戏剧、传记、绘画、雕塑、建筑——描写、刻画、展现人的内心与外貌，展现现实的人的生活动态。

兰普雷希特说："文艺复兴的影响在于：增加对于个体的尊重，打破对于权威的屈从，使人勇于质疑已有的习俗，培养对于人类理性之批判力量的信心。"[12]一开始，人文主义仅限于贵族和少数有钱人，带有浓厚的精英文化色彩。后来，纸张和印刷术的发明为文化思想的传播提供了便利的条件，大量的古代作品以希腊文、拉丁文和意大利文的形式出现，更为广泛的大众有机会接触这些作品，使人文主义逐渐成为一种广泛的社会思潮。

2. 自然主义精神。伴随人文主义思潮的兴起，自然主义也得到了空前的发展。中世纪对自然界和自然现象从根本上说毫无兴趣，它关注的是天国，而不是自然。"中世纪对自然现象缺乏兴趣，漠视个人主张，其根源在于一种超自然的观点、一种向往来世的思想占据支配地位。与天国相比，尘世是微不足道的，今生充其量不过是对来世的准备。教会对天恩灵光所启示的真理拥有绝对权威，与此相比，理性之光则黯然失色。"[13]随着人文主义带来的思想解放，人们越来越把目光从天国转向自然本身，转向科学。正如丹皮尔所说："人文主义者毕竟为科学的未来的振兴铺平了道路，并且在开阔人们的心胸方面起了主要作用。只有心胸开阔了，才有可能建立科学。假使没有他们，具有科学头脑的人就很难摆脱神学成见的学术束缚；没有他们，外界的阻碍也许竟无法克服。"[14]这段话不仅适用于自然科学，也适用于哲学，因为当时的科学和哲学并未完全分离，统称自然哲学。当然，我们说文艺复兴带来了自然主义的复兴，这并不意味着这些自然主义者们都是无神论者。他们仍然是有神论者，但他们却可以对自然现象抱自然主义的态度。以开普勒为例，他恰恰是在寻找上帝之路上发现了

拉斐尔《圣母子》

行星的轨迹的。正如沃尔夫所说："近代科学的先驱者们实际上都笃信宗教，事实上都是基督教的忠实儿子。然而，对科学来说，幸运的是：他们对于自然现象的态度都基本上是世俗的、注重事实的。"[15]

文艺复兴时期自然哲学的主要代表人物包括库萨的尼古拉、达·芬奇和布鲁诺等，他们在不同程度上表现出泛神论、唯物论和经验论的倾向。布鲁诺说："在各种哲学派别之中，那最好的是这样的，它以最方便、最高尚的方式表现人类理智的完善，并最符合自然的真理，它尽可能地与自然合作，推测（我指的是以自然的方式并借助于对变易的理解来推测，而不是凭动物的本能来推测，像动物及其类同的东西所作的那样，既不是借助于善神与恶魔的灵感来推测，像预言家所作的那样，也不是借助于抑郁的激情来推测，像诗人和其他沉思默想的静观者那样）或判明规律，并改造风尚；它进行治疗或进行认识是为了生活更加幸福，更加神圣。"[16]"宇宙是个宏伟的肖像，是个独一无二的自然，借助于全部物质的种、主要本原和总和，它也是它所可能是的一切，既不能给它增添什么，也不能从它拿去任一形式。"[17]

他们肯定宇宙在时间和空间上的无限性。布鲁诺认为存在着无限多的宇宙，每一个宇宙也都是无限的，都有自己的太阳。他们强调经验和实验的作用。达·芬奇说，我们的一切知识，全都来自我们的感觉能力，智慧是经验的产儿。"经验是一切可靠知识的母亲，那些不是从经验里产生、也不受经验检定的学问，那些无论在开头、中间或末尾都不通过任何感官的学问，是虚妄无实、充满荒谬的。"[18]"经验是没有错误的；犯错误的只是我们的判断，它会让经验去办超出能力范围的事情。"[19]达·芬奇还在一定程度上看到了理性与经验、理论与实践的依存关系。"经验这一沟通大自然与人类的译员告诉我们：大自然在受制于必然性的凡人身上所做出的一切，都只能以理性这一舵手教它做的那种方式起作用。……热衷于实践而不要理论的人好像一个水手上了一只没有舵和罗盘的船，拿不稳该往哪里航行。实践永远应该建立在正确的理论上”。[20] 文艺复兴时期的自然主义对后世发生了巨大的影响。“从近代最初开始，人们注意起大自然的确凿的事实，并重视经验尤其是实验。这种状况主要是自然主义的精神所造成的。”[21]

到了16世纪60—70年代，天主教教会的势力又开始复活，随着最后的大师米开朗基罗和提香的去世，文艺复兴时代宣告结束。但文艺复兴运动对欧洲乃至世界的社会、文化的发展起了重要的推动作用，它不仅开创了现代世俗国家的雏形，奠定了近代自然科学的基础，也为近代哲学的出场做了必要的铺垫。

二、近代西方哲学的精神：理性与启蒙

费尔巴哈说，意大利只是近代哲学的出生之地，而不是它的安居之所。“意大利人虽然能够产生出哲学，可是使哲学受到培育、发展和教育的，却是其他民族。”[22] 近代哲学的安居之所，首先是英国，接下去是法国、荷兰和德国。

17世纪是理性的世纪。来自英国和法国的思想家们，率先接过文艺复兴时期人文主义和自然主义的旗帜，建立起理性的神圣“法庭”。如果说继承与创新是文明进步的两大基本要素，那么，可以说，近代哲学的开创者们以前所未有的勇气和规模对于（古代和中世纪）传统和权威提出了挑战。费尔巴哈说：“在法国、英国和意大利，近代哲学是从全盘否定古代哲学，或者像在意大利那样，至少是从否定亚里士多德哲学起家的”。[23] 他们以理性主义为武器，反对中世纪的经院哲学，反对被经院哲学家们歪曲或神化的古代权威。他们立足于数学或近代实验科学，在理性（狭义）或经验的基础上重建人类的知识

大厦。为了破旧立新，他们寻求一种不同于以往的新方法：培根的主要哲学著作叫作《新工具》，笛卡尔的主要哲学著作则叫作《谈谈方法》。针对经院哲学固守三段论、崇尚空谈和盲目尊古之风，培根创立近代归纳法，提出“知识就是力量”，放出“我们的时代才是真正的古代，我们才是真正的古人”的豪言。笛卡尔则以“普遍怀疑”开道，认为凡不能“清楚明白”地呈现于我心灵的东西，都在可以怀疑之列，包括上帝在内。尽管笛卡尔仍然是信徒，但在他那里，上帝观念不再是不证自明的，而是需要进行理性论证的东西。斯宾诺莎虽然认为上帝的存在是不证自明的，不过这个上帝不是别的，恰恰就是自然本身。他立足于泛神论，按照几何学的方法，从清楚明白的原理出发，演绎出全部知识内容。在 17 世纪，哲学家们只有一个不可冒犯的权威，那就是人的理性（广义）。

18 世纪则是启蒙的世纪。英国哲学家、历史学家柯林武德（Robin George Collingwood 1889—1943）把启蒙运动规定为“18 世纪初所特有的那种企图，亦即要使人类生活和思想的每一个部门都世俗化。它不单是针对有组织的宗教权力、而且也是对宗教本身的一种反抗。”[24] 汤姆·罗克摩尔说：“‘启蒙’这个词通常用来标示 18 世纪英国、法国和德国的所有文化形式。启蒙的世纪是一个乐观的时代，它尊重理性的可能性，以期把我们从各种各样的偏见中解放出来，从而指导和完善人类生活。在这个时期之中，所有不同的文化领域都笼罩在理性观念的魔咒之下。”[25] 狭义的启蒙运动（Enlightenment）通常是指 18 世纪初至 1789 年法国大革命间的一个声势浩大的思想解放运动。启蒙运动的中心是巴黎，主要代表人物包括：伏尔泰（Voltaire，1694—1778）、孟德斯鸠（Charles de Secondat，Baron de Montesquieu，1689—1755）、狄德罗（Denis Diderot，1713—1784）、卢梭（Jean-Jacques Rousseau，1712—1778）、洛克和康德等。他们的基本思想是："天赋人权"，"公共意志"，"三权分立"，"回归自然"等。他们以理性对抗信仰，以人权对抗神权，以法治对抗专制，以科学对抗蒙昧。

实际上，启蒙运动和理性主义的精神实质是一样的。康德是这样定义启蒙运动的："启蒙运动就是人类摆脱自己所加之于自己的不成熟状态。不成熟状态就是不经别人的引导，就对运用自己的理智无能为力。"[26] 不成熟状态就是对某种外在权威的依赖和臣服，这种权威可能是宗教的、政治的，也可能是学术的或社会舆论的。康德之所以说这种不成熟状态是"自己加之于自己的"，是因为我们本来都有理智或理性能力，但我们却缺乏勇气和决心独立地加以运用，从而把自己交付给一个外在的权威。所以，"要有勇气运用你自己的理智！这就是启蒙运动的口号。"[27] 人是大地之上唯一有理性的被创造物，就是说，理性是人的一种自然禀赋，而"一个被创造物的全部自然禀赋都注定了终究是要充分地并且合目的地发展出来的。"[28] 这是自然法所规定的，因而是不可抗拒的，因为大自然绝不做劳而无功的事，也绝不会浪费自己的手段以达到自己的目的。

启蒙只有一个条件，就是要享有自由，即运用自己理性的自由，而且是在一切事情上公开地运用自己理性的自由。"这一启蒙运动除了自由而外并不需要任何别的东西，而且还确乎是一切可以称之为自由的东西之中最无害的东西，那就是在一切事情上都有公开运用自己理性的自由。……必须永远有公开运用自己理性的自由，并且唯有它才能带来人类的启蒙。"[29] 在康德看来，如果一个人可以在自己的岗位或职务上运用自己的理性，那只能算是对于理性的私下的运用，这样的运用虽然不至于对启蒙造成特别的妨碍，但其范围毕竟有限。"而我所理解的对自己理性的公开运用，则是指任何人作为学者在全部听众面前所能做的那种运用。"[30] 就是说，它是指一个"世界公民社会的成员”面对全部“世界公民社会的成员”所做的那种运用。这样的自由，才是真正的、最高的自由。康德特别强调了运用这种自由的两个领域：一个是宗教事务，一个是社会组织。在宗教事务方面，我们要以理性的宗教取代独断的宗教；在社会组织方面，我们要用能够使人的自然禀赋得以充分发展的普遍法治的公民社会取代各种形式的专制统治。

启蒙无疑是一个艰难而缓慢的过程，这不仅因为试图控制我们的权威的力量是如此之大，而且因为我们那懒惰和怯懦的天性已经使我们习惯于听命于他人。我们甚至已经爱好这种状态了，因为处于不成熟状态是那么安逸。“因而公众只能是很缓慢地获得启蒙。通过一场革命或许很可以实现推翻个人专制以及贪婪心和权势欲的压迫，但却绝不能实现思想方式的真正改革；而新的偏见也正如旧的一样，将会成为驾驭缺少思想的广大人群的圈套。”[31] 我们看到，康德讲的启蒙实际上已经不仅仅是 18 世纪狭义的启蒙运动的启蒙。整个近代都可以视为“启蒙的时代”。理性与启蒙构成了近代西方哲学的精神，从而也构成了哲学本身的精神。

三、近代西方哲学的“认识论转向”

如果说古代哲学的中心是本体论，近代哲学的核心则是知识论或认识论。这里，我们必须回答下述两个问题：第一，为什么把近代哲学不同于古代哲学的特点称为“认识论转向”？第二，为什么在文艺复兴以后会出现“认识论转向”？

（一）“认识论转向”的含义

所谓本体论就是关于存在或实在之本性的理论，认识论则是关于主体如何认识存在的理论。我们之所以说古代哲学的中心是本体论，是因为就总体趋势而言古代哲学家谈论最多的是外在世界的问题，而不是主体自身的问题，更不是主体与客体的关系问题。而且，在他们谈论外部世界的过程中，往往不能明确区分主体和客体。例如，早期自然哲学大多带有“物活论”倾向，认为一切物质都是有灵魂的，这说明在他们那里主体和客体还是浑然一体的。到了古希腊中期，情况有所变化。比如柏拉图已经能够区分两个世界：一个是由具体事物组成的感性世界，一个是由各种理念构成的“理念世界”，这说明柏拉图已经能够把精神性的东西和物质性的东西对立起来。但人们还不能就此说柏拉图已经明确区分了主体和客体，因为无论是感性世界还是理念世界都是对人以外的客观世界的划分，而不是把人作为主体，把人以外的世界作为客体。就是说，柏拉图还是在本体论的范围内划分两个世界的。正因如此，我们说，古代哲学主要研究本体论，而不是认识论。当然，即使在古代，也还是有些哲学家意识到了“自我”或主体，比如智者和苏格拉底等。

文艺复兴发现了人和自然。在一定程度上可以说，对人的发现意味着对主体的发现，对自然的发现意味着对客体的发现。在接下来的近代哲学中，本体论的问题仍然存在，但人们把研究的重心转向了认识论，因为他们已经意识到，不能离开主体—客体关系而抽象地谈论外在世界。在明确我们可以认识什么之前，我们无权谈论本体论问题。无论是经验论还是唯理论，都不再撇开认识的主体而泛泛地谈论外在世界，而是把眼光转向主体自身的结构和能力、转向主体与客体的关系。正如兰普雷希特（Sterling P. Lamprecht，1890—1973）所说：“近代哲学首先是并且始终是认识论的。当然，近代思想家们仍然关注形而上学、伦理学、政治学乃至神学问题，但在大多数情况下，他们是从知识论开始，探讨获取知识的有效手段、知识的本性与限度。当他们进而思考其他问题的时候，他们的观点通常是——如果不是全

米开朗基罗《摩西》

部的话，至少是大部分——由他们此前对于认识论问题的回答所决定的。”[32] 这就是“认识论转向”的含义。

（二）“认识论转向”的科学基础

“认识论转向”发生于文艺复兴之后的近代西方，这不是偶然的。“认识论转向”的一个巨大推动力是16、17世纪欧洲各国在自然科学领域的巨大发展和突破。文艺复兴已经为近代科学的出现奠定了基础，但正如沃尔夫所说：“它更关心的是书本知识，而不是对自然的第一手研究。”[33] 近代的科学革命摒弃了新柏拉图主义和中世纪亚里士多德主义的很多固有观念，提出了若干新问题或者以新的形式重提若干老问题，从而引发了哲学上的新突破。兰普雷希特说：“科学革命对于近代哲学史的最为深刻的影响在于：以一种新形式提出了两个老问题，从而促使哲学家们寻求那些为科学家们已经在成功地使用的程序做出辩护的答案。这两个问题就是在获取知识的过程中理性和感性的关系问题，以及人类经验和自然现实的关系问题。”[34] 哥白尼强调经验的作用，开普勒和伽利略看到了感觉经验的局限性，强调理性在科学研究中的至关重要性。可以说，近代科学和近代哲学是携手并进、相互影响、相互需要的。实验科学的兴起，近代科学方法的建立，均迫切需要哲学的引导。正是这种需要，在很大程度上催生了以知识论或认识论为核心的近代哲学。反过来，新哲学的出现，又极大地促进了自然科学的发展。

四、经验论与唯理论

（一）经验论与唯理论的分野

近代早期西方哲学的一个重要现象是经验论（empiricism）和唯理论（rationalism）的分野。在知识的来源方面，经验论往往认为：

感觉经验是一切知识的最终源泉和基础，凡在理智中的无一不在感觉中，没有“天赋观念”；唯理论则认为：具有普遍必然性的可靠知识不是、也不可能来自经验，而是从先天的、无可否认的“自明之理”（self-evident principles）出发，经过严密的逻辑推理得到的，有“天赋观念”存在。在认识的方法上，经验论立足于实验科学，强调经验归纳法；唯理论则立足于数学，强调演绎法。在真理的标准上，经验论认为真理就是观念与经验的符合，至少可以还原为经验；唯理论则认为真理在于观念自身的清楚明白。从历史的连续性来看，古希腊巴门尼德和柏拉图的认识论可以视为唯理论的早期形式，中世纪的唯实论（realism）可以视为唯理论的直接先驱。普罗塔戈拉、德谟克利特、亚里士多德的哲学则是经验论的早期形式，中世纪的唯名论（nominalism）是经验论的直接先驱。所以，说到底，近代的唯理论和经验论之争还是古代柏拉图—亚里士多德、中世纪唯实论—唯名论之争的继续。

应当指出的是，唯理论和经验论就认识论的基本观点而言是相互对立的，但它们在更大的范围内则是盟友。无论是经验论还是唯理论，都是反封建的资产阶级的思想武器，它们在以理性反对宗教神学特别是经院哲学方面是高度一致的。所以，我们必须对“理性”作广义和狭义的区分。狭义的理性与感性相对，而广义的理性则与信仰相对。就狭义的理性而言，唯理论和经验论有分歧，而在广义的理性方面，二者则是同盟军，在此意义上，经验论也是理性主义的。此外，当我们区分经验论和唯理论时，是就其主要思想倾向而言的，具体到每一个哲学家，情况则要复杂得多，经验论者一般并不完全否定理性的作用，唯理论者也不会完全忽略经验的作用。而且，一个哲学家完全可以在逻辑和数学知识方面持唯理论观点，而在其他知识方面持经验论观点。所以，很多学者认为唯理论和经验论的区分是不当的。比如，彼得·J. 金就说："往好里说，这一区分有点武断，往坏里说，它极会使人误入歧途。"[35]

（二）英国经验论与大陆唯理论

经验论主要产生于英国，首先因为英国是近代实验科学的发祥地之一。在英国皇家学会成立之初，便把促进试验科学研究作为自己的首要任务。当时人们进行试验的范围极为广泛，皇家学会甚至有特权解剖被处决的死囚尸体。其次因为英国有唯名论的历史传统。早在 13 至 14 世纪，英国就曾经是唯名论的重镇，产生过罗吉尔·培根（Roger Bacon，1214—1292）和奥康的威廉（William of Occam，1300—1350）这样著名的唯名论者。罗吉尔·培根崇尚实验科学，强调感觉经验的作用，认为"没有经验，任何东西都不可能充分被认识。"[36]"凡是希望对于在现象背后的真理得到毫无怀疑的欢乐的人，就必须知道如何使自己献身于实验。"[37]奥康的威廉认为"就知识的起源说，个别事物才是首先被认识到的东西。"[38]针对唯实论的普遍实体，奥康的威廉提出了著名的经济思维原则，即"能用较少原则解释的就无须更多的原则"，这就是所谓的"奥康的剃刀"。所有这些都为经验论在英国的出现做了思想上的准备。再次，英国人是一个重商主义和功利主义的民族。黑格尔甚至说过，英国人之所以偏爱经验论，是因为他们像小商贩和手工业者阶层那样，耽于物质生活之中，不以理性为对象。

相比之下，欧洲大陆各国受唯名论的影响较小，自然科学研究中又推崇数学上的理性演绎法，笛卡尔和莱布尼茨等著名的唯理论者本身就是伟大的数学家。此外，如费尔巴哈所说："法国人比英国人重情感，具有更加普遍、更加人道的情感，在他的血管中流动着精神的、唯心主义的原则。因此，法国人怀着易于激动的热情，越过感性之物和特殊之物的领域，上升到超感性之物和普遍之物。"[39]这样，大陆各国就继承了唯实论传统，更注重一般的实在性，认为感觉经验不能提供普遍必然性的知识，只有通过理性演绎才可能获得真理，于是产生了大陆各国的唯理论哲学。

经验论和唯理论各有所长，又各有所短。按照康德的说法，经验论发展到最后导致了怀疑论，唯理论最终变成了独断论。在新的基础上对二者加以综合，是哲学发展的内在要求。这个任务是由以康德为首的德国古典哲学完成的。在一定意义上可以说，德国古典哲学是经验论和唯理论的继续和完成。唯理论和经验论对现代西方哲学也有深远的影响。在现代西方哲学中，结构主义有明显的唯理论倾向，以孔德、斯宾塞等为代表的实证主义和以皮尔士、詹姆斯、杜威为代表的实用主义则是经验论的后裔。

近代西方哲学开启了西方哲学历史的一个新时代。兰普雷希特甚至认为，与先前的哲学相比，近代哲学所关注的问题和所采用的方法都是全新的，因而造成了一种“与过去的中断”。“在西方文化的漫长历史上，未曾有另一个时刻出现过如此广泛的中断。柏拉图对毕达哥拉斯派和智者派做出评论和反驳；亚里士多德常常通过回顾前人的意见开始其对一个主题的讨论。希腊化时期的思想家利用了借自希腊哲学家的观念。‘黑暗时代’无疑是西方哲学创造性的一个漫长的休止，但当哲学活动于9世纪重新开始并且在‘中世纪’得以延续时，经院哲学家们以引用古人、《圣经》、教父以及波爱修斯和伪迪奥尼修斯等人的观点为豪。近代哲学与其说始于一种休止之后，不如说始于一种中断之后。甚至可以说，与可能被提到的任何其他的年代相比，公元1600年左右标志着西方哲学连续性的一次更为彻底的中断。”[40] 当然，不可否认的事实是，对于传统和权威的批判本身就是一种继承和延续。

注释

1 黑格尔:《哲学史讲演录》第四卷，商务印书馆，1978 年，第 21 页。
2 费尔巴哈:《对莱布尼茨哲学的叙述、分析和批判》，商务印书馆，1979 年，第 8 页。
3 丹纳:《艺术哲学》，人民文学出版社，1963 年，第 84 页。
4 同上书，第 83 页。
5 保罗·约翰逊:《文艺复兴》，天津人民出版社，2007 年，第 12 页。
6 丹纳:《艺术哲学》，第 77 页。
7 恩格斯:《德国农民战争》，人民出版社，1962 年，第 173 页。
8 雅各布·布克哈特:《意大利文艺复兴时期的文化》，商务印书馆，1979 年，第 170 页。
9 丹纳:《艺术哲学》，第 79 页。
10 雅各布·布克哈特:《意大利文艺复兴时期的文化》，第 302 页。
11 S.E.Frost, Jr., *Basic Teachings of the Great Philosophers*, Doubleday, 1962, p.62.
12 Sterling P. Lamprecht，*Our Philosophical Traditions*, New York, Appleton-Century-Crofts, Inc., 1955, p.214.
13 亚·沃尔夫:《十六、十七世纪科学、技术和哲学史》上册，商务印书馆，1997 年，第 6 页。
14 丹皮尔:《科学史》，商务印书馆，1997 年，第 157 页。
15 亚·沃尔夫:《十六、十七世纪科学、技术和哲学史》上册，第 8 页。
16 布鲁诺:《论原因、本原与太一》，商务印书馆，1998 年，第 80 页。
17 同上书，第 84 页。
18 《西方哲学原著选读》上卷，商务印书馆，1981 年，第 309 页。
19 同上。
20 同上书，第 311 页。
21 亚·沃尔夫:《十六、十七世纪科学、技术和哲学史》上册，第 7 页。
22 费尔巴哈:《对莱布尼茨哲学的叙述、分析和批判》，第 8 页。
23 同上书，第 15 页。
24 柯林武德:《历史的观念》，商务印书馆，1997 年，第 124 页。
25 汤姆·罗克摩尔:《黑格尔：之前和之后》，北京大学出版社，2005 年，第 3 页。

26 康德:《历史理性批判文集》，商务印书馆，1990年，第22页。

27 同上。

28 同上书，第3页。

29 同上书，第24页。

30 同上书，第24—25页。

31 同上书，第24页。

32 Sterling P. Lamprecht，*Our Philosophical Traditions*, p. 212.

33 亚·沃尔夫:《十六、十七世纪科学、技术和哲学史》上册，第13页。

34 Sterling P. Lamprecht，*Our Philosophical Traditions*, p.219.

35 彼得·J. 金:《大哲学家100》，三联书店，2007年，第81页。

36 《西方哲学原著选读》上卷，第287页。

37 《西方哲学原著选读》上卷，第288页。

38 同上书，第292页。

39 费尔巴哈:《对莱布尼茨哲学的叙述、分析和批判》，第9页。

40 Sterling P. Lamprecht，*Our Philosophical Traditions*, p.209.

第一章　培根：知识就是力量

人的知识和人的力量结合为一，因为原因如果没有知道，结果也就不能产生。要命令自然就必须服从自然。在思考中作为原因的东西，在行动中便构成规则。

无论人的赤手或者人的理智，听其自然，都不能发生多大的效力。工作的完成要靠工具和帮助，而工具和帮助都是理智和手所同样急切需要的。正如手的工具提供运动或指导运动一样，心的工具则给理智提供暗示或警告。

历来研究科学的人或者是经验主义者，或者是独断主义者。经验主义者好像蚂蚁，他们只是收集起来使用。理性主义者好像蜘蛛，他们从他们自己把网子造出来。但是蜜蜂则采取一种中间的道路。他从花园和田野里面的花采集材料，但是用他自己的一种力量来改变和消化这种材料。真正的哲学工作也正像这样。

——弗兰西斯·培根

培 根

培根的一生是富有传奇色彩的一生。佩雷斯·扎戈林说："弗兰西斯·培根度过了两种截然不同而又密切相关的人生。一种是沉思而矜持的人生：作为一个哲学家、科学家和天才作家，作为一个具有远大抱负和宽广视野的思想家，其重建哲学的计划包含了对于科学及其社会地位的一种新看法。另一种则是充满麻烦和不安的人生：作为两位君主——伊丽莎白一世和詹姆斯二世——手下的侍臣、职业律师、政治家、王室侍从、顾问和大臣，他从青年到老年从未停止过对于高官厚禄的寻求和对于成名成家的渴望。第一种人生为培根带来了他梦寐以求的持久声誉，使他能够成为后世的永久兴趣。第二种人生则耗费了他的大量时间和精力，使他陷于与对手在地位和权力方面的不断竞争，偏离了对于为他最为珍视的若干理智目标的追求，也使他的主要哲学事业呈现出零碎的、未完成的面目。"[1]

弗兰西斯·培根（Francis Bacon，1561—1626）于1561年1月22日出生于伦敦的一个贵族家庭。父亲尼古拉·培根爵士（Sir Nicholas Bacon，1510—1579）毕业于剑桥大学，是一位出色的政治家和律师，曾任伊丽莎白女王的掌玺大臣。母亲安尼·科克·培根（Anne Coke Bacon，1528—1610）也来自贵族之家（其父曾任英王爱德华六世的老师），受过良好的教育，精通希腊文、拉丁文、意大利文和法文。由于身体方面的原因，培根早年主要是在家里接受教育。1573年，12岁的培根和哥哥一起进入剑桥的三一学院深造。三一学院沿袭中世纪的课程表，大部分课程使用拉丁文。这里的经院哲学课程使培根终生痛恨亚里士多德主义，并于3年后离开三一学院。1576年，培根进入葛莱法学院（Gray's Inn）学习。葛莱法学院是英国大律师协会下属的四个法学院（Inn）之一，是未来律师的摇篮。弗兰西斯的父亲也曾在这里学习，并曾任该学院的司库。一年以后，为了增长见识，培根作为英国驻法大使埃米阿斯·鲍莱爵士（Sir Amias Paulet，1532—1588）的助手来到了法国，旅居巴黎两年有余，对欧洲大陆思想多有了解。1579年，父亲病逝后，培根返回英国，重新回到了葛莱法学院。

1582年，培根取得了律师资格，两年后当选为国会议员。早在剑桥读书期间，聪明的培根就给伊丽莎白女王留下了深刻印象，但由于他在议会中反对女王的税制政策引起女王的愤恨，仕途一直不顺。直到1602年，伊丽莎白去世，詹姆斯一世继位。由于培根曾力主苏格兰与英格兰的合并，受到詹姆斯一世的赞赏，于是，开始了一帆风顺的仕途。除被任命为詹姆斯的顾问外，培根先后升任副检察长、首席检察官、枢密院顾问、掌玺大臣和大法官。并先后被封为维鲁拉姆男爵（Lord Verulam）和圣奥本子爵（Viscount St. Albans）。1606年，45岁的培根和伦敦市参议员的女儿、14岁的爱丽斯·巴恩海姆（Alice Barnham，1592—1650）结婚。有资料表明，培根之所以迟迟未婚，和他的同性恋倾向有关。

1621年，培根被国会指控受贿（培根本人也供认不讳，只是说受贿并没有影响他的判决），于是被高级法庭判处4万英镑的罚金，并囚禁于伦敦塔内。关于自己的刑罚，培根曾经做过这样的评价："我是50年来英国最公正的法官，而这是200年来议会最公正的处罚。"[2] 虽然后来罚金和监禁均被豁免，个人财产和爵位也得以保留，但培根的仕途就此画上了句号。沃尔夫认为，培根在伊丽莎白时代仕途的失败，使他看轻了道德心。按照罗素的说法，在当时的英国，法官受贿是惯例，而且双方都收，所以，罗素认为培根在道德方面并不是一个特别奸恶之人，他的落败完全是党派争斗的产物。但无论如何，培根的人品还是遭到了很多人的鄙视。英国诗人亚历山大·波普（Alexander Pope，1688—1744）说："如果你迷恋才华，想想培根是多么卓越，他是人类中最聪明、最智慧却又最卑鄙的一个。"[3]

从学术的角度看，培根政治生涯的结束可以说是一件幸事，因为在此之前，他的学术活动都是在业余时间进行的，只有到最后5年，他才能专心致志地从事学术研究。沃尔夫感慨道："如果他把全部精力都投入科学和发明的事业而不是政治，那他可能本来还会在这个领域里取得何等重大的成就。"[4]1626年3月末的一天，培根途径伦敦北郊。看到眼前的一片白雪，正在研究冷热理论的培根突然产生了一个灵感：为什么雪不能像盐那样用来保存肉呢？于是，他决定立即做一次实验。他走近了一座农舍，让农妇宰了一只鸡，取出内脏后把雪填进鸡肚，年迈的哲学家亲自参与了操作。3月的伦敦，天气依然寒冷。身体虚弱的培根不胜风寒，染上肺炎，并于同年4月9日清晨病逝，享年65岁。

怀特（Frederic R. White）曾经把培根与托马斯·莫尔（Sir Thomas More，1478—1535）进行比较，在二者的个人生活方面发现了惊人的相似性：二人都出身显赫，受过良好的教育；都学习法律并从事律师职业；都很早就步入政界，并升至很高的职位；但二人又都不受君主的宠爱，都被指控受贿；都被判有罪，并被囚禁于伦敦塔内；最后，二人都是自己时代的著名作家和思想家，并为自己的信仰而献身。在《论高位》一文中，培根曾经写道："居高位的人是三重的仆役：君主或国家的仆役；名声的仆役；事业的仆役。所以他们是没有自由的，既没有个人的自由，也没有行动的自由，也没有时间的自由。要寻求权力而失掉自由，或寻求凌驾他人的权力而失却统治自己的权力，这一种欲望是一种可异的欲望。要升到高位上，其经过是很艰难的，但是人们却要吃许多苦以取得更大的痛苦；要升到高位上，其经过有时是卑污的；然而人们却借着卑污的手段达到尊严的地位。在高位上居留是很不稳的，其退步或是覆亡，或者至少是名声暗晦，——那是一件很可悲的事。”[5]这段话可以看作培根自己的内心独白。

培根的主要哲学著作包括：《论学术的进展》（1605）、《论古代人的智慧》（1609）、《新工具》（1620）、《论原则和起源》（1620）、《新大西岛》（1927）等。

一、知识就是力量

（一）知识与力量的分离

在培根《新工具》的扉页上，“一艘张满帆的船驶过旧世界的尽头‘海格立斯柱’而进入大西洋去探寻新世界。培根显然志在成为‘新的理智世界’的哥伦布。”[6]处于近代科学和哲学入口处的培根，把推进知识的增长和科学的进步视为自己的伟大使命。他认为，科学的发展和学术的进步，在很大程度上取决于自然哲学的进展，因为“正是这个哲学应当被尊奉为科学的伟大母亲。”[7]推进和重构自然哲学，就是要“把自然哲学的范围推广，使它把特殊科学包括进来，并且要使特殊科学依据自然哲学或者回到自然哲学上来。这样，知识的分枝才不至于和树干分开，从它斫断下来。”[8]在培根看来，截至他所生活的时代，人类在学术或文化上可以夸耀的时代不外下述三个，这就是古希腊、古罗马和他那个时代的西欧各国，而在这三个时代，自然哲学均未得到充分的发展和重视。毫无疑问，古希腊曾经产生过辉煌的自然哲学，但时间极为短暂，特别是到了苏格拉底，希腊人把哲学从天上拉到了地上，自然哲学让位于道德哲学。罗马人关注的主要是道德哲学和公共事务，无暇自然哲学研究。而在当时的西欧各国，人们投入精力最多的是神学，而不是以认识和改造自然为己任的实用

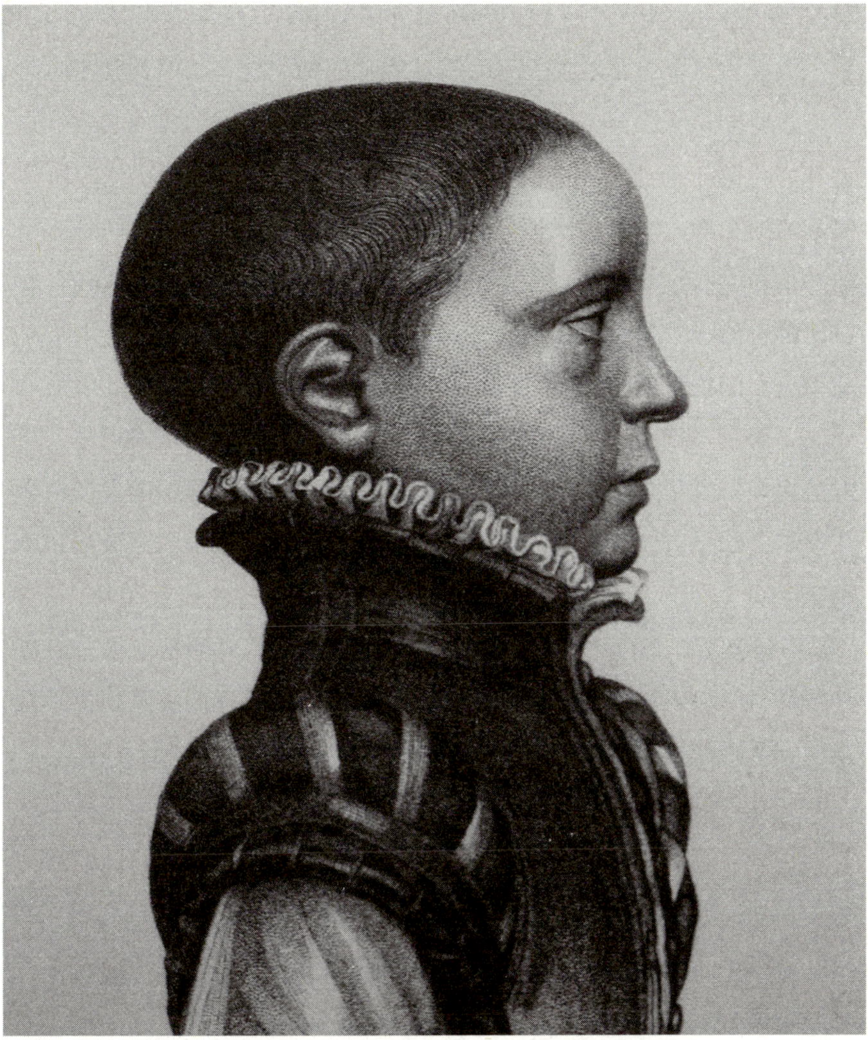

少年培根

科学。

于是，自然哲学“这个一切科学的伟大母亲便受到了意外的侮辱被降到了仆役的职位”，知识和科学处于停顿状态。经过几千年的积累，人类固然具有了看上去令人眼花缭乱的知识储备，但就其实质而言，这些知识大多停留于语词之争，鲜有造福于人类的实用之效。知识和力量陷于前所未有的分离状态。“我觉得人们不管对于他们所积累起来的东西，或者对于他们的力量，都没有正确的了解，而是对于前者估计过高，对于后者估计过低。因此，或者由于对他们所具有的技艺的价值作了过分的估价，他们便不再进一步去追求；或者由于对他们自己的力量估价太低，他们便把他们的力量花费在细小的事情上面去，而总不把它适当地用来试图解决主要的问题。”[9] 培根把这种状况的出现归咎于希腊智慧，因为这种智慧能够谈说，却不能生产；富于争辩，却没有实际效果。经院哲学无疑把这种智慧推向了极致。培根认为，不回归自然，不回归自然哲学，科学的进步就无从谈起。“如果不继续研究自然哲学，不把它应用到各种特殊科学上去，而各种特殊科学又不再回到自然哲学上来，那么就没有人能够希望各门科学——特别是它们的实用部分——会有多大的进步。”[10]

在培根看来，科学不能取得实质性进步的一个重要原因是科学目标的偏离。人们或者满足于夸夸其谈，或者满足于重复已有的知识，而不能给工作提供新的保证，给公理提供新的线索。“一般人之所以求知求学，有时是出于天生的好奇心和打破沙锅问到底的嗜好，有时是为了给心灵带来变化和愉悦，有时是为了光荣和名誉，有时是为了在智力上折服他人，但多数时候还是为了得到钱财和好职业，很少人求知是为了真正地把自己的聪明才智用在人类的利益和福祉上面。一些人求知就好像在寻找一张睡椅，让自己求索不息的灵魂有一个休息的地方；或者寻找一个阳台，使自己恍惚不定的心灵能够俯视观赏，尽览美景；或者寻找一座高塔，让高傲的心灵高耸其上；或是寻找一块堡垒或高地，好使自己跟别人厮杀争斗；或者寻找一家商店，好为主人带来利润或生意；但是他们并不想寻找一座收藏丰富的仓库，来彰显造物主的荣耀，改善人类的境况。”[11]而“科学的真正合法的目标，就只是给人类提供新的发现和力量。”[12]只有明确了这个目标，我们才能光大知识的荣耀，提升知识的地位，进而提高人的尊严。

（二）知识与力量的结合

正是在上述背景之下，培根提出了“知识就是力量”的名言。在他看来，人类知识的工作和目的是发现一种性质的形式、本质或“产生自然的自然”；而人的力量的工作和目的则是在一个物体上产生和加上一种新的性质或几种新的性质。培根这里所说的“形式”实即自然界的规律。“在自然中真正存在的东西，虽然除掉个别物体按照一定的规律进行纯粹个体的活动之外，没有什么别的，但是在哲学里面，就是这种规律以及对于这种规律的研究、发现和解释构成知识与活动的基础。而当我说到形式的时候，我的意思指的也就是这种规律及其所包含的部分”。[13]所以，“熟悉形式的人就能够在极不相同的实体中抓住自然的统一性；因此也就能够发现从来没有发现过的东西，发现不管是自然的变化、实验上的努力以及偶然的原因本身都不能使它们实现的东西，发现人从来没有想到过的东西。因此由于形式的发现，我们就可以在思想上得到真理而在行动上得到自由。”[14]

真正说来，达到人的力量的道路和达到人的知识的道路几乎是同一的。“人的知识和人的力量结合为一，因为原因如果没有知道，结果也就不能产生。要命令自然就必须服从自然。在思考中作为原因的东西，在行动中便构成规则。”[15]“可以看到，这两种指导，一种是行动的，另一种是思辨的，乃是同一的东西；而凡在操作上是最有用的，在知识上也是最真实的。”[16]培根这里讲的“知识”是有特定含义的。他的“知识”不是供闲人雅士赏玩乃至炫耀的“无用之知”，不是为知识而知识的“知识”，而是实用的自然科学和自然哲学的知识。这种实用的知识才会使人从“自然的仆役和解释者”变为“自然的主人”，从而获得力量和自由。正如沃尔夫所说：“培根珍视科学知识并不是为了它本身，而因为它是利用可能从它产生的发明来为全人类谋利的强有力的工具。广大人民还生活在粗野而又悲惨的境况之中，迫切需要解救。”[17]“知识就是力量”是一个具有启蒙精神的伟大口号。

从知识与力量的统一性出发，培根把自然哲学分为两类：一类探究原因，一类产生效果。前者关注自然知识的获取，后者关注自然知识的运用。“在原因和结果之间存在一种关联，对此我是深信不疑，因此这两种知识——思考和运用互相之间也具有很大的联系。因为所有真正富有成效的自然哲学都具有双重尺度或阶梯，向上的和向下的，向上是指从实验出发上升到找出原因，向下是指根据原因设计新的实验”。[18]鉴于人们有喜欢停留在抽象事物上的恶习，培根提出，我们最好以“力量”引导“知识”，“把实用的部分本身当作印章，来给与之相应的思辨部分盖印”，因为“凡在操作上是最有用的，在知识上也是最真实的。”培根强调，学问要以实用为旨归，这不意味着对于一般科学乃至哲学的忽视。“如果人们认为研究哲学和普遍性是一种无价值的学问，那是因为他们没有认识到其他的学科都是从哲学那里吸收养分，才能为人们服务的。这种短视，我认为是妨碍学问进步的一大障碍。……假如你想让一棵树多结果子，只是动动树枝是没有用的，你必须松动泥土，在树根部放置新的肥土。”[19]从知识与力量的关系产生了培根关于哲学与科学的分类思想。在他看来，哲学包括自然神学、自然哲学和关于人的科学。其中，自然哲学包括思辨哲学和行动哲学。思辨哲学分为物理学和形而上学，行动哲学分为力学和魔术。

伊丽莎白女王

培根强调，要实现知识与力量的真正结合，就不能总是向后看，像着了魔一样崇拜古代权威。如果说只有古代才令人仰慕，只有古人才能被尊崇为权威，那么，我们的时代才是真正的古代，我们才是真正的古人。“因为世界的老年才能够算是真正的古代，而这是我们时代的属性，而不是古人所处的世界的那个早年的属性。那个时代虽然对于我们来说是比较年老的，但对于世界来说，却是比较年轻的，正如我们要从老年人那里而不从青年人那里去寻求关于人的更多的知识和更成熟的判断，因为老年人的经验丰富，而他所见所闻和所想过的东西是多种多样的；同样，只要我们的时代认识它自己的力量，并且愿意试一试这种力量，实施这种力量，那么我们完全可以希望从这个时代得到比古代更多的东西，因为它是世界上更进步的时代，并且储藏着无限丰富的实验和观察。”[20] 因为时间才是一切作家的作家、一切权威的权威，“真理是时间的女儿，不是权威的女儿。”[21]

实际上，认为实用知识优先于理论知识，这是16世纪英国人文主义者的一个基本倾向。托马斯·斯塔基（Thomas Starkey, c.1495—1538）在16世纪30年代也曾经写道：“人类的完善不在于不为他人带来任何效用和利益的纯粹知识和学问，相反，人类精神的完善在于对一切美德和诚实的使用和运用，主要在于……把高等智慧转化为他人的效用。”[22] 约翰·亨利还注意到，当时欧洲流行的巫术传统对于培根的知行观也具有重要影响。培根熟悉巫术特别是炼金术，而“在巫术的传统中，巫师的知识始终是为了致用的。”[23] 巫术的“工作不是为了自然而理解自然，而是把自然及其力量用于巫师、他的主顾或客户的利益。因此，关注于改进人类状况的培根被巫术所吸引，这毫不奇怪。”[24]

三百年以后，美国实用主义代表人物杜威对于这种知行观推崇备至。和培根一样，杜威认为，希腊哲学的传统就是重理论、轻实践的传统，因而造成了知与行的疏离。在杜威看来，为了扭转源于希腊传统的“知”对于“行”的霸权，我们必须重新审视和调整知识与实践的关系，把动作或行动置于认知的核心地位。在科学中，增进知识的问题就是去做什么的问题，就是进行什么实验、发明和利用什么仪器等等的问题；而实践的问题就是我们需要认知什么、我们如何获得和利用这种知识的问题。就是说，科学特别是实验科学的发展已经模糊了理论与实践的二元区分。哲学理应真心诚意地屈从于这种见解，作为实验主义（experimentalism）的实用主义哲学正是顺应了科学发展的这一趋势。在这样的哲学看来，“通过实际控制所获得的安全远较理论上的确定性更为珍贵。但是这并不意味着说，动作好于知识和高于知识，而实践内在地优越于思维。知识与实践之间经常地和有效地相互作用，跟推崇活动本身是完全不同的。”[25]

（三）法兰克福学派（Frankfurt School）对“知识就是力量”口号的批判

培根“知识就是力量”的口号是启蒙精神的集中体现。这一口号在极大地提升人的地位和尊严的同时，也促成和助长了支配着近现代西方世界的工具理性主义（instrumental rationalism）。工具理性主义最终不仅实现了人对自然的统治，而且带来了人对人的奴役。这两种结果都是灾难性的。正是在这样的背景之下，法兰克福学派对以“知识就是力量”为标志性口号的启蒙精神、工具理性主义进行了尖锐批判。

霍克海默（Max Horkheimer，1895—1973）和阿多尔诺（Theodor Adorno，1903—1969）认为，“从进步思想最广泛的意义来看，历来启蒙的目的都是使人们摆脱恐惧，成为主人。但是完全受到启蒙的世界却充满着巨大的不幸。”[26]因为自此以后，人们再也不相信神话和想象，人们再也容不得自然的神秘和世界的魔力，一切都必须暴露在光天化日之下，一切都变成了认识与被认识、改造与被改造、操纵与被操纵的关系。“启蒙精神与事物的关系，就像独裁者与人们的关系一样。独裁者只是在能操纵人们时才知道人们。科学家只是在能制造事物时才知道事物。只有在这时，科学家才知道事物本身。科学家在运用事物的过程中，总是把事物的实质看成为他掌握的实体。”[27] 自然再也不是我们的家园和人生的舞台，再也不是我们敬畏的对象，而是成为了我们的敌人和奴隶。人与自然的关系彻底异化了。

在霍克海默和阿多尔诺看来，启蒙精神在使人与自然的关系发生异化的同时，也使人与人之间的关系发生了异化。科学的“初衷”旨在更大的范围和程度上征服和控制自然，到头来，这种科学的控制模式逐渐演化为一种新型的社会控制模式，演化为一种政治意识形态，演化为极权主义。纳粹主义的出现就是明证。按照这种意识形态，人就是物，统治集团应当按照近代以来人们控制物的模式控制人。人与人的关系乃至人本身彻底异化了。这样，“人类不是进入到真正合乎人性的状况，而是堕落到一种新的野蛮状态。”[28]

尽管霍克海默和阿多尔诺把培根作为启蒙精神和工具理性的代言人，实际上，在他们眼中，在西方文明的发端处，就已经埋下了这种传统的种子，“神话就已是启蒙”。[29] 启蒙的辩证法（Dialectic of Enlightenment）在于：启蒙本来追求的是人的自由和解放，最终却变成了对人的新型的压制和宰割；启蒙本来追求的是理性，现在，理性完全变成了一种非理性。启蒙本来追求的是进步，结果，“进步转化成了退步。”[30] 启蒙退化为一种神话学。

法兰克福学派显然并不是完全否定启蒙精神。他们批判启蒙精神和工具理性主义的目的在于：重新审视西方文明特别是近代文明的演进模式，重新审视和建构人的理性，进而重新建构人与自然、人与人之间的和谐关系。

当然，在如何评价培根和启蒙精神、培根和现代性事业的关系方面，我们还可以听到另外的声音。魏因伯格认为，培根并不是人类通过科学征服自然这一事业的热忱党徒，甚至可以说，培根从超越于现代事业的视野看到了这一事业的局限性和问题。“培根在他的《学问的进步》中比其他任何思想家都更清楚地告诉了我们现代世界的理想及其问题。至少有部分原因在于，培根作为现代事业的创立者之一却没有很深地陷入现代事业之中，因而得以避免实际创立者们出于热情和偏爱所导致的无知。”[31]

二、“假相”学说

与笛卡尔一样，培根哲学也是“破”字当头。在他看来，为了推进知识、增强力量，一个重要前提就是“洗脑”（purging）或“清洗心灵的地面”，即对盘踞在人们心中的各种错误观念进行清理。“培根对于心灵的态度是：敌视任何不受效用和经验检验的权威。和尼古拉斯·希尔一样，培根坚持认为，人们应当重新审视那些习以为常的和看上去自明无疑的事物：清除心灵的一切先入之见。”[32] 培根把这些扰乱人心的错误观念叫作假相（idols），并具体分析了四种这样的假相。

（一）四种假相

1. 种族假相（Idols of the Tribe）指人性中固有的缺陷，这是人类普遍具有的一种假相。“人类的理智就好像一面不平的镜子，由于不规则地接受光线，因而把事物的性质和自己的性质搅混在一起，使事物的性质受到了歪曲，改变了颜色。”[33] 培根对人类种族容易产生的种种假相进行了分析。比如：人的理智在本性上就喜欢秩序和规则，于是在看不到这种秩序和规则的地方，就通过想象和虚构人为地把它们制造出来；再比如，人的理智总是倾向于受先入之见的支配，一旦接受或形成了一种成见，就会千方百计寻找“证据”支持这种成见，而对与该成见相反的事实视而不见。他举例说，在一个庙里挂着这样一幅图画：在海上遇险得救的人们正在向神发誓。有人就会以此证明上帝的威力，而那些同样发过誓却被淹死的人则会被忽略。“这样，先入的结论便把后来的、虽然更好、更健全的结论染上自己的颜色而使它符合于自己。”[34] 又比如，我们的感官是迟钝、软弱和欺骗性的，因而如果我们的认识过分依赖我们这不完善的感官，也会形成假相。还比如，“人的理智在本性上喜欢抽象，并且喜欢赋予飘忽不定的东西一种实体和实在。”[35] 凡此种种，都构成了人类种族的屏障，使我们不易看到事物的本来面目。

2. 洞穴假相（Idols of the Cave）指个性差异而产生的假相。个人的心理素质、身体结构、所受教育和成长的环境、阅读的书籍、崇拜的权威各有不同，难免形成成见和偏见，形成自己的洞穴，使自然之光曲折和变色。比如，有些人看重事物间的“异”，有些人则注意事物间的“同”；有些人喜欢崇古，有些人则喜欢求新；有些人重个体，有些人则重组织和结构。由于个体差异所产生的认识上的差异本来是正常的和不可避免的，但如果一个人意识不到自己的“片面性”，进而把自己的“一孔之见”看作“真理”，把他人的见解视为“意见”，假相就在所难免了。“洞穴假相”令人想起柏拉图的“洞穴比喻”。面对形形色色的“洞穴”，培根和笛卡尔一样倡导一种普遍的怀疑精神。“每一个研究自然的人都应当把这一条当作规则，即：凡是他以一种特别满意的心情去抓住不放的东西，都应当加以怀疑”。[36]

3. 市场假相（Idols of the Market-place）指人们在交往过程中产生的种种误解。语言是交往的工具，而语词的意义则往往是约定俗成的和不精确的。因此，如果任由这些含糊不清和空洞无物的语词充斥人们的交往和学术研究，就会产生各种假相。人们天真地认为他们

做大法官时的培根

使用的语词是受理性支配的，殊不知语词恰恰构成了一种支配理性的“霸权”。“语词显然是强制和统治人的理智的，它使一切陷于混乱，并且使人陷于无数空洞的争辩和无聊的幻想。”[37] 在培根看来，这是一切假相中最麻烦的一种假相。语词给理智带来的假相主要有两种：有些语词是不存在的事物的名称，就是说，这些语词并没有与之相对应的外在对象，命运（Fortune）、第一推动者（Prime Mover）、行星轨道（Planetary Orbits）等即属于这样的假相。有些语词虽然存在，但是混乱而没有明确定义，是由于错误和拙劣的抽象而产生的，如“流动的”（humid）一词。培根认为，市场假相是人类的原罪造成的。在此之前，词与物有一种严格的对应关系。他相信，他的科学方法可以使人类从原罪的后果中解放出来。

4. 剧场假相（Idols of the Theater）指各种哲学体系及流行理论在人心中造成的错误。“一切流行的体系都不过是许多舞台上的戏剧。根据一种不真实的布景方式来表现它们所创造的世界罢了”。[38] 培根把这些错误的哲学分为三种：诡辩的、经验的和迷信的。诡辩哲学的代表是亚里士多德。在培根看来，亚里士多德哲学的错误在于永远不超出逻辑的范围。“他总是急于要求从语词上来对问题提出回答和肯定某种积极的东西，而不是要对事物的内在真理提出解答和做出积极的肯定。”[39] 虽然他也常常提到实验，但“他并没有照着他所应当做的去和经验商量，以便形成他的决定和公理，而是在根据他的意志先把问题解决了，以后再去诉诸经验，使经验屈从于他的意见，把经验带着到处走，就像一个游行示众的俘虏一样。”[40] 一句话，亚里士多德用逻辑代替了经验。经验派哲学完全忽视普遍原理和一般概念，囿于个人的感觉经验或狭隘的实验。炼金术士及其信条是这方面的一个著名例子。迷信派的错误在于把人的东西和神的东西糅合起来，这样“不仅会引起荒诞的哲学，而且也会引起异端的宗教。”[41] 培根把毕达哥拉斯、柏拉图等归属于这个学派。

在培根看来，人类也许永远无法彻底摆脱这些假相。但他相信，通过揭示这些假相及其根源，特别是通过一种科学方法的引入，人类就能够达到真理，实现在学术和知识上的一种“伟大的复兴”。

在英国哲学史上，一个十分有趣的现象是，有两个培根，而且，他们的思想极为相似。在弗兰西斯·培根之前，有一个罗吉尔·培根（Roger Bacon，1214—1292），著有《大著作》（*Opus maius*）、《小著作》（*Opus minus*）和《第三著作》（*Opus tertium*）等。在《大著作》的第一部分，罗吉尔·培根提出了著名的“四障碍”学说。在他看来，妨碍人们掌握真理的四个主要障碍是：“谬误甚多、毫无价值的权威”、“习惯的影响”、“流行的偏见”和“由于我们认识的骄妄虚夸而来的我们自己的潜在的无知”。如果说前三种障碍足以使我们远离真理，那么，最坏的则是第四种障碍，因为“虽然他们在错误的最浓密的阴影里，他们却以为自己是在真理的充分照耀下。由于这些理由，他们便把最坚不可摧的真理看成是极端荒谬的，把我们的最大的福祉看成是无足轻重的，把我们的主要利益看成是既不重要又无价值。相反地，他们却宣扬那虚假的东西，赞美那最坏的东西，颂扬那最卑鄙的东西，无视智慧的闪光，嘲笑他们最容易得到的东西。”[42]我们有理由相信，在弗兰西斯·培根提出“四假相”学说时，他受到了罗吉尔·培根“四障碍”学说的启发。

（二）为偏见辩护

无论是培根还是笛卡尔，都有一个基本的信念：要达到科学知识，必须清除心中的各种“偏见”。海德格尔和伽达默尔的哲学诠释学对这种“启蒙神话”提出了质疑和批评，在他们看来，偏见、前见或前理解不但不会破坏我们的理解和解释，而且恰恰是有效理解的必要前提。海德格尔说：“把某某东西作为某某东西加以解释，这在本质上是通过先行具有、先行视见与先行掌握来起作用的。解释从来不是对先行给定的东西所做的无前提的把握。准确的经典注疏可以拿来当作解释的一种特殊的具体化，它固然喜欢援引‘有典可稽’的东西，然而最先的‘有典可稽’的东西，原不过是解释者的不言而喻、无可争议的先入之见。任何解释工作之初都必然有这种先入之见，它作为随着解释就已经‘设定了的’东西是先行给定的，这就是说，是在先行具有、先行视见和先行掌握中先行给定的。”[43]

伽达默尔认为，偏见或前见的否定意义是启蒙运动赋予的。按照启蒙运动的理解，“一般前见丧失了信誉，而科学认识则要求完全排除前见。”[44] 在伽达默尔看来，反对前见本身实际上构成了启蒙运动的一个基本前见。人是一种有限的历史存在物，偏见、传统和权威构成了这种历史存在的有机组成部分。所以，“如果我们想正确地对待人类的有限的历史的存在方式，那么我们就必须为前见概念根本恢复名誉，并承认有合理的前见存在。”[45]

波普尔则从另一个角度对上述“启蒙神话”提出了批评。在他看来，培根的假相学说体现了文艺复兴以后流行于欧洲的一种普遍思潮——认识论乐观主义。这种态度的本质在于主张“真理是显现的”这一学说。就是说，真理是一个既定的事实，它可能蒙上面纱，但可以显露出来，为我们所认识。即使它自身不显露，我们也可以揭露它，因为我们有一双认清真理的慧眼。一旦真理显现了或被揭示了，认识的任务就算完成了，无须进一步论证。在波普尔看来，显现真理学说衍生的一个怪胎是所谓“无知的阴谋理论”。既然真理是显现的，我们为什么会陷入错误？“无知的阴谋理论”的回答是：“由于我们自己邪恶地拒绝认清显现的真理；或者因为我们的心灵包藏着教育和传统所灌输的偏见，或者其他的邪恶影响，它们腐蚀了我们原先纯洁无邪的心灵。无知可能是那些阴谋使我们陷于无知的力量的恶作剧，通过灌输谬误毒害我们的心灵和蒙蔽我们的眼睛，使它们看不到显现的真理。因此，这种偏见和这种力量就是无知的根源。”[46]波普尔认为，“阴谋理论”和“真理显现理论”一样，都是一个神话。

波普尔强调，这种乐观主义的认识论不仅是一切盲信的基础，而且可以导致极权主义。理由是：真理通常并不是自动显现的，这就“需要一种权威几乎日复一日地来宣布和规定什么是显现的真理，而这权威可能学会随心所欲地、玩世不恭地做这事。许多灰心丧气的认识论家将脱离他们自己以往的乐观主义，而在悲观主义认识论的基础上建立一种辉煌的极权主义理论。”[47]在波普尔眼中，悲观主义和乐观主义的认识论都是错误的。他坚信理性的力量，坚信人们获得真理的能力，坚信科学的进步，所以，他不是悲观主义者；他也坚信我们的理性是可错的，坚信人们不能穷尽真理，坚信科学进步的曲折性，所以，他也不是肤浅的乐观主义者。按照波普尔，一方面，我们注定生活在“偏见”之中；另一方面，即使我们清除了这些偏见，也不能保证我们能够达到真理。我们所能做的，不是不犯错误，而是通过错误实现进步。

三、科学归纳法

（一）培根的科学归纳法

和笛卡尔一样，培根十分重视方法问题。早在剑桥大学读书期间，培根就对亚里士多德的方法感到不满。“他对亚里士多德的哲学感到不满，不是由于作者本人毫不足取，事实上，他对作者本人是怀着崇高敬意的，而是由于亚里士多德的方法是无用的。”[48]在培根看来，已有的逻辑既不能帮助我们发现新的科学，也不能帮助我们探求真理。他指的主要是亚里士多德提出的三段论。“三段论并不能用于科学的第一原理，而用于中间公理也是无效的；因为它比不上自然的微秒。因此它只能强人同意命题，而不能把握事物。……三段论是由命题组成的，命题是由语词组成的，而语词是概念的符号。因此，如果概念本身（这是事情的根本所在）不清楚，并且是很草率地从事实中抽出来的，那么上层建筑便没有稳固的基础。”[49]培根认为，我们所有的概念都是不健全的，比如实体、性质、活动、遭受、本质，以及轻和重、疏和密、燥和湿、产生和消灭、引力和斥力、形式和质料等，“都是幻想的，没有明确定义的。”建立在这些概念之上的三段论显然是靠不住的。

在培根看来，“用真正的归纳来形成观念和公理，无疑是避免和清除假相的适当补救办法。”[50]如果说旧哲学和旧科学所依据的是亚里士多德的《工具篇》，那么，新哲学和新科学必须有自己的“新工具”。“无论人的赤手或者人的理智，听其自然，都不能发生多大的效力。工作的完成要靠工具和帮助，而工具和帮助都是理智和手所同样急切需要的。正如手的工具提供运动或指导运动一样，心的工具则给理智提供暗示或警告。”[51]这个新工具就是他的科学归纳法。科学归纳法是从感觉和特殊事物出发的，在这一点上，它和亚里士多德的方法是一样的。为了使归纳得以进行，首先必须有足够的“材料或例证”，用他的话说，“我们必须准备一部充足、完善的自然和实验的历史，这是一切的基础。”[52]面对如此纷繁复杂的材料，应当从何下手呢？“既然有这样大量的特殊事物和这样大的一个特殊事物的队伍，而这个大队伍又是这样的分散，使理智迷惑混乱，因此只凭理智打小仗，进行小的攻击，只凭它的散漫运动，就不会有多大的希望；要想有希望，只有借助于适当安排好的并且看来富于生气的‘发现表’，把一切与所研究的问题有关的特殊事例调动和排列起来，使人的心灵在这些表适当准备好和消化过的帮助之下来进行工作。”[53]

培根把我们收集和整理例证的“发现表”分为三种。第一个表是“本质和具有表”（the table of presence），即具有所研究性质的例证。以热为例：我们要把同样具有热的性质的例证收集起来，培根在《新工具》中列举了28条这样的例证，如太阳光线的热、火焰、开水、摩擦生热等等。第二个表是“差异表”或“接近中的缺乏表”（the table of absence），即缺乏所研究性质的例证。培根列举了32条缺乏热的例证，如月光和星光。第三个表是“程度表”或“比较表”（the table of comparison），即为理智提供这样的例证：其中，所研究的性质以多少不同的程度出现。培根也作了一个关于热的“程度或比较表”，凡41条，例如，烧红的铁就比酒精的火焰热。这三个表的功能就是提供尽可能多的例证，从而增加归纳的可靠性。接下来的工作就是拒绝或排斥，因为人只能从否定的东西出发，最后在穷尽了排斥之后，才能够达到肯定的东西。需要否定的性质有下述三种：其一，在有给定的性质存在的例证中找不到的性质；其二，在给定的性质不存在的例证中找得到的性质；其三，在这些例证中给定的性质减少而它们却增加，或给定的性质增加它们却减少。“这样，在拒绝和排斥的工作适当完成之后，一切轻浮的意见便烟消云散，而最后余留下来的便是一个肯定的、坚固的、真实的和定义明确的形式。”[54]

在通过“发现表”获取足够的特殊事实之后，归纳法并不急于跳到遥远的乃至最高的普遍原则上去，这是科学归纳法和亚里士多德方法的重要区别。亚里士多德“从感觉和特殊事物飞到最普遍的公理，把这些原理看成固定和不变的真理，然后从这些原理出发，来进行判断和发现中间的公理。”[55]而科学归纳法则是“从特殊的事例上升到较低的公理，然后上升到一个比一个高的中间公理，最后上升到最普遍的公理”。[56]培根认为，在此过程中，关键是要循序渐进，不得好高骛远，“决不能给理智加上翅膀，而毋宁给它挂上重的东西，使它

伦敦塔

不会跳跃和飞翔。”[57]科学归纳法并不把发现所谓第一原理视为自己的唯一任务，它也致力于发现较低的和中间的公理。培根强调，科学归纳法不是简单的枚举归纳法，因为它不仅包含“具有表”，而且包含“缺乏表”，就是说，“它用适当的拒绝和排斥的方法来分析自然，然后，在得到足够数目的消极例证之后，再根据积极例证来做出结论。”[58]在培根看来，如果只根据所列举的特殊事例，而不考虑相反的例子，这样得出的结果并不是结论，而只能是一种猜想。在这个意义上，培根把自己视为柏拉图的继承人，他认为柏拉图在对定义和理念的讨论中，恰恰在一定限度内使用了这种归纳法。

（二）波普尔对培根归纳法的批判

佩雷斯·扎戈林说：“在十七和十八世纪，培根作为一个科学哲学家享有极高的声誉，在维多利亚时代仍然享有相当高的声誉，但此后这种声誉便大大地下降了。”[59]造成这种状况的一个重要原因是，很多哲学家发现培根的归纳法存在重大缺陷：忽视“假说”的作用，而且，他完全不要演绎法，低估了数学对科学的极端重要性。三百年以后，波普尔对培根归纳法提出了尖锐的批评。波普尔把培根归纳法称为“培根神话”，按照这种神话，一切科学都从观察开始，缓慢地、小心翼翼地（通过归纳）过渡到理论，然后再通过经验观察对理论加以证实，而基于经验证实的科学或科学知识是一种特别可靠的、确定的知识。这种模式可以表述为：观察—理论—证实。与“培根神话”相对，波普尔提出了“猜想—反驳”方法。这种方法表明：科学不可能从不带有任何理论的纯观察开始。“没有‘纯粹的’观察这种事物，也就是说，没有无理论成分的观察。一切观察——尤其是一切科学观察——都是按照某种理论对事实进行的解释。”[60]任何观察都渗透着理论，如果追溯到源始的理论和神话，我们可以找到“无意识的、天生的期望”。波普尔甚至认为，一切有机体的知识，绝大部分都是天生的，并被结合在我们的生物化学组织中。我们生来就有期望，生来就有“知识”。“如果无论怎样讲都不算过分的话，我就会说，一个有机体的知识的千分之九百九十九都是由于遗传或先天得到的，而只有千分之一是由这种先天知识的变异构成的；此外，我认为，这些变异所必需的那种适应性也是先天的。”[61]

科学不是开始于观察，而是开始于理论、偏见、迷信和神话，开始于一个神话受到挑战并崩溃之时。这意味着科学开始于“问题”。波普尔的科学方法论可以表述为：问题→尝试性解决（猜想）→排除错误（反驳）→新的问题。按照这种程序，科学的目标就不再是理论的提出和证实，而是发现问题、提出问题和解决问题，是通过猜想和反驳，使“我们能够从我们的错误中学习”，从而促进知识的增长。波普尔把他的科学方法论概括为下述三个步骤：1. 我们在某个问题上摔跤。2. 我们试图解决它，例如提出某种理论。3. 我们从我们的错误中学习。这个程序当然没有把观察完全从科学研究中排除出去。它只是表明：猜想（理论）的提出不基于观察，“我们把解释强加于世界的企图在逻辑上先于相似性的观察。”[62] 但对于猜想的反驳则有赖于经验观察。“理论不可能逻辑地从观察推出。然而，它们可能同观察相冲突，它们可能同观察相矛盾。这种情况使人们能从观察推知一个理论是虚假的。用观察反驳理论的可能性乃是一切经验检验的基础。”[63]

波普尔强调，归纳推理的模式在心理学、方法论和逻辑上都存在问题。从心理学上看，人们总是倾向于寻找支持自己信仰的证据，而忽略与自己的信仰相悖的证据；从方法论上看，除非已经事先具有关于有待观察的东西的理论，否则观察就无从开始；从逻辑上看，任何归纳推理都带有或然性。波普尔得出结论说：根本没有归纳法或归纳程序这样的事物，归纳即基于许多观察的推理，是神话。它不是心理事实，不是日常生活事实，也不是一种科学程序。实际的科学程序是带着猜测工作，匆忙下结论——通常是在一次观察之后。“重复的观察和实验在科学上起的作用是检验我们的猜测或假说，也即试探性反驳。”[64]“在科学发展中，观察和实验只起了批判的论证的作用。而且，它们是和其他非观察论证一起起作用的。这是个重要的作用；但是，观察和实验的意义完全维系于它们是否可用于批判理论这个问题。”[65]在波普尔眼中，真正的科学方法不是归纳法，而是演绎法。

四、蚂蚁、蜘蛛与蜜蜂

作为近代英国经验论的鼻祖，培根要求人们“直接从感觉出发，通过循序渐进和很好地建立起来的实验进程，努力为人的理智开辟和建筑一条道路”。[66]但他的经验论不是狭隘的经验论。他强调，他所倡导的不是简单的经验，因为那无异于让人们在黑暗中摸索。“经验如果听其自流，只是在暗中摸索，只足以使人混乱而不能教导人。”[67]“和这种经验相反，真正的经验方法，首先就要点起蜡烛来，然后用蜡烛来照亮道路，这种方法实际上是从经过适当安排和消化的经验开始，而不是从粗劣或错误的经验开始，由此寻出公理来，又从既定的公理导出新的实验来。”[68]罗伯特·福尔克纳因而强调，“培根的方法不是经验的，而是实验的……尽管实验的方法是复杂的和有争议的，但它不是简单的经验主义。”[69]

培根不仅看到了人的感官的不完善性，而且强调感性要和理性相结合。“历来研究科学的人或者是经验主义者，或者是独断主义者。经验主义者好像蚂蚁，他们只是收集起来使用。理性主义者好像蜘蛛，他们从他们自己把网子造出来。但是蜜蜂则采取一种中间的道路。他从花园和田野里面的花采集材料，但是用他自己的一种力量来改变和消化这种材料。真正的哲学工作也正像这样。因为它既不只是或不主要是依靠心智的力量，但它也不是从自然历史和机械实验中把材料收集起来，并且照原来的样子把它整个保存在记忆中。它是把这种材料加以改变和消化而保存在理智中的。因此，从这两种能力之间、即实验的和理性的能力之间的更密切和更纯粹的结合（这是从来还没有做过的），我们是可以希望得到很多的东西的。”[70] 蜘蛛、蚂蚁和蜜蜂，准确而形象地刻画了近代哲学家的工作。兰普雷希特认为，培根在这里虽然说得很漂亮，但他实际上更像一只蚂蚁，而不是蜜蜂。不过，公正地说，在当时的英国，能够认识到并且强调理性与经验并重，这本身就是十分有意义的，尽管这个思想并不新鲜。

早在中世纪，英国就有很强的唯名论传统，但那时的哲学家都是用拉丁文进行写作的，真正把英语作为哲学语言，培根当属第一人。一般认为，培根是英国经验论的鼻祖，但严格说来，他只是近代经验传统的预言家，而不是这种传统的实际缔造者。他在哲学史上的重要地位，与其说是哲学理论上的，不如说是哲学精神上的。正如黑格尔所说：“我们需要用一个名字、一个人物作为首领、权威和鼻祖，来称呼一种作风，所以我们就用培根的名字来代表那种实验的哲学思考，这是当时的一般趋向。”[71] 培根的精神发生了广泛的影响。法国启蒙运动期间“百科全书派”的首领狄德罗等人赞誉培根是他们的作品的启灵人；伏尔泰称培根为“凭真理的力量统治人心的伟大人物”；卢梭把培根、笛卡尔和牛顿一起称为“人类的导师”；达尔文声称自己完全按照培根学说的原则行事；康德更是把培根在《伟大的复兴》序言中的一段话用做《纯粹理性批判》的题词。

注释

1 Perez Zagorin, *Francis Bacon*, Princeton University Press, 1998, p.3.

2 Sterling P. Lamprecht, *Our Philosophical Traditions*, p.266.

3　安东尼·昆顿：《培根》，中国社会科学出版社，1992年，第13页。
4　亚·沃尔夫：《十六、十七世纪科学、技术和哲学史》下册，第709页。
5　培根：《培根论说文集》，商务印书馆，1983年7月第2版，第36—37页。
6　亚·沃尔夫：《十六、十七世纪科学、技术和哲学史》下册，第708页。
7　《十六—十八世纪西欧各国哲学》，商务印书馆，1975年7月第2版，第28—29页。
8　同上书，第45页。
9　同上书，第1页。
10　同上书，第30页。
11　培根：《学术的进展》，上海世纪出版集团，2007年，第30页。
12　《十六—十八世纪西欧各国哲学》，第30页。
13　同上书，第46—47页。
14　同上书，第47页。
15　同上书，第9页。
16　同上书，第48—49页。
17　亚·沃尔夫：《十六、十七世纪科学、技术和哲学史》下册，第709页。
18　培根：《学术的进展》，第82页。
19　同上书，第59页。
20　《十六—十八世纪西欧各国哲学》，第32页。
21　同上。
22　Stephen Gaukroger, *Francis Bacon and the Transformation of Early-Modern Philosophy*, Cambridge University Press, 2001, p.14.
23　John Henry, *Knowledge Is Power: Francis Bacon and the Method of Science*, Icon Books Ltd., 2002. p. 42.
24　Ibid., pp. 49—50.
25　杜威：《确定性的寻求》，上海世纪出版集团，2005年，第26页。
26　马克斯·霍克海默、特奥多·威·阿多尔诺：《启蒙辩证法》（哲学片段），重庆出版社，1990年，第1页。
27　同上书，第7页。
28　同上书，导言，第1页。
29　同上书，导言，第5页。
30　同上书，导言，第5页。

31 魏因伯格:《科学、信仰与政治:弗兰西斯·培根与现代世界的乌托邦根源》,三联书店,2008年,第3页。

32 Christopher Hill, *Intellectual Origins of the English Revolution*, Oxford University Press, 1965, p.110.

33 《十六—十八世纪西欧各国哲学》,第13页。

34 同上书,第15页。

35 同上书,第16页。

36 同上书,第20页。

37 《西方哲学原著选读》上卷,第350—351页。

38 《十六—十八世纪西欧各国哲学》,第14页。

39 《西方哲学原著选读》上卷,第355页。

40 同上。

41 同上书,第357页。

42 同上书,第286页。

43 海德格尔:《存在与时间》,三联书店,1999年第二版,第176页。

44 伽达默尔:《真理与方法》上卷,上海译文出版社,1999年,第348页。

45 同上书,第355页。

46 波普尔:《猜想与反驳》,上海译文出版社,2005年,第9页。

47 同上书,第12页。

48 安东尼·昆顿:《培根》,第5页。

49 《西方哲学原著选读》上卷,第357页。

50 同上书,第350页。

51 《十六—十八世纪西欧各国哲学》,第9页。

52 同上书,第53页。

53 同上书,第43页。

54 同上书,第55页。

55 《西方哲学原著选读》上卷,第358页。

56 《十六—十八世纪西欧各国哲学》,第44页。

57 《西方哲学原著选读》上卷,第360页。

58 《十六—十八世纪西欧各国哲学》,第44页。

59 Perez Zagorin, *Francis Bacon*, p.90.

60 波普尔:《走向进化的知识论》,中国美术学院出版社,2001年,第53页。

61　波普尔：《客观知识》，上海译文出版社，2005 年，第 81 页。

62　波普尔：《猜想与反驳》，第 65 页。

63　同上书，第 277 页。

64　波普尔：《猜想与反驳》，第 76 页。

65　同上书，第 217 页。

66　《十六—十八世纪西欧各国哲学》，第 31 页。

67　同上书，第 43 页。

68　同上书，第 31—32 页。

69　Robert K. Faulkner, *Francis Bacon and the Project of Progress*, Rowman & Littlefield Publishers, Inc. 1993, p.9.

70　《十六—十八世纪西欧各国哲学》，第 40—41 页。

71　黑格尔：《哲学史讲演录》第四卷，第 31 页。

第二章　笛卡尔：我思故我在

由于很久以来我就感觉到我自从幼年时期起就把一大堆错误的见解当作真实的接受了过来，而从那时以后我根据一些非常靠不住的原则建立起来的东西都不能不是十分可疑、十分不可靠的，因此我认为，如果我想要在科学上建立起某种坚定可靠、经久不变的东西的话，我就非在我有生之日认真地把我历来信以为真的一切见解统统清除出去，再从根本上重新开始不可。

凡是我没有明确地认识到的东西，我决不把它当成真的接受。也就是说，要小心避免轻率的判断和先入之见，除了清楚分明地呈现在我心里、使我根本无法怀疑的东西以外，不要多放一点别的东西到我的判断里。

灵魂可以没有肉体而存在。

——笛卡尔

笛卡尔

勒内·笛卡尔（René Descartes，1596—1650）1596年3月31日生于法国西部的海牙镇（La Haye，1802年，为了纪念这位伟大的哲学家，镇名改为海牙—笛卡尔镇，而到了1967年，干脆改为笛卡尔镇了）一个贵族家庭。他的祖父和曾祖父都是医生，父亲若阿基姆·笛卡尔（Joachim Descartes）则是一名律师。母亲让娜·布罗沙尔（Jeanne Brochard）也出身名门，但在笛卡尔出生14个月后，母亲因肺病去世，年幼的笛卡尔由外祖母抚养。父亲希望笛卡尔将来能够成为一名神学家，于是1607年，在笛卡尔11岁时，便将他送入拉弗莱什（La Flèche）的耶稣会学校。拉弗莱什学校由法国国王亨利四世创办，是当时欧洲最著名的学校，也是很多法国贵族子弟趋之若鹜的地方。学校实行半军事化管理，侧重古典教育，课程包括拉丁文、希腊文、诗学、物理学、数学、逻辑学、道德学和形而上学等。笛卡尔自幼体弱，因此被允许早晨比别的同学多睡一会儿（要知道，其他同学必须在清晨5点起床！），直到觉得休息好了才到教室里与其他同学一起上课。这使笛卡尔养成了一个终生的习惯：早晨晚起，而且醒来在床上读书、思考。笛卡尔在这所学校学习了8年，并于1615年进入普瓦捷大学攻读法学，1616年获得法学学位和教师资格证书。

笛卡尔家族非常富有，他继承的丰厚遗产使他不必为生活操劳。所以，离开学校以后，笛卡尔的梦想是周游世界。用他自己的话说，一离开师长的管教，他就抛开了书本的研究，投身于“世界这本大书”。他先是来到巴黎，除享受这里丰富的文化生活外，对数学发生了浓厚兴趣。鉴于参军是实现“周游世界”这一梦想的最简单、最划算的途径，他于1618年带着一个仆人自费到荷兰从军。同年11月

10 日的早上，笛卡尔在勃雷达（Breda）的大街上看到一张用佛莱芒语（Flemish）写的征解数学难题的广告，他请在场的伊萨克·贝克曼（Isaac Beeckman，1588—1637）把广告的内容翻译给他，并于次日解开了那道难题。这次经历不仅极大地增强了笛卡尔研究数学的信心，而且结识了比他年长 7 岁的贝克曼。吉尔松认为，与贝克曼的相识是笛卡尔思想演进过程中的一个重要因素，正是这位新朋友提出的问题把笛卡尔的心灵引向了纯理论问题。[1]1619 年 11 月 10 日晚，在德国诺伊堡（Neuburg）一个如暖炉般的营帐里，笛卡尔连续做了三个奇怪的梦。第一个梦的主题是幽灵、狂风和教堂，第二个梦的主题是雷，第三个梦的主题是一本辞典和一本拉丁诗集。按照他自己的解释，这三个梦标志着他要摆脱自己的内心冲突、着手建立一门普遍科学，把算术、几何、天文学和物理学等学科统一起来。1621 年笛卡尔离开军队回国，开始了数学研究。因法国内乱，又去荷兰、瑞士、意大利旅行，1625 年返回巴黎，过着一种绅士般的社交生活。

在周游世界的梦想实现以后，笛卡尔于 1628 年移居荷兰，随身物品包括一本《圣经》和阿奎那的《神学大全》。他要过一种隐居的生活，专心于自己的“形而上学沉思”。他的座右铭是“隐藏得越深，生活得越好。”（He lives well who is well hidden.）海涅说过，“伟大的法国，喧嚣、动荡而又喋喋不休的法国人的国家，却不适于哲学，哲学在这种土壤上可能永远不会繁荣起来，笛卡尔感到这点，因而迁居到荷兰，这个既安静又沉默寡言、在运河里行驶着拉纤船的荷兰人的国家，在那里写下他的哲学著作。只有在荷兰，他才有可能把他的精神从传统的形式主义中解放出来，并从纯粹的思想中创立出一套完整的哲学。”[2] 在荷兰，他从事哲学、数学、天文学、物理学、机械学、化学、生理学、医学、解剖学等领域的研究，并通过数学家梅森神父与欧洲主要学者保持密切联系。他的著作几乎全都是在荷兰完成的。

笛卡尔永远衣冠楚楚，戴着漂亮的假发，随身佩挂一柄宝剑。他终生未婚，但却于 1634 年在阿姆斯特丹和房东的女仆赫莲娜（Hélène Jans）开始了一段恋情，并有一个私生女。为了掩人耳目，笛卡尔总是把这个孩子称为自己的“侄女”。他本想把孩子送回巴黎接受良好的教育，不幸的是，在他写完《第一哲学沉思集》之后不久，这个名为弗兰西娜（Francine）的 5 岁小姑娘就因病去世了，为笛卡尔带来了巨大的悲痛。从 1642 年开始，46 岁的笛卡尔结识了时年 24 岁的波希米亚公主伊丽莎白。两个人相互倾慕，保持了长时间的友谊和通信联系。伊丽莎白天资聪慧，对神学、数学、哲学、天文学和物理学有强烈的兴趣。笛卡尔对伊丽莎白的智力推崇备至，将她描述为一个天使，他的《哲学原理》就是题献给伊丽莎白的，有人甚至认为他爱上了伊丽莎白。伊丽莎白则视笛卡尔为自己的精神导师，并对笛卡尔研究的所有问题都表现出极强的理解力。这位公主也终生未婚，并在修道院里度过了自己的余生。即使在修道院里，伊丽莎白还成立了笛卡尔哲学俱乐部。

1649 年冬天，笛卡尔应邀担任瑞典女王克利斯提娜（Christina）的哲学老师（这件事还曾得到伊丽莎白的忌妒）。为了迁就女王的作息时间，他不得不在天寒地冻的瑞典于清晨 5 时就陪伴女王论学，而这与哲学家早年养成的生活习惯有天壤之别。不久，笛卡尔染上肺炎。当时治疗这类病征的通行办法就是为病人“放血”。然而，这并没有能够留住这位伟大的哲学家，尽管笛卡尔自己说过不下 20 遍，他要活 100 岁。1650 年 2 月 11 日凌晨 4 时，笛卡尔在斯德哥尔摩病逝，终年 54 岁。葬礼非常简朴，只有几个友人为他送葬。

这位以提出“心身二元论”而著称于世的哲学家，死后的身心（如果灵魂不朽的话）也不得安息。1663 年，笛卡尔的著作被罗马天主教会列入禁书名单（这一名单形成于 1557 年，并一直延续到 1917

年）。1691年，皇帝发布禁令，禁止在法国的任何学校讲授笛卡尔哲学。他的遗体几经辗转，100多年以后才找到自己的最终归宿。在笛卡尔去世16年以后，法国政府于1666年把他的遗体从斯德哥尔摩的墓地掘出，准备运往法国。当时的法国驻瑞典大使被允许切下了笛卡尔右手的食指。据说瑞典皇家卫队的一名军官取下了笛卡尔的头骨，并把另一个人的头骨放在了笛卡尔的棺木里。1667年1月，笛卡尔的遗骸被安置在圣·保罗教堂（Chapel of St.Paul），同年7月移至圣安蒂娜迪蒙修道院（Abbey of St-Etienne-du-Mont），1792年修道院关闭后，移至法国古迹博物馆（Jardin Elysée des Monuments français），1819年又移入圣杰曼德佩教堂（St-germain-des-prés）。笛卡尔的头骨现存放于巴黎夏悠宫的人类学博物馆（Musée de l'Homme），但这个被几经拍卖的头骨是不是笛卡尔的，目前尚无定论。[3]

笛卡尔的主要著作有:《方法谈》(1637)、《第一哲学沉思集》(1641年，在出版之前，他把该书抄本分送当时的若干著名哲学家，请他们提出批评意见，然后把这些意见加以归类整理，并做出反驳和答辩，作为该书的附录与正文一并发表)、《哲学原理》(1644)。罗素对笛卡尔的著作及其文笔给予了很高评价，“从柏拉图到笛卡尔之间，所有的哲学家都是教师，沾着这行职业素有的职业优越感。笛卡尔不以教师的身份写哲学，而以发现者和探究者的姿态执笔，渴望把自己的所得传达给人。他的文章笔调平易不迂腐，不是供学生们念的，而是给一般生活中明白事理的人看的。并且，这还是一种异常出色的文笔。近代哲学的开拓者有这样可佩的文学感，对近代哲学来讲是很可庆幸的。”[4]

一、哲学：探究“本原”的学问

黑格尔说，新世界的哲学是从笛卡尔开始的。“在这里，我们可以说到了自己的家园，可以像一个在惊涛骇浪中长期漂泊之后的船夫一样，高呼‘陆地’。”[5]笛卡尔承接了古希腊的传统，认为哲学即爱智之学。在他看来，人们通常追求的智慧不外下述四个等级：第一等是无须深思即可获得的见解；第二等是通过感官经验获得的东西；第三等是通过别人的谈话获得的东西；第四等是通过书本知识获得的东西。“在以往的各个时代都有一些伟大的人物，曾经努力寻求第五等办法来取得智慧，比其他四等要高明、精确到不知多少倍，这就是寻找那些根本原因和真正的本原，从其中推演出人能知道的一切的所以然；从事这种工作的，就是大家称之为哲学家的那些人。”[6]所以，真正的智慧即哲学应当是“本原”之学。作为本原的东西必须满足下述两个条件：“第一个是要非常清楚，非常明显，人心一注意到它们就不能怀疑它们的真理性；另一个是要依靠它们才认识其他事物，就是说，离开其他事物能够认识它们，而不是反过来离开它们能够认识其他事物”。[7]汤姆·罗克摩尔把笛卡尔的思路概括如下：“笛卡尔认为，如果出发点可以被证明为真，而且以便排除错误的可能性由此而展开的推理过程又是绝对的严格，那么结果必然是真的。因为，如果真理在起点就已经在场，那么它就能够被保存至过程的终点而重新出现。”[8]

作为一个数学家和哲学家，笛卡尔继承了毕达哥拉斯和柏拉图的传统，以数学作为哲学的楷模，坚持人类知识的统一性，致力于科学体系的构造。“我们必须相信，一切科学彼此密切联系，把它们统统完整地学到手，比把它们互相割裂开来，更为方便得多；因此，谁要是决心认真探求事物的真理，他就必须不选择某一特殊学科：因为，事物都是互相联系、彼此依存的；他必须仅仅着眼于如何发扬理性的自然光芒，——并不是为了解决这个或那个学派纷争，而是为了在人生各个场合，让悟性指引意志何去何从。”[9]他认为真正的哲学是由下述三部分组成的统一整体：形而上学、物理学和道德学（以及医学和机械学)。形而上学(笛卡尔也称之为第一哲学)讨论知识的本原,包括我的存在、上帝的存在、心灵的非物质性及其他“清楚明白”的观念(clear and distinct ideas);物理学讨论宇宙发生论以及广延物体的属性;道德学讨论人的行为的准则。“哲学好像一棵树,树根是形而上学,树干是物理学,从树干上生出的树枝是其他一切学问,归结起来主要有三种,即医学、机械学和道德学,道德学我认为是最高的、最完全的学问,它以其他学问的全部知识为前提,是最高等的智慧。”[10] 这是笛卡尔毕生坚持的信念:哲学虽然基于形而上学,但医学、机械学特别是道德学才是其真正价值所在。因为“我们并不是从树根上,也不是从树干上,只是从树枝的末梢上摘取果实的,所以我们认识哲学的主要用途要靠认识它的部分的用途,我们只能学习后者。”[11] 特别是在其晚年,受波希米亚公主伊丽莎白的影响,笛卡尔对激情、伦理和美德问题给予了极大的关注。

二、发现本原的方式:普遍怀疑

从古希腊开始,探究“本原”的工作就一直没有停止过,但在笛卡尔看来,这个计划却从来不曾有人真正完成过。无论是柏拉图还是亚里士多德都没有找到这样的“本原”,只不过是把想象出来的东西误认为“本原”,就是说,“他们全都把一个自己并不完全了解的东西设定为本原。”[12] 经院哲学及其方法只不过是柏拉图和亚里士多德哲学的变种,因而不能在智慧的研究中有所进展。经院哲学的逻辑即三段论只能用来说明已知的东西,甚至使人对自己并不知道的东西夸夸其谈,因而会败坏良知。古代的几何和近代的代数也只是用来研究非常抽象、毫无用处的东西。这些方法阻碍了哲学和科学的发展。在哲学领域,虽然千百年来经过无数能人的刻苦钻研,但几乎没有一个问题

波希米亚公主伊丽莎白

不在争论之中，因而没有一点不是可疑的。“我们能够想象得出来的任何一种意见，不管多么离奇古怪，多么难以置信，全都有某个哲学家说过。”[13] 由于其他学问的原则是从哲学那里借来的，在这个不牢固的地基上不会构筑起任何结实的东西。在这个意义上，传统哲学非但没有把人们带到真正的智慧，反而使人们离之越来越远。“所以，如果设定着那些坏的本原，越是反复琢磨它们，越是仔细从其中推出各种结论，就离开认识真理和智慧越远。由此应该得出结论说：对那种迄今被称为哲学的东西学得越少，就越能学到真东西。”[14]

于是，他的使命首先是“清扫”，即清除错误的理论和方法在人们心中造成的各种谬误。“由于很久以来我就感觉到我自从幼年时期起就把一大堆错误的见解当作真实的接受了过来，而从那时以后我根据一些非常靠不住的原则建立起来的东西都不能不是十分可疑、十分不可靠的，因此我认为，如果我想要在科学上建立起某种坚定可靠、经久不变的东西的话，我就非在我有生之日认真地把我历来信以为真的一切见解统统清除出去，再从根本上重新开始不可。”[15] “凡是我没有明确地认识到的东西，我决不把它当成真的接受。也就是说，要小心避免轻率的判断和先入之见，除了清楚分明地呈现在我心里、使我根本无法怀疑的东西以外，不要多放一点别的东西到我的判断里。”[16] 于是，怀疑就成了笛卡尔全部哲学的出发点。而且，这种怀疑不是局部的，而是全方位的“普遍怀疑”（hyperbolic doubt）。“任何一种看法，只要我能够想象到有一点可疑之处，就应该把它当成绝对虚假的抛掉，看看这样清洗之后我心里是不是还剩下一点东西完全无可怀疑。”[17]

珍妮特·布劳顿把笛卡尔的“普遍怀疑”策略总结如下：“我们在研究中应当追求知识；知识需要确定性；而确定性需要排除极端的怀疑论的怀疑。如果这幅画面是正确的，它就以一种极为简单的方式说明了笛卡尔运用怀疑方法的原因。”[18]尽管笛卡尔说过：“要想追求真理，我们必须在一生中尽可能地把所有事物都来怀疑一次。”[19]但他并没有陷入这样一件“没完没了的工作”，而是致力于拆掉大厦的基础，而当务之急就是要拆除感官这个基础。

（一）对感官以及可感事物的怀疑

亚里士多德主义有一个基本的信条：凡出现于理智中的东西，无不先出现于感觉中。实际上，这也是我们自幼形成的一个根深蒂固的“偏见”——即不加批判地接受感官或感觉呈现给我们的一切。笛卡尔发现，感官或感觉有时是靠不住的，它们曾经欺骗过我。“直到现在，凡是我当做最真实、最可靠而接受过来的东西，我都是从感官或通过感官得来的。不过，我有时觉得这些感官是骗人的；为了小心谨慎起见，对于一经骗过我们的东西就绝不完全加以信任。”[20]比如，感官告诉我，远处有一座圆塔，但走近一看却是方的。又比如，感官告诉我，我之外有一个外部世界。但这是靠不住的，很可能有一个狡诈和欺骗手段极强的妖怪用尽心思来骗我，就是说，是它让我相信有天、地、空气、颜色、形状、声音以及我们所看到的一切外界事物。实际上，这些东西可能都是假象和骗局，根本就不存在。

我有一个属于我的身体，而且，此时我的身体如此这般地存在于此地，似乎这是再清楚不过的“事实”。“虽然感官有时在不明显和离得很远的东西上骗过我们，但是也许有很多别的东西，虽然我们通过感官认识它们，却没有理由怀疑它们：比如我在这里，坐在炉火旁边，穿着内长袍，两只手上拿着这张纸，以及诸如此类的事情。我怎么能否认这两只手和这个身体是属于我的呢？”[21]笛卡尔说，事实上，我无法区分梦境与现实。我经常在夜里梦见我在这个地方，穿着衣服，在炉火旁边，尽管我是一丝不苟地躺在被窝里的。因此，我的身体到底存在不存在，完全是可以怀疑的。我可能本来就没有手，没有眼睛，没有肉，也没有血，没有任何感官，所有这些可能都是我的幻觉。“昔者庄周梦为蝴蝶，栩栩然蝴蝶也，自喻适志与！不知周也。俄然觉，则蘧蘧然周也。不知周之梦为蝴蝶与，蝴蝶之梦为周与？”[22] 庄子的这段话可以用来支持笛卡尔的“怀疑”。对感官以及可感事物的怀疑，可以直接导致对物理学、天文学和医学等等的怀疑。

（二）对于数学知识的怀疑

笛卡尔是一位数学大师，对他来说，数学真理应该是毋庸置疑的。“不管我醒着还是睡着，二和三加在一起总是形成五的数目，正方形总不会有四个以上的边，像这样明显的一些真理，看来不会让人怀疑有什么错误或者不可靠的可能。”[23] 实际上，这也是苏格拉底的看法。笛卡尔却说，我们并没有充足的理由把数学对象设定为清楚明白的“本原”。“虽然如此，很久以来我心里就有一种想法：有一个上帝，他是全能的，就是由他把我像我现在这个样子创造和产生出来的。可是，谁能向我保证这个上帝没有这样做过，即本来就没有地，没有天，没有带有广延性的物体，没有形状，没有大小，没有地点，而我却偏偏具有这一切东西的感觉，并且所有这些都无非是像我所看见的那个样子存在着的？还有，和我有时断定别的人们甚至在他们以为知道得最准确的事情上弄错一样，也可能是上帝有意让我每次在二加三上，或者在数一个正方形的边上，或者在判断什么更容易的东西（如果人们可以想出来比这更容易的东西的话）上弄错。”[24] 所以，算学、几何学乃至逻辑学等等都在可怀疑之列。

笛卡尔强调，“普遍怀疑”只限于“思维真理”，而不适用于“立身行事”。在行动方面，如果奉行这种怀疑策略，往往会错过行动的机会，甚至从根本上扼杀行动。所以，即使在沉思的过程中，沉思者也要（毫不迟疑地）吃饭、休息、睡觉，也要（毫不迟疑地）使用和依赖自己的感官及周围世界。“因为在人事方面，我们往往不得不顺从大概可靠的意见，而且有时我们纵然看不到两种行动哪一种盖然性较大，我们也得选择一种，因为在摆脱怀疑之前，往往会错过行动的机会。”[25]

三、本原的发现：我思故我在

（一）我思与我在

和古代怀疑论不同，笛卡尔绝不是为怀疑而怀疑。在他那里，怀疑只是一种工具，为的是把沙子和浮土挖掉，从而找出磐石和硬土。所以，笛卡尔的怀疑是“方法论的怀疑”（methodological doubt），旨在“让我们排除各种各样的成见，给我们准备好一条非常容易遵循的道路，让我们的精神逐渐习惯脱离感官，并且最后让我们对后来发现是真的东西决不可能再有什么怀疑”。[26]一切都可以怀疑，只有“我在怀疑”这个事实是毋庸置疑的。而怀疑是一种思想活动，“我思想，所以，我存在”（I think，therefore I am）。“我们既然这样地排斥了稍可怀疑的一切事物，甚至想象它们是虚妄的，那么我们的确很容易假设，既没有上帝，也没有苍天，也没有物体；也很容易假设我们自己甚至没有手没有脚，最后竟没有身体。不过我们在怀疑这些事物的真实性时，我们却不能同样假设我们是不存在的，因为要想象一种有思想的东西是不存在的，那是一种矛盾。因此，我思故我在的这种知识，乃是一个有条有理进行推理的人所体会到的首先的、最确定的知识。”[27]“我发现，‘我想，所以我是’这个命题之所以使我确信自己说的是真理，无非是由于我十分清楚地见到：必须是，才能想。”[28]因为无论梦中思想也好，醒时思想也好，我总归在思想，总归存在着。即使我受骗了，也没有改变我思想的事实，所以，我存在着。用斯宾诺莎的话说：“怀疑的理由越是多，则使他确信自己存在的论据也就

笛卡尔雕像

越多。”[29]

这是普遍怀疑之后得以确立的“最初的本原”。“我们在怀疑时，不能怀疑自己的存在，而且在我们依次推论时，这就是我们所得到的第一种知识。”[30]我即是一个思维的主体。“我是一个本体，它的全部本质或本性只是思想。它之所以是，并不需要地点，并不依赖任何物质性的东西。”[31]笛卡尔不否认“先存在才能思想的这个真理”，他强调的是，只有当我思维时我才发现我的存在。假若我停止思维，我的存在便没有证据了。这里的思，“指凡是如此地存在于我们以内以致我们对之有直接认识的东西”。[32]思的范围非常广泛，怀疑、理解、设想、肯定、否定、意欲、想象和感觉都在思的范围之中。

实际上，通过我思确立我的存在，这并非笛卡尔的独创。在《独白》一书中，奥古斯丁就曾经写道：“你，这个希望认识你自己的人，你至少知道你存在吗？——我知道。——你是如何知道的？——我不知道。——你是一个简单物，还是一个复合物？——我不知道。——你知道你是否在运动吗？——我不知道。——但你知道你在思想吗？——是的，我知道。——所以，至少你在思想是真的。——是真的。——所以，你知道你存在，你活着，你思想。”[33]

笛卡尔是如何从“我思”过渡到“我在”的？从“我思故我在”这个表述的形式看，似乎这是一个简化了的三段论推理：大前提是“凡思想者皆存在”，小前提是“我思想”，结论是“我存在”。笛卡尔本人曾经明确否认“我思”是一个三段论推理。他在致梅森的信中曾经说过：“当某人说‘我正在思想因而我存在’时，他并不是从一个三段论式的思想中推导出存在的，而是通过心灵的简单直觉把它看成某种不证自明的事情。从以下的事实中可以看到，这一点是非常清楚的。如果他通过三段论进行推理，他就不得不预先具有关于如下大前提的知识：‘任何思想的事物都是存在的’。然而事实上他会从自己的经历中认识到，‘离开存在他是不可能思想的’。”[34] 从哲学史上看，后来的哲学家也大多不认为这是一个推理。斯宾诺莎明确否认这是一个三段论推理，因为如果那样的话，其前提应当比结论即“我存在”更加明白和清楚。而且，在这样的推理中，“我存在”的真理性取决于曾经被笛卡尔怀疑过的共相，“我存在”便不会成为一切知识的原始基础。所以，“我思故我在”实际上等值于“我是能思想者”。费希特认为，这个命题并不是从“凡思维的人都在”这个大前提推论出来的，毋宁说，笛卡尔是把它当做意识的直接事实看待的。黑格尔也反对把“我思故我在”看作一个三段论推理的一部分，因为这个“虚构的”三段论的大前提即“凡思想者皆存在”不是不证自明的，反而是从“我思故我在”引申出来的。“我思故我在”这一命题只是表明了思维与存在之间直接的、必然的关联。

人们也许会提出这样的质疑：为了清楚明白地领会“我思故我在”的确定性，我必须预设若干前提，比如对什么是思、什么是存在、什么是确定性等等有预先的领会。笛卡尔的回答是，即使是在怀疑的过程中，我也并没有把心灵真正“清空”，我有权利使用若干不证自明的概念，否则我便无法思考。在与伯曼的谈话中，笛卡尔甚至承认“我思故我在”可以是一个省略了大前提的三段论推理，不过，在“怀疑”阶段，我并没有清楚明白地“意识到”那个大前提以及建立其上的推理过程。“在‘我思想，所以我存在’这个推理之前，大前提‘凡思想者都存在’可能已经为人知晓；因为实际上，大前提先于我的推理，我的推理依赖于它。这就是作者在《原理》中说大前提首先出现的原因，即因为始终隐含地预设了它，它始终是在先的。然而不能由此得出，我始终清楚明白地意识到它在先，或者，在我推理之前就知道它。这是因为我现在关注的只是内心经验到东西——例如，‘我思想，所以我存在’。我并未注意一般的概念‘凡思想者都存在’。按照我前面的解释，我们没有将这些普遍命题与特定实例分离开，相反，正是通过这些特定实例，我们思考普遍命题。”[35]

就是说，笛卡尔相信，普遍性前提在“我思”论证中起着作用，“但只有通过反思清晰的直观知识的具体实例，才逐渐意识到。它们并非首先单独地被认识，然后通过三段式来获取我思推理。相反，推理为一次直观活动所（正确地）接受，随后通过分析，才发现其逻辑结构，包括默认的普遍前提。在他看来，我思推理是一个论证，我们可以合法地接受它的结论，而无须清楚地指出所有前提，展示其逻辑结构。”[36]汤姆森也做出了下述评论：“我们可以假定，笛卡尔愿意承认把‘离开存在不可能思想’作为‘我思’的预先假定。这并不意味着为了在直觉闪烁的瞬间抓住‘我思’，我们就不得不去思考隐含的前提。”[37]人们也许认为，我们可以用诸如“我喝水，所以我存在”、“我行走，所以我存在”之类的“推论”替代“我思故我在”。笛卡尔对此做了否定的回答，因为在这些“推论”中，前提都不是毋庸置疑的：我以为我在喝水，但实际上这可能是一个梦境；我以为我在行走，但实际上我可能正躺在自己的床上。只有我在怀疑甚至在受骗是确定无疑的，是一个骗人的恶魔都无法改变的事实。

（二）萨特对“我思故我在”的评论

萨特认为，笛卡尔从“我思”出发去论证人的存在，这个思路是对的。“作为出发点来说，更没有什么真理能比得上我思故我在了，因为它是意识本身找到的绝对真理。任何从人出发的理论，只要一脱离这个找到自我的状态，就是压制这种真理，原因是脱离了笛卡尔的我思，一切东西至多只具有可能性或概率性，而任何关于概率性的理论，不附在一个真理上，就会跨得无影无踪。”[38]但他认为，笛卡尔的“我思”并不彻底，因为他把意识等同于认识。当他说“我怀疑，所以，我存在”时，他的意思是“我知道我怀疑，所以，我存在”。可见，他的“我思”仍然是对象性的，即对“怀疑”意识的认识。“把意识还原为认识，事实上意味着把主体—对象的二元论引入意识，这种二元论是认识的典型形态。”[39]这样做的后果是，我们将面临“第三者”困境，即为了“知道”我在“怀疑”，我必须引入另一个意识主体，以至无穷。要解决这个问题，必须“放弃认识的第一性”，“无疑，意识能进行认识和认识自己。但是它本身不是回归自我的认识。”[40]

在萨特看来，具有意识就是具有自我意识。就是说，意识可以直接地立即意识到自身，而不把自身作为一个对象。“自我意识不是成对的。如果要避免无穷后退，意识就必须是自我与自我之间一种直接的，而非认识的关系。”[41]这样的自我意识就是所谓“反思前的我思”。这种“反思前的我思”总是伴随着我对某物的意识。萨特通过下述例子对此做了说明：如果我数这个盒子里的香烟，那么，毫无疑问我的意识是指向香烟的，就是说，香烟是我的认识对象。但对于“我数它们”我可能完全没有一种对象性认识，即我没有“认识到我在数”。不过，如果这时有人问我：“你在那里做什么？”我会毫不犹豫地回答：“我在数香烟”。这说明：一种非反思（认识）的意识使反思成为可能。“有一个反思前的我思作为笛卡尔我思的条件。”[42]“不应把这种（对）自我（的）意识看成一种新的意识，而应看成使对某物的意识成为可能的唯一存在方式。”[43]这一点在“快乐、痛苦”这样的心理事件中表现得尤为突出，它们只能作为自我意识而存在。不能说我（因外部原因）首先有了快乐，然后这种快乐被我意识到了；也不能说我先有一种意识，然后这种意识接受了“快乐”的感受。快乐不可能在我意识到快乐之前存在。就是说，快乐意识是快乐存在的唯一方式。

（三）逻辑经验主义对“我思故我在”的批判

逻辑经验主义把笛卡尔的“我思故我在”视为典型的形而上学命题，因而是一个在认识论上毫无意义的假陈述。按照逻辑经验主义，有意义的陈述包括分析命题和经验命题：前者虽然对实在本身没有任何断定，但它的形式是合乎逻辑的；后者属于经验科学的范围，具有可证实的经验内容。“人们意图构成的任何陈述，如不属于这些范畴，便自动变成无意义的。因为形而上学既不想断言分析命题，也不想落入经验科学领域，它就不得不使用一些无应用标准规定的、因而无意义的词，或者把一些有意义的词用这样一种方式组合起来，使它们既不产生分析的（或矛盾的）陈述，也不产生经验陈述。在这两种情况下，假陈述都是必然的产物。”[44] 卡尔纳普（Rudolf Carnap，1891—1970）认为，笛卡尔的“我思故我在”包含了两个基本的逻辑错误。首先，它是由于违反了动词“to be”的逻辑句法而产生的无意义的假陈述。“to be”在这里表示存在，但存在只能与谓词连用，而不能与名称连用，就是说，“一个表示存在的陈述并没有‘a 存在’这个形式”。[45] 其次，从“我思”得出的结论不是“我存在”，而是“存在着思维的东西”。按照逻辑经验主义，像“我思故我在”这样的形而上学假陈述，并不是用来描述事态的，而是旨在表达一个人对人生的总态度。而对于这样的目的而言，形而上学显然逊色于音乐。“形而上学家是没有音乐才能的音乐家。相反，他们有的是在理论环境里工作的强烈爱好，是联络各种概念和思想的强烈爱好。都是形而上学家既不在科学领域里发挥这种爱好，又不能满足用艺术表达的要求，倒是混淆了这两个方面，创造出一种对知识既无贡献、对人生态度的表现又不相宜的结构。”[46] 所以，逻辑经验主义的目标就是：通过语言的逻辑分析清除形而上学。

四、上帝存在的证明

在普遍怀疑的阶段，除“我在怀疑”这一点之外，没有一样东西不在被怀疑之列，包括上帝。在通过怀疑确立了我（思想）的存在以后，笛卡尔便开始了“立”的工作，即从那全部怀疑中解脱出来，甩掉那些怀疑。“我思故我在”的发现，使笛卡尔找到了一切知识的基础，也找到了其他真理的尺度：凡是像这个真理一样可以清楚明白地设想的东西都是真的。他首先通过“我思”论证了上帝的存在。笛卡尔是一个天主教徒，论证上帝的存在无疑是他的神圣职责。但他一向认为，“上帝和灵魂这两个问题是应该用哲学的理由而不应该用神学的理由去论证的主要问题。”[47]“我思”的确立和发现，使笛卡尔有可能从我的内心出发，去寻找上帝存在的理由。在《第一哲学沉思集》正文部分，笛卡尔提出了两个关于上帝存在的证明：一个是因果论证明，一个是本体论证明。

（一）因果论证明

我心中有一个上帝的观念，而且这个观念十分清楚明白，就是说，他是一个无限的、永恒的、常驻不变的、不依存于别的东西的、至上明智的、无所不能的实体。“这个观念也是非常清楚、非常明白的，因为凡是我的精神清楚明白地领会为实在和真实的，并且本身含有什么完满性的东西，都完全包含在这个观念里边了。”[48]这种完满性观念来自何处？只有两种可能：来自我自身，或来自我之外的完满性存在即上帝。第一种可能性不存在，因为我怀疑这个事实，就表明了我的不完满性。“我既然在怀疑，我就不是十分完满的，因为我清清楚楚地见到，认识与怀疑相比是一种更大的完满。”[49]而完满的东西不能来自不完满的东西。人们也许会说，尽管我眼下看起来是不完满的，但完满性仍然以某种方式潜存于我的心中，随着我的认识的逐渐增长，我会越来越趋向这种完满性，并最终得到上帝的那种完满性，从而成为上帝。在笛卡尔看来，我们的认识不得不逐渐增长，这一事实就足以说明我的不完满性。而且，在上帝那里，一切都是现实的，

作为浮士德的笛卡尔

而非仅仅是潜存的。

笛卡尔有一个基本的假设，即不仅无中不能生有，而且在原因里一定至少和在它的结果里有一样多的实在性，否则就无法解释结果的实在性从何而来的问题。比如，作为石头原因的东西，一定具有至少和石头同等程度的实在性。作为热的原因的东西，一定是在等级上、程度上或者种类上和热一样完满。同样，我心中的上帝观念是从哪里来的呢？“我觉得很明显，应当来自某个实际上比我更完满的自然。至于我心里那些关于天、地、光、热之类成千上万个东西的思想，我不用费多大力气就知道它们是从哪里来的，因为我既然看不出它们有什么地方我觉得比我高明，就满可以认为：如果它们是真的，那就是沾了我的本性的光，因为我的本性是有几分完满的；如果它们不是真的，那是由于我凭空捏造，也就是说，它们之在我心里出现是由于我有毛病。可是，在我心里想到一个比我自己更完满的是者的时候，情形就不能是这样了，因为凭空捏造出这个观念显然是不可能的事情。要知道，就比较完满的产生于比较不完满的，说前者沾后者的光，其不通实在不下于说无中生有，所以我是不能凭自己捏造出这个观念的。那就只能说，把这个观念放到我心里来的是一个实际上比我更完满的东西，它本身具有我所能想到的一切完满，也就是说，干脆一句话：它就是神。”[50] 所以，上帝不仅存在于我的心中，而且存在于我之外。笛卡尔总结说：“我在这里用来证明上帝存在的论据，它的全部效果就在于我认识到，假如上帝真不存在，我的本性就不可能是这个样子，也就是说，我不可能在我心里有一个上帝的观念”。[51] 这种从结果推出原因的论证实际上是宇宙论证明的翻版。

（二）本体论证明

这个论证的核心是发现上帝的“本质”和“存在”之间的必然关联。我们心中具有上帝即完满存在者的观念，就是说，我们知道上帝的“本质”，只有上帝存在我们才能产生这样的观念，因为完满的存在者只有具备存在的属性才能成为完满。“如果仅仅由于我可以从我的思维中得出什么东西的观念就断言凡是我清楚、分明地认识到是属于这个东西的都实际属于这个东西，那么难道我不可以由此得出关于上帝存在的一个论据和一个论证性的证明吗？当然我在我的心里觉察到他的观念（也就是说，一个至上完满的存在体的观念）并不比不论什么形状或什么数目的观念差。我对于一个现实的、永恒的存在性之是属于它的本性这一事实认识得清楚、分明的程度并不比我认识凡是我可以证明什么形状或什么数目之是真正属于这个形状或这个数目的本性的程度差。从而，即使凡是在前几个沉思里所断言的都不是真的，上帝的存在在我心里至少应该算是和我迄今所认为仅仅有关数目和形状的一切数学真理同样可靠，……上帝的存在不能同他的本质分开，这和一个直角三角形的本质之不能同它的三角之和等于二直角分开，或一座山的观念之不能同一个谷的观念分开一样。因此，领会一个上帝（也就是说，领会一个至上完满的存在体）而他竟缺少存在性（也就是说，他竟缺少某种完满性），这和领会一座山而没有谷是同样不妥的。”[52] 这是中世纪安瑟尔谟“本体论证明”的翻版。和安瑟尔谟一样，笛卡尔假定上帝观念是应该存在于所有人心中的。至于为什么事实上有些人（无神论者）怀疑上帝的存在，笛卡尔的解释是“因为他们过分倾向于感官的知觉，而神是看不见摸不着的。”[53]

上帝存在的证明表明：上帝绝不是我（思想）的产物，相反，上帝是世界上一切事物（包括我）的创造者。那么，在笛卡尔那里，作为“最初本原”的到底应当是“上帝”还是“我”及其随之发现的清楚明白的知觉？从有神论甚至从本体论上看，上帝无疑是“在先的”和独立的，而我及其随之发现的清楚明白的知觉无疑是派生的和依附性的。“既然我知道自己缺乏某一些完满，那我就不是单独存在的是者，必定要有另外一个更完满的是者作为我的靠山，作为我所具有的一切的来源。”[54] 但从认识论上看，我及其随之发现的清楚明白的知觉却无疑具有“优先性”，因为为了合理地以“第一人称”方式谈论上帝，必须首先确立或发现我的存在。而能够清楚明白地提示我的存在的，恰恰是当下我正在怀疑或思想这个事实。这时我最有把握断定的就是我的“思想—存在”，尽管从本体论上看，我之所以能够思想，全有赖于上帝。正因如此，笛卡尔把我或灵魂看作“最初的本原”，而上帝则是从“最初的本原”推论出的结论。“我思故我在的这种知识，乃是一个有条有理进行推理的人所体会到的首先的、最确定的知识。”[55] 他也常常把灵魂和上帝并举，作为两个共同的本原，用以推演出世界上一切其他事物的知识。

当然，在这个问题上，笛卡尔的态度并不是首尾一贯的。比如，他曾经说过，“我非常清楚地认识到，一切知识的可靠性和真实性都取决于对于真实的上帝这个唯一的认识，因而在我认识上帝以前，我是不能完满知道其他任何事物的。”[56] 他还说过：“关于物体性的东西有很少是我们认识得准确的，关于人的精神有更多的东西是我们认识的，关于上帝本身我们认识的还要更多”。[57] 他甚至说过，连“凡是我们十分清楚、极其分明地理解的都是真的”这一命题的可靠性，也只是由于神的存在。因为只有神是唯一完满的存在者，我们心里的一切都来自于神。特别应当提到的是，在《第一哲学沉思集》的一个附录中，笛卡尔尝试用几何学方式证明上帝的存在和人的精神与肉体之间的区别的理由。其中的第一个命题就是“单考虑上帝的本性就能认识他的存在性”，这意味着不必通过“我思—我在”及其随之发现的清楚明白的知觉，就可以直接证明上帝的存在。这就是被阿诺德最早提出的“笛卡尔循环”（the Cartesian circle）。斯宾诺莎也看到了这个问题，所以，当他按照几何学方式证明笛卡尔哲学原理时，并没有采用笛卡尔自己设定的顺序。在斯宾诺莎的论证中，前四个命题都是有关“我思—我在”的，而作为笛卡尔几何学论证第一命题的“单独考察神的本性，就可以认识神的存在”则被排在了命题五。斯宾诺莎看得很清楚，除了“我思—我在”之外，“知识不能有任何其他的基础，因为要怀疑所有其他的基础是很容易的。唯有这个基础是决不能怀疑的。”[58]所以，命题一是“当我们不知道我们是否存在时，我们不能绝对地确信任何东西。”[59]总的说，在这个问题上，笛卡尔讨论问题的着眼点是认识论的，而非本体论的，而从认识论上看，“我思—我在”及其随之发现的清楚明白的知觉先于上帝的存在。

五、广延物体的存在

我们看到，通过普遍怀疑，笛卡尔确立了“我”的存在，并且具体地展示了“清楚明白”这样一条真理标准，即凡是我们极清楚、明白地设想到的东西都是真的。以此为根据，他进而论证了上帝的存在，并且确立了另一条原则，即上帝是不会骗人的，因为任何欺骗都意味着某种不完满性，而上帝是完满的。有了这样两条原则之后，他开始论证外部广延物体的存在。“我觉得我已经发现了一条道路，顺着这条道路我们就能从深思真实的上帝（在上帝里边包含着科学和智慧的全部宝藏）走到认识宇宙间的其他事物。”[60]在他看来，我心中除了上帝的观念之外，还有很多其他的观念，包括广延物体的观念，这些观念也是我能清楚明白地加以设想的，因而也是真观念。当然，说它们是真观念，还不意味着说它们和上帝那样有一种真实的外部存在。“因为除了上帝以外我不能领会有别的什么东西其存在是必然属于它的本质的”。[61]这些观念也不仅存在于我的心中，而且存在于我之外。首先，他以上帝存在为依据，肯定了“我”的肉体的存在。在笛卡尔看来，凡自然告诉我的都含有某种真实性，这里的自然指上帝本身或上帝所造成的事物的本性。自然最明白无误地告诉我的是，我有一个肉体，当我感觉痛苦时，它就不舒服。当我感觉饿或渴时，它就要吃喝。我就像一个舵手一样住在我的肉体里。同样的自然告诉我，我身体周围还存在着许多别的物体。

他还从人的受动的感知能力与其能动的来源角度，论证了外部广延物体的存在。我们心中有一种受动的感觉功能，用以接受和认识可感知的东西的观念。可是，如果我心里或者在别的什么东西里没有另一种能动的功能能够形成和产生这些观念，那种受动的功能对于我来说就毫无用处。这另一种能动的功能只能有下述三个来源：我、上帝或广延物体。来源于我是不可能的，因为我不过是一个思维的东西，那些观念之呈现给我，并不是我的意愿造成的，在很多情况下甚至和我的意愿相反。来源于上帝也是不可能的。因为如果是上帝把外物的观念放到我心中的，那我就应当知道这件事，因而也就不会再有很大的倾向性相信它们是外物送给我的，因为上帝是不会骗我们的。但事实是，我没有任何功能知道这回事，倒是有很大的倾向性认为这些观念是来自外物的。在这种情况下，认为是上帝把这些观念带给我的，就无异于说上帝是个骗子。因此，基于上帝不会骗人这样的假设，这些观念不可能来自上帝，只能来源于物质性的物体。就是说，外部广延物体是存在的。需要强调指出的是，作为理性主义哲学家，笛卡尔不是凭借感官的“偏见”而是通过理性的知觉论证广延物体的存在的。正因如此，我们关于广延物体的观念也是清楚明白的，尽管它们不如我们关于心灵和上帝的观念那样清楚明白。

当然，随着“我思”及其“清楚明白”原则的发现，数学知识的可靠性也得以重建。实际上，在笛卡尔那里，数学知识特别是算术和几何始终是“清楚明白”的知识的典范。在《探求真理的指导原则》

中，第二条原则就是“应该仅仅考察凭我们的心灵似乎就足以获得确定无疑的认识的那些对象。”在笛卡尔看来，只有算术和几何的对象才属于这样的对象。因为“只有算术和几何研究的对象既纯粹而又单纯，绝对不会误信经验已经证明不确实的东西，只有算术和几何完完全全是理性演绎而得的结论。”[62]

六、实体二元论

（一）心与物

至此，笛卡尔不仅肯定了“我”的存在，而且肯定了包括我的肉体在内的外部世界的存在。发现“我”的方式清楚地表明：我即思想和物质事物是完全不同的。“我们对自己的心所具有的意念，是在我们对任何物质事物所具有的意念以前存在的，而且它是较为确定的，因为我们在已经知道自己是在思想时，我们仍然在怀疑有任何身体存在。”[63]我是一个精神实体，肉体则是一个物质实体。这两类实体有很大差别。精神完全是不可分的，是单一的、完整的东西，而肉体则永远是可分的。比如，我们可以把一个物体一分为二，而我们却永远也不可能领会半个灵魂。精神实体的属性是思维，物质实体的属性是广延。在笛卡尔看来，实体就是可以独立存在、不依赖于他物的东西，精神和物质都是这样的实体。它们各自独立，互不依赖。这就是他的二元论。

“我确实有把握断言我的本质就在于我是一个在思维的东西，或者就在于我是一个实体，这个实体的全部本质或本性就是思维。而且，虽然也许（或者不如说的确，像我将要说的那样）我有一个肉体，我和它非常紧密地结合在一起；不过，因为一方面我对我自己有一个清楚、分明的观念，即我只是一个在思维的东西而没有广延，而

笛卡尔雕像

另一方面，我对于肉体有一个分明的观念，即它只是一个有广延的东西而不能思维，所以肯定的是：这个我，也就是说我的灵魂，也就是说我之所以为我的那个东西，是完全、真正跟我的肉体有分别的，灵魂可以没有肉体而存在。”[64]“精神可以没有肉体而存在，肉体可以没有精神而存在。”[65]在笛卡尔看来，一般人之所以不能清楚地认识精神的本性以及精神和肉体的分别，原因就在于他们把自己等同于自己的身体。

为了坚持二元论立场，笛卡尔必须回答在动物和人那里精神和肉体的关系问题。他认为动物根本没有理性灵魂，完全是一个物质实体，或者说是一架机器，所以，不存在精神与肉体的关系问题。自18世纪以来，有一个流传甚广的故事：晚年的笛卡尔总是随身携带一个雌性机械玩偶（据说这个玩偶是按照他夭折的女儿弗兰西娜的身高设计的），他设计这个玩偶的目的在于表明动物没有灵魂，不过是机器。葛克罗杰（Stephen Gaukroger）认为，这个故事不过是18世纪用来反对唯物论的一种宣传工具而已。[66]

在1643年5月21日致伊丽莎白的信中，笛卡尔写道：“关于人类心灵本性的全部知识依赖于下述两件事。第一件是：它（心灵）是思想的东西；第二件是：作为与身体结合在一起的东西，它可以与身体相互作用。我只是试图提供对于第一件事的恰当理解，关于第二件事我几乎什么都没有说，因为我的主要目的是证明：在心灵和身体之间存在着差别。就这一目的而言，只需要讨论第一件事，而第二件事则是一个潜在的障碍。”[67]笛卡尔不否认，在人身上，精神和肉体这两种完全不同的实体是紧密联系在一起的，其密切程度远远超出了舵手与其船只之间的关系。“我相信这个物体［肉体］（由于某种特殊权利我把它叫作我的）比其他任何物体都更真正、更紧密地属于我，这并不是没有道理的。因为事实上我绝不能像跟别的物体分开那样跟我的肉体分开。我在身体上，并且为了身体，感受到我的一切饮食之欲和我的一切情感。最后我在身体的部分上，而不是在跟它分得开的别的物体的部分上感受到愉快和痛苦。”[68]

但是，它们仍然是两个独立的实体，不存在谁产生或引起谁的问题。为了回答精神实体何以能影响物质实体（身体）的问题，笛卡尔曾经把心灵、肉体和二者的联合体称为三个“原始概念”（primitive notions），意思是，它们是不能进一步加以解释的东西。笛卡尔在晚期还曾提出“松果腺”（pineal gland）理论。当时的解剖学发现，人体器官都是成对儿的，唯有松果腺是单一的。笛卡尔据此认为松果腺是身体的中心，并使人的心灵和肉体产生相互影响。当然，在最终的意义上，无论是灵魂还是物体都不是真正的、绝对的实体，而只是相对的实体，因为它们实际上都不能独立存在，都是神创造出来的。“何谓实体；这个名词在应用于上帝和被造物时，意思是不一样的。”[69]“我们只能设想有一个绝对独立的实体，那就是上帝。”[70]

（二）赖尔对“笛卡尔神话”的批判

吉尔伯特·赖尔（Gilbert Ryle，1900—1976）把这种“心物二元论”称为“笛卡尔的神话”。按照这种“神话”，每个正常人都有一个躯体和一个心灵；人的躯体存在于空间之中，服从机械法则，心灵却不存在于空间之中，其活动也不受机械法则制约；躯体的运动可以为他者观察到，因而是一件公开的事情，心灵的活动则无法被他者观察，因而是一个私密的事件。“因此，一个人的一生有两部并行的历史，一部历史由他的躯体内部发生的事件和他的躯体遇到的事件所组成，另一部历史由他的心灵内部发生的事件和他的心灵遇到的事件所组成。”[71]赖尔也把“笛卡尔的神话”叫作“机器中的幽灵的教条”。在他看来，这一“神话”是一个错误，而且不是一般的错误，而是原则上的错误，即“范畴错误”（category mistake），也就是把概念错误地划归给它们并不属于的逻辑类型。比如，一个参观了大学的图书馆、博物馆、运动场、教学楼和办公楼等，却仍然问“大学在哪儿”的人，就是犯了一种“范畴错误”。因为他不知道大学就是上述机构的组织方式，所以“错误地把大学划归给上述其他机构所属的同一个范畴了。”[72] 赖尔的分析表明：“物”是一个实体范畴，而“心”只是诸种倾向和能力的集合，二者根本不是属于同一逻辑类型的词项，因而把它们视为对立的两极是完全没有意义的。“机器中的幽灵的教条”把“心”这个仅仅表示倾向性或能力的范畴误认为实体范畴，恰恰犯了一种“范畴错误”。赖尔无意于否认“心”的存在，他强调的是：既然“心”与“物”属于不同的逻辑类型，我们就不能不加区别地在同一个逻辑类型中谈论它们。“我们可以完全正当地以一种逻辑语调说，存在着心灵，也可以完全正当地以另一种逻辑语调说，存在着物体。……上述两个表达式指出了‘存在’的两种不同含义，这好比‘上升’在‘潮水在上升’、‘希望在上升’和‘平均死亡年龄在上升’等表达式中具有不同的含义一样。”[73]

七、天赋观念论

笛卡尔认为，人心中有三类观念：天赋的或与生俱来的（the innate ideas）、通过感觉得来的（the adventitious ideas）和心灵虚构的（the fictitious ideas）。后两种观念都不是真观念，因为只有清楚、明白的观念才是真观念（不过他也承认，要想知道这种事物究竟是哪些个，往往有困难）。天赋观念是一些不证自明的简单意念，也是人们普遍同意的永恒真理，所以又称“公共意念或公理”，如“我思故我在”、“上帝存在”、“无中不能生有”、“一物不能同时存在而又不存在”、“凡已做了的，就不能再取消”、“任何属性或性质，都不能不有一种东西作为依托”，以及数学公理、逻辑规则、道德原则等。按照哈特费尔德的说法，天赋观念“包括实在的无限观念（所谓有限的观念依赖于它），统一、单纯、完满、实体、非物质性等观念，还有因果原则所需要的那些观念。这些观念必须是天赋的，因为它们隶属的事物不能为感官或想象所表象（如同上帝及其属性）。”[74] 说这些观念是与生俱来的，意思是说，“上帝在创造我的时候把这个观念放在我心里，就如同工匠把标记刻印在他的作品上一样”。[75] 说天赋观念是自明的，意思是说：“我们如果不被偏见所蔽，则我们在有机会思想它们时，一定不会不知道它们。”[76] 但事实上，我们往往是有偏见的。“这些真理是可以明白认知的，不过人类有偏见，所以他们不能都同样知道它们。”[77]

笛卡尔的“观念论”和柏拉图的“理念论”密切相关。无论是柏拉图还是笛卡尔，都坚持理念或（天赋）观念的先天性，就是说，都讲时间在先；他们也都坚持理念或观念的等级序列，即强调各种观念在明暗程度上的差别：在柏拉图那里，至高无上的是“善”的理念；在笛卡尔这里，最高的则是“上帝”的观念。但在柏拉图那里，“理念”首先是本体论的，是同名事物得以产生的“原型”，是独立于人的心灵的；而在笛卡尔这里，观念是认识论的，不能独立于心灵而存在。“观念，我是指我们的每个思维的这样的一种形式说的，由于这种形式的直接知觉，我们对这些思维才有认识。”[78] 在柏拉图那里，一切理念都是天赋的，而在笛卡尔这里，除“天赋观念”外，还有感官获得的观念和心灵自身捏造的观念。笛卡尔的“天赋观念”论受到了洛克等经验论者的批判，也受到了莱布尼茨等唯理论者的拥护，现代语言学则以自己的方式为这种天赋能力和观念做出了辩护。

笛卡尔是欧洲近代哲学的奠基人之一，黑格尔说：“笛卡尔事实上是近代哲学真正的创始人，因为近代哲学是以思维为原则的。”[79]“他是一个彻底从头做起、带头重建哲学的基础的英雄人物，哲学在奔波了一千年之后，现在才回到这个基础上面。”[80]他还说：“在哲学上，笛卡尔开创了一个全新的方向：从他起，开始了哲学上的新时代”[81]笛卡尔的一生就是培养、捍卫和使用理性的一生，是以“普遍怀疑”之法认识真理的一生。在此过程中，他感受到了人生的最大快乐，因为“人生在世所能得到的快乐没有比这更美妙、更纯洁的了。”[82]他常常告诫自己的是：“神既然已经赐给我们每人一份分辨真假的天然灵明，我觉得自己决不应该有片刻工夫满足于别人的看法，只有打定主意在条件成熟的时候用自己的判断去审查别人的看法；我决不能马马虎虎地跟在别人的看法后面转，只希望自己不放过任何机会尽可能地找到更好的看法。”[83]

在笛卡尔死后 300 多年的时间里，尽管人们在其哲学中发现了很多漏洞乃至错误，但“他们仍然着迷于笛卡尔的任务，他们仍然喜欢论证笛卡尔的各种论题，有可能对这些论题有一种越来越客观的理解。这些论证的意义就在于我们现在对可能理解得越来越深透的世界有了一幅清楚的图画，而对于这幅图画的最初描绘应该归功于笛卡尔，正是这一点使得驱除笛卡尔的幽灵是如此地困难。”[84]

注释

1　Etienne Gilson, *The Unity of Philosophical Experience*, Scribners, New York, 1937, p. 135.

2　海涅：《论德国宗教和哲学的历史》，商务印书馆，2000 年，第 55—56 页。

3　Stephen Gaukroger，*Descartes: An Intellectual Biography*, Oxford, Clarendon Press, 1995, p. 417.

4　罗素：《西方哲学史》，第 80 页。

5　黑格尔：《哲学史讲演录》第四卷，第 59 页。

6　笛卡尔:《谈谈方法》，商务印书馆，2001 年，第 64 页。
7　同上书，第 62 页。
8　汤姆·罗克摩尔:《黑格尔：之前和之后》，北京大学出版社，2005 年，第 85 页。
9　笛卡尔:《探求真理的指导原则》，商务印书馆，2005 年，第 2—3 页。
10　笛卡尔:《谈谈方法》，第 70 页。
11　同上。
12　同上书，第 65 页。
13　同上书，第 14 页。
14　同上书，第 66 页。
15　笛卡尔:《第一哲学沉思集》，商务印书馆，1986 年，第 14 页。
16　笛卡尔:《谈谈方法》，第 16 页。
17　同上书，第 26 页。
18　Janet Broughton, *Descartes's Method of Doubt*, Princeton University Press, 2002, p.8.
19　笛卡尔:《哲学原理》，商务印书馆，1958 年，第 1 页。
20　笛卡尔:《第一哲学沉思集》，第 15 页。
21　同上书，第 15—16 页。
22　《庄子·齐物论》。
23　笛卡尔:《第一哲学沉思集》，第 18 页。
24　同上。
25　笛卡尔:《哲学原理》，第 1 页。
26　笛卡尔:《第一哲学沉思集》，第 1 页。
27　笛卡尔:《哲学原理》，第 2—3 页。
28　笛卡尔:《谈谈方法》，第 28 页。
29　斯宾诺莎:《笛卡尔哲学原理》，商务印书馆，1980 年，第 45 页。
30　笛卡尔:《哲学原理》，第 2 页。
31　笛卡尔:《谈谈方法》，第 28 页。
32　笛卡尔:《第一哲学沉思集》，第 160 页。
33　Etienne Gilson, *The Unity of Philosophical Experience*, Scribners, pp.155—156.
34　转引自加勒特·汤姆森:《笛卡尔》，中华书局，2002 年，第 55 页。

35 哈特费尔德:《笛卡尔与〈第一哲学的沉思〉》，广西师范大学出版社，2007年，第117—118页。
36 同上书，第120页。
37 加勒特·汤姆森:《笛卡尔》，第55页。
38 萨特:《存在主义是一种人道主义》，上海世纪出版集团，2008年，第16—17页。
39 萨特:《存在与虚无》，三联书店，2007年第3版，第9—10页。
40 同上书，第8页。
41 同上书，第10页。
42 同上书，第11页。
43 同上。
44 洪谦主编:《逻辑经验主义》上卷，商务印书馆，1982年，第31页。
45 同上书，第29页。
46 同上书，第35页。
47 笛卡尔:《第一哲学沉思集》，第1页。
48 同上书，第47页。
49 笛卡尔:《谈谈方法》，第28页。
50 同上书，第28—29页。
51 笛卡尔:《第一哲学沉思集》，第53页。
52 同上书，第69—70页。
53 笛卡尔:《谈谈方法》，第67页。
54 同上书，第29页。
55 笛卡尔:《哲学原理》，第3页。
56 笛卡尔:《第一哲学沉思集》，第74—75页。
57 同上书，第55页。
58 斯宾诺莎:《笛卡尔哲学原理》，第46页。
59 同上书，第54页。
60 笛卡尔:《第一哲学沉思集》，第60页。
61 同上书，第72页。
62 笛卡尔:《探求真理的指导原则》，第7页。
63 笛卡尔:《哲学原理》，第3页。
64 笛卡尔:《第一哲学沉思集》，第82页。

65 笛卡尔:《第一哲学沉思集》,第 170 页。
66 Stephen Gaukroger, *Descartes: An Intellectual Biography*, p.1.
67 Ibid., pp.388—389.
68 笛卡尔:《第一哲学沉思集》,第 80 页。
69 笛卡尔:《哲学原理》,第 20 页。
70 同上。
71 吉尔伯特·赖尔:《心的概念》,商务印书馆,1992 年,第 4—5 页。
72 同上书,第 10 页。
73 同上书,第 17 页。
74 哈特费尔德:《笛卡尔与〈第一哲学的沉思〉》,第 176 页。
75 笛卡尔:《第一哲学沉思集》,第 53 页。
76 笛卡尔:《哲学原理》,第 19 页。
77 同上书,第 19 页。
78 笛卡尔:《第一哲学沉思集》,第 160 页。
79 黑格尔:《哲学史讲演录》第四卷,商务印书馆,1995 年,第 63 页。
80 同上。
81 同上书,第 65 页。
82 笛卡尔:《谈谈方法》,第 22 页。
83 同上。
84 汤姆·索雷尔:《笛卡尔》,中国社会科学出版社,1992 年,第 135 页。

第三章　斯宾诺莎：对神的理智之爱

我把神理解为绝对无限的东西，亦即具有无限多的属性的实体，其中每一个属性都各自表现永恒无限的本质。

真德性即在于纯依理性的指导而生活，而软弱无力唯在于一个人让其自身为外物所支配，且为外物决定以做适合于外界事物的通常情况所需要之事，而不做单独足以满足自己的本性的要求之事。

在生活中对于我们最有利益之事莫过于尽量使我们的知性或理性完善。而且人生的最高快乐或幸福即在于知性或理性之完善中。

自由的人绝少想到死；他的智慧，不是死的默念，而是生的沉思。

我把人的自由界说为：它是我们的理智通过与神直接的结合而获得的一种稳定的存在。

——斯宾诺莎

斯宾诺莎

在为英文版《斯宾诺莎选集》所写的导论中，约翰·怀尔德（John Wild，1902—1972）说："如果不了解表现在一种哲学中的生活和个性，也许根本就无法理解任何一种哲学。对于斯宾诺莎主义来说，情况尤其如此。因为无论我们从思想的角度，还是从那一思想的思想者的角度去看斯宾诺莎主义，两者都会融合为一个有机的、一贯的整体。这个体系的一个最具特色的学说就是理智与意志、思想和行动的同一。对斯宾诺莎来说，思绝不是对于一个梦幻世界的探索，而是对一种生活方式的探究。当我们审视斯宾诺莎本人时，我们无疑会发现，在整个思想史上，没有人像他那样在自己的具体行动中全心全意地致力于对于真理的追求，并且过一种名副其实的哲学的生活。"[1]

贝内狄克特·斯宾诺莎（Benedict de Spinoza，1632—1677）1632年11月24日出生于荷兰阿姆斯特丹的一个犹太家庭。离斯宾诺莎家不远，是17世纪伟大画家伦勃朗（Rembrandt，1606—1669）的住所。斯宾诺莎的祖上来自西班牙，他的父亲米凯尔·斯宾诺莎（Michael de Spinoza，1588—1654）是个成功的商人，在阿姆斯特丹的犹太团体中享有很高的声誉。斯宾诺莎的母亲汉娜·德博拉（Hanna Deborah）也是商人的女儿，一直体弱多病（很可能患有肺结核），于1638年即斯宾诺莎6岁时撒手人寰。斯宾诺莎自幼有极强的想象力和理解力，孩提时代就经常提出令最博学的犹太人难以解决的难题。[2]在当地的塔木德学校，斯宾诺莎学习了希伯来文、犹太法典以及犹太哲学等。13岁起，斯宾诺莎就一面求学，一面在他父亲的商行里工作。

1654年，他的父亲去世，年仅21岁的斯宾诺莎不得不独自撑起父亲留下的生意。也是在这个时候，斯宾诺莎的思想实现了一次“世俗的转向”。他开始学习拉丁文，并通过拉丁文接触到了近代哲学和科学。当时在阿姆斯特丹开办拉丁语学校的自由思想家弗朗西斯·凡·登·恩登（Franciscus Van den Enden）对于斯宾诺莎理智和人格的发展产生了重要影响。[3]通过凡·登·恩登，斯宾诺莎了解了培根、伽利略、马基雅维利、霍布斯、加尔文、托马斯·莫尔等人的思想，特别重要的是，斯宾诺莎走进了自己的“导师”——笛卡尔的思想世界。史蒂文·纳德勒认为，在凡·登·恩登的带领下，斯宾诺莎很可能读了笛卡尔的《谈谈方法》、《第一哲学沉思集》和《哲学原理》等主要著作。[4]

视野的开阔使斯宾诺莎渐渐脱离了正统的犹太教教义，“身体力行并教授可恶的异端邪说”。开始，为了“挽救”这个“天才”，犹太教会的长老们许诺为他提供500英镑的年薪，只要他“迷途知返”。在拒绝了这个诱人的条件以后，斯宾诺莎在24岁时被逐出了犹太教会并遭诅咒。“按照摩西律法所载的所有诅咒诅咒他：白天他被诅咒，夜里他也被诅咒；当他出去时被诅咒，在他回来时也被诅咒；当他睡下时被诅咒，在他起身时也被诅咒”。[5]教会明文规定：任何人都不得以口头或书面方式同他交谈，不得对他表示任何好感，不得与他同居一屋，不得与他同在两米的距离之内，不得阅读他编写的任何东西。一名狂热分子曾经企图刺杀他，据说斯宾诺莎一直保留着那件被刀刺穿的大衣，以便让自己记住：思想并非总是被人们所爱。[6]他最后不得不搬出犹太人居住区。

斯宾诺莎的父亲去世以后，他同父异母的姐姐极力阻止他得到遗产，把他告上了法庭，结果斯宾诺莎赢了官司。对于一个要把一生奉献给哲学的人来说，一笔丰厚的遗产实乃不可多得的礼物，他完全可以利用这笔遗产缓解生活的压力，使自己全身心地投入到哲学研究之中。可是斯宾诺莎却把大部分遗产都赠予了姐姐，只为自己保留了一张床。他的生活一直很困难，但他多次谢绝了有钱的朋友送给他的大笔馈赠，还曾经谢绝朋友指定他为财产继承人的美意。放弃了遗产的斯宾诺莎以磨镜片为生，而且，很显然，他在该领域取得了极大的成就，因为他曾经以透镜专家的身份引起惠更斯和莱布尼茨等人的注意。当然，斯宾诺莎的兴趣在于哲学，他的思想通过朋友、学生传播到欧洲各地，赢得了人们的尊敬。尽管他受到了犹太教团体的诅咒，但他的朋友很多，并且从一开始就吸引了很多追随者。

虽然他生活清贫，但他并不认为哲学家应当是苦行僧。“能以物为己用，且能尽量善自欣赏（只要勿因过度而感厌倦，因享受一物而至厌倦，即不能谓为欣赏），实哲人分内之事。如可口之味，醇良之酒，取用有节，以资补养，他如芳草之美，园花之香，可供赏玩。此外举凡服饰、音乐、游艺、戏剧之属，凡足以使自己娱乐，而无损他人之事，也是哲人所正当应做之事。”[7] 普鲁士选帝侯曾邀请他到海德堡大学任哲学教授，酷爱自由的斯宾诺莎回绝了这份美意。在给选帝侯宫廷大臣的回信中，斯宾诺莎这样写道：“我的顾虑是哲学思维的自由将被限制在什么样的范围内。……我之所以犹豫，并不是出自对一种更高幸福的希望，而是出自对一种宁静的爱；我不相信能够以其他方式保持这种宁静。”[8] 法国国王曾经要求斯宾诺莎把他的一本著作献给自己，并愿意为此给斯宾诺莎提供一份年薪，这一颇为诱人的要求也被哲学家谢绝了。

1677 年，45 岁的斯宾诺莎因肺结核（再加上常年磨透镜吸入了大量玻璃粉尘）死于海牙一个租住的小屋中，除未发表的手稿和一批私人藏书外，一无所有，据说至死还欠理发师的理发钱、房东的房租和医生的药费等，甚至他的墓地都是租用的，若干年以后还得续租。为了偿还这些债务，斯宾诺莎的朋友拍卖了他的衣服和书籍等。斯宾诺莎死后，他的异母姐姐又跑到海牙，提出了继承遗产的要求，但当得知斯宾诺莎的财产还不够偿还债务和丧葬费时，她马上就溜之大吉了。

斯宾诺莎的一生是思想自由、品德高尚的哲学家的榜样。海涅说："斯宾诺莎的生涯没有丝毫可非议的余地，这是可以肯定的。它纯洁、无疵，就像他那成了神的表兄耶稣基督的生涯。"[9] 罗素称他为"伟大哲学家当中人格最高尚、性情最温厚可亲的。按才智讲，有些人超越了他，但是在道德方面，他是至高无上的。"[10] 沃尔夫说：他"是哲学史上可以称夸的最完美的人物之一。他品格的最显著的特点是他对于真理事业的热诚，为此他甘愿做出一切牺牲，不管什么威胁利诱都不能使他离开那个事业。"[11]

斯宾诺莎的主要著作有：《神、人及其幸福简论》(1660)、《伦理学》(1677)、《神学政治论》(1670)、《政治论》(1675—1676)、《笛卡尔哲学原理》(1663)和《理智改进论》(1662)。

一、几何学方法

17世纪是方法论意识觉醒的世纪。文德尔班说，近代哲学的积极开端与其要到具有新鲜内容的新概念中去寻找，不如到方法的反思中去寻找，正是从这种反思中产生了新的材料以及处理理论和实践问题的新观点。为了摆脱经院哲学的束缚，促进新科学的发展，无论唯理论者还是经验论者，都对方法问题给予了高度关注，经验论者重归纳和实验，唯理论则重演绎和先验，在唯理论看来，"理性是正确方法的关键，而理性的典范就是数学。"[12] 与笛卡尔一样，斯宾诺莎认为，要获得确定的知识，必须遵循几何学的方法。笛卡尔已经为这种做哲学的方式开了个头，即从少数清楚明白的基本原理出发，演绎出

阿姆斯特丹

全部知识内容。在此基础上，斯宾诺莎进一步把这种方法系统化了。他严格按照几何学方法（geometric method）探讨哲学问题，可以说，他的哲学就是哲学几何。他生前用自己名字出版的唯一著作是《笛卡尔哲学原理》(《神学政治论》是他生前发表的另一部著作，不过由于政治的原因匿名出版)，书中对笛卡尔哲学原理的讲述完全是以几何学的方式进行的。《伦理学》更是以欧几里得的几何学方式来书写的，他把人的理智、心灵、情感乃至神本身都当作几何学上的点、线、面一样来研究，一开始给出一组公则，从中引出命题、证明、推论以及解释。他认为，我们的理性能力能够形成清楚明白的观念，而这些观念能够为我们提供实在的真实画面，因为观念的次序和联系与事物的次序和联系是相同的。认为一切事情皆可证明，这是斯宾诺莎哲学体系的一个重要特征。至于这种证明的有效性，肯定者寡。

鉴于斯宾诺莎既可以用几何学方法证明笛卡尔哲学（在斯宾诺莎看来是错误的），又可以用同样的方法证明自己的哲学，所以，有些学者据此认为该方法只具有形式的或教学的意义，而不具有实质性意义。霍布斯认为，在斯宾诺莎的知识体系中，构成公理的定义带有很大的任意性，因而这种体系的科学性是值得怀疑的。黑格尔认为，几何学方法不适用于思辨的内容，所以，斯宾诺莎的方法不只是外在形式方面的缺陷，而是一个主要的缺点。在罗素看来，《伦理学》中具体的论证细节是不值得花时间去研究的，读一读各命题的叙述，再研究一下评注就够了。海涅虽然也认为斯宾诺莎的方法是一个巨大的缺点，但他接着说："数学的形式给了斯宾诺莎一个晦涩的外表，但这又有点像巴豆杏核的涩皮；正是因为这样，其中的果仁才越发味美。读斯宾诺莎的著作时我们会产生一种感受，好像又到了一个在静态中生气蓬勃的大自然：参天的思想树林，枝头开满了鲜花，在不断地摇摆着；但那无法动摇的树干却深深地扎根在永恒的土壤里。在斯宾诺莎的著作中有一种难以说明的气息，人们仿佛感到一阵阵属于未来的微风。”[13]

二、形而上学

斯宾诺莎哲学是接着笛卡尔讲的。理查德·梅森（Richard Mason）说：“在某种程度上，笛卡尔的问题就是斯宾诺莎的问题。物理学、联系身心的纽带、上帝（相对于物理世界）的地位、认识论的优先性、意志的力量：这些都在笛卡尔的日程之上。”[14]斯宾诺莎认为，要想正确理解和认识宇宙中的事物，就不能拘泥于一个个的具体细节，而应具有一种整体观，即把个别事物视为一个整体的各个部分。于是，整体和部分的关系构成了他哲学的重要内容。这个最大的整体就是实体、自然、神。“神既是他的哲学的起点也是他的哲学的终点，一切事物必须通过神这个终极原因来理解；同时神也是我们追求知识和爱的终极对象。”[15]在斯宾诺莎看来，笛卡尔从我思出发论证上帝的存在是错误的。如果上帝是一切实在和真理的源泉，它的存在就不能依赖于笛卡尔的我思论证，就是说，上帝或自然的存在是不证自明的。在其早期著作《神、人及其幸福简论》一开始，斯宾诺莎试图从先天和后天两个方面证明神的存在。到了《伦理学》时期，斯宾诺莎显然放弃了这些论证，而是直接从“神是什么”开始。

（一）实体（substance）

实体学说是斯宾诺莎形而上学的基石。他“把实体理解为在自身内并通过自身而被认识的东西。换言之，形成实体的概念可以无须借助于别的事物的概念。”[16]这个定义表明：首先，实体是在自身内存在的，是一个究极的形而上学主体。他物可以作为实体的特性而存在，而实体却不作为任何他物的特性而存在。其次，实体是通过自身被认识的东西，就是说，实体的观念不包括任何他物的观念。实体在本体论和概念上都是独立的和在先的。具体地说，实体具有下述一些主要特征。

1. 实体是自因。“我把自身的原因理解为这样的东西，它的本质就包含着存在，或者它的本性只能被设想为存在着。”[17]“一个实体不能是另一个实体的原因，或者一个实体不能为另一个实体所产生。”[18]所以，实体或神必然存在，不可能不存在，就是说，实体或神是永恒的。“神，或神的一切属性都是永恒的。”[19]这个思想直接源于亚里士多德的“永恒实体”。

2. 实体是唯一的。“按事物的本性说，不能有两个或多数具有相同性质或属性的实体。……不能有多数实体，只有唯一的实体。”[20]这唯一的实体就是神或自然。“除了神以外，不能有任何实体，也不能设想任何实体。”[21]“一切存在的东西，都存在于神之内，没有神就不能有任何东西存在，也不能有任何东西被认识。”[22]如果有多数不同的实体，区别或在属性，或在样式。区别在属性是不可能的，因为实体具有无限多的属性，就是说，实体B的一切属性都会包含在实体A之中，而具有相同属性的实体只能有一个。区别在样式也是不可能的，因为实体先于样式。笛卡尔承认有神、精神和物质三个实体，其中，精神和物质是两个独立实体，分别由思维和广延这两种属性限定。在斯宾诺莎看来，思维和广延全是神的属性，不能离开神或自然而独立存在。

3. 实体是无限的。“我把神理解为绝对无限的东西，亦即具有无限多的属性的实体，其中每一个属性都各自表现永恒无限的本质。”[23]“凡是实体都必然是无限的。”[24]如果实体是有限的，则它必定为具有相同本性的另一个实体所限制，而这另一个实体也必定是存在的。这样就会出现两个具有相同属性的实体，而这是不可能的。所以，“没有有限的实体”。[25]

4. 实体不可分。在实体或神里面没有分别，就是说，它是一个不可分割的整体。假如实体可分，有两种可能：它分成的部分保持绝对无限的实体的本性，或者失掉绝对无限的实体的本性。如果是前一种情况，则会出现多数具有相同本性的实体，这是不可能的。如果是后一种情形，则绝对无限的实体将会消失，这也是不通的。在实体或神之内没有可能性与现实性的分别，因为凡是它能够创造的东西，它都已经现实地创造出来了。实体内也没有必然与自由的区分。上帝的自由不表现为一种任性，也不表现为它可以创造不同于这个世界的其他世界，而表现为它的创造没有任何外在强制，完全出于自己的本质。这样的自由与必然无异。

（二）属性（attributes）

我们是通过属性认识实体的。"我把属性理解为从理智看来是构成实体的本质的东西。"[26] 属性不单纯是实体的特性，而是实体的本质。实体和属性的关系如此密切，斯宾诺莎甚至否认二者的任何实质性区别，就是说，实体和它的本质是同一的。斯宾诺莎认为，与实体一样，实体的属性也是无限的。神具有无限个属性，因为神必定处处都是无限的；然而这些其他的属性不为我们所知，就我们的理智来看，有两种属性，即思想和广延。广延和思想独立地表现同一个无限实体的全部本质。"无论我们借广延这一属性，或者借思想这一属性，或者借任何别的属性来认识自然，我们总会发现同一的因果次序或同一的因果联系，换言之，我们在每一观点下，总是会发现同样的事物连续。"[27] 就是说，从广延或思想出发，我们所解释的都是整个自然或神，只不过进入的角度不同而已。

有人可能对于把广延作为实体的属性提出这样的质疑：广延是可分割的，因此说广延是实体的属性，这和实体本身的无限性和不可分割性相冲突。斯宾诺莎的回答是：分割只能出现在样式之中，而不可能出现于实体及其属性中，就是说，具有广延性的具体事物即样式是可以分割的，而广延本身是不可分割的。“作为一个实体的广延，任何人都不能说它具有种种部分，因为广延既不能减少，也不能增加”。[28]

（三）样式（modes）

实体和属性要通过具体事物来表现，就是说，没有纯粹抽象的思想，也没有纯粹抽象的广延。斯宾诺莎把具体事物称为样式。样式是“实体的特殊状态，亦即在别的事物内并通过别的事物而被认识的东西。”[29] 样式存在于他物之中，并通过他物被认识。与实体不同，样式在本体论和概念上都是有待的。

样式有两种：无限样式（infinite modes）和有限样式（finite modes）。无限样式是从实体的某一属性产生、适用于该属性一切样式的样式，比如，运动和静止就是广延的无限样式，它们适用于一切具有广延性的样式。“当我们单独地考察广延时，除了运动和静止外，我们就不再知道广延的其他任何东西了。通过运动和静止，我们找到广延所产生的一切结果。物体的这两种样式除了仅能为其自身所改变而外，是不可能为其他任何事物所改变的。”[30] 无限理智是思想的无限样式，它适用于一切具有思想属性的样式。有限样式则是由另一个有限样式产生的。如广延属性之下的个别物体和思想属性之下的个别观念。

各种样式严格遵循必然性。在自然界，一切都是必然的，没有偶然。“自然中没有任何偶然的东西，反之，一切事物都受神的本性的必然性所决定而以一定方式存在和动作。”[31] 因为一切存在物都在神之内，而神是必然而非偶然地存在的；万物都被神的本性的必然性所决定，不但被决定存在，而且被决定在一定的方式下存在和动作，所以，从神的本性必然得出的神的样式也是必然的。如果万物可能具有另外一种本性，或者说，能够在别的方式下受到决定而动作，从而使自然秩序呈现另外一种状态，那么，神的本性也将会是另外一种，这

海牙的斯宾诺莎雕像

另外一种本性也应当存在，结果神就不止一个而是两个或多个了，而这是不通的。斯宾诺莎认为，人们之所以说一件东西是偶然的，只不过是由于我们的知识有缺陷。或者说，由于我们还不能正确运用我们的理性，而耽于想象的力量。因为“理性的本性不在于认为事物是偶然的，而在于认为事物是必然的。”[32]“无论就过去或未来说来，只有凭借想象的力量，我们才把事物认为是偶然的。”[33]

一个属性之下的有限样式可否作用于另一个属性下的有限样式？斯宾诺莎明确给予了否定的回答。因果关系只存在于同一个属性下的样式之间，所以，身体不能决定心灵，使它思想，心灵也不能决定身体，使它动或静，更不能决定它使它成为任何别的东西。因为决定心灵使其思想的，必是一个思想的样式，而不是广延的样式，即不是身体；身体的动与静必起于另一个物体，即一个广延的样式。斯宾诺莎认为，心与身实际上是同一的东西，不过有时借思想的属性、有时借广延的属性去理解罢了。“不论我们借这个属性或那个属性去认识自然，事物的次序与联系却只是一个，因此我们身体的主动或被动的次序就性质而论，与心灵的主动或被动的次序是同时发生的。”[34]所以，认为身体的动与静源于心灵，这种说法无异于用虚夸的语言承认他们对于这种行为的原因毫无所知。可见，斯宾诺莎实际上并没有消除二元论，而是持“身心平行”论。用梯利的话说，实体的二元论消失了，而属性的二元论依然存在。

在斯宾诺莎那里，一切样式都在神之内，反过来，神也存在于每一个样式之中。当然，任何一个样式都不可能穷尽神。“一比多要大得多，虽然它是由它们构成的，然而尽管如此，它并不区别于它们。自然不是在自然事物之上和之外的实体。”[35]

（四）实体、属性、样式的关系

中世纪的爱留根纳和文艺复兴时期的布鲁诺等就曾把自然区分

为产生自然的自然和被自然产生的自然。为了说明实体、属性与样式的关系，斯宾诺莎也区分了“产生自然的自然”（Natura naturans/Nature naturing）和“被自然产生的自然”（Natura naturata/Nature natured），前者指“在自身内并通过自身而被认识的东西，或者指表现实体的永恒无限的本质的属性”。[36] 即实体和属性。后者则“指出于神或神的任何属性的必然性的一切事物，换言之，就是指神的属性的全部样式”。[37]“被自然产生的自然”又分为两类：“一般的被自然产生的自然”和“特殊的被自然产生的自然”。前者指为神直接创造的创造物，即运动和理智，也就是前面说过的无限样式；后者指具体事物，也就是前面说的有限样式。这种区分表明：首先，在实体、属性和样式之间存在一种本体论上的统一性，即它们都是“自然”。其次，这个自然既可以被看作原因，也可以被看作结果。“产生自然的自然是被理解为原因的神，被自然产生的自然是被理解为结果的神。这里彼此之间除了逻辑上的区别外没有别的不同。它们是时而理解为过程时而理解为结果的同一个无限的整体。”[38] 实体及其属性是产生和维持样式的主动力量。样式只能存在于实体或神之内，没有实体，样式既不能存在，也不能被认识，“实体按其本性必先于它的分殊。”[39]“神必须在这些个别事物能够存在和被理解之前，首先就存在和被理解。”[40] 就是说，实体或神不仅是自因，而且是万物的原因。

斯宾诺莎的神不是宗教意义上的人格神，因为那样的话，它就将是一个被规定的存在，而一切规定都是否定。它没有理智，没有意志，也没有目的，因为这些都是以人格为前提的。“诸如全知的、仁慈的、智慧的等等，这些东西，因为它们仅仅是能思事物的一些样式，并且如果没有实体（它们是这个实体的样式），它们就绝不能存在或被理解，从而它们也就不可能是属于这个不依赖任何东西而只是通过自身而存在的存在物。”[41] 尽管他把神称为宇宙的原因，但这里的因果实际上是在实体和样式的意义上被使用的。神是宇宙的原因，正如苹果是其红色的原因，牛奶是其白色的原因，这不同于父是子的原因、太阳是热的原因。父是子之外在的原因，太阳也是热之外在的原因，就是说，后者有其独立的存在。而神是世界的内在原因，是世界或自然本身，这就是斯宾诺莎的泛神论。“神是一个固有因而不是一个超越因，因为神是在其自身之中而不是在其自身之外产生一切，因为在它之外根本就没有任何东西。”[42]

在斯宾诺莎那里，神、自然和实体完全是一个东西。罗斯认为，斯宾诺莎在不同的上下文中，分别用神、自然和实体突出这个“完满”统一体的不同方面。“当斯宾诺莎考虑到起源时，他似乎使用‘神’；当他考虑到结构时，似乎使用自然；当他考虑到材料时，似乎使用‘实体’。它们完全是一个东西，尽管是从不同的观点来考察的。”[43]

三、知识的等级

作为近代唯理论哲学的代表，斯宾诺莎不仅关心形而上学问题，而且关心知识论问题。在斯宾诺莎的知识论中，最引人注目的是其关于知识的分类的思想。在《伦理学》中，他把知识分为三类；而在《理智改进论》中，他又把三分法中的第一类细分为两类，于是出现了知识的四个等级。

第一类是传闻之知，即“由传闻或者由某种任意提出的名称或符号得来的知识。”[44] 比如，关于我的出生和家世的事实就是通过传闻知道的，这些事实是我的家人通过记忆保存和流传下来的；当我听到“苹果”的名称时，我便会记起原来曾经看到的被叫作“苹果”的实物；当我听到“金山”的名字时，我就会想象那样一座堆满黄金的山。这种知识谈不上任何确定性，和事物的本质相去甚远，充其量不过是一些意见而已。

第二类是经验之知，即“由泛泛的经验得来的知识，亦即由未为理智所规定的经验得来的知识。所以称它为由泛泛的经验得来的知识，是因为偶然有一件事发生，而我们并无别的相反的经验来推翻它，于是这个观念便留在我们心中，不可动摇了。”[45]比如，我看到周围人的死，便知道我将来是必死无疑的；我看到今天太阳从东方升起，便觉得明天它必定还会从东方升起。斯宾诺莎认为，有关实际生活的大部分知识都得自诸如此类的泛泛经验。这种知识虽然对我们的生活极为有用，但本身也是不确定的，没有普遍必然性。

第三类是推理之知，即“由于一件事物的本质从另一件事物推出——但这种推论并不必然正确——而得来的知识。”[46]比如，我们知道视觉具有下述特点，即同一物体从远处看小，从近处看大，于是，我们就推出太阳实际上要比我们眼睛看到的大得多。几何学、物理学和形而上学等都属于这类知识。这种推理的知识即理性知识比前两种知识要高，但仍然不是完善性的工具。“我们由推理而得到的认识并非是根本的，而仅仅是犹如一个阶梯，由此阶梯我们攀登到自己理想的目的地”。[47]

第四类是直观之知，即“纯粹从一件事物的本质来考察一件事物或者纯粹从对于它的最近因的认识而得来的知识。”[48]当然，这种直观不是感性的，而是理智直观。直观知识可以把握全体，明了部分在整体中的地位，因而是最高的知识。“只有第四种知识才可以直接认识一件事物的正确本质而不致陷于错误。”[49]在后来的哲学史上，康德明确反对理智直观，谢林和叔本华则为理智直观做出了辩护。

在斯宾诺莎看来，前两类知识是错误的原因，后两类知识则是必然真实的，可以教导我们辨别真理与错误。

在真理问题上，斯宾诺莎坚持理性主义的真理观。“正确观念，我理解为单就其自身而不涉及对象来说，就具有真观念的一切特性即内在标志的一种观念。”[50]“在我们心中，每一个绝对的或正确的、完满的观念都是真观念。”[51]直观的知识是真观念，因为这种知识关涉到神。“一切与神相关联的观念都是真观念。”[52]实际上，一切观念都在神之内，都关涉到神，就此而言，一切观念都是真观念。不正确的或混淆的观念之所以产生，是因为这些观念与某人的个体心灵相关联的结果。

四、伦理学

罗素在评价斯宾诺莎《伦理学》时说过，书中的形而上学是笛卡尔哲学的变体，心理学带有霍布斯遗风，但伦理观则独创一格，是书中最有价值的地方。梯利也说，斯宾诺莎的思想体系在伦理学中达到了最高点。不过，不可否认的是，斯宾诺莎的伦理学是建立在其形而上学基础之上的。斯宾诺莎和苏格拉底、柏拉图一样，相信德性和知识密切相关，德性来自知识，一切不正当行为均起因于知识上的错误。

（一）理性与情感（reason and passions）

在斯宾诺莎那里，人性的基本倾向是自我保存，善、恶、理性、德性、幸福等均基于此。“善与恶的知识不是别的，只是我们所意识到的快乐与痛苦的情感。”[53]善或恶“是指对于我们的存在的保持有补益或有妨碍之物而言，……是指对于我们的活动力量足以增加或减少，助长或妨碍之物而言”。[54]可见，斯宾诺莎完全是从“功利”或“有用性”的角度规定善与恶的。善就是对我们有用、可以增进我们的快乐、能够满足我们的愿望的东西；反之，恶就是对我们有害、让我们感到痛苦、阻碍我们的愿望的东西。就是说，善与恶全

海牙的斯宾诺莎故居

在于我们的情感即好恶，“每一个人都是依据他的情感来判断或估量，什么是善，什么是恶，什么是较善，什么是较恶，什么是最善，什么是最恶。”[55]

当然，为了明确哪些对我们真正是善的，哪些对我们真正是恶的，仅仅靠情感是不够的，需要理性的指导。“理性既然不要求任何违反自然的事物，所以理性所真正要求的，在于每个人都爱他自己，都寻求自己的利益——寻求对自己真正有利益的东西，并且人人都力求一切足以引导人达到较大圆满性的东西。并且一般讲来每个人都尽最大的努力保持他自己的存在。”[56]理性和德性是一致的。德性就是人的本质或本性，或者说，是依自己本性的法则而行。所以，“德性的基础即在于保持自我存在的努力，而一个人的幸福即在于他能够保持他自己的存在。”[57]“我们不能设想任何先于保存自我的努力的德性。”[58]“保存自我的努力乃是德性的首先的唯一的基础。因为先于这个原则，我们不能设想别的基础，而没有这个原则我们又不能设想任何德性。”[59]衡量一个人是有德性之人还是软弱无能之辈，就是要看他是否努力并且能够寻求他自己的利益或保持他自己的存在。

如果说理性和德性的本质都在于保存自我，会不会陷入“人对人是狼”的状态？斯宾诺莎认为，只要真正以理性为指导，我的自我保存和他人的自我保存就会和谐一致。“人要保持他的存在，最有价值之事，莫过于力求所有的人都和谐一致，使所有人的心灵与身体都好像是一个人的心灵与身体一样，人人都团结一致，尽可能努力去保持他们的存在，人人都追求全体的公共福利。由此可见，凡受理性指导的人，亦即以理性作指针而寻求自己的利益的人，他们所追求的东西，也即是他们为别人而追求的东西。所以他们都公正、忠诚而高尚。”[60]道理很简单，理性会告诉我们：社会生活、人与人的互相扶助最有利于我们的自我保存。斯宾诺莎甚至指出，每个人愈能寻求他自己的利益或保持他自己，人们彼此间便最为有益。因为一个人愈能寻求自己的利益并保持自己的存在，他就愈具有德性和力量，也就愈能够遵循理性的指导而生活，而这是人们彼此和谐一致的前提。所以，“每一个遵循德性的人为自己所追求的善，他也愿为他人而去追求。而且他具有对于神的知识愈多，则他为他人而追求此善的愿望将愈大。”[61]

可见，人是遵循理性而生活，还是为情感或情欲所动，关系重大。按照理性的指导而生活，人们的本性才会必然地永远地相符合，人们才可以做出有益于人性并有益于别人的事情。如果受制于欲望或情感，则人与人彼此的本性便可相异，他们可以互相反对，处于奴役状态而不得自由。“我把人在控制和克制情感上的软弱无力称为奴役。因为一个人为情感所支配，行为便没有自主之权，而受命运的宰割。在命运的控制之下，有时他虽明知什么对他是善，但往往被迫而偏去做恶事。”[62]“真德性即在于纯依理性的指导而生活，而软弱无力唯在于一个人让其自身为外物所支配，且为外物决定以做适合于外界事物的通常情况所需要之事，而不做单独足以满足自己的本性的要求之事。”[63]所以，受情感或欲望支配的人，永远是奴隶，唯有为理性所指导的人，才是自由人。“因此在生活中对于我们最有利益之事莫过于尽量使我们的知性或理性完善。而且人生的最高快乐或幸福即在于知性或理性之完善中。”[64]

（二）自由与必然（freedom and necessity）

在斯宾诺莎那里，只有神或自然是真正自由的，而一切样式都是必然。因为“凡是仅仅由自身本性的必然性而存在、其行为仅仅由它自身决定的东西叫作自由。反之，凡一物的存在及其行为均按一定的方式为他物所决定，便叫作必然或受制。”[65]作为样式，人遵循严格的必然性，人的意志亦然。“意志不能说是自由因，只能说是必然的。”[66]

因为对于每一个意志而言，都有原因决定它的存在和动作，因而只能是必然的或被迫的。意志自由只不过是一种自我欺骗，根源有二：一是错把思想存在物当作实在存在物，二是不知道造成该意志行为的原因。首先，意志只是思想的一个样式，是对事物做出肯定或否定的一种能力，因而，意志本身不能引起事物的任何变化。“意志只是一个我们意愿这个或那个的观念，因而仅仅是一个思想的样式、一个思想存在物，而不是实在存在物，所以什么也不能由意志所产生；因为无中不能生有。”[67] 正是由于人们混淆了思想与实在，误把意志看成了实际存在于自然中的东西，人们才把意志看成了某些事物的原因。其次，“人之被欺骗由于他们自以为他们是自由的，而唯一使他们作如是想的原因，即由于他们意识到他们自己的行为，而不知道决定这些行为的原因。所以他们对于自由的观念，其实是由于他们不知道他们自己行为的原因。”[68]

斯宾诺莎举例说，一块石头的运动完全由外力决定，是一种必然性。但如果石头有灵，它会认为自己是完全自由的。同样，孩子在追求奶水时认为自己是自由的，少年在愤怒中寻求报复时认为自己是自由的，胆怯者选择逃避时认为自己是自由的，醉汉相信自己说话也是源于自由。实际上，所有这些都是必然，因为它们都不是由自身所决定的。既然这样，人还有自由吗？斯宾诺莎的回答是肯定的，但这是一种独特的肯定，因为在他的眼中，自由就是必然，是对必然性的认识。“只要心灵理解一切事物都是必然的，那么它控制情感的力量便愈大，而感受情感的痛苦便愈少。”[69] 通常而言，失掉一件有价值的东西总是令人痛苦的，但如果一个人认识到他所失掉的东西终归都是会失去的，则上述痛苦一定可以减轻乃至消除。再比如，除了多愁善感的诗人之外，大概没有多少人会对秋风扫落叶心存太多的感伤，因为他们知道其中的必然性。所以，人的自由就在于理智的力量。斯宾诺

斯宾诺莎的书房

莎还认为，心灵凭借直观知识所理解的事物愈多，它感受恶劣感触的损害就愈少，并且愈不怕死。斯宾诺莎的名言是："自由的人绝少想到死；他的智慧，不是死的默念，而是生的沉思。"[70]

（三）对神的理智之爱与人的幸福（intellectual love of God and human blessedness）

作为有限的样式，我们的本性是软弱的，因而要生存就必须爱某种事物。而"爱无非只是去享受事物，并与它结合。"[71]如果我们去爱那些变化无常的事物，并与之结合，我们的本性不会因此变得更加坚强，因为这些事物本身即是脆弱的。所以，"真正的爱永远是来自崇高和善的事物的知识。"[72]因为唯有神是圆满的，是本质，是万物的原因，因而可以使我们坚强起来，快乐起来，幸福起来。"心灵所能理解的最高的东西就是神，亦即绝对无限的存在，没有神就没有东西可以存在，也没有东西可以被认知。因此最有益于心灵，或心灵的最高善是对神的知识。"[73]但甚至理性也"没有能力引导我们达到我们的幸福。"[74]因为理性也不能使我们认识神。

所以，斯宾诺莎认为，心灵的最高努力和最高德性都在于依据直观的知识理解神。从这种知识，可以产生心灵的最高满足和最高的快乐，因为快乐无非"是一个人从较小的圆满到较大的圆满的过渡。"[75]这种快乐是伴随着心灵自身的观念而来，因此也伴随着神的观念而来，以神的观念为原因，所以，直观的知识必然产生对神的理智的爱。这种爱之所以是理智的，因为它产生并源于知识。这种对神的爱必定在心灵中占据无上的地位，而且，这是一种永恒的爱。既然神的观念总是把我们带到一种较大的圆满，决不会有痛苦与神的观念相伴随，因而没有人能够恨神。所以，"如果我们正确地运用我们的理智，则我们就不能不爱神。"[76]爱神"才真正是神的仆役的纯真的司职，以及我们永恒的快乐和福祉所在。……只要他是自然的一个部分，他就必须遵循自然的规律，这才是神的仆役的司职；同时只要他这样做了，他就获得了自己的幸福。”[77] 爱神才使我们进入真正的自由境地，因为“同神之爱的爱链联结起来的存在和继续存在，就是真正的自由。”[78] “我把人的自由界说为：它是我们的理智通过与神直接的结合而获得的一种稳定的存在”。[79]

神以无限的理智的爱，爱它自己。心灵对神的理智的爱实际上是神借以爱它自身的无限的爱的一部分。说神爱其自身，无异于说神爱人类，因为人就生活在神之内，是神的样式。所以，神对人类的爱，与心灵对神的理智的爱是同一的。我们的得救、幸福或自由全在于对神之持续的永恒的爱，或在于神对人类的爱。一旦我们通过这种理智之爱与神融为一体，我们就获得了再生，因为“只有从这种爱与结合中才会产生出永恒的、不变的存在来。”[80] 在这个意义上，我们的心灵是不朽的。如果我们的心灵仅仅执著于自己的肉体，那么，随着肉体的死灭，心灵也就不复存在了。“如果心灵与某种现在是并且永远是不变的东西相结合，那么，正好相反，心灵亦必定会同样是不变的、持久的。”[81] 斯宾诺莎讲的灵魂不朽，不是柏拉图或基督教意义上的，它是人在现世生活中取得和享有的一种精神状态。在这种状态中，人摆脱了自己身体的限制，在爱中与神合而为一，从而进入了永恒。在斯宾诺莎看来，与对神的理智之爱相伴的永久的幸福和快乐才是研究哲学的最终目的。

斯宾诺莎在近代西方哲学中占有重要地位。莱布尼茨不仅于1676年去海牙拜访过斯宾诺莎，而且用相当长的时间研究过斯宾诺莎哲学，他关于灵魂、预定和谐、自由和完满性的理论都留下了斯宾诺莎的痕迹，尽管莱布尼茨刻意掩盖这种影响。雅可比说，所有哲学，如果一直推论下去，都会符合逻辑地导致斯宾诺莎主义。费希特只承认两个首尾一贯的哲学体系，这就是康德哲学和斯宾诺莎哲学。黑格尔曾说，要成为一个哲学家，必须首先成为一个斯宾诺莎主义者。“斯宾诺莎是近代哲学的重点：要么是斯宾诺莎主义，要么不是哲学。”[82] 海涅说过：“所有我们现代的哲学家，虽然也许常常是无意识的，都是透过斯宾诺莎磨制的眼镜观看世界。”[83] 雅斯贝尔斯说：“在十七世纪的伟大哲学家中间，他是唯一一位在哲学上建构自己的全部生活，不需要权威和启示信仰来作为保证，也不需要欺骗性地适应当时的权势。他是伟大的、真正具有独立性的人……在他那里，重新实现了哲学的独立性，哲学不需要教会的信仰，因为它自身就是信仰。”[84]

注释

1 John Wild, ed., *Spinoza Selections*, Charles Scribner's Sons, 1930, xi.

2 Margaret Gullan-Whur, *Within Reason: A Life of Spinoza*, Jonathan Cape, 1998, p.39.

3 Steven Nadler, *Spinoza: A Life*, Cambridge University Press, 1999, p.107.

4 Ibid., p. 112.

5 斯宾诺莎:《神、人及其幸福简论》，商务印书馆，1987 年，第 41 页。

6 德勒兹:《斯宾诺莎的实践哲学》，商务印书馆，2004 年，第 6 页。

7 斯宾诺莎:《伦理学》，商务印书馆，1983 年第 2 版，第 206 页。

8 雅斯贝尔斯:《大哲学家》，第 686 页。

9 海涅:《论德国宗教和哲学的历史》，商务印书馆，1974 年，第 65 页。

10 罗素:《西方哲学史》下卷，第 92 页。

11 斯宾诺莎:《神、人及其幸福简论》，“沃尔夫英译本导言”，第 95 页。

12 托马斯·汉金斯:《科学与启蒙运动》，复旦大学出版社，2000 年，第 2 页。

13 海涅:《论德国宗教和哲学的历史》，第 64 页。

14 Richard Mason, *The God of Spinoza: A Philosophical Study*, Cambridge University Press, 1997, pp.9—10.

15 戴安娜·斯坦贝格:《斯宾诺莎》，中华书局，2002 年，第 2 页。
16 《西方哲学原著选读》上卷，第 415 页。
17 同上。
18 同上书，第 418 页。
19 斯宾诺莎:《伦理学》，第 23 页。
20 《西方哲学原著选读》上卷，第 417—418 页。
21 同上书，第 419 页。
22 同上。
23 同上书，第 415 页。
24 同上书，第 419 页。
25 斯宾诺莎:《神、人及其幸福简论》，第 139 页。
26 《西方哲学原著选读》上卷，第 415 页。
27 斯宾诺莎:《伦理学》，第 50 页。
28 斯宾诺莎:《神、人及其幸福简论》，第 145 页。
29 《西方哲学原著选读》上卷，第 415 页。
30 斯宾诺莎:《神、人及其幸福简论》，第 230 页。
31 斯宾诺莎:《伦理学》，第 29 页。
32 同上书，第 83 页。
33 同上。
34 同上书，第 100 页。
35 罗斯:《斯宾诺莎》，第 70 页。
36 斯宾诺莎:《伦理学》，第 30 页。
37 同上。
38 罗斯:《斯宾诺莎》，第 72 页。
39 斯宾诺莎:《伦理学》，第 5 页。
40 斯宾诺莎:《神、人及其幸福简论》，第 181 页。
41 同上书，第 172 页。
42 同上书，第 159 页。
43 罗斯:《斯宾诺莎》，第 57 页。
44 《西方哲学原著选读》上卷，第 406 页。
45 同上。
46 同上。

47 斯宾诺莎:《神、人及其幸福简论》，第 250 页。
48 《西方哲学原著选读》上卷，第 406 页。
49 同上书，第 409 页。
50 斯宾诺莎:《伦理学》，第 44 页。
51 同上书，第 74 页。
52 同上。
53 同上书，第 176 页。
54 同上。
55 同上书，第 130 页。
56 同上书，第 183 页。
57 同上。
58 同上书，第 186 页。
59 同上书，第 186—187 页。
60 同上书，第 184 页。
61 同上书，第 196 页。
62 同上书，第 166 页。
63 同上书，第 198 页。
64 同上书，第 228 页。
65 斯宾诺莎:《伦理学》，第 4 页。
66 同上书，第 31 页。
67 斯宾诺莎:《神、人及其幸福简论》，第 219 页。
68 斯宾诺莎:《伦理学》，第 75 页。
69 同上书，第 243 页。
70 同上书，第 222 页。
71 斯宾诺莎:《神、人及其幸福简论》，第 193 页。
72 同上书，第 196 页。
73 斯宾诺莎:《伦理学》，第 189 页。
74 斯宾诺莎:《神、人及其幸福简论》，第 239 页。
75 斯宾诺莎:《伦理学》，第 151 页。
76 斯宾诺莎:《神、人及其幸福简论》，第 196 页。
77 同上书，第 227 页。
78 同上书，第 250 页。

79　同上书，第 252 页。

80　同上书，第 241—242 页。

81　同上书，第 242 页。

82　黑格尔：《哲学史讲演录》第四卷，第 100 页。

83　斯宾诺莎：《神、人及其幸福简论》，第 92 页。

84　雅斯贝尔斯：《大哲学家》，第 803 页。

第四章　洛克：人的心灵就像一块白板

在我看来，我们理解中任何微弱的观念都是由这两条途径之一来的。外界的物象使理解得到各种可感性质的观念，这些观念就是那些物象在我们心中所产生的各种不同的知觉。至于心灵则供给理解以自己活动的观念。

所谓知识，就是人心对两个观念的契合或矛盾所生的一种知觉。……知识只成立于这种知觉。一有这种知觉，就有知识，没有这种知觉，则我们只可以想象、猜度或信仰，而却不能得到什么知识。

虽然人们在参加社会时放弃他们在自然状态中所享有的平等、自由和执行权，而把它们交给社会，由立法机关按社会的利益所要求的程度加以处理，但是这只是出于各人为了更好地保护自己、他的自由和财产的动机（因为不能设想，任何理性的动物会抱着每况愈下的目的来改变他的现状），社会或由他们组成的立法机关的权力决不容许扩张到超出公众福利的需要之外，而是必须保障每一个人的财产，以防止上述三种使自然状态很不安全、很不方便的缺点。

——洛克

洛　克

约翰·洛克（John Locke，1632—1704）1632年8月29日出生在英国萨默塞特郡（Somerset）的灵顿村（Wrington），斯宾诺莎也在这一年出生。洛克的祖父是当地的布商，父亲也叫约翰·洛克，是信奉加尔文教的律师，曾经在英国内战时担任议会派部队的军官，母亲是一位制革匠的女儿。1647年，在父亲昔日的长官、国会议员亚历山大·波帕姆（Alexander Popham）的举荐和资助下，洛克进入伦敦极有声望的威斯敏斯特中学（Westminster School）接受古典教育。威斯敏斯特中学是在亨利八世和伊丽莎白女王的直接授意下建立的，旨在培养国家未来的栋梁之材。学校管理十分严格，学生早晨6点前就要起床并祈祷，6点开始上课，主要课程是拉丁文和希腊文。其优等生享受国王奖学金（king's scholar），学业结束后，少数成绩特别优异的学生被送到大学接受免费教育，通常3个被送到牛津的基督教堂学院（Christ Church College），3个被送到剑桥的三一学院（Trinity College）。[1]

洛克除享受国王奖学金外，还于1652年被送入基督教堂学院。这是牛津大学最大的学院，创立于1525年，产生了13位英国首相。洛克在这里学习的主要课程是亚里士多德的逻辑学、形而上学和古典语言。洛克的朋友让·勒克莱尔（Jean Le Clerc）说过："在其学业的初始阶段，他损失了大量的时间，因为在当时的牛津，唯一为人所知的哲学就是充满了令人费解的晦涩术语和无用问题的逍遥派哲学。"[2]洛克于1656年获得学士学位，1658年获硕士学位。毕业时留校任教，讲授希腊文和修辞学。

1660年，洛克结识了著名化学家和英国皇家学会的创始人波义耳，并成为挚友。在波义耳的影响下，洛克对传统的经院哲学和亚里士多德哲学感到厌恶，而对实验科学有着浓厚的兴趣。于是，他把研究方向转向了医学和化学。1666 年，洛克认识了安东尼·阿希理·库珀（Anthony Ashley Cooper，1621—1683）即后来的沙夫茨伯里（Shaftesbury）伯爵，库珀当时正为肝脏感染所苦，在接受洛克的悉心治疗后相当感激，说服洛克成为他的私人医生和秘书，同时兼任他儿子的家庭教师。于是，洛克于 1667 年搬到伦敦沙夫茨伯里的家中居住。在伦敦期间，洛克继续随名医托马斯·西德纳姆（Thomas Sydenham）进行医学研究，后者对他的自然哲学发生了深刻影响。1668 年，洛克成功地为沙夫茨伯里伯爵实施了一次手术，为病人取出了肝部的囊肿，伯爵称洛克救了他一命。除此之外，洛克鲜有其他的行医记录。

同年，在波义耳和库珀的朋友保罗·尼尔爵士（Sir Paul Neil）的举荐下，36 岁的洛克当选为英国皇家学会会员（当时，该学会有两百多会员）。沙夫茨伯里伯爵身为辉格党的创立者之一，对于洛克的政治思想产生了重要影响。1672 年，沙夫茨伯里伯爵升任英国大法官，洛克也随之参与各种政治活动。1674 年，沙夫茨伯里在政治上失势以后，洛克回到了牛津，取得了医学学士学位和行医执照，随后前往法国旅行。在法国停留期间，他研究了笛卡尔、伽桑狄等人的哲学，对当时自然科学最新成就和哲学现状的了解和研究，使洛克洞察到了人类理智能力问题的重要，于是，开始写作《人类理解论》，探讨人类理智能力的性质和限度。1679 年当伯爵的政治情势稍微好转时，洛克又回到了英格兰。也是在这个时期，洛克开始撰写《政府论》一书。1683 年，由于被怀疑涉嫌一件刺杀查理二世国王的阴谋，洛克逃亡荷兰。1684 年，鉴于洛克和沙夫茨伯里的密切关系，国王下令开除了洛克在基督教堂学院的学者身份。在荷兰期间，洛克进行了大量的学术研究，基本上完成了《人类理解论》的写作。

经过5年的流亡生活，直到1688年“光荣革命”（Glorious Revolution）成功之后，洛克才返回英国。此时，洛克的三部主要著作陆续发表，为他带来了很大的声誉。洛克作为辉格党的理论家，成为政界和学术界的显赫人物，当时几乎所有重要的政治人物都是他的亲密朋友。1696年，洛克担任贸易和计划事务大臣。在此期间，洛克与牛顿相识并成为密友，两人不仅讨论科学问题，而且都对圣经批判感兴趣。1691年，洛克的好友马莎姆（Masham，即Damaris Cudworth）邀请从政坛退下来的洛克前往她在艾塞克斯郡的乡下住所定居，一直到他去世。洛克终生未娶，也没有子女，但他极为重视对孩子的家庭教育，被誉为“培养绅士和淑女的教育家”，《关于教育的几点思考》一书更是成了西方世界的教育圣经。当死亡即将降临之时，洛克平静而安详。“现在，他已经可以听到死亡的脚步声。他倾听着、等待着这样的声音，没有叹息，没有恐惧。这些脚步声对他的唯一意义在于：他必须抓紧时间把一切事情安顿好。”[3]1704年10月28日，洛克逝世，享年73岁。马莎姆回忆道：“他的死宛若他的生，虔诚而自然，从容而单纯。我想时间老人再也不会产生出他这样的理性和宗教的绝佳典范，生如此，死亦然。”[4]

洛克的遗体葬于艾塞克斯郡东部一个小镇的教堂墓区。墓碑上是他亲笔用拉丁文写的墓志铭：“游客请驻足于此，这附近躺着约翰·洛克。如果你问他是怎样的一个人，答案是：他是一个满足于自己的小康命运之人。身为一个学者，他把自己的全部学识用于追求真理，这一点你可以在他的著作中看到。在那里，你还可以得到关于他的任何东西，与墓志铭中那些可疑的溢美之词相比，他的著作要真实得多。他的美德——如果他有的话——微不足道，不值得自夸，也不足以当做你的典范。让他的邪恶和他一起被埋葬吧。如果你寻找的是善良生活的典范，你应当到福音书中去寻找；如果你寻找的是邪恶的典范，你在此将一无所获。如果你寻找的是凡夫俗子（如果对你有用的话），你在这里无疑可以找到一个，在任何其他地方也能找到。他出生于1632年8月29日，死于1704年10月28日。这块不久即会朽坏的碑仅为记录。”[5]

洛克的主要哲学著作包括:《论宗教宽容的书信》(1689)、《人类理解论》(1690)、《政府论》(1690)、《基督教的合理性》(1695)等。

一、观念论

索利认为，洛克开拓了英国哲学的新道路，这条新道路就是通过系统研究人类理智解决知识的真理性和确实性问题。“这样，他就提出了哲学研究的一个新的部门或一种新的方法，它现在已被人们称作认识论。在这个方面，他是康德的先驱，并且预示了康德所谓的批判方法。”[6]

1670—1671年间，洛克和朋友在库珀的伦敦寓所就“道德和天启宗教的原则”问题展开多次讨论，但没有任何进展。“在迷惑许久之后，既然没有把打搅我们的困难解决了，因此，我就想到，我们已经走错了路，而且在我们开始考察那类问题之前，我们应该先考察自己的能力，并且看看什么物象是我们的理解所能解决的，什么物象是它所不能解决的。”[7]这就构成了洛克写作《人类理解论》的直接动机。

（一）“天赋观念”批判

洛克认为，人之所以高出于其他动物，进而统治其他动物，是因为人的理解力。理解是借助于观念进行的，观念“表示幻想、意念、影像或心所能想到的任何东西。”[8]根据厄姆森的考证，17和18世纪流行的“观念”一词实际上是“图像”的同义语。在近代很多哲学家看来，作为我们理解或认识对象的，不是外部世界，而是观念。笛卡尔认为，有“天赋观念”存在。洛克则在考察人类理解力之初，首先把矛头对准了“天赋观念”论，明确提出“人心中没有天赋的原则”或观念。

“天赋观念”论的一个重要支撑是所谓的“普遍同意”：即有若干思辨的和实践的原则是全人类普遍同意的，因而它们必定是与生俱来的。洛克指出，普遍同意并不能证明天赋观念的存在，因为人们完全可以通过其他（后天的）方式就某些原则达成共识。而且，更为重要的是，根本就不存在全人类普遍同意的原则。洛克举出两个巴门尼德式的命题，作为“思辨的公理”的例证，用以说明“普遍同意”的不可能性，这就是“凡存在者存在”和“一件事物不能同时存在而又不存在”。儿童和白痴就不曾知道这些命题，而对于他们所不知道的东西也就谈不上他们的普遍同意，并且，这样的东西实际上不能说存在于他们的心中。“普遍同意”说的支持者也许会退一步，说一切人类在开始运用理性时就可以知道这些命题、同意这些命题。洛克反驳说，人并不是在开始运用理性时就能知道和同意这些公理，儿童在知道“一物同时不能存在而又不存在”的公理之前，很早就能运用理性了。而且，就算在开始运用理性时同时就能发现这些公理，也不足以证明它们是天赋的。因为发现这些公理和运用理性能力二者在时间上的“巧合”，并不能证明这些公理是天赋的，正如，发现这些公理可能和语言的运用“碰巧”是同时的，但我们并不能据此认为这些公理是天赋的。

“普遍同意”说的支持者也许同意，在人们能够了解命题中所包含的观念的意义之前，他们是不能理解或同意这个命题的（比如，一个婴儿在获得“七”和“相等”的观念之前，是不能理解或同意“三加四等于七”这个命题的），但“这些公理一经提出，这些公理所含的名词一被人了解，人们便会同意它们，这就足以证明人们的普遍同意。”[9] 洛克反驳说，如果这种普遍同意成了“天赋观念”的标记，那么，不但“一加二等于三”这样的数学命题，而且像“苦非甜”、“方非圆”等等无数命题，就都是天赋的了，从而彻底模糊了“天赋观念”和“经验观念”的区分。而且，人们在了解了这些公理所包含的名词之后才同意这些公理，这恰恰表明这些公理不是自明的，因而也不是天赋的。既然像“凡存在者存在”和“一件事物不能同时存在而又不存在”这些所谓的“第一原则”都不是天赋的，其他思辨的公理就更不可能是天赋的了。

洛克认为，实践（道德）的原则更不是天赋的。首先，没有一个道德原则能够得到人们普遍而直接的同意，因而不存在天赋的道德真理。信义和公道似乎为许多人所同意，甚至强盗在其同党之间也要遵守这样的原则。但这非但没有表明人类在此问题上的普遍同意，反而恰恰表明了人们对公道和信义的理解有多么不同。其次，对于任何道德原则，人们都可以合理地追问其所以然，就是说，道德的原则需要证明，因此，它们不是天赋的。“一切道德规则所含的真理，分明都是依赖于一些先前的理论，而且是由先前的理论所演绎出的；它们如果是天赋的，或则是自明的，当然就不是这样情形了。”[10] 再次，尽管人们满口仁义道德，但在行动上却对这些原则多有破坏，这表明他们在内心里并不尊重这些原则，更谈不上普遍同意这些原则，因而就不能说它们是天赋的。

洛克认为，上述思辨的和实践的原则之所以不是天赋的，一个重要的原因是构成这些原则的观念不是天赋的。新生儿完全没有任何确定的观念，更没有与所谓天赋原则中的名词相应的观念。如果“一物不能同时存在而又不存在”是一个天赋原则，“不可能”和“同一性”必是两个天赋观念。但实际上，“‘不可能’和‘同一性’两个名词所

萨默塞特郡灵顿村的教堂

代表的观念，不但不是天赋的或生来就有的，而且我们更需要极大的细心和注意，才能在理解中把这些观念妥当地造成。它们不但不是我们生来就有、不但不是儿童们所有的思想，而且我相信，在一考察之后，我们还会看到，有许多成年人亦并没有这些观念。”[11] 而且，在具有同一性观念的人们中间，人们对它的理解也是多有分歧，这也表明这个观念不是天赋的，因为据说天赋观念一定是清楚明白且被人们普遍同意的。

天赋观念论的一个重要堡垒是上帝的观念，洛克则明确地指出，上帝的观念也不是天赋的。首先，并不是任何一个民族或国家都具有上帝的观念，包括中国人在内的很多民族都是非宗教性的。其次，即使全人类都有一个上帝的观念，也不能因此证明这个观念是天赋的，正如人们可能都有火、热、日等观念，并不能因此证明这些观念是天赋的一样。再次，就在具有上帝观念的人们中间，人们对这个观念的理解也是千差万别，可见，上帝观念并不是上帝亲手在人心所印的标记。“如果上帝的观念不是天赋的，则没有别的观念可以称为天赋的”。[12] 在洛克看来，人们之所以宣扬天赋观念和天赋原则，是因为这样的观念和原则对他们有用，即使他们的门徒放弃自己的理性和判断，对他们唯命是从。

（二）一切观念都来自感觉或反省

既然观念不是天赋的，它们来自何处？洛克的回答是：经验。洛克认为，我们的心灵就像一张白纸，上面没有任何标记。所有的观念和知识都是建立在经验上的，并最终导源于经验。经验可以分为感觉（sensation）和反省（reflection）。感觉是感觉对象刺激感官而发生的，我们关于“黄、白、热、冷、软、硬、苦、甜”等观念，均来自感觉。只有当一个人开始有感觉时，他才会有观念。“感官在未将观念输入于人心的时候，心中并无任何观念，因此，我想，理解中的观念是和感觉同时来的。”[13] 感觉是我们心中大部分观念的最大来源。我们的心灵在反省自身的心理作用时，也会获得一套观念。属于这一类的观念有“知觉、思想、怀疑、信仰、推论、认识、意欲”等。“在我看来，我们理解中任何微弱的观念都是由这两条途径之一来的。外界的物象使理解得到各种可感性质的观念，这些观念就是那些物象在我们心中所产生的各种不同的知觉。至于心灵则供给理解以自己活动的观念。”[14]

当然，从个体意识发展史的角度看，感觉要先于反省。儿童入世以后，就会受到各种物体的刺激，这些刺激如此强烈，以致无论他们是否注意，相应的观念都会“强行”进入人心，就是说，心灵接受这些印象及其相应的观念完全是被动的。可见，来自感觉的观念与人们接触的物体的范围有关（如果一个儿童只见过黑白两色，则他永远不会具有红或绿的观念），而与主观努力无关，所以，人们总是能够比较容易地获得这种观念。来自反省的观念则不然，它在很大程度上取决于人们的“注意”或“努力”，因而反省观念在时间上往往落后于感觉经验，而且，有些人可能从来都不曾有过真正的反省经验。“反省观念的出现是较后的，因为它们需要人的注意——因此我们就看到，儿童们可以很晚才能对于自己的心理作用，发生了观念，何以有些人终身对于那些作用的大部分，不能有了很清晰、很完全的观念。因为那些作用虽不断地在那里经过，可是人的理解如果不能反观自照，反省它自己的作用，使它们成了自己思维的对象，则各种作用只不过如浮游的现象似的，并不能在心上留下清晰、明白而经久的观念。儿童们在初入世之时，就被一个崭新的世界所围绕，各种事物不断地引动他们的感官，诱使他们注意各种新鲜事物，而且欢喜各种事物的花样变化。因此，儿童初生之年注意往往都消耗在观察外面的事物上。”[15]

一切观念，都可以、也只能还原为这两个来源。“一切耸高的思想虽然高入云霄，直达天际，亦都是导源于此、立足于此的。人心虽然涉思玄妙，想入非非，可是尽其驰骋的能力，亦不能稍为超出感官或反省所供给它的那些思想的材料——观念——以外。”[16] 与休谟不同，洛克把反省和感觉并列，作为观念或知识的两个同样原始的来源，就是说，不能把反省归结为感觉。

（三）简单观念（simple ideas）和复杂观念（complex ideas）

当洛克说一切观念均来自于经验时，我们的常识也许会提出反驳：很多观念并没有直接的经验支撑。洛克通过把观念区分为简单观念和复杂观念对此做出了回答：一切简单观念都来自经验，复杂观念则是由简单观念构成的，因而最终也来自经验。

简单观念是一些单纯不杂的、不能再分为其他观念的观念。洛克根据它们进入人心的不同方式，将简单观念分为下述四种：1. 只通过一个感官获得的观念；2. 通过两个以上的感官获得的观念；3. 只由反省而来的观念；4. 通过反省和感觉两种途径而来的观念。由眼官获得的光和颜色的观念、由耳官获得的各种声音的观念、由鼻子和腭获得的各种滋味和嗅味的观念以及由触觉获得的热、冷和凝固等观念，均属于第一种观念。第二种简单观念包括“空间观念、广袤观念、形相观念、静止观念和运动观念。因为这些观念在视觉上和触觉上都留有可觉察的印象。”[17] 第三种简单观念包括“知觉”（知觉这个观念是我们反省之后所得到的最初而最简单的一种观念）和“意欲”及其特殊情况，如记忆、分辨、推理、判断、知识、信仰等。第四种简单观念包括快乐（pleasure）与痛苦（pain）、能力（power）、存在（existence）等。以痛苦和快乐的观念为例，它们既可以来自感觉，也可以来自反省。“感官由外面所受的任何刺激，人心在内面所发的任何思想，几乎没有一种不能给我们产生出快乐或痛苦来。”[18] 简单观念是一切知识的材料。

我们既不能在感觉和反省之外发明或创造任何简单观念，也没有力量消灭这些简单观念，就是说，心灵所接受的不能多于或异于上述简单观念，就此而言，我们的心灵是被动的；但一旦得到这些简单观念之后，心灵就会凭自己的力量，把这些简单观念加以联系，构成新的复杂观念，就此而言，我们的心灵是主动的。“复杂观念是被人心由简单观念造成的”。[19] 有名称的简单观念的数量并不是很多，但它们可以构成我们的思想所需要的任何复杂观念，正如有限的字母可以组成意义无穷的文字一样。

人心造成复杂观念的方式有三种：“第一，它可以把几个简单观念合成一个复合观念，因而造成一切复杂观念。第二，它可以把两个观念（无论是简单的或复杂的）并列起来，同时观察，可是并不把它们结合为一；这样，它就得到它的一切关系观念。第三，它可以把连带的其他观念排斥于主要观念的真正存在以外；这便叫作抽象作用”。[20] 例如，我的心灵把红、硬和甜等简单观念联结起来，形成苹果的复杂观念；把苹果和草莓的观念放在一起，得到大或小的复杂观念；舍弃苹果或草莓的特殊性，得到水果的复杂观念。第一种方式运用了人心的组合（compounding）能力，第二种方式体现了人心的比较（comparing）能力，第三种方式则发挥了人心的抽象（abstracting）能力。

复杂观念包括情状（modes）、实体（substances）和关系（relations）三大类。作为情状的复杂观念不含有对自己存在的假定，只是实体的一些性质，如三角形、感激心、暗杀等。情状分为简单的情状（simple modes）和混杂的情状（mixed modes）。简单的情状是同一简单观念的各种变形或组合，其中不混合其他观念，如“一打”、“二十”等。混杂的情状则是由几种不同的简单观念组合而成的，比如“美”，就是由形相和颜色配合而成的。

威斯敏斯特中学

实体则代表着独立自存的一些事物。作为复杂观念，实体都是许多简单观念凑合而成的，但由于若干简单观念经常在一起，于是被人认为属于一个事物，用一个名称称呼它。实体观念分为特殊的实体观念如人和羊，和集合的实体观念如军队、羊群和世界等。此外，洛克还讨论了“概括的实体观念”。洛克一方面说，我们关于概括的实体观念只是一个假设，即假设有一种莫名其妙的东西，来支撑能给我们产生简单观念的那些性质。例如，人们假设有一种东西是为打动我们感官的那些可感性质所依托的，于是，我们就有了物质实体的观念；人们同样假设有一种东西是为思想、知识、怀疑所依托，于是，我们就有了精神实体的观念。但真正说来，那些实体的观念“分明都不是我们所能了解、所能捉摸的”。就是说，“我们没有明白的概括的实体观念”。另一方面，他又说，我们不能因为没有清晰明白的物质实体和精神实体观念，就断言这两种实体不存在。上帝观念也是由各种简单观念构成的一个复杂观念：我们从自身经验得到存在、绵延、知识、能力、快乐、幸福等观念，我们把这些观念加以无限放大和组合，就形成了上帝的观念。

最后一类是关系的观念。“人心在思考一个事物时，如果把它同别的事物在一块考究，并且在两物之间来回观察，这就叫做关系。”[21] 大与小、父与子、因与果等等，都指示着关系的观念。其中，最重要的就是因果关系。

洛克两种观念学说的实质是：一切复杂观念都可以还愿为简单观念，包括天使和上帝的观念；而一切简单观念都来自于感觉或反省，即来自于经验。

（四）第一性的质（primary qualities）的观念和第二性的质（secondary qualities）的观念

既然感觉构成了我们的大部分观念的来源，而感觉就是由对象刺激感官而发生的，这是否意味着感觉观念都是对象的肖像？为了解决观念与对象的关系问题，洛克提出了两种性质的学说。他把“那种在我们心中产生任何观念的能力”称为“具有这种能力的主体的性质”，并把这些性质区分为两类。“第一种是这样一种性质，不论物体处于何种状态，它都绝对不能与物体分开；不论物体遭受什么改变或变化，受到什么力量压迫，它都仍然为物体所保持；在每一个大到足以被知觉到的物质粒子中，感官经常可以发现它；心灵也发现它与每一个虽然小到不足以单独被知觉到的物质粒子不可分。例如，取一粒麦子，把它分为两部分，每一部分仍然具有体积、广延、形状、可动性等等；把它再分一次，它仍然具有这些性质；把它一直分到各个部分都看不出来的程度，每一部分必定仍然保持着这一切性质。因为分割绝不能除去任何物体的体积、广延、形状或可动性，而只是把原来的一个物体变成两块以上分明的、分离的物质，这些块物质分割之后，一块一块地计算起来，就造成了一个数目。这些性质我称之为物体的原初的或第一性的质”。[22] 所以，第一性的质是实在的性质，因为它们确实存在于物体里面，不论是否有任何人的感官感觉到它们。

第二种“是这样一些性质，事实上它并不是什么存在于对象本身中的东西，而是一种能力，可以借物体的第一性性质，亦即借物体的各个不可见的部分的大小、形状、组织、运动等，在我们心中产生各种不同的感觉，例如，颜色、声音、滋味等等（colours，smells，tastes，sounds，and the like）。这些我叫作第二性的质。”[23]“这些性质，不论我们错误地赋予它们什么真实性，实际上并不是什么在物体本身中的东西，而是一些在我们心中产生各种感觉的能力”。[24]“如果取消对它们的感觉；如果眼睛不看光或颜色，耳朵不听声音，舌头不尝滋味，鼻子不闻气味，那么，所有的颜色、滋味、气味和声音，作为这种特殊的观念，就将消失无存，都还原成它们的原因，即各个部分的大小、形相和运动了。”[25]所以，第二性的质是附加的性质，如果没有人的参与，没有人的感知，它们就没有自己“独立的”存在。在此意义上，“存在就是被感知”。

我们关于第一性的质的观念和第二性的质的观念，都“是由不可见的微粒作用于我们感官而产生的。”但“物体的第一性的质的观念是和第一性的质相似的，它们的原型是确实存在于物体里面的，第二性的质在我们心中产生的观念则根本不与第二性的质相似。并没有什么与我们的观念相似的东西存在于物体本身中。这些性质，在我们用它们来称呼的物体里面，只不过是一种在我们心中产生这些感觉的能力；观念中的甜、蓝或温暖，只不过是我们称为甜、蓝或温暖的物体本身里面的不可见部分的某种大小、形状和运动而已。”[26]洛克举例说，火常常给我们带来温暖的感觉，于是，我们倾向于认为，温暖的观念是存在于物本身的某种性质的肖像。但“同样的火，离得比较远，就在我们心中产生一种温暖的感觉，离得比较近，则在我们心中引起一种极为不同的痛苦的感觉，那就应该自己反省一下，自己究竟有什么理由可以说：火在他心中所产生的这个温暖的观念，是确实存在于火里面的，而同样的火以同样的方式在他心中产生的痛苦的观念，则不是存在于火里面的。”[27]虽然第二性的质的观念不是肖像，但这绝不意味着这些观念是主观自生的。和第一性的质的观念一样，第二性的质的观念也是来自于感觉。就是说，如果没有存在于事物中的客观“能力”，人心就不会被发动起来，当然也就不会形成相应的感觉观念。

实际上，两种性质的区分并不是洛克的首创。伽利略和笛卡尔都曾经提出类似的区分，就连“第一性的质”和“第二性的质”的说法都是洛克从波义耳的《形式和性质的起源》（1666）一书中借用的。但洛克对二者做出了最为细致的区分，并将之和观念问题联系起来。

二、知识论

洛克认为，人心在一切思想中和推论中，除了自己的观念而外，再没有别的直接的对象，因此，我们的知识只和观念相关。“所谓知识，就是人心对两个观念的契合或矛盾所生的一种知觉。……知识只成立于这种知觉。一有这种知觉，就有知识，没有这种知觉，则我们只可以想象、猜度或信仰，而却不能得到什么知识。”[28] 他举例说，我们所以知道白不是黑，就是因为我们知觉到这两个观念不相契合。我们之所以相信“三角形三内角之和等于两直角”，就是因为我们知觉到，三角形的三个角与两直角相契合。

（一）知识的等级

洛克认为，由于人心是在不同的途径下知觉观念的，所以，知识可以分为不同的等级，即直觉的（intuitive）知识、证明的（demonstrative）知识和感觉的（sensitive）知识。如果心灵直接从两个观念本身，不必插入任何别的观念，就觉察到这两个观念的符合或不符合，这种知识就是直觉的知识。“因为在这种情形之下，心灵不必辛辛苦苦证明或检视，而是像眼睛知觉到光那样去知觉到真理，只要对着它就行了。例如心灵知觉到白不是黑，一个圆形不是一个三角形，三大于二而等于一加二。像这一类的真理，心灵只要对那些在一起的观念一看，单凭知觉，不必插入任何其他的观念，就觉察到了。这一类知识是人类脆弱的能力所能得到的最清楚最可靠的知识。”[29] 我们全部知识的可靠性和明确性都依靠这种直觉。

有些情况下，心灵不能以上述方式把两个观念放在一起直接加以比较，而是必须插入另一个或另几个观念，来发现其符合或不符合。这种知识就是证明的知识。例如，心灵要想知道一个三角形的三个内角是否与两个直角符合，就不能凭着直接观看和对它们进行比较来办，因为不能把一个三角形的三个内角一次拿来和任何一个或两个角比较，因此心灵对于它们是否符合就没有直接的知识。洛克认为，证明的知识无疑也是明白无误的，但总不如直觉的知识那样明白。“就如一个人的面孔在几个镜中来回反射以后，只要影子仍与原物保留一点相似性和契合关系，它就能产生一种认识；不过在每一度反射以后，原来那种完全的明白程度和清晰程度总要减低几分，……由一长串证明而得的知识，亦正是如此的。”[30]洛克强调，在证明的知识中，必然伴有一种直觉的知识。既然证明的知识是以中介观念的引入为特征的，那么，这个中介观念引入以后，要证明两个观念的契合或矛盾，必须最终通过直觉知识来发现。否则，就需要进一步的证明，因为如果达不到对于契合或矛盾的知觉，就不能形成知识。证明的知识不限于数学方面的知识，凡两个观念间的关系不能一目了然的地方，都需要这种知识方能把我们带入确定性。

知识的第三个等级是所谓“感觉的”知识，即“关于特殊外物的存在的知识”。既然知识就是对于观念间契合或不契合的知觉，所以，真正说来，“知识的等级就分为直觉和解证两种；任何思想如果缺乏了这两种中任何一种，则我们不论怎样确信它，它总不是知识，只是信仰或意见，至少在一切概括的真理方面，我们是可以这样说的。”[31]不过，知识论不能忽略另一重关系，即观念与外物之间的契合或矛盾。因为白天看太阳和夜里想太阳、亲自嗅玫瑰和仅仅想那种香气是两种完全不同的知觉。所以，在前两种知识之外，我们还可以加上一种关于特殊外物的存在的知识，即感觉的知识。但这种知识不能完全达到上述那两种知识的确定程度，因为从根子上说，只有观念与观念之间的关系才能构成真正的知识。

洛克强调，虽然知识只和观念有关，但这不意味着知识的确定性和观念的确定性成正比。诚然，如果知识涉及的各个观念含糊不清，那么，人心无论如何都不能清楚明白地看出它们的契合与矛盾，也就不能形成明白的知识。但清楚明白的观念却不能保证清楚明白的知识，“因为我们的知识既成立于我们对两个观念间契合或相违所有的知觉，因此，知识的明白或含糊，只看这种知觉是明白或含糊而定，而不看各个观念本身是明白或含糊而定。”[32] 就是说，观念的清楚明白是确定性知识的必要条件，而非充分条件。

（二）知识的范围与限度

洛克总的看法是，我们的知识能走多远，完全取决于我们的观念能走多远。“我们所有的知识，不能超过我们所有的观念而外。”[33] 他分别讨论了上述三种知识各自的局限性。首先，直觉知识不能达到我们一切观念的一切关系，很多情况下，我们必须求助于证明，可见，直觉知识不是万能的和无限的。其次，证明的知识也不能达到我们的观念的整个范围，因为在我们要考察的两个不同的观念之间我们并不是总能找到这样一些中间观念，从而在推理的每一步都能借直觉的知识把它们联结起来，而在缺乏中间观念的地方，就不能有证明的知识。可见，证明的知识也不是万能的和无限的。再次，“感觉的知识由于不能超过我们感官当下所感到的事物的存在，因此，它比前两者都大为狭窄。”[34] 这样看来，实际上我们的知识不但达不到一切实际的事物，而且也达不到我们的观念的范围。“我们的知识不但因为我们的观念稀少而不完全，大受了限制，而且即在这个范围内，它亦不能遍行。”[35]

关于我们的知识究竟可以达到多远，洛克从知识的四个种类即同一性与差异性、关系、共存、实在的存在分别做了讨论。我们关于同一性和差异性的知识，同我们所有的观念的范围一样大。就是说，我们心中出现的任何观念，我们都可以通过直觉的知识知道这个观念的特性以及它与其他观念的差异。例如，我心中一出现“红”和“方”

牛津的基督教堂学院

的观念，我就会明白无误地知道这些观念就是这些观念，而不是“白”或“圆”的观念。我们关于共存的知识是非常有限的。所谓共存就是各个观念在同一实体中的共存性或不共存性，因为形成实体观念的许多简单观念间的关系不为我们所知，所以，我们很难把握各种观念的共存与否，关于第二性的质的观念尤其如此。比如，在考察黄金时，我们通过眼官看到颜色，又通过实验得到重量、延展性、可熔性和固定性等。我们不能确定这些观念中有四个存在时，第五个是否必然存在。所以，我们得不到关于这些观念共存情况的确定的知识。关于关系的知识，我们不容易断定我们的知识可以达到多远，因为这种知识构成了人类知识的最大领域。关于实在的存在，我们对于自己的存在有一种直觉的知识，对于上帝的存在有一种证明的知识，对于其他事物的存在则有一种感觉的知识。

总之，我们的理解力并不是无限的，我们在很多方面都是无知的，而且，我们的无知要胜过知识无数倍。原因有三：一是由于缺乏观念，就是说，由于我们的感官入口太稀少、太狭窄，有许多事物，我们根本就没有关于它们的观念；二是由于在我们具有的观念之间，缺乏明显的联系，这就阻碍了我们获得普遍的、确定的知识；三是由于我们不能循序考察我们的观念，特别是由于我们对于文字的误用。当然，人类知识的有限性并不损于人类的尊严，只要我们把自己的心思精力致力于真理的寻求，我们的知识就会不断进步。

（三）知识的实在性与真理

知识就是观念的关系，就是说，知识只和观念相关，而不涉及观念所代表的事物。那么，真知识和狂妄的想象有何分别？知识的实在性何在？洛克认为，尽管知识论只和观念打交道，但我们的很多观念都是与事物相契合的，这就保证了我们的知识的实在性。具体说来，一切简单的观念都是与事物契合的，因为“简单的观念都不是自己想象的虚构，都是外界的事物在我们身上起了实在作用以后自然地、有规则地所产生的。”[36] 所以，简单观念可以成为实在知识的基础。

一切复杂观念（实体观念除外）都是人心自己据简单观念所造的原型，而且，人心在制造这些观念时并不曾考察它们在自然中的联系，所以，它们不必和任何外在的东西相似，外在的事物倒是必须与我们的观念相契合。可见，复杂观念（实体观念除外）也都和事物相契合，尽管契合的方式与简单观念有所不同。数学知识和道德知识都是由这样的复杂观念构成的知识，因此它们都是实在的知识。在数学知识和道德知识中，我们只需考察观念的关系，无须诉诸实在的事物，即使世界上并不存在实际的圆形或方形，关于这些图形的几何学原理也是可以成立的；即使世界上无人实行西塞罗的道德规则，这些规则本身仍然可以是有效的。实体观念则不然，它们必须以外界的原型为参照。在它们和外在的原型相契合的范围内，我们关于它们的知识是实在的。但在更多的情况下，实体观念和事物本身是不契合的，所以，我们关于实体的知识的实在性也就有所欠缺。

知识的实在性和真理密切相关。前面对于知识实在性的讨论是在观念的层次上展开的，如果把这种讨论扩展至命题的层次，我们就进入了真理（或虚妄）的领域。真理就是以命题形式出现的标记（观念或文字）的正确分合（joining or separating），所谓正确分合，就是这些命题合于事物本身之契合或相违。命题可以分为两种：心理的（mental）或口头的（verbal）的，相应地，真理也分为思想的真理（truth of thought）和文字的真理（truth of words）。如果心理的命题同观念或观念所表示的事物的契合或相违相应，就是心理的真理或思想的真理。如果文字的命题与它们所表示的观念之契合与相违相应，就构成文字的真理。文字的真理又分为两种情况：如果文字的真理中所含的观念不与事物的实在性相契合，这样的真理就只是口头上的，而非实在的。如果文字的真理中所含的观念与事物的实在性相契合，这样的真理就是实在的。“我们如果只知道各种名词所表示的观念是契合的或相违的，而却不管那些观念在自然中是否有实在的存在，则由这些名词所组成的真理，只是口头的真理。如果我们的观念是相契合的，而且它们在自然中又有实在的存在，则由这些标记所组成的真理是实在的真理。”[37] 洛克的真理观是符合论的，但他既坚持实在的真理应当是命题对于事物的符合，又不否认观念自身的契合一致所具有的真理性。

我们看到，从总体上看，洛克的知识论并不是典型的经验论。正如道格拉斯·奥德加德（Douglas Odegard）所说：“洛克没有坚称我们的全部知识奠基于经验中，在此意义上，他不是经验主义者。他既主张我们的若干知识是通过非经验方式获得的，又认为我们的全部一般知识必须通过这种方式获得。事实上，他的一般真理的知识限于必然真理的知识，就此而言，可以说他表现出了一种形式的理性主义。”[38]

三、政府论

《政府论》分为上下两篇，上篇主要是针对英国当时一位非常有名的作家菲尔默（Sir Robert Filmer）所持“君权神授论”的论战，下篇的重点是阐释他自己的政治哲学思想。

（一）自然状态（state of nature）

作为近代政治哲学之父，霍布斯最早提出了“自然状态”的学说，用来描述在国家和政府产生之前人类的生存状态。按照霍布斯的描述，自然状态的人们在身心两方面的能力都大致相等，因此他们希望达到同样的目的。但由于资源的相对匮乏，在达到这一目的的过程中，彼此都力图摧毁或征服对方。“在人类的天性中，有三种造成争斗的主要原因存在：第一是竞争，第二是猜疑，第三是荣誉。”[39] 利益、安全和荣誉使这些“平等的”个人彼此交战。可见，“在没有一个共同权力使大家慑服的时候，人们便处在所谓的战争状态之下”。[40] 而且，这种战争是每一个人对每个人的战争（a war of all against all）。在这种状况下，不但产业无法存在，而且文艺、文学、社会等等都将不存在。人们不断处于暴力死亡的恐惧和危险中，人的生活孤独、贫困、卑污、残忍而短寿。

与霍布斯一样，洛克认为，在国家和政府产生之前，人类生活在一种“自然状态”。但洛克所描述的自然状态和霍布斯笔下的自然状态完全不同，它不是“一切人对于一切人的战争”或“人对人就像是狼对狼一样”，而是一种“完备无缺的自由状态”。在自然法的范围内，人人都可以按照自己认为合适的办法，决定他们的行动，处理他们的财产和人身，无须听命于任何人的意志。这也是一种“平等的状态”，其中，一切权力和管辖权都是相互的，没有一个人享有多于别人的权力。“正因为每一个人必须保存自己，不能擅自改变他的地位，所以基于同样理由，当他保存自身不成问题时，他就应该尽其所能保存其余的人类，而除非为了惩罚一个罪犯，不应该夺去或损害另一个人的生命以及一切有助于保存另一个人的生命、自由、健康、肢体或物品的事物。”[41] 总之，这是“一个和平、善意、互助和保全的状态”，是一个人人生而自由、平等和独立的状态。

实际上，霍布斯和洛克的“自然状态”都不是历史事实，而是一种逻辑建构或理论假设。霍布斯承认，他所描绘的“自然状态”并不是整个世界普遍出现过的状况，尽管许多地方的人现在仍然是这样生活的，比如美洲的一些野蛮民族。他也承认，就个人层面而言，人人相互为战的状态在任何时代都从来没有存在过。

（二）社会契约（social contract）

按照霍布斯，人类摆脱自然状态、免于灭顶之灾的唯一方法就是根据自然法订立社会契约，放弃个人的自然权利，把一切权力交付给强大的统治者，从而组成国家或政府即伟大的利维坦（Leviathan）。尽管洛克眼中的自然状态不像霍布斯的自然状态那样恐怖，但在洛克看来，自然状态仍有下述三大缺陷：第一，这种状态缺少一种确定的、规定了的、众所周知的法律。其潜在的后果是，有些人会由于利益关系或者由于对自然法的无知而违反自然法。第二，这种状态缺少一个有权依照既定的法律来裁判一切争执的知名的和公正的裁判者。其潜在的后果是，每一个人都是自然法的裁判者，他们会由于私心而过分关心自己的事情，忽视和冷淡别人的事情。第三，这种状态往往缺少权力来支持正确的判决，使它得到应有的执行。其潜在的后果是，公正难以得到贯彻，甚至使执行判决的人面临困境。上述缺陷表明：人类尽管在自然状态中享有种种权利，但这种享有是很不稳定的，有不断受别人侵犯的威胁，“结果只会发生混乱和无秩序”。所以，鉴于这种状态的“种种不方便”，很少有人能够长期在这种状态中共同生活。由于人类是生而自由、平等和独立的，走出这种状态的唯一途径是彼此订立契约建立国家。“任何人放弃其自然自由并受制于公民社会的种种限制的唯一的方法，是同其他人协议联合组成为一个共同体，以谋他们彼此间的舒适、安全、和平的生活，以便安稳地享受他们的财产并且有更大的保障来防止共同体以外任何人的侵犯。”[42]

国家和政府的建立，无疑是以个人放弃若干权利为代价的。按照霍布斯的模式，人民出让了除生存权等极少数基本自然权利之外的绝大多数权利。而在洛克的模式中，个人主要放弃的是下述两种自然权利：第一种是“为了保护自己和别人而做他认为合适的任何事情的权

洛克画像

利”，他把该权力放弃给社会，交由社会所制定的法律负责。第二种是“处罚违反自然法的罪行的权利”。尽管在一定意义上说这些权利的放弃意味着对个人自由的限制，但其目的是为了更好地保护个人自由和财产。“虽然人们在参加社会时放弃他们在自然状态中所享有的平等、自由和执行权，而把它们交给社会，由立法机关按社会的利益所要求的程度加以处理，但是这只是出于各人为了更好地保护自己、他的自由和财产的动机（因为不能设想，任何理性的动物会抱着每况愈下的目的来改变他的现状），社会或由他们组成的立法机关的权力决不容许扩张到超出公众福利的需要之外，而是必须保障每一个人的财产，以防止上述三种使自然状态很不安全、很不方便的缺点。”[43]

（三）政府的解体（dissolution of governments）

洛克强调，人们通过契约参加社会、建立国家和组成政府的目的是保护他们的财产和自由。无论是法律还是统治者，都不应凌驾于人民之上，而应把社会大多数人的利益视为最高的利益。“当每个人和其他人同意建立一个由一个政府统辖的国家的时候，他使自己对这个社会的每一成员负有服从大多数的决定和取决于大多数的义务；否则他和其他人为结合成一个社会而订立的那个原始契约便毫无意义”。[44]

在霍布斯的契约模式中，契约是人们彼此制定的，而不是由臣民和统治者之间制定的，所以，这种契约只对被统治者有约束力，而对统治者则没有任何约束力。此外，既然人们自愿订立契约选定了自己的统治者，他们就应当无条件服从。毁约是违反正义的，而罢免统治者，就等于从他那里把属于他的东西拿走了，这也是违反正义的。与霍布斯不同，洛克强调统治者也是订立契约的一方，就是说，原始契约不仅对人民有效，而且适用于统治者。如果统治者违约，胆敢图谋或破坏人民的财产和自由，人民就有权收回其权力。“当立法者们图谋夺取和破坏人民的财产或贬低他们的地位使其处于专断权力下的奴役状态时，立法者们就使自己与人民处于战争状态，人民因此就无须再予服从，而只有寻求上帝给予人们抵抗强暴的共同庇护。所以，立法机关一旦侵犯了社会的这个基本准则，并因野心、恐惧、愚蠢或腐败，力图使自己握有或给予任何其他人以一种绝对的权力，来支配人民的生命、权利和产业时，他们就由于这种背弃委托的行为而丧失了人民为了极不相同的目的曾给予他们的权力。这一权力便归属人民，人民享有恢复他们原来的自由的权利，并通过建立他们认为合适的新立法机关以谋求他们的安全和保障，而这些正是他们所以加入社会的目的。”[45] 如果政府解体遇上反抗，革命就成为一种必需的选择。

为了防止主权者滥用权力，必须对国家政治权力进行制约。洛克设计了一套权力制约方案，在这个方案中，国家权力由三个部分组成：立法权、执行权和对外权，其中，立法权与执行权最为重要。这是三权分立思想的最早版本。

洛克的政治哲学深刻地影响了英国、美国和法国的宪法。默尔·柯蒂（Merle Curti）说：“美国革命期间及之前的政治思想受到了《政府论》的深刻影响。詹姆斯·奥蒂斯、约翰·亚当斯、萨缪尔·亚当斯和其他革命领袖都虔敬地引用‘伟大的洛克先生’；富兰克林、汉密尔顿和杰弗逊也阅读并赞赏洛克的著作。他的自然权利哲学——包括他的下述学说：一切政府均建立在被统治者的普遍同意之上，如果政府执意侵犯个人的生命、自由和财产，人们就可以通过革命推翻之——被吸收进了《独立宣言》之中。他的社会经济学说与宪法制定者们的社会经济学说也颇为相似。”[46]

洛克是英国经验论的真正鼻祖和重要代表，他对“天赋观念”论的批判，他的观念论和知识论都表现出鲜明的经验主义精神。但他不是一个狭隘的经验论者，正如汤姆森所说：“重要的理性主义者或者说非经验主义的主题贯穿于洛克的作品之中，特别是贯穿在他对知识的定义以及对本体的认识之中。从某种意义上来说，关于应该称呼洛克是经验主义者还是理性主义者的所有争论都是不合时宜的。”[47] 道格拉斯·奥德加德也认为，洛克的观念起源论是经验主义的，而他的知识论则不是经验主义的。[48]

梯利对洛克给予了很高的评价，认为“他代表近代的精神，即独立和批评的精神，个人主义的精神，民主的精神，表现在十六、七世纪宗教改革和政治革命中、并在十八世纪英国启蒙运动中达到顶点的那种精神。没有一个哲学家比洛克的思想更加深刻地影响了人类的精神和制度。”[49] 罗素说：“他对政治哲学的影响十分重大、十分长远，所以必须把他看成不但是认识论上经验主义的奠基者，同样也是哲学上的自由主义的始祖。”[50]

注释

1 H.R.Fox Bourne, *The Life of John Locke*, Vol.Ⅰ, Thoemmes Press, 1991, pp.17—18.

2 W. M. Spellman, *John Locke*, *Macmillan*, 1997, p. 10.

3 H.R. Fox Bourne, *The Life of John Locke*, Vol. Ⅱ , Thoemmes Press, 1991, p.551.

4 Ibid., p.560.

5 Ibid., pp.560—561.

6 索利：《英国哲学史》，山东人民出版社，1992 年，第 111 页。

7 洛克：《人类理解论》上册，“赠读者”，商务印书馆，1991 年，第 10 页。

8 同上书，第 5 页。

9 同上书，第 15 页。

10 同上书，第 29 页。

11 同上书，第 48 页。

12 同上书，第 58 页。

13　洛克：《人类理解论》上册，“赠读者”，商务印书馆，1991 年，第 82 页。
14　同上书，第 70 页。
15　同上书，第 71—72 页。
16　同上书，第 83 页。
17　同上书，第 92 页。
18　同上书，第 94 页。
19　同上书，第 129 页。
20　同上书，第 130 页。
21　同上书，第 291—292 页。
22　《西方哲学原著选读》上卷，第 453—454 页。
23　同上书，第 454 页。
24　同上书，第 455 页。
25　同上书，第 457 页。
26　同上书，第 456 页。
27　同上。
28　洛克：《人类理解论》下册，第 515 页。
29　《西方哲学原著选读》上卷，第 461—462 页。
30　洛克：《人类理解论》下册，第 523 页。
31　同上书，第 527 页。
32　同上书，第 528 页。
33　同上书，第 529 页。
34　同上书，第 530 页。
35　同上书，第 534 页。
36　同上书，第 555 页。
37　同上书，第 570 页。
38　Richard Ashcraft ed., *John Locke: Critical Assessments*, Volume Ⅳ, Routledge, 1991, pp.5—6.
39　霍布斯：《利维坦》，商务印书馆，1987 年，第 94 页。
40　同上书，第 95 页。
41　《十六—十八世纪西欧各国哲学》，第 472 页。
42　同上书，第 474 页。
43　同上书，第 479 页。

44 《十六—十八世纪西欧各国哲学》，第 475 页。

45 同上书，第 480 页。

46 Richard Ashcraft ed., *John Locke: Critical Assessments*, Volume Ⅰ, Rout-ledge, 1991, p.304.

47 格瑞特·汤姆森:《洛克》，中华书局，2002 年，第 17 页。

48 Richard Ashcraft ed., *John Locke: Critical Assessments*, Volume Ⅳ, Routledge, 1991, p.10.

49 梯利:《西方哲学史》，商务印书馆，1995 年，第 366 页。

50 罗素:《西方哲学史》下卷，商务印书馆，1986 年，第 134 页。

第五章　莱布尼茨：预定和谐

在单纯的实体中，只有一个单子对另一个单子所发生的理想的影响，它只是通过上帝为中介，才能产生它的效果，因为在上帝的观念中，一个单子有理由要求上帝在万物发端之际规范其他单子时注意到它。因为一个单子既然不能对另一个单子的内部发生一种物理的影响，那就只有靠这种办法，一个单子才能为另一个单子所依赖。

观念与真理是作为倾向、禀赋、习性或自然的潜在能力而天赋在我们心中，并不是作为现实作用而天赋在我们心中的。

为了保持世界与上帝这个唯一完满存在的区别，世界的不完美在逻辑上是必要的。上帝不能因为未能违犯逻辑规则而受到指责。

上帝容许恶和苦难，甚至可能参与和促成了恶和苦难，却又不至因此而损害他至高的神圣和至高的慈善，尽管他从他自身来观察本来可以避免所有这些恶的。

——莱布尼茨

莱布尼茨

费尔巴哈曾经说过，莱布尼茨是德国头一个创立一种独立的、卓有成果的哲学的重要人物。

莱布尼茨（Gottfried Wilhelm von Leibniz，1646—1716）1646年7月1日下午6时45分出生于德国东部城市莱比锡，父亲弗里德里希·莱布尼茨（Friedrich Leibniz，1597—1652）是莱比锡大学的道德哲学教授，母亲凯瑟琳娜·施马克（Catherina Schmuck，1621—1664）是老莱布尼茨的第三个妻子，也出身于教授家庭，虔信路德新教。6岁时莱布尼茨的父亲去世，为他留下了一个藏书颇为丰富的个人图书馆。幼小的莱布尼茨从母亲那里接受了宗教和道德方面的教育，对他后来的哲学思想发生了很大影响。莱布尼茨很早就自学了拉丁文和希腊文，有“神童”之称。7岁时，莱布尼茨进入尼古拉学校（Nicolai School），学习修辞学、算术、逻辑、音乐和宗教等。据说，当他还是小孩的时候，他就能在一天之内用拉丁文写出三百行圣诗，而不遗漏任何一个字母。

1661年，15岁的莱布尼茨因不满足对古典文学和史学的研究，进入莱比锡大学学习法律，同时对逻辑学和哲学很感兴趣。1663年，他以《关于个体化原理的形而上学争论》一文获得学士学位，翌年获得硕士学位。1665年，莱布尼茨向莱比锡大学法学院提交了题为《论法学中的困难案例》的博士论文，但由于当年博士候选人太多，包括莱布尼茨在内的一些较年轻的候选人被取消了博士资格。黑格尔认为，这可能是由于莱布尼茨的哲学见解太多，不合审查论文的法学教授的胃口。一气之下，莱布尼茨前往纽伦堡附近的阿尔特多夫大学。1667年2月，阿尔特多夫大学不但授予他法学博士学位，还聘请他为法学教授，不过莱布尼茨并没有接受这个职位，用罗素的话说，莱布尼茨要过的是一种宫廷生活，而非学术生活。

离开莱比锡之后，莱布尼茨先是在一个炼金术士团体担任秘书，后来在美因茨大主教博伊内堡（Johann Christian von Boineburg，1622—1672）手下工作，成了一名外交官。莱布尼茨喜欢以通信的方式与仁人志士建立和保持联系，在博伊内堡的帮助下，他很快建立了一个包括逾千人的通信网，并保留下来1500多封书信，成为研究莱布尼茨的珍贵史料。1672年，莱布尼茨受大主教之托到了巴黎，说服路易十四国王进攻埃及（而不是德意志），但未被采纳。巴黎是当时欧洲的文化中心，在哲学和数学方面更是居于世界前列。莱布尼茨很快结识了一些著名的科学家和哲学家，如惠更斯（Christiaan Huygens，1629—1695）、马勒伯朗士（Nicolas Malebranche，1638—1715）和阿尔诺（Antoine Arnauld，1612—1694）等。通过马勒伯朗士和阿尔诺，莱布尼茨接触了笛卡尔和帕斯卡尔等人未发表的著作。凯瑟琳·威尔逊认为，"以文化和政治随员身份谋生的决定，既有好处也有坏处。在其生涯的起点，莱布尼茨就能够轻而易举地穿梭于巴黎、伦敦、阿姆斯特丹和罗马的文化圈，从而克服其早期教育的不足。后来，宫廷哲学家和历史学家的身份则消耗了他的精力，损害了他的自由。"[1]

在巴黎期间，莱布尼茨还制造出一台独特的手摇计算机，并因此成为了英国皇家学会的会员。1673年，莱布尼茨访问了英国，结识了波义耳（Robert Boyle，1627—1691）和英国皇家学会的秘书奥尔登堡（Henry Oldenburg，1617—1677）。之后，莱布尼茨又去荷兰拜访了斯宾诺莎，看到了斯宾诺莎未发表的《伦理学》手稿。不过，由于宗教和政治的原因，莱布尼茨一直避谈斯宾诺莎对自己的影响。在博伊内堡于1672年去世后，莱布尼茨于1676年来到了汉诺威，担任王室图书馆馆长。他和王室成员关系密切，选帝侯夫人索菲娅（Sophia）及其女儿索菲·夏洛特（Sophie Charlotte）等都是他的好友，他的很多哲学著作包括《神义论》都是在和这些王室成员的谈话中形成的。1687至1690年，莱布尼茨游历了德国、奥地利和意大利，搜集了大量珍贵史料。特别值得一提的是，莱布尼茨曾经花费很大精力搜集笛卡尔的手稿，而且，笛卡尔的某些著作正是通过他的手抄本才得以保存下来的。

莱布尼茨博学多才，在很多领域都有建树，普鲁士的腓特烈大王说莱布尼茨"本人就是一所科学院"。莱布尼茨参与了不少国家科学团体的发起和组织工作。1710年，他创建了柏林科学院并被任命为第一任院长。1713年，奥地利皇帝授予莱布尼茨帝国顾问的职位，邀请他指导建立科学院。俄国彼得大帝也曾经邀请莱布尼茨为顾问，参加拟定创办俄国科学院的计划。他还曾致信清朝的康熙皇帝，提议在北京也创立一家科学院。

1716年11月14日，莱布尼茨因痛风和胆结石在汉诺威去世，享年70岁。由于生前从不进教堂，世人对莱布尼茨的逝世表现得极为冷淡，不但前往吊唁者寥寥，而且英国皇家学会和柏林科学院也没有发出讣告。不过，在他逝世若干年之后，人们开始意识到他的重要性。1983年，人们在汉诺威照原样重修了被毁于第二次世界大战的"莱布尼茨故居"。2006年7月1日，即莱布尼茨诞生360周年之际，汉诺威大学正式改名为汉诺威莱布尼茨大学（Gottfried Wilhelm Leibniz Universität Hannover）。

费尔巴哈不仅把莱布尼茨视为天才，而且认为他集各种各样的天才于一身："他既具有抽象的数学家的特性，又具有实践的数学家的特性；既具有诗人的特质，又具有哲学家的特质；既具有思辨的哲学家的特质，又具有经验的哲学家的特质；既具有史学家的才能，又具有发明家的才能；他具有很好的记忆力，从而不必耗费精力去重读他过去记下的东西；他既具有植物学家和解剖学家的显微镜似的眼睛，也具有进行概括工作的分类学家的高瞻远瞩的目力；他具有学者的忍耐心和敏锐感，也具有依靠自学的、独立思考的、寻根问底的研究者的坚韧力和勇气。”[2] 特别值得一提的是，莱布尼茨有着很强的中国情结，他如痴如醉地研读有关中国文化和哲学的著作，发表过很多颇有见地的看法。

莱布尼茨的主要著作包括：《形而上学谈话》(1686)、《神义论》(1710)、《单子论》(1714)、《以理性为基础的自然和神恩的原则》(1714)、《人类理智新论》(1765)等，这些著作几乎全部用法文或拉丁文写成。莱布尼茨的大部分著作都是为了与人论战而写的，因而没有一部详细表述自己思想的系统性著作。黑格尔说：“莱布尼茨的思想，就其本身来说，在联系方面是没有必然性的”。[3] 罗素则说：“莱布尼茨的哲学，虽然从来不曾作为一个系统的整体呈现于世人，然而，正如细心考察所表明的，却是一个异乎寻常地完整的和连贯的体系。”[4]

一、单子论

（一）单子（monads）及其特性

与斯宾诺莎一样，莱布尼茨形而上学思想的核心也是实体概念。在去世前两年即1714年，莱布尼茨写了一篇无题手稿，凡90节，以纲要的形式概述了自己的形而上学思想。《莱布尼茨哲学文集》的编者为手稿加上了《单子论》的标题。单子论（monadology）是与莱布尼茨所发现的微积分学有着密切联系的多元实体观。莱布尼茨认为，不论是古希腊罗马哲学家，还是笛卡尔、斯宾诺莎、洛克等人都没有很好地解决实体的问题，实体与样式即“一”与“多”的关系问题也

汉诺威的莱布尼茨故居

一直未能得到有效的解决。笛卡尔的心物二元论和斯宾诺莎的实体一元论，都把复杂多样的世界简单化了。如果说它们以不同的方式解决了世界的统一性问题，那么，它们毫无例外地忽略了世界的多样性和差异性。这个纷繁复杂的世界，既不可能是一元的，也不可能是二元的，而是多元的。费尔巴哈曾经对斯宾诺莎和莱布尼茨做过下述有趣的对比："斯宾诺莎的哲学是把遥远得看不见的事物映入人们眼帘的望远镜；莱布尼茨的哲学是把细小得看不见的事物变成可以看得见的事物的显微镜。"[5] 莱布尼茨带着这样的显微镜把目光投向了原子论。但他借鉴的是原子论的世界构造图式，而不是古代原子论的原子观。

莱布尼茨认为，万物的确由原子构成，但不是德谟克利特所说的物质原子，而是一种不可再分的原子即实体的原子。莱布尼茨把这样的原子叫作单子。"单子"一词来自希腊文 monas，欧几里得、亚里士多德都曾经使用这个词。在毕达哥拉斯派那里，单子指一系列基数，由这些基数可以派生出所有其他的数。布鲁诺曾经用单子指称不可还原的本体论单元。剑桥的新柏拉图主义者亨利·莫尔（Henry More）也曾经把灵魂称为"形而上学的单子"。

在莱布尼茨看来，像单子这样组成事物的最小要素一定是存在的，因为由单子组成的复合物是存在的。"既然有复合物，就一定有单纯的实体；因为复合物无非是一群或一堆单纯的东西。"[6] 黑格尔认为这种论证单子存在的方式等于什么都没有说。"这个证明是够坏的了；这是以一种任意的方式从某个特定的复合物出发，然后回溯到单纯的东西。这是完全正确的，但真正说来却是一种同语反复。"[7]

单子具有以下基本特征：

1. 单子是单纯的（simple），没有部分。"我们在这里所要讲的单子，不是别的东西，只是一种组成复合物的单纯实体，单纯，就是没有部分的意思。"[8] "事实上只有实体的原子，也就是实在而绝对没有部分的单元，才是行动的根源，才是构成事物的绝对的最初本原，而且可以说是把实体性的东西分析到最后所得到的元素。我们可以把它们叫作形而上学的点”。[9] 这种没有部分的单纯实体，显然不是感官可以把握的，只能诉诸于理智和想象。

2. 单子没有广延和形状，因而是非物质性的。这是直接从单子的单纯性中推出来的。“在没有部分的地方，是不可能有广延、形状、可分性的。这些单子就是自然的真正原子，总之，就是事物的原素。”[10] 笛卡尔和斯宾诺莎都认为，广延可以是实体的本质（或属性），莱布尼茨则把不可分性视为一切实体的必要特征。单子不是物质性的实体，而是灵魂或与灵魂类似的存在物。

3. 单子是突然地产生和消灭的。对于复合物而言，其产生和消灭均取决于构成复合物的部分，即通过部分的集聚而产生，通过部分的消散而消失。由于单子是绝对单纯而没有部分的，所以，它不能以自然的方式产生或消灭，只能通过被创造而获得开始，通过被消灭而宣告结束。“因为一切有真正统一性的单纯实体，它们的开始和终结都只能是由于奇迹。”[11]“单子是只能突然产生、突然消失的，这就是说，它们只能通过创造而产生、通过毁灭而消失”。[12] 这无异于说单子就其自然地来说是没有始终的和永存不灭的，在莱布尼茨看来，任何真正的实体都应该具有这种特权，因为真正的单元是绝对不可分解的。

4. 单子在性质上具有多样性，单子间有质的区别，但没有量的差别。在莱布尼茨看来，样式的差别来自单子的差别，而单子的差别在于质，而不在于量。“每一个单子必须与任何一个别的单子不同。因为自然界绝没有两个东西完全一样，不可能在其中找出一种内在的、基于固有本质的差别来。”[13]

5. 单子是变化的，而且是自因。莱布尼茨特别重视单子的运动变化，认为不活动的东西绝不是实体。“毫无疑问，一切创造出来的东西都有变化，因此创造出来的单子也是这样，而且这种变化在每个单子里都是连续的。”[14] 这种变化不可能来自单子之外，因为无论是实体还是偶性都不能从外面进入一个单子。“单子的自然变化是来自一个内在的本原，因为一个外在的原因不可能影响到单子内部。”[15] “我们可以把一切单纯实体或创造出来的单子命名为‘隐德来希’，因为它们自身之内具有一定的完满性，有一种自足性使它们成为它们的内在活动的源泉，也可以说，使它们成为无形体的自动机。”[16] 隐德来希（entelechy）是亚里士多德最早使用的概念，意思是潜能的实现以及从潜能到现实的推动力。莱布尼茨把单子叫作“隐德来希”，使作为自因的单子和作为本原的、惰性的原子有了本质的区别。

6. 单子有知觉能力，单子之间质的差别主要体现在知觉能力上。知觉不同于统觉或意识，更不等同于精神，因为单子的任何特殊状态都是有知觉的，说单子存在和单子有知觉完全是一回事。“就是在这一点上，笛卡尔派有非常严重的缺点，他们认为觉察不到的知觉是不存在的。也就是因为这个缘故，它们认为只有心灵才是单子”。[17] 比如，昏迷可以使我们暂时丧失“意识”，却不能使我们丧失知觉。“既然我们从昏迷中醒来时觉察到自己的知觉，所以我们在觉醒之前应当是有知觉的，虽然我们一点也没有觉察到；因为一个知觉只能自然地从另一个知觉而来；正如一个运动只能从另一个运动而来一样。”[18] 这种知觉能力有高低之分。

最单纯的单子只有微弱的知觉，根本没有清楚明晰的表象，无生命的东西就是由这类单子构成的。较高级的单子具有较清晰的知觉而且有记忆伴随，这样的单纯实体称为灵魂，动物就是由这些单子构成的。更高一级的单子，不仅具有清晰的知觉和记忆，而且有“理性灵魂”或“精神”，能运用概念进行判断、推理等思维活动，人就是由这类单子构成的。“使我们与单纯的动物分开，使我们具有理性和各种科学、将我们提高到认识自己和上帝的东西，则是对于必然和永恒的真理的知识。这就是我们之内的‘理性灵魂’或‘精神’。”[19]“心灵或理性灵魂比起别的灵魂来，就像是具体而微小的上帝，它们是照着上帝的影像造成的，具有若干神性的光辉。”[20]最高级的单子是上帝，它具有最完满的智慧。在莱布尼茨看来，世界上的一切事物都依据其单子的高低之分，形成一个不间断的系列，宇宙中没有也不可能有任何飞跃。

（二）预定和谐（pre-established harmony）

莱布尼茨否认单子之间因果关系的可能性，因为“单子没有可供事物出入的窗子”，但上帝的存在保证了这些单子的和谐一致。他把两个单子之间的关系看作同一个房间里的两只钟表之间的关系，要使它们走得完全一致，有三种可能的选择。第一种方式是使这两个钟表相互影响，而这是不可能的，除非把两个钟表连为一体，而那时它们就是一只钟表而不是两只了。第二种方式是由一个熟练工人随时对表进行校正，这不仅不现实，而且也难以保证两只钟表的精确一致。第三种方式就是由钟表匠——上帝从一开始就把两只钟表做得十分精巧、十分准确，可以保证它们以后走得完全一致。在莱布尼茨看来，上帝是最初的单纯实体，一切派生的单子或创造出来的单子都是它的产物，是凭借神性的一刹那的连续闪耀而产生的。所以，尽管单子与单子之间没有物理的或现实的相互作用，却有一种理想的关系，这种联系是由上帝确定的。

“在单纯的实体中，只有一个单子对另一个单子所发生的理想的影响，它只是通过上帝为中介，才能产生它的效果，因为在上帝的观念中，一个单子有理由要求上帝在万物发端之际规范其他单子时注意到它。因为一个单子既然不能对另一个单子的内部发生一种物理的影响，那就只有靠这种办法，一个单子才能为另一个单子所依赖。”[21]莱布尼茨把这种由上帝预先确定的理想关联称为“预定和谐”。“这种谐和是由神的一种预先谋划制定的，神一起头就以十分完美、十分规整的方式，以十足的精确性，造成了这些实体中的每一个，因此它只遵守自己固有的那些与它的存在一同获得的规律，却又与别的实体相一致，就好像有一种相互的影响，或者神除了一般的维持以外还时时插手于其间似的。”[22]每个单子就像钟表一样准时，按照既定的路线发展并与其他单子保持完整一致，整个宇宙也因此好比一个庞大的乐队，每一乐器都按照上帝事先谱就的乐曲演奏各自的旋律，而整个乐队所奏出的就自然是一首完整的和谐的交响乐曲。

“预定和谐”也存在于灵魂与形体之间。笛卡尔和斯宾诺莎都没有很好地解决广延物体与精神或思维之间的关系问题。在莱布尼茨看来，灵魂和形体分别遵守自己的规律，前者依据目的因的规律，后者依据动力因的规律，但二者却能保持一种和谐一致。“灵魂遵守它自身的规律，形体也遵守它自身的规律，它们的会合一致，是由于一切实体之间的预定的和谐，因为一切实体都是同一宇宙的表象。”[23]“上帝从一开始便使他创造的灵魂必须按照顺序产生并想象躯体内发生的一切；同样，他使他创造的躯体必须自动地做灵魂所命令做的事。因此，将灵魂的种种思想以终极原因的顺序和按照观念的发展联系起来的法则所产生的图像，必然与躯体给予我们器官的印象契合和一致；同样，躯体内按照动力因的顺序依次进行的活动的法则也必然与灵魂的思想契合和一致，躯体将在灵魂所要求的时刻受到推动而行动起来。”[24]

每一个单子都可以像镜子那样按自己的观点反映整个宇宙。“这种一切事物对每一个事物的联系或适应，以及每一事物对一切事物的联系或适应，使每一个单纯实体具有表现其他一切事物的关系，并且使它因而成为宇宙的一面永恒的活的镜子。”[25]因为单子的本性是表

汉诺威—莱布尼茨大学

象，任何东西都不能限制单子只表象事物的一部分。当然，莱布尼茨承认，这种表象在整个宇宙的细节方面是混乱的，只能在事物的一个小部分中是清晰的，就是说，只能在那些对于每一个单子说来或者最近或者最大的事物中，才是清晰的。这些单子由于彼此观点的不同，所得到的整体画面不尽相同，但它们所表象的是同一个宇宙。“正如一座城市从不同的方面去看便呈现出完全不同的样子，好像因观点的不同而成了许多城市；同样情形，由于单纯实体的数量无限多，也就好像有无限多的不同的宇宙，然而这些不同的宇宙乃是唯一宇宙依据每一个单子的各种不同观点而产生的种种景观。”[26]“整个宇宙，都作为缩影，但以不同的光景，在它的每一个部分，甚至在它的每一个实体的单元之中。”[27]在莱布尼茨看来，“预定和谐”的假设不仅提出了关于上帝存在的一种新证明，而且为人的自由和责任提供了有效的担保。“每个心灵既然都像一个分离而自足的世界，独立于任何别的被创造物，包含着无限，表现着宇宙，它就和一切被创造物所构成的宇宙本身一样延续，一样永存，一样绝对。因此我们应当断定，心灵应该永远以一种最适宜于对由一切心灵所构成的社会的圆满性有所贡献的方式，在宇宙中尽其本分职责，这种心灵社会在上帝之城中构成了心灵在道德上的联系”。[28]

二、天赋观念论

笛卡尔提出“天赋观念”后，受到了经验论者的反驳，其中，以洛克的反驳最为著名。洛克在《人类理解论》中对“天赋观念”做出了批判，一个重要观点就是“白板说”。莱布尼茨的《人类理智新论》是针对洛克的《人类理解论》而写的论战性著作，所以，在结构上和《人类理解论》一样分为四卷，分别讨论天赋观念、观念、语词和知识，并采用对话体。莱布尼茨本来在 1704 年就完成了此书的初稿，但当他得知洛克已经在同年去世之后，放弃了出版该书的打算。直到 1765 年后人编纂出版莱布尼茨著作集时，本书才得以出版。

洛克反驳天赋观念论的一个重要切入点就是所谓“普遍同意”，在洛克看来，实际上并没有为人们普遍同意的原则或观念，而且，即使存在这样的原则或观念，也不能证明它们是天赋的。莱布尼茨明确指出，“我并不把天赋原则的确实性建立在普遍同意的基础上”。[29]“就我自己来说，我并不是把普遍同意用作一种主要的证明，而是用它来做一种进一步的印证”。[30]莱布尼茨当然认为天赋观念应该得到普遍同意，他之所以不把这种同意作为天赋观念的主要证明，是因为普遍同意是需要若干条件的。条件之一是，只有当人们觉察到这些观念或原则时，才谈得上普遍同意，而实际上，很多观念包括天赋观念是人们觉察不到的。“我们有无数的知识是我们并不总是觉察到的，甚至当我们需要它们时也还察觉不到”。[31]因为对于我们心中的观念的觉察有赖于一种注意力，而注意力是受需要制约的，所以，很多人特别是儿童往往更多地把注意力指向感觉观念，而不是算术和几何学的命题或观念。人们觉察不到的观念并非不存在，只是以潜在的方式存在于我们心中而已。

莱布尼茨把人的心灵比作一块有纹路的大理石，而不是一块完全一色的大理石或空白的板。在他看来，所谓的白板完全是一种虚构，是自然所不容许的。“因为如果心灵像这种白板那样，那么真理之在我们心中，情形也就像赫尔库勒的像之在一块大理石一样了，这块大理石本来是刻上这个像或别的像都完全无所谓的。但是如果在这块石头上本来有些纹路，表明赫尔库勒的像比刻别的像更好，这块石头就会更加被决定用来刻这个像，而赫尔库勒的像就可以说是以某种方式天赋在这块石头里了，虽然也必需要加工使这些纹路显出来，加以琢磨，使它清晰，把那阻碍这个像显现的纹路去掉。同样情形，观念与真理是作为倾向、禀赋、习性或自然的潜在能力而天赋在我们心中，并不是作为现实作用而天赋在我们心中的”。[32]“很多可以称为潜在的知识是天赋的，如大理石的纹路所构成的形象，在人通过工作而发现它们以前，就是在大理石之中的。”[33]

正因为天赋观念是潜在的，所以要把它发挥出来就需要人的努力，需要学习。莱布尼茨认为，观念的习得性和观念的天赋性并不冲突。“我也不能承认这样的命题，即凡是人所学到的东西都不是天赋的。数的真理是在我们心中的，但我们仍不失为学到它们的，或者是通过从它们的源泉把它们抽引出来，当我们靠证明的推理来学到它们时（这就使人看出它们是天赋的）就是这样；或者是通过用例子来验证，如平常的算术教师所做的那样”。[34]在莱布尼茨看来，学习的过程并不是这些观念形成的过程，而是它们被发现的过程。“全部算术和全部几何学都是天赋的和以潜在的方式在我们心中的，所以我们只要注意地考虑并依次序安排好那已在心中的东西，就能在其中发现它们，而无须利用任何凭经验或凭旁人的传统学到的真理”。[35]

在发现天赋的真理的过程中，感觉有它的作用，即使心灵把注意力放到特定的方面。但“感觉可以为这些真理做出暗示、证实、确认，但不能证明它们万无一失的和永久的确定性。”[36]“感觉对于我们的一切现实认识虽然是必要的，但是不足以向我们提供全部认识，因为感觉永远只能给我们提供一些例子，亦即特殊的或个别的真理。然而印证一个一般真理的全部例子，尽管数目很多，也不足以建立这个真理的普遍必然性，因为不能因此便说，过去发生过的事情，将来也会同样发生。……由此可见，像我们在纯粹数学中、特别是在算术和几何学中所见到的那些必然的真理，应该有一些原则不靠举例便可以得到证明，也不依靠感觉的见证，虽然没有感觉我们是不会想到它们

牛津大学自然历史博物馆的莱布尼茨雕像

的。……诚然我们不能想象，在心灵中，我们可以像读一本打开的书一样读到理性的永恒法则，就像在'揭示牌'上读到裁判官的法令那样毫无苦难，毫不用探索，但是只要凭感觉所供给的机缘，集中注意力，就足可以在我们心中发现这些法则。"[37]

在莱布尼茨看来，不仅思辨的原则是天赋的，实践的原则也是天赋的，尽管人们并不是总能清楚地意识到这些潜在的原则。"道德科学（超乎那些如使人趋乐避苦的本能之上）也和算术并无两样地是天赋的，因为它也同样依赖于内在的光所提供的推证。由于这些推证并不是一下跳到眼前来的，所以，如果人们不是永远立即觉察到那些自己心中具有的东西，并且不是很快地就能读出照圣保罗所说上帝刻在人们心里的那些自然法的字迹，这并没有什么好大惊小怪的。"[38]

莱布尼茨为"天赋观念"论所做的辩护，主要还是基于这样一点：天赋观念特别是必然真理所具有的普遍性、必然性不能来自经验，只能来自理智自身。"必然真理是天赋的并且是靠内在的东西来证明的，而不能是像我们建立事实真理那样靠经验来建立的。"[39]而普遍性、必然性的问题恰恰是经验论的难题。我们也看到，由于洛克的反驳，莱布尼茨的"天赋观念说"已经和笛卡尔有所不同。一方面，观念只是作为一种潜能而不是一种现实性存在于我们的心中；另一方面，这种潜能的实现有赖于感觉和经验给我们提供的"机缘"。就是说，他在唯理论的基本立场上容纳了经验论的某些因素。

三、真理学说

莱布尼茨认为，我们的全部知识基于两个基本的逻辑规律，即矛盾律（principle of contradiction）和充足理由律（principle of sufficient reason）。"我们的推理是建立在两个大原则上，即是：（1）矛盾原则，凭着这个原则，我们判定包含矛盾者为假，与假的相对立或相矛盾者为真。”“以及：(2) 充足理由原则，凭着这个原则，我们认为：任何一件事如果是真实的或实在的，任何一个陈述如果是真的，就必须有一个为什么这样而不那样的充足理由，虽然这些理由常常总是不能为我们所知道的。”[40] 在此基础上，莱布尼茨首先区分启示的真理和理性的真理，并且认为，两种真理是一致的。“我的前提是，两个真理不可能相互矛盾，信仰的对象是上帝以非同寻常的方式启示的真理，理性是诸真理之联结，尤其是那些——与信仰相反——由人的精神通过自然途径而不借助信仰的领悟所可能达到的真理之联结。”[41]

理性真理分为两类：一类是推理的真理（truths of reason），一类是事实的真理（truths of fact）。“推理的真理是必然的，它们的反面是不可能的；事实的真理是偶然的，它们的反面是可能的。当一个真理是必然的时候，我们可以用分析法找出它的理由来，把它归结为更单纯的观念和真理，一直到原始的真理。”[42] 推理的真理也叫永恒真理，对这种真理的检验是矛盾律，其必然性是逻辑的、形而上的或几何学的必然性；这种真理不但在这个世界为真，而且，在一切可能世界都是真的。事实的真理也叫实证真理，这种真理基于经验，对它的检验是充足理由律。数学是推理的真理的典范，因为它们都是分析命题，就是说，其谓词已经包含于主词之中，如三角形有三条边。而像“苏格拉底存在”这样的命题则不是分析命题，而是综合命题，综合命题不是必然的真理，因为谓词存在并不必然包含在主词苏格拉底之中。莱布尼茨承认，“充足理由也必须存在于偶然的真理或事实的真理之中”，存在于宇宙间一切事物的广泛联系之中，但由于这种联系的不可穷尽性，真正说来，“充足的理由或最后的理由应当存在于这个偶然事物的系列之外”，“应当在一个必然的实体里面，在这个实体里，变化的细节只是卓越地存在着，和在源泉中一样，而这个实体就是我们所谓上帝。”[43]“这个实体乃是全部细节的充足理由，而这种细节也是全部联系着的；只有一个上帝，而且这个上帝是足够的。”[44]

莱布尼茨关于推理的真理和事实的真理的区分，与休谟关于观念的关系和实际的事情的区分一道，对康德提出的“先天综合判断何以可能”的问题产生了直接影响。

四、神义论

1710年，莱布尼茨以法文出版了《神义论》一书，该书的全名是：《神义论——关于上帝的慈善、人的自由与恶的来源》。神义论（Theodicy）一词源于希腊文的theo（神）和dike（正义），意思是：面对恶的存在，论证上帝的正义，而这正是《神义论》一书的主题。“我将指出，为什么所有一切都取决于他，他如何参与创造物的一切行动，他怎么会如果他愿意不间断地创造着创造物，尽管如此却又不是罪的创造者。”[45]

（一）上帝是全知、全能和全善的，不可能是恶的原因

“上帝是绝对完满的，完满性不是别的，就是严格意义下的最高量的积极实在性，它排除有限制的事物所具有的限度或限制。在没有限制的地方，就是在上帝之中，完满性是绝对无限的。”[46]但由这个绝对完满的上帝所创造的世界却有恶存在。在他看来，世界上存在着三种恶：形而上的恶（metaphysical evil）、伦理的恶（moral evil）和形体的恶（physical evil）。形而上的恶是一种究极的恶，指创造物在本质上所具有的有限性或不完美性。只有上帝才有严格意义上的完美性或完满性，上帝的创造物必然在完美性上低于上帝，否则，它们就和上帝一样完美了。就是说，作为上帝的创造物，世界内在地就包含着一种恶即完美性的缺失。“创造物有它们由于受上帝影响而得来的完

满性，但是它们也有由于它们自己的本性而来的不完满性，所以不能没有限制，因此创造物与上帝的区别就在这一点上。”[47] 形而上学的恶是一种必然的恶。道德的恶指邪恶或罪，是人这种理性存在者运用自由意志的一种结果。上帝在造人时赋予人自由意志，但自由意志既可为善，也可为恶。所以，伦理的恶不是必然的恶，而是可能的恶。形体的恶指痛苦、疾病、苦难等，上帝把这种恶视为伦理的恶所应得的惩罚。这种恶也非必然，而属于可能的恶，因为从理论上说没有伦理的恶，就没有形体的恶。可见，尽管上帝是世界的创造者，但他只是善的事物的创造者，却不是恶的创造者。

就形而上的恶而言，其责任既不在上帝，也不在人。“为了保持世界与上帝这个唯一完满存在的区别，世界的不完美在逻辑上是必要的。上帝不能因为未能违犯逻辑规则而受到指责。”[48] 伦理的恶，责任不在上帝，而在人，因为它是人的自由意志的产物。“创造物应独自承担责任，他的局限性或者最初不完美是它的邪恶之源，他的邪恶意志是不幸之唯一原因。”[49] 形体的恶是人破坏道德秩序和形体秩序而产生的恶果，这种恶说到底也是源于人的自由意志，而不是源于上帝，尽管上帝在创造这个世界的时候已经做了这样的安排：善有善报，恶有恶报。“作为建筑师的上帝，在一切方面都是满足作为立法者的上帝的。”[50]

（二）上帝没有创造恶，也没有要求恶，但他容许恶

上帝在造人时给了人自由意志，鉴于他是全知的，即对他的一切行为后果乃至细节都了如指掌，所以，他能够预见人用自由意志去犯罪的可能性，但上帝还是赋予人自由意志，这并不能表明上帝是恶之源，只是表明上帝为了更大的善宁可容忍恶。“上帝容许恶和苦难，甚至可能参与和促成了恶和苦难，却又不至因此而损害他至高的神圣和至高的慈善，尽管他从他自身来观察本来可以避免所有这些恶的。”[51] 问题的关键是，上帝既是全宇宙的创造者，他就必须统筹考虑整个宇宙及其一切细节。“他为整个宇宙操心，宇宙的所有部分都是相互联系在一起的，人们由此可以推断，他有无限数量的事必须悉心顾及，这全部要顾及的事使他做出判断，阻止某些恶是不适当的。”[52] 上帝的智慧无疑高于我们，所以，上帝对恶采取容许态度，必定有其重要的甚至是强制性的理由。“既然我们已经知道上帝的无限智慧，我们便推知我们所遇到的恶必定是被容许的”。[53]

为了说明这种“容许”，莱布尼茨区分了两种意志：先行性意志和后续性意志。先行性意志是个别的、暂时的和倾向性的意志，旨在扬善除恶。“最初的先行性意志以脱离任何联系的每一种善和每一种恶自身为其对象，它所追求的目的是促进善和阻止恶”。[54] 在这个层次上，上帝倾向于每一种善，表现为纯粹的善良意志，就是说，上帝的“初衷”是要善本身的，包括事物的完满性，尤其是一切理性实体的幸福与美德，因而是十分严肃而纯正的。后续性意志则是完整的、决定性的、完美的意志，是从先行性意志的争斗中产生的，它指向最善这个终极目的。在这个层次上，上帝要进行（理性的）权衡，要舍小善而求大善，尽管大善可能和恶相连。“上帝预先要求善者，随后要求最善者。”[55] “凡与上帝相关者便毫无可疑之点，任何事情都不可违背不容许有例外与豁免的最善者规则。上帝正是从这层意义上才容许罪的，因为如果他不遵从他所有的向善倾向之伟大的终极结果，如果他不选择虽有罪过之恶但却为绝对最善者，他便违背他自己本身、他的智慧、他的慈善、他的完美所应具有的品格。罪过之恶由于永恒真理之最高必然性而与最善者联系在一起。由此可以推知，上帝要求一切善这种意愿自身具有先行性，他后续性地要求最善者作为终极目的，他有时要求漠然态度和形体上的恶作为手段，但他只是将道德上的恶作为必不可少者，或者作为与最善者联系在一起的假定的必然而容许其发生。基于这个理由，上帝这种以罪为对象的后续性意志只是一种容许性的意志。”[56]“虽然上帝的每一种完美品格本身是无限的，但它却只能在与对象相适应并与事物的本质相符合的情况下运作，所以，对最好者的爱从整体上超过其他一切特殊的偏好和厌恶。这种爱是唯一的爱，其活动甚至是绝对无限的，因为没有什么东西能够阻止上帝宣布他支持最好者，如果某种罪恶与可能的计划中之最好的计划联系起来，上帝便对它表示容许。”[57]

（三）从有限观点看来的恶，从无限观点看来却可能是善

人们总是倾向于认为，人的幸福是上帝的唯一牵挂，如果真是这样，问题将变得十分简单，上帝完全有能力创造一个没有罪和不幸的世界，但在这种情况下，上帝便违背了他对整个宇宙承担的责任，从而也就违背了他对自己本身的责任。诚然，理性创造物的幸福是上帝意图的主要部分，因为这种创造物与上帝自己最为相像。但“上帝在制定他的计划时不止有一个目的。一切具有理性的创造物的幸福是他追求的目的之一；但这不是他的整个目的，更不是他的终极目的。因此，某些这类创造物的不幸可能是作为其他更大的善的伴生情况和后果出现的。”[58]所以，只有当人们从整个宇宙观察上帝之善的广泛领域时，才可能正确估价上帝赐予之善。在每一个创造物身上这一点都是显而易见的。比如，一种植物、一个动物或者一个人，作为一个整体都可以表现出令人惊叹的完美结构和秩序。相反，如果我们看到的只是一片碎骨、一块肉或者植物的残枝，呈现于我们面前的便只是混乱无序。上帝创造的宇宙也是同理，如果我们看到的只是分散的小块，我们便没有能力认识整体的美和秩序。“人类——仅就我们所认识到者而言——只是一个碎块，只是上帝之国或精神之国的一小部分。上帝之国对于我们而言是太辽阔了，我们从中所知者微不足道，所以，我们不可能看到其中的奇妙秩序。”[59]

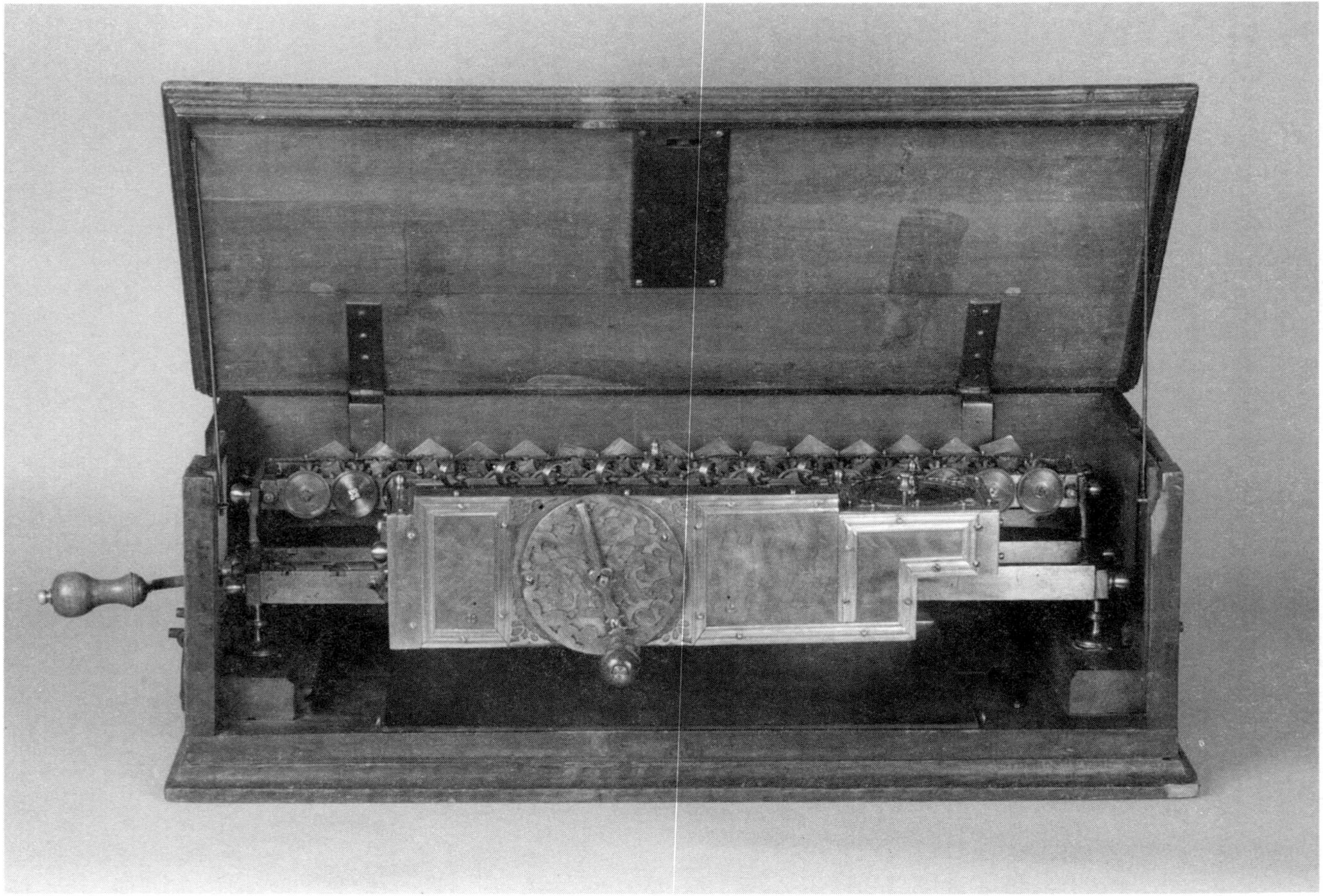

莱布尼茨的计算机

一种恶往往会造成一种没有此恶便不可能达到的善。"恶往往是为了使人对善有更高的鉴别力，它甚至有时帮助那种有耐性的人达到更高的自我完善，好像人们播下的种子，先经过某种霉败，然后发芽。"[60]莱布尼茨强调，形而上的和形体的恶都可以成为达到更大的善的手段，但道德的善却无论如何不会具有手段的性质，因为不可以为了致善而行恶。恶的存在可以彰显善，从而使整个世界显得更加和谐美好。"稍带酸、涩或者苦味的东西有时比糖更加可人，阴影使色彩鲜明，在合适的乐段加入不和谐音甚至使和谐音更加突出。我们为似乎要跌下的走钢丝者担惊受怕，我们要求悲剧能够催人泪下。倘若一个人从不曾生过病，他会充分体味到健康的快乐并为此而感激上帝吗？小的恶不是大都使善更易于令人感觉到，也就是说使善更加光大了吗？"[61]上帝"以巧妙手段利用这些小世界的一切缺陷使之成为他的大世界的较大的装饰。这犹如透视法的发明：一些图画看似杂乱无章，人们只有从正确的视角或者透过一种玻璃或一面镜子观看才会发现其美。只有当人们正确放置它或者以适当方式使用它的时候，才能使它成为一个房间的装饰。我们小世界的表面上的丑陋也以同样方式在大世界中融为一体而成为美的，它们不含有任何与一个普遍的、无限完美的原则的统一性相对立的东西。相反，我们的小世界提高了对这个原则的智慧的景仰，因为它使恶服从于至高之善。"[62]

（四）上帝在一切可能的世界中选择了最好的世界

莱布尼茨认为，尽管这个世界存在着邪恶和不幸，因而它也许不是一切可想象的世界中最好的世界，但它却是一切可能的世界中最好的世界（the best possible world）。"上帝选择了一切可能的世界中之最完美的世界，他容许与此相联系的恶，这是他的智慧所规定的，并不妨碍这个世界从总体上是他可能选择的最好的世界。"[63]"存在着无限多的可能的世界，上帝必然从中选择其最好者，因为上帝所做的一切，无不是按照最高理性行事的。”[64] 在上帝的理念中包含着无数多的可能世界，而所有这些可能的世界至少都必然地具有形而上的恶，而且，由于自由与决定论相比是一种更高的价值，所以具有自由意志的可能世界肯定要比没有自由意志的可能世界更好，可以预料，在一切较好的可能世界都可能存在伦理的恶和形体的恶。“必然存在着无限数量的可能的世界，恶必然会进入其中的一些世界，甚至其中最好的世界也必然包含着一些恶。这便是上帝所规定的：容许恶。”[65]

无限多的可能世界中只有一个能够成为现实，这样，选择一个不包含任何形而上的恶的可能世界在理论上是根本不可能的。选择一个不包含伦理的恶和形体的恶的可能世界在理论上是可能的，但上帝在进行选择时，其慈善的意志要服从其智慧的法则，就是说，上帝对于整个世界的普遍和谐的考虑要高于对于某一创造物的道德和幸福的考虑，从这种意义上说，一个有恶事存在的世界可能比一个没有恶事存在的世界更好。“可以说，在这个世界上哪怕缺少最细小的、发生于其中的恶，它便不再是这个世界，它便不再是——将一切考虑在内——被选择了它的创造者认定为最好者的世界。”[66] 在这个问题上，人们不能假定上帝明知有更好的世界却不去选择，也不能假定上帝缺乏认识最善者和发现为达到这最善者所需要的手段的能力，否则他的善、智慧和权力将受到限制。所以，这个世界是最好的世界，因为这个世界是上帝理性地选择的结果；这个世界存在着恶，所以，一个有恶存在的世界可能甚至必然比一个没有恶存在的世界更好。

莱布尼茨的神义论特别是他的“最好的可能世界”的理论遭到了很多人的批评。黑格尔认为，这一理论是一种单调无味的想法，是一种恶劣的通俗说法，一种夸夸其谈。詹姆斯也说，如果人们要看肤浅的化身，只需去读莱布尼茨那文辞优美的《神义论》。[67] 法国启蒙运动的代表伏尔泰更是通过其哲理小说《老实人》对莱布尼茨的上述学说做出了尖锐的讽刺和批判。

莱布尼茨在近代西方哲学中占有重要地位。法国百科全书派的首领狄德罗说过，就其思想范围和深度而言，莱布尼茨给德国带来的荣誉远远超过柏拉图、亚里士多德和阿基米德加在一起给希腊带来的荣誉。费尔巴哈曾说："近代哲学领域内继笛卡尔和斯宾诺莎之后，内容最为丰富的哲学家乃是莱布尼茨，尽管他的哲学有一些非常明显的漏洞和缺点。"[68]莱布尼茨是一个百科全书式的学者，身后留下的手稿逾百万页。艾顿（E. J. Aiton）说："即使他的贡献只限于一个领域，如法学、史学、政治学、语言学、神学、逻辑学、技术、数学、科学或哲学，他的成就也足以使他在历史上占有一席之地。而他的贡献则遍布所有这些领域，而且不是作为一个半吊子，而是作为一个能够引领专家的革新者。"[69]

从 20 世纪初开始，一项举世罕见的学术工程开始启动，这就是 120 多卷的科学院版《莱布尼茨书信与著作全集》，包括狄尔泰在内的众多知名学者参与了这一工作。经过一个世纪的努力，已经出版 46 卷，预计在未来半个世纪内完成。这一巨大工程本身就说明了莱布尼茨的极端重要性。

注释

1　Catherine Wilson, *Leibniz's Metaphysics: A Historical and Comparative Study*, Manchester University Press, 1989, p. 1.

2　费尔巴哈：《对莱布尼茨哲学的叙述、分析和批判》，第 17 页。

3　黑格尔：《哲学史讲演录》第四卷，第 168 页。

4　罗素：《对莱布尼茨哲学的批评性解释》，商务印书馆，2000 年，第 1 页。

5　费尔巴哈：《对莱布尼茨哲学的叙述、分析和批判》，第 36 页。

6　《西方哲学原著选读》上卷，第 476 页。

7　黑格尔：《哲学史讲演录》第四卷，第 169 页。

8 《十六—十八世纪西欧各国哲学》，第 483 页。
9 莱布尼茨:《新系统及其说明》，商务印书馆，1999 年，第 7 页。
10 《西方哲学原著选读》上卷，第 476—477 页。
11 莱布尼茨:《新系统及其说明》，第 3 页。
12 《西方哲学原著选读》上卷，第 477 页。
13 同上书，第 478 页。
14 同上。
15 同上。
16 同上书，第 479 页。
17 同上书，第 478 页。
18 同上书，第 480 页。
19 同上书，第 481 页。
20 莱布尼茨:《新系统及其说明》，第 4 页。
21 《西方哲学原著选读》上卷，第 485 页。
22 《西方哲学原著选读》上卷，第 501 页。
23 同上书，第 490 页。
24 莱布尼茨:《神义论》，三联书店，2007 年，第 147 页。
25 《西方哲学原著选读》上卷，第 486 页。
26 同上。
27 莱布尼茨:《人类理智新论》上册，商务印书馆，1996 年，第 33—34 页。
28 莱布尼茨:《新系统及其说明》，第 11 页。
29 莱布尼茨:《人类理智新论》上册，第 37 页。
30 同上书，第 67 页。
31 同上书，第 45 页。
32 《西方哲学原著选读》上卷，第 495—496 页。
33 莱布尼茨:《人类理智新论》上册，第 43 页。
34 同上书，第 41—42 页。
35 同上书，第 45 页。
36 同上书，第 49 页。
37 《西方哲学原著选读》上卷，第 493—494 页。
38 莱布尼茨:《人类理智新论》上册，第 59 页。
39 同上书，第 48 页。

40 《西方哲学原著选读》上卷，第 482 页。
41 莱布尼茨：《神义论》，第 34 页。
42 《西方哲学原著选读》上卷，第 482 页。
43 同上书，第 483 页。
44 同上。
45 莱布尼茨：《神义论》，第 17—18 页。
46 《西方哲学原著选读》上卷，第 483 页。
47 同上。
48 麦克唐纳·罗斯：《莱布尼茨》，中国社会科学出版社，1987 年，第 147—148 页。
49 莱布尼茨：《神义论》，第 243 页。
50 《西方哲学原著选读》上卷，第 492 页。
51 莱布尼茨：《神义论》，第 18 页。
52 同上书，第 63 页。
53 同上书，第 69 页。
54 同上书，第 188 页。
55 同上书，第 122 页。
56 同上书，第 123 页。
57 同上书，第 186 页。
58 同上书，第 188 页。
59 同上书，第 225 页。
60 莱布尼茨：《神义论》，第 122 页。
61 同上书，第 111—112 页。
62 同上书，第 227 页。
63 同上书，第 25 页。
64 同上书，第 108 页。
65 同上书，第 120 页。
66 同上书，第 109 页。
67 威廉·詹姆斯：《实用主义》，商务印书馆，1979 年，第 15 页。
68 费尔巴哈：《对莱布尼茨哲学的叙述、分析和批判》，第 5 页。
69 E. J. Aiton，*Leibniz: A Biography*, Adam Hilger Ltd., 1985, p. ix .

第六章　贝克莱：存在就是被感知

某种颜色、滋味、气味、形相和硬度，如果常在一块儿出现，我们便会把这些观念当做一个单独的事物来看待，并用苹果的名称来表示它。另外一些观念的集合，则构成一块石头、一棵树、一本书和其他类似的可以感觉的东西。

虽然我们的确主张，感官的对象不是别的，只是观念，而这些观念不能不被感知而存在；但我们并不能因此就得出结论说，它们除了只被我们感知外，就不能存在；因为虽然我们没有感知它们，但是还可以有某个别的精神感知它们。当我说物体离开了心灵就不能存在时，我希望大家不要误会，以为我是指这个或那个特殊的心灵，我所指的乃是一切心灵。

天上的一切星宿，地上的一切陈设，总之，构成大宇宙的一切物体，在心灵以外都没有任何实在；它们的存在就是被感知或被知道；因此，如果它们不是实际上被我所感知，或者不存在于我或别的被创造的精神的心中，那么，它们不是根本不存在，就是存在于某种“永恒的精神”的心中。

——贝克莱

贝克莱

乔治·贝克莱（George Berkeley，1685—1753）1685 年 3 月 12 日出生于爱尔兰南部的基尔肯尼郡（Kilkenny），音乐家巴赫和亨德尔也出生于这一年。贝克莱的祖上曾是英格兰显赫的贵族，其祖父被贬到爱尔兰北部的贝尔法斯特（Belfast），担任港口收税官。父亲威廉·贝克莱（William Berkeley）出生于英格兰，后来也到爱尔兰当港口收税官。据说，当时的收税官是一个颇受尊重的职位，通常由贵族子弟担任。贝克莱的母亲伊丽莎白是爱尔兰人，传说是都柏林一个制酒商的女儿。尽管有上述背景，贝克莱却始终认为自己是爱尔兰人，而称牛顿为"一位举世敬仰的邻国哲学家"。贝克莱 11 岁时进入家乡的基尔肯尼公学（Kilkenny College）学习，这所学校创办于 1538 年，是爱尔兰最著名的一所私立学校，被称为"爱尔兰的伊顿公学"，作家乔纳森·斯维夫特（Jonathan Swift，1667—1745）是这所学校的另一个著名校友。1700 年，15 岁的贝克莱进都柏林三一学院（Trinity College）学习神学、古代语言学、逻辑学和哲学。1704 年，贝克莱大学毕业，获文学学士学位并留校任教。1707 年被授予文学硕士学位，同时当选为三一学院初级研究员（fellow）。在这段时间，他广泛阅读了洛克、牛顿等人的著作，学习心得记满了两个笔记本，但这些笔记一直不为人所知，直到被弗雷泽（A. C. Fraser）发现并于 1871 年发表。这些笔记现在一般被称为《哲学评注》（*Philosophical Commentaries*），包含了贝克莱几乎所有重要思想的萌芽。1710 年，贝克莱被国教会授以牧师之职。

贝克莱是一个天才。他的主要著作都是在他 30 岁之前完成的，他的代表作《人类知识原理》出版时，他只有 25 岁。但当这本书于

1710 年在都柏林面世时，迎接它的只有嘲笑和鄙视。贝克莱的朋友约翰·珀西瓦尔爵士（Sir John Percival，1683—1748）在致贝克莱的一封信中写道："我把你这本书的主题告诉了我的一些颇有天分的朋友，他们马上对其抱以嘲笑，同时拒绝阅读它。"[1] 鉴于这种情况，贝克莱改变了策略，以柏拉图式的对话体构思了《海拉斯和费洛诺斯的三篇对话》，"以一种最简单、最熟悉的方式"介绍他的"非物质主义"（immaterialism）。对话地点为一所学院的花园，三篇对话相继发生在三个清晨。对话的双方为海拉斯（Hylas）和费洛诺斯（Philonous），前者是一个虚构的"物质主义者"，后者则是作为贝克莱替身的非物质主义者。在三篇对话的结尾，海拉斯终于被费洛诺斯说服，成了一名非物质主义者。

1713 年年初，贝克莱前往英格兰，安排《海拉斯和费洛诺斯的三篇对话》的出版事宜，同时"广交天下英才"。"那时的伦敦社会就像一个大俱乐部，对所有善于谈话或写作的人开放。贝克莱在两方面都是行家里手，几乎马上就吸引了一大批具有影响力的朋友。他的个性和文笔是不可抗拒的。"[2] 这些朋友包括理查德·斯梯尔（Richard Steele，1672—1729）、乔纳森·斯维夫特、亚历山大·蒲柏（Alexander Pope，1688—1744）、约瑟夫·艾迪生（Joseph Addison，1672—1719）等。同年 5 月，《三篇对话》出版，受到了一些好评。约翰·珀西瓦尔爵士在信中称：他比以前更倾向于贝克莱的观点了，而且，贝克莱的观点越来越被学术界所承认。[3]

在斯维夫特的举荐下，贝克莱于 1713 年秋出任彼得伯勒（Lord Peterborough）伯爵的随行牧师和秘书，后者被任命为住西西里和其他意大利城邦的大使。于是，开始了贝克莱的第一次欧洲之行。1714 年 8 月，彼得伯勒伯爵被召回，贝克莱随之回到了伦敦。1715 年，贝克莱又作为圣·乔治·阿什（St. George Ashe，1658—1718 ）主教之子的家庭教师，展开了第二次欧洲之旅，直至1720年。期间，他结识了法国哲学家马勒伯朗士（Nicolas Malebranche，1638—1715），据说，当时后者正患肺炎，两人就贝克莱哲学进行的争论，使马勒伯朗士的情绪异常激动，几天以后即离开人世。阿瑟·卢斯通过下述事实否定了上述说法：两人的会晤发生于贝克莱第一次大陆之行期间，即1713年11月，而马勒伯朗士则死于1715年10月13日。

在前往那不勒斯的途中，贝克莱丢失了《人类知识原理》第二部分的手稿。1721年，他重返爱尔兰都柏林三一学院，被授予神学博士学位，并担任高级研究员。1723年，贝克莱意外得到了一笔遗产。事情的经过是这样的：在他1713年年初访伦敦时，成了斯维夫特的恋人赫斯特·范·霍姆丽（Hester Van Homrigh）家的常客。赫斯特原想让斯维夫特做自己的财产继承人，但由于对斯维夫特与斯特拉（Stella）的交往十分恼火，遂改变了主意，把大约5000英镑遗产的一半赠给了贝克莱。1724年，贝克莱辞去在三一学院的研究员职务，升任德利地区的教长。

1725年，贝克莱提出了一个庞大的计划：在百慕大建立一所学院，以教育原始印第安人和英国殖民者的后代，为此，他将放弃1500英镑的年薪，只领取每年100英镑的生活费。在私下会晤了每一位议员之后，该计划得到了英国下议院的批准，许诺2万英镑的拨款，学院被命名为圣·保罗学院，并委任贝克莱为第一任校长。1728年，在与爱尔兰下议院议长的女儿安妮·福斯特（Anne Forster）结婚6周后，贝克莱携新婚妻子和几位随同以及一批图书前往美国罗德岛的新港市准备实施他的“百慕大计划”（Bermuda Project）。玛丽·柯尔金斯（Mary W. Calkins，1863—1930）这样评价贝克莱的此项壮举：“自柏拉图试图在西西里宫廷设立哲学王的时代以来，也许从未有一个形而上学家抱有一个比这更为大胆的建立大社会的计划。”[4]

贝克莱在罗德岛购置了一个大农场，盖了一所名为“白楼”（White hall）的房子，现在这所房子已经成了一座博物馆。在此期间，他还创立了当地的哲学学会，并与许多学者保持联系。后因英国议会未能落实所需办学经费，在把他的农场和近千册藏书捐赠给耶鲁大学后，贝克莱携全家于1731年返回伦敦，并把一个夭折的孩子永远留在了罗德岛。尽管贝克莱在美国停留的时间不长，但还是在美国哲学的早期成就上打上了他的烙印。为了纪念贝克莱的美洲之行，美国人不仅用贝克莱的名字命名了一个小镇，1868年建成的加州大学贝克莱分校也以这位哲学家的名字命名。

虽然“百慕大计划”最终流产，但贝克莱的知名度却得到了提升，并于1734年被任命为爱尔兰克罗因地区大主教。1740年，爱尔兰地区痢疾肆虐，贝克莱利用从美国土著居民那里学到的方法，制作出一种名为“焦油水”（tar/water）的药物（实为树脂和水的混合物），据说该药有神奇的疗效，挽救了很多人的生命，贝克莱也因此又一次名声大噪。1751年，他的长子去世，给贝克莱带来了巨大的悲痛。1752年，他请求辞去大主教一职（这意味着要放弃1400英镑的年薪），以便迁居牛津，与正在那里求学的次子住在一起。国王没有接受他的辞呈，但答应他可以自由选择自己的居住地。于是，贝克莱携家眷搬到了牛津。

1753年1月14日，贝克莱安详地死于牛津寓所。《伦敦晚邮报》对贝克莱的最后时刻做了这样的报道：“来自牛津的消息称：善良的贝克莱主教是在下述独特状况下仙逝的。那是1753年1月14日，一个周日的晚上，他的夫人正在给他朗读圣经。在结束之前，她抬起头看见他已经死在躺椅上。布道开始时，他还很好，并且在夫人朗读过程中还发表过很多评论。”[5]遵照贝克莱的遗愿，他的遗体并没有马上下葬（担心被活埋），而是在地上停放了5天之后才葬于牛津的基督

基尔肯尼教堂

大教堂。

贝克莱的主要著作包括:《视觉新论》(1709)、《人类知识原理》(1710)、《海拉斯和费洛诺斯的三篇对话》(1713)、《分析学家或者向一个不信正教数学家的进言》(1734)、《问难》(1735, 1736, 1737)、《西利斯:关于焦油水的功效以及与之有关的、相互引发的其他课题的哲学反思和探讨之链等》(1744)等。

一、物是观念的集合

按照罗伯特·J. 福戈林的说法,"贝克莱的哲学主张受两个基本的本体论承诺的驱动。第一个承诺涉及构成我们知觉对象的性质的地位,并直接导致了他的唯心论;第二个承诺涉及对象本身的地位,并支持他的具象论(paticularism),有时人们也称其为他的唯名论(nominalism)。"[6]我们从第一个承诺谈起。

贝克莱哲学是直接从洛克哲学出发的。与洛克一样,贝克莱也认为人类知识的对象是各种观念,而一切观念或来自感官,或来自反省,或来自对这些观念的"加工"。"在任何一个观察过人类知识对象的人看来,显然这些对象或者是实实在在由感官印入的观念,或者是由于注意人心的各种情感和作用而感知的观念,最后,或者是借助于记忆和想象——即混合、分解或简单地表象那些由上述方法而认识的原始观念——而形成的观念。"[7]这段话基本上重复了洛克的"双重经验说"以及简单观念和复杂观念的学说。可以说,到此为止,贝克莱还没有超出洛克的经验论。

贝克莱接下去认为,物不是不同于观念的一种客观存在,而是"观念的集合"。一方面,我们通过不同的官能获得各种不同的观念,比如,借着视觉可以得到光和色以及它们的各种程度、各种变化的观念；借着触觉可以得到硬、软、热、冷、运动、阻力以及这些情况的各种程度或数量的观念；借着嗅觉可以得到有关气味的观念。另一方面，我们看到，这些观念经常是联系在一起的，在这种情况下，我们就倾向于用一个名称来标记它们，认为它们是一个东西，是一个独立的物。"例如某种颜色、滋味、气味、形相和硬度，如果常在一块儿出现，我们便会把这些观念当作一个单独的事物来看待，并用苹果的名称来表示它。另外一些观念的集合，则构成一块石头、一棵树、一本书和其他类似的可以感觉的东西。"[8]

洛克已经有把物看作观念集合的苗头，但他还承认外物的客观存在。贝克莱则从根本上否定了观念与物的区分。在他看来，我们除了能够认识各种观念之外，不能认识任何其他的东西。观念只能与观念相似，而不能与任何别的东西相似。如果有人说观念与外物或原本相似，贝克莱就会问："所假设的那些为观念所描绘或代表的'原本'或外物，本身究竟是能被感知的呢，还是不能被感知的？如果是能被感知的，那么，它们就仍然是些观念，这正表示我的主张胜利了；但是如果你说它们是不能被感知的，那么，我可以诉诸任何人，看看断言颜色与某种不可见的东西相似，硬或软与某种不可触知的东西相似，这种说法是有意义的吗？其余的性质也是如此，"[9] 贝克莱哲学的出发点就是把物等同于观念，在他看来，一切形式的怀疑主义都源于假设了事物与观念之间的差别，从而假设了事物在心灵以外或不被感知而存在。

二、存在就是被感知

认识的对象不外各种观念，这些观念的存在有一个前提：必须有一个知道或感知它们的主体，对它们进行各种活动，"这样一个能感知的主动实体，就是我所谓的心灵、精神、灵魂或自我。”[10]物即观念的集合，而观念的存在就在于被心灵或自我所感知。在贝克莱看来，过去的哲学家之所以陷入各种混乱，一个重要原因就是他们不知道存在是什么，因而假定存在的东西既不感知，也不能被感知。他所提出的人类知识的一个重要原理就是把存在和被感知等同起来。“一个观念的存在，就在于被感知。”[11]就是说，一切观念都是为我的存在，只能存在于自我之中。自我既是观念的栖息之所，又是其存在的根据。这样，在把物等同于观念之后，他又把观念的存在归结为自我及其感知活动。

贝克莱举例说，我写字用的这张桌子所以存在，只是因为我看见它、摸着它，就是说，我感知到它。如果我走出书房后还说它存在，我的意思就是说，如果我还在书房中，我原可以感知它。或者说，虽然现在我不在书房因而不能感知它，却有某个别的精神在感知它。所以，事物“不可能在心灵或感知它们的能思维的东西以外有任何存在。”[12]在贝克莱看来，认为可感的东西（如房屋、山河等）不必被心灵所感知而有一种自然的或真实的存在，这完全是悖理的，包含着明显的矛盾。因为我们谈论的事物无非是观念或观念的集合，而观念存在的根据就在自我及其感知活动中。叔本华说，贝克莱是真正严肃地对待主观起点并不可辩驳地证明其绝对必要性的第一人，所以，他把贝克莱称为（主观）唯心论之父。

一般人认为，视觉是事物独立于感知者而存在的一个强有力的证据：因为很多事物距离我们非常遥远，因而被认为是在我们之外独立存在的。为了回答这个问题，贝克莱专门写了《视觉新论》，探讨视觉的机制。在他看来，距离本身并不能被直接看到，因为距离不过是一条末端指向眼睛的直线，该直线只把一个点投射到眼睛中，而无论距离长短，这个点是始终不变的。我们真正感知的实际上是二维空间，即高度和宽度，而第三维即深度并不是我们的直接感知，而是心灵的一种推论或判断，这种推论立足于经验，而不是感觉。“所谓距离或外在，既不能借视觉来直接感知其本身，亦不能借线和角或与它有必然联系的任何事物来了解或判断它；它之所以能被提示给我们的思想，只是靠某些可见的观念和伴随视觉而起的感觉；而这些观念和感觉就其本性言，并不与距离或在远处的事物有任何相似或关系；这些观念和感觉之所以能告知我提示给我们以距离或在远处的事物，乃是靠经验所告诉我们的一种联系，正如任何一种语言中的文字将其所代表的观念提示给我们一样。”[13]

所以，如果没有经验的帮助，即使有视觉存在，也不会产生距离或外在。比如一个一出生即失明的人，如果后来恢复了视力，那么，在他初次看到对象的时候，并不会以为那些对象是外在于心的或有距离的。贝克莱进而认为，视觉的观念只是对于触觉的观念的一种标示和预告，除此之外，它并没有揭示任何在心之外的对象。“严格说来，虽然我们是靠视觉的观念来认识距离和远处的事物，但视觉的观念并未真正给我们提示出实实在在地在远处存在的事物，它们仅仅是提醒我们，在如此如此的时段以后，在如此如此的动作以后，将会有什么样的触觉观念引入我们的心中。”[14]索利把贝克莱视觉理论的全部本质归结为两个命题：视觉的对象和触觉的对象并没有什么共同的东西；视觉与触觉的联系是武断的，只有通过经验才能学会。[15]

如果存在就是被感知，那么，存在的连续性就是以感知活动的连续性为前提的。个人的感知活动并不具有连续性，这是不是意味着事物每时每刻都在消失和再生？比如，我一闭上眼睛，房子里的家具就会化为乌有，并且只要一睁开眼睛，它又被创造出来？或者，有很多东西是我所感知不到的对象，比如原始森林里的某一棵树，在我不感知它的时候存在吗？为了贯彻“存在就是被感知”，贝克莱必须假定

牛津的基督大教堂

其他自我的存在。“虽然我们的确主张，感官的对象不是别的，只是观念，而这些观念不能不被感知而存在；但我们并不能因此就得出结论说，它们除了只被我们感知外，就不能存在；因为虽然我们没有感知它们，但是还可以有某个别的精神感知它们。当我说物体离开了心灵就不能存在时，我希望大家不要误会，以为我是指这个或那个特殊的心灵，我所指的乃是一切心灵。”[16] 在我不感知的时候，我房间里的家具仍然存在；在我感知不到的原始森林里，那棵树仍然可以存在，因为可以有其他的心灵感知它们。

用其他人的自我补充我的自我，并不能使问题得到彻底解决，因为人类的足迹毕竟是有限的，很多事物并不在人类的可感知范围之内。于是，贝克莱引入了“永恒的精神”即上帝，作为世界上一切事物之存在的最终担保。“天上的一切星宿，地上的一切陈设，总之，构成大宇宙的一切物体，在心灵以外都没有任何实在；它们的存在就是被感知或被知道；因此，如果它们不是实际上被我所感知，或者不存在于我或别的被创造的精神的心中，那么，它们不是根本不存在，就是存在于某种‘永恒的精神’的心中。”[17] 罗纳德·诺克斯的打油诗十分形象地表现了这一学说：

“有个小伙开口说：
如果院里没有人，
这棵大树还存在，
上帝必会大惊讶。

亲爱的先生你别惊讶：
庭院里面总有我。
所以大树依然在——
自从上帝看到它那一天起。”[18]

贝克莱认为，尽管他提出一切皆观念，观念存于心，但这并未使世界发生任何变化，日月星辰、山川树木都和原来一样存在着。“我们并未剥夺自然中任何一件事物，不论我们所看到的、触到的、听到的或不论怎样设想到的或了解到的，都仍和先前一样的安全和真实。自然是有法则的，并且，真实和虚幻之间的区别仍然是完全有效的。”“我并不否认我们借感官或反省所能理解的任何一个事物的存在。我用眼睛看到的和用手摸到的事物，都是存在的，真实地存在的，对于这一点，我丝毫也不怀疑。”[19] 作为主教，贝克莱也毫不怀疑各种神迹的存在：摩西的手杖变成了一条蛇，水变成了酒，这些都是实实在在的存在。问题的关键是，它们之所以存在，是由于它们被感知。人们往往认为贝克莱哲学是违犯常识的，而贝克莱自己却多次声称，他的观点完全与常识一致，即和普通人的看法一致。

三、精神实体的存在

观念的存在证明了精神实体（mental substances）的存在，因为观念的原因是精神实体。贝克莱认为，观念既不可能是任何能动体的肖像或摹本，也不可能发生任何作用，它是完全被动或迟钝的。“我们的一切观念、感觉、概念，或者我们所感知的东西，不论我们以什么名称来分别它们，它们显然都是被动的，它们并不包含什么有能力或主动作用的东西在内。所以，一个观念或者思想的对象，是不能产生或改变另一个观念或思想对象的。”[20] 感觉告诉我们，我们的观念是可变的，而变化的原因不能是观念或观念的集合体，它“必定是一个实体”，但它不是物质实体，而是精神实体。“观念的原因是一个无形体的、能动的实体或‘精神’。”[21]

这样看来，世界上只有两种东西——观念和精神，这也就是我

贝克莱在北美

们用事物或存在所能涵盖的一切。相应地，“人类的知识可以很自然地分为两类：——关于观念的知识和关于‘精神’的知识。”[22]观念和精神截然不同。观念的存在在于被感知，而精神的存在却不在于被感知，而在于感知观念和思想。精神是“能动的、不可分的、不可毁灭的实体”，观念则是“迟钝的、倏忽即逝的、易毁灭的一些激动”，它们不能独立自存，而是被心灵或精神实体所支持，或存在于心灵或精神实体之中。精神和观念之间的关系表现在两个方面：一方面，精神可以感知各种观念，在此意义上，可以称之为知性；另一方面，它可以产生或影响观念，在此意义上，可以称之为意志。前者是精神的理论活动，后者是精神的实践活动。

由于精神是一个能动体，既不能和任何观念相似，也不能为任何观念所代表。就是说，我们不能对精神构成任何观念，它完全是不可感知的。“精神或能动体本身，除了仅仅通过它所产生的结果，是不能被感知的，这乃是精神或能动体的本性。”[23]“就我所知，所谓意志、知性、心、灵魂、精神这些名词，并不代表一些不同的观念，或者根本不代表任何观念；它们所代表的东西，与观念完全不相同，并且它因为是一个主动体，就不能与任何观念相似或为任何观念所代表。”[24]在贝克莱看来，用认识观念的方法认识精神是根本不可能的。“如果希望在我们的官能增多或扩大以后，我们就能够像认识一个三角形那样认识一个精神，那似乎就和希望要看见一个声音一样荒谬。”[25]当然，尽管我们不能形成关于精神的观念，我们还是对精神及其活动有所理会（have some notion of），就是说，可以把这种主动体和被动的观念区分开来。在贝克莱的现有著作中，很少谈论关于精神的知识，这部分内容本来是已丢失的《人类知识原理》第二部的主题。

有限的精神实体（finite mental substances）与无限的精神实体（infinite mental substance）。作为一个不同于观念的主动体，精神随时可以生起或改变一个观念。“我只要一旦发生意欲，就会立刻在我的幻想中生起这个或那个观念，并且借同样的能力，可以抹去这个观念而生起另一个观念。”[26] 比如，我可以想象一个公园里有树，或者一座壁橱里有书，而不必有人在旁边感受它们。在贝克莱看来，这并不能证明那些观念可以离开感知者而存在，只是证明了人们心中有想象或构成观念的能力。问题是，我幻想出来的观念和我通过感官实际上感知的观念有什么不同吗？贝克莱的回答是，前者是我意志的产物，后者却不依存于我的意志。他区分了“感官的观念”（ideas of sense）和“想象的观念”（ideas of the imagination）。“‘感官’的观念比‘想象’的观念更为强烈、活泼和清晰，而且它们是稳定的、有秩序的和互相融合的，它们不像那些产生于人类意志的观念那样可以随意被引起来，而是在一个有规则的系列中出现的”。[27] 感官的观念不是感知它们的心灵所虚构的，可以叫做真实的事物；想象的观念可以叫作狭义的观念或事物的图像，它们模拟并表象事物。在这个意义上，我白天通过眼睛见到的太阳是真实的太阳，而夜晚所想象的则是前者的观念。但是，贝克莱强调，无论我们的感觉如何活跃和清晰，它们仍然是观念，仍然存在于心中或为心灵所感知。这个心灵或精神就是“造物主”或上帝。一切观念都是精神的产物，想象的观念是有限精神的产物，而印在感官上的观念则不是我的意志的产物，而是另外一个更有权力的“精神”的意志的产物。在贝克莱看来，这样一个全知、全善和全能的精神实体足以充分地解释自然中的一切现象。

可见，上帝是贝克莱哲学的一个重要前提，可以说，他的全部形而上学都建立在上帝存在的基础之上。作为一个“无限的精神”，上帝不仅是事物存在及连续存在的最终保证，也是我们大部分观念的主要来源。而且，上帝按照一定的规则或确定的方法引起我们的“感官”观念，这些规则或方法，就是自然法则。在贝克莱看来，他的唯心论和有神论非但没有破坏他的实在论，而且是实在论的根本保证。既然精神或上帝不是观念，因而也不能被感知，上帝存在是如何得到证明的呢？关于我们自己的存在，我们是借助于感觉或反省得以理解的。而对于其他（有限）精神的存在，我们则是通过类比推理得以理解的。“当我们看见一个人的颜色、大小、形相和运动时，我们只是感知到在我们自己的心灵中所引起的某种感觉和观念；这些感觉或观念既然在我们眼前展示为各种清晰的集合体，它们就可以向我们标示出类似我们自己的有限的被造的精神的存在。”[28]“按照同样的方式，我们可以看见上帝。所不同的只是，一个有限的、范围较狭窄的观念集合体只能标示一个特殊的人类心灵，而在一切我们视线所及的任何处所，我们却可以随时随地感知到神灵的明显标志：我们所看到、听到、触到或无论以何种方式由感官感知到的每件东西，都是上帝的权力的一个记号或结果，正如我们对于人所产生的那些运动所具有的知觉是人的能力的记号或结果一样。”[29]这是上帝存在的宇宙论证明，即由世界的存在推出其存在的原因。

四、没有物质实体

在贝克莱看来，唯物论、无神论和怀疑论均建立在物质或“有形实体”的学说之上，所以，为了彻底动摇前者的理论基础，他把批判的矛头直指“物质实体”概念。这就涉及罗伯特·J. 福戈林所说的贝克莱的第二个本体论承诺。

贝克莱认为，主张物质实体存在的哲学家们“在那些声音上除了附加一个一般的存在观念并连带一个它支持诸偶性的概念外，并未附加什么别的意义。”[30]在贝克莱看来，促使思考错杂和混乱的主要原因，“就是人们有一种意见，认为人心有构成关于事物的抽象的观念或概念的能力。”[31] 人们认为，他们可以借助于抽象作用形成很多抽象观念。比如，从有广延、颜色、运动的个别对象中，舍弃它们各自的特性，构成广延、颜色和运动的抽象观念；从彼得、詹姆士和约翰等具体的人中，舍弃其一切具体的、特殊的特点，得出关于人的抽象观念。洛克不仅承认抽象的观念，而且把此视为人与兽的根本区别之一。贝克莱反驳说，如果把无抽象观念作为兽类的独有性质，那么，恐怕大多数人必须归为兽类了，因为这样的观念是根本不存在的。我们既没有形成这种观念的能力，也没有形成这种观念的必要。它既不是传达知识所必需的，也不是知识的扩大所需要的。“我对于人所构成的观念，也必须是一个白的人，或黑的人，或黄褐色的人，必须是挺直的人，或驼背的人，必须是高的人，或矮的人，或中等身材的人。我虽耗尽思索，也不能设想如上面所描写的抽象观念。”[32] “我承认我自己在一种意义下也能进行抽象，因为我可以把某些特殊的部分或性质，从那些与它们联结在某一对象内而又能离开它们而存在的其他部分或性质中分离出来，单独考察。不过，我否认我能把那些不可能这样分离出来的性质彼此抽象开来，或分开来设想；我否认我能依照上述的方法，离开特殊的事物来构成一个一般的观念。”[33]

贝克莱认为，他不是绝对否认有概括的观念，只是否认有任何“抽象的概括的观念”。为什么关于抽象观念“这样一个远离常识的意见”得以产生和流行？在贝克莱看来，根源在于语言。比如，人们总认为每一个名称都有一个唯一精确的含义，其实它们都不过是无分别地指示许多特殊观念而已。三角形被界定为“三条直线所包成的一个平面”，至于这个面的大小、黑白、诸边的长短等，都没有得到规定，因而是可以有很大变化的。又比如，人们认为语言的目的仅在于传达观念，每一个有意义的名称都代表一个观念。对此，贝克莱也予以否认，因为一方面很多语词并不常常提示出确定的、特殊的观念，另一

担任克罗因地区大主教时的贝克莱

方面除传达文字所标示的观念外，语言还可以引起某些情感、激起或阻止某些动作。既然不存在任何抽象观念，那么，唯物论、无神论和怀疑论者所说的物质或“有形实体”观念也是不存在的，因为它恰恰是这样一种抽象观念。这就是贝克莱的所谓“具象论”。在他看来，存在就是作为一个特殊的事物而存在：特殊（非抽象的）的精神感知特殊（非抽象的）的观念。

物质实体的另一种含义是“支持偶性的基质”，就是说，把广延看作物质的一种情况或偶性，把物质看作支持广延的基质（substratum）。贝克莱认为，既然一切性质都是心灵中的感觉或观念，“物质并不支撑什么”，因此，作为广延、形相、运动的支撑者的物质实体是不存在的。贝克莱利用洛克两种性质的学说，否定物质实体的存在。洛克认为，事物的性质分为两类：第一性的质和第二性的质。第一性的质是存在于物之中的，第一性的质的观念有其客观原型；第二性的质并不存在于物中，只是在我们心中产生观念的能力，第二性的质的观念没有原型，尽管产生该观念的能力仍然存在于物之中。在贝克莱看来，洛克的观点包含着一个矛盾。因为第一性的质和第二性的质是不可分离的，我们不能设想一个物体只具有广延、形状和运动等第一性的质，而不同时具有颜色、声音、味道等第二性的质。既然第二性的质不存在于物中、只存在于我们的心中，第一性的质亦然。“因此，这些其他感性性质在什么地方存在，第一性的质也必定在什么地方存在，也就是说，它们只存在于心中，而不能存在于别的地方。”[34]“任何一个人只要考究一下那些被认为显然足以证明颜色和滋味只能在心中存在的论据，他就会发现，这些论据都可以同样有力地用来证明广延、形状和运动也是只能在心中存在的。”[35]既然第一性的质和第二性的质都不能被设想为在心外的独立存在，那么，再假设一个支撑这些性质的所谓物质实体也就没有任何必要了。

贝克莱认为，人们相信物质实体存在的一个重要理由是，我们心中的各种观念必须有一个外部原因。这是一个完全没有必要的假设，因为“即使我们承认像唯物论者所说的外物，可是他们也自认他们并不能因此而更切近地知道我们的观念是如何产生的，因为他们承认他们自己并不能了解物体如何作用于精神或者它如何可能在心中印上任何观念。”[36]可见，如果有外物存在，我们也不可能知道，而如果没有的话，我们也可以有同样的理由相信我们仍会有现在所有的观念。

贝克莱还以大小、快慢为例，否认广延物体的独立存在。他认为，大小、快慢完全是相对的、可变的，“不能外于心而存在”。若说广延外于心而存在，那么，既不能说它大，也不能说它小，它的运动既不能快，也不能慢，而这样的物“根本不是任何东西”。在他看来，数目也完全是心的产物，因而是相对的。同一个广延，可以因我们按照一码、一英尺或一英寸来观察它而为一或三或三十六。就是说，用以表述广延事物的“单位是指人心所武断地纠集在一起的一些观念的特殊集合体”，所以，广延事物不具有外在于心的存在。既然物质实体在上述意义下都是没有必要的，所以，坚持这样一个空洞的观念无异于坚持“无物”。“假如你愿意的话，你可以把物质一词用成和别人所用的无物（nothing）一词的意义一样，而这样一来，在你的文体中，这两个名词就可以互用了。”[37]

贝克莱强调，他并不是不加区分地否定一切“有形体的实体”。他所否认的只是哲学家所说的那种物质实体，即作为心灵以外偶性或性质的支柱的实体，因为在他看来，这种实体从不存在，甚至在想象中也不存在。而通常意义上的实体，即作为感性性质结合体的实体，他依然承认，只不过这些实体的存在在于被感知。

在兜了一个大圈子之后，贝克莱认为，只要人们理解了其观念学说的实质，即离开了感知它们的心灵便无物存在，那么，为了更合乎常识，把观念换成事物并无不可。毕竟说我们吃观念、喝观念、穿观念是很难听的，也是不合习惯的。“假若你同意我，认为我们吃的、喝的、穿的都是感官的一些直接对象，而这些对象不能不被感知或在心灵以外存在，那么，我也可以立刻承认，说它们应该叫作事物，而不该叫作观念，那是较为恰当或合乎习惯的。”[38] 但为什么贝克莱要用观念而不用事物来指称那些对象呢？他给出了两个理由。首先，在常识中，“事物”所指的恰恰是在心灵之外存在的东西；其次，“事物”的外延比“观念”要广，不但包括观念，也包括精神或能动的主体。而这两点都和感官对象的性质相悖，因为感官的对象不存在于心外，且是无思想的和被动的。

贝克莱的哲学是复杂的。从历史上看，人们多把贝克莱哲学看做主观唯心主义和唯我论。但在相当长的时期内，认为贝克莱哲学荒谬绝伦的人们，却不能做出有效的反驳，于是，出现了著名的“脚踢反驳”。据詹姆斯·波士威尔（James Boswell，1740—1795）回忆，1763 年 8 月的一天，刚从教堂出来的波士威尔和约翰逊（Samuel Johnson，1696—1772）博士谈到了贝克莱主教的哲学。只见约翰逊博士狠劲踢了一块大石头一脚，可被反弹回来，他说：“我就这样反驳它。”当然，靠踢石头非但不能反驳贝克莱，反而恰恰可以证明贝克莱的哲学：存在就是被感知（这里就是踢以及由此产生的疼痛！）。

戴维·罗杰·奥尔德罗伊德说：“刚接触他的哲学的人确实会感到，他的观点十分奇特。但是我们不久就会看到，贝克莱的观点是他彻头彻尾的、毫不妥协的经验主义的直接结果，而经验主义则并不是一种特别奇怪的学说。”[39] 阿瑟·卢斯说：“如果贝克莱是错的，那是一个伟人的错误。如果他是对的（正如我所相信的那样），那一定是神来之笔。”[40]

20世纪以来，随着贝克莱著作和书信的不断发现和出版，人们对贝克莱的理解更为深入，也更为立体。有人认为他的哲学是有神论、唯心论和实在论的混合体，比如，斯特林·兰普雷希特就认为，贝克莱在认识论上是实在论的，在形而上学方面是唯心论的，而其哲学的基石则是有神论。[41] 有人认为贝克莱哲学不是主观唯心主义，而是客观唯心主义。也有人认为，就其哲学精神而言，贝克莱并不是英国经验论发展过程中的一个环节，而是由笛卡尔肇始的大陆形而上学的一员。

厄姆森说："就贝克莱那个时代的哲学和科学信念而言，他的论题是非常合理因而可以采纳的，我还要表明，贝克莱是多么巧妙地在一个形而上学体系的范围内展开了这一论题，而且，这还是有史以来最优美、最明晰、最简洁的形而上学体系之一。……这一学说是人类伟大的哲学天才的成果，是值得我们怀着崇敬的心情加以研究的。"[42] 贝克莱著作的编纂人A.C.弗雷泽把他与休谟、康德一起视为18世纪三位伟大哲学家，也许并不为过。

注释

1 George Berkeley, *Principles, Dialogues, and Philosophical Correspondence*, ed. Colin Murray Turbayne, Bobbs-Merrill Educational Publishing, 1965, p.xvi.

2 Arthur Aston Luce, *The Life of George Berkeley Bishop of Cloyne*, Routledge/Thoemmes Press, 1992, p.57.

3 Ibid., p.58.

4 Mary W. Calkins, *Berkeley Selections*, Charles Scribner's Sons, New York, 1957, p.ix.

5 David Berman, *George Berkeley: Idealism and the Man*, Oxford University Press, 1994, p.198.

6 Robert J.Fogelin, *Berkeley and the Principles of Human Knowledge*, Routledge, 2001, p.28.

7 《西方哲学原著选读》上卷，第502页。

8 《西方哲学原著选读》上卷，第 502 页。
9 同上书，第 505 页。
10 同上书，第 503 页。
11 同上。
12 同上。
13 《十六—十八世纪西欧各国哲学》，第 557 页。
14 同上书，第 558 页。
15 索利：《英国哲学史》，第 139 页。
16 《十六—十八世纪西欧各国哲学》，第 559 页。
17 《西方哲学原著选读》上卷，第 504 页。
18 戴维·罗杰·奥尔德罗伊德：《知识的拱门——科学哲学和科学方法论历史导论》，商务印书馆，2008 年，第 179 页。
19 《十六—十八世纪西欧各国哲学》，第 554 页。
20 《西方哲学原著选读》上卷，第 513 页。
21 同上书，第 514 页。
22 《十六—十八世纪西欧各国哲学》，第 564 页。
23 同上书，第 551 页。
24 同上。
25 同上书，第 569 页。
26 同上。
27 同上书，第 552 页。
28 同上书，第 571 页。
29 同上书，第 572 页。
30 同上书，第 509 页。
31 《十六—十八世纪西欧各国哲学》，第 523 页。
32 同上书，第 526 页。
33 同上。
34 同上书，第 507 页。
35 同上书，第 509 页。
36 同上书，第 547 页。
37 同上书，第 563 页。
38 同上书，第 556 页。

39 戴维·罗杰·奥尔德罗伊德:《知识的拱门——科学哲学和科学方法论历史导论》，第 177 页。

40 Arthur Aston Luce, *The Life of George Berkeley Bishop of Cloyne*, p.229.

41 Sterling Lamprecht, *Our Philosophical Traditions*, p. 324.

42 J. O. 厄姆森:《贝克莱》，中国社会科学出版社，1989 年，第 2 页。

第七章　休谟：习惯是人生的伟大指南

我们关于因果关系的知识，在任何情况下都不是从先验的推理获得的，而是完全产生于经验，即产生于当我们看到一切特殊的对象恒常地彼此联结在一起的那种经验。一个人不管他有多么强烈的自然理性和才能，如果在他面前的对象对他说来完全是新的，那么，即使他极其精细地考察它的可感性质，他也不能发现出关于这个对象的任何原因和结果。

就我而论，当我直接地体会我所谓我自己时，我总是碰到这个或那个特殊的知觉，如冷或热、明或暗、爱或恨、痛苦或快乐等等的知觉。任何时候，我总不能抓住一个没有知觉的我自己，而且我任何事物也观察不到，只能观察到一个知觉。

当我们谈到情感和理性的斗争时，我们的说法是不严格的、非哲学的。理性是、而且也应该是情感的奴隶，除了服务和服从情感之外，再不能有任何其他的职务。

——休谟

休 谟

大卫·休谟（David Hume，1711—1776）1711年4月26日出生在苏格兰爱丁堡一个没落贵族家庭。父亲约瑟夫·霍姆（Joseph Home，1681—1713）是霍姆伯爵（Earl of Home）家族的后代。母亲凯蒂琳·佛冈纳（Katherine Falconer，1683—1745）是司法学院院长大卫·佛冈纳（David Falconer）爵士的女儿。为了发音的考虑，大卫把自己的姓氏由霍姆（Home）改为了休谟（Hume）。休谟的父亲是个律师，在休谟两岁时因病去世，三个孩子完全由他“年轻漂亮”（休谟语）的母亲抚养。进入大学之前，他的老师就是他的母亲。他自幼热爱文学，并且对之倾注了毕生的热情。鉴于他办事认真、头脑冷静、学习勤奋，家里人以为他适合继承父业，从事与法律有关的职业，于是，12岁时被送入爱丁堡大学学习法律。但休谟很快发现，他的兴趣在于哲学与其他人文学科，所以，当家里人以为他正在专心于法律时，西塞罗和维吉尔（Virgil，70 BC—19 BC）却成了他的最爱。“法律，作为我以前打算从事的一种职业，在我看来令人作呕。在这个世界上，除了做学者和哲学家，我再想不出别的途径可以提升我的声誉。”[1] 他学过的课程包括逻辑学、形而上学、自然哲学等。他在大学度过3年的时光，没有拿到学位，据艾耶尔说，这在当时极为普遍。1734年，他带着几封推荐信前往英格兰西南的布里斯托（Bristol），在一家糖商的铺子里当学徒。据说，他之所以离开苏格兰还有一个特殊的原因：一个女仆指控休谟是她的私生子的父亲。这个指控没有成立，休谟的声誉也没有因此受损。

休谟很快发现做生意不是他的强项，于是东渡法国，开始写作《人性论》。1737年，在法国度过了3年的美好时光之后，他回到伦敦，对《人性论》加以润色并安排该书的出版事宜。尽管很多当代学者会认为《人性论》是休谟最重要的哲学著作，但此书于 1738 年年底匿名出版时却无人问津。他曾经沮丧地说：从来没有比他的《人性论》更为不幸的文学尝试，它从印刷厂一出生就死了，甚至没有引起人们的任何议论。但天性乐观的休谟很快从这次打击中恢复过来，他返回家乡，与母亲和哥哥住在一起，并投入了《道德与政治论文集》的写作。该书于 1741 和 1742 年分两卷出版，因文风朴实无华，颇受读者欢迎。1743—1744 年，在他的朋友、爱丁堡市市长约翰·库特的建议下，休谟成为爱丁堡大学道德哲学教席的候选人，但因有人对其反宗教言论提出了质疑，休谟未能如愿。6 年以后，休谟申请格拉斯哥大学的逻辑学教席，尽管曾经得到亚当·斯密等人的支持，还是以失败告终，"这个最伟大的英国哲学家从未获得过任何大学的职位。"[2] 为了生存，休谟一度担任安南代尔侯爵的家庭教师，年薪 300 英镑。后来，他受一位远房亲戚圣·克莱尔将军之邀，担任将军的秘书和副官。

鉴于《人性论》失败的教训，休谟将其中的第一卷"论人性"和第三卷"论道德"改写成《人类理智研究》和《道德原则研究》，分别于 1748 年和 1751 年出版，获得了广泛的影响。《人类理智研究》远比《人性论》知名，正是它把康德从"独断论的睡梦"中唤醒过来。1752—1762 年，休谟当选爱丁堡哲学学会主席。1757 年休谟出版了包括《宗教的自然史》在内的论文集，引起了轩然大波，罗马教会于 1761 年将他的全部著作列为禁书。从 1752 年起，休谟担任爱丁堡律师协会图书馆馆员，利用那里丰富的藏书写作了 6 卷本《英国史》。该书享有很高声誉，伏尔泰甚至评论道："这部历史的声望高得无法再高了，它大概是迄今为止用任何一种语言写成的历史中写得最好的一部。"[3]

1763 年，休谟应驻法公使赫特福德（Earl of Hertford）伯爵的邀请担任使馆秘书，期间与许多著名的法国进步思想家如卢梭、霍尔巴赫、爱尔维修、狄德罗等人交往密切。休谟在法国的声誉比在英国高得多，他的著作也在此广为流传。“王子们吹捧他，漂亮的女士们崇拜他，哲学家们把他当作神明。”[4] 在众多的崇拜者中，包括比休谟小 14 岁的保法拉侯爵夫人，据说，两人曾经发生过一段恋情。在法期间，休谟着手写作其颇有影响的宗教著作《自然宗教对话录》和《宗教的自然史》。1766 年，休谟与卢梭一起回到英国，他不仅为逃亡中的卢梭提供了庇护，而且为卢梭申请了一份政府津贴。但偏执的卢梭确信休谟正在谋划一场针对他的国际性的阴谋，二人的关系宣告破裂。1767 年，应赫特福德之兄弟、政务大臣康威将军的邀请，休谟出任北部诸省的政务次官。1769 年，卸任后的休谟回到了爱丁堡，与他的妹妹住在一起。休谟一生独身，于 1776 年 8 月 25 日去世，终年 65 岁。他的遗体下葬于考顿山公墓（Calton Hill Cemetery），按照他的遗嘱，墓碑上只刻有他的名字和生卒年代，“其他内容留给后人去加”。

休谟的主要哲学著作是：《人性论》(1738)、《道德与政治论文集》(1741—1742)、《人类理智研究》(1748)、《道德原则研究》(1751)、《论审美趣味的标准》(1757)、《自然宗教对话录》(1779)。

一、知觉理论

休谟毕生致力于“人的科学”即对人性的思考。在他看来，一切科学都或多或少、或直接或间接地关联到人性。“因此，在我们的哲学研究中，我们可以希望借以获得成功的唯一途径，即是抛开我们一向所采用的那种可厌的迂回曲折的老方法，不再在边界上一会儿攻取一个城堡，一会儿占领一个村落，而是直捣这些科学的首都或心脏，即人性本身；一旦被掌握了人性以后，我们在其他各方面就有希望轻而易举地取得胜利了。”[5]休谟对于人性的思考集中于理解、情感、道德三个方面，其中，理解至为重要。在他看来，要建立一种新哲学，唯一的方法只有认真地研究人类理解的本性。洛克把理解的对象或全部“心灵对象”称为观念，休谟则以知觉指称同样的东西。

（一）印象和观念

休谟把知觉分为印象和观念。印象是当下的、生动而强烈的知觉，观念则是间接的、暗淡而微弱的知觉，是印象的摹本。“人类心灵中的一切知觉（perceptions）可以分为显然不同的两种，这两种我将称之为印象和观念。两者的差别在于：当它们刺激心灵，进入我们的思想或意识中时，它们的强烈程度和生动程度各不相同。进入心灵时最强最猛的那些知觉，我们可以称之为印象（impressions）；在印象这个名词中间，我包括了原有初次出现于灵魂中的我们的一切感觉、情感和情绪。至于观念（idea）这个名词，我用来指我们的感觉、情感和情绪在思维和推理中的微弱的意象”。[6]一个人实际感觉到的疼痛，强烈而直接，是印象；他事后回忆起来的或在想象中预感到的疼痛，暗淡而间接，是观念。回忆和想象虽然能够“真实地”再现这些感性知觉，但是永远不能在强度和生动性方面与之相媲美。“一个正在发怒的人与一个仅仅想到发怒的人在态度上是很不同的。如果你告诉我有人沉溺于恋爱之中，我很容易了解你所说的是什么意思，并且对这个人所处的境况形成一个正确的概念；但是，我们决不可将这种观念与这个人在恋爱中的实际上的神魂颠倒等同起来。”[7]可见，我们只能根据强烈（force）或活跃（liveliness）程度对印象和观念加以区分，除此之外，二者在其他方面都是类似的，就是说，它们没有性质上的差别。

（二）感觉印象与反省印象

休谟把印象分为两种，一种是感觉（sensation）印象，一种是反

休谟雕像

省（reflection）印象。感觉印象包括关于颜色、声音、气味、快乐、痛苦等知觉，反省印象则主要指我们的情感、欲望或情绪等知觉。洛克把感觉和反省视为观念的两个并列的原因，休谟则认为感觉印象先于反省印象。感觉印象引起反省印象的情况有两种：一是感觉直接引起反省印象，比如，看到眼前绽放的玫瑰，心中顿时可以升起一种愉悦的情感；二是感觉引起相应的观念，这种观念又引发新的印象即反省印象。比如，晚上回想起白天看到的玫瑰，那种娇艳的姿态仿佛历历在目，这种关于玫瑰的观念也会引发令人心旷神怡的主观感受，反省印象油然而生。鉴于人和动物的一个重要区别即在于人可以生活在观念中，而不是单纯地生活在感觉中，休谟认为，我们的大部分反省印象源于观念，而不是直接源于感觉。

“第一种是由我们所不知的原因开始产生于心中。第二种大部分是由我们的观念得来，它们的发生次序如下。一个印象最先刺激感官，使我们知觉种种冷、热、饥、渴，苦、乐。这个印象被心中留下一个复本，印象停止以后，复本仍然存在；我们把这个复本称为观念。当苦、乐观念回复到心中时，它就产生欲望和厌恶、希望和恐惧的新印象，这些新印象可以恰当地称为是反省印象，因为它们是由反省得来的。这些反省印象又被记忆和想象所复现，成为观念，这些观念或许又会产生其他的印象和观念。因此，反省印象只是在它们相应的观念之前产生，但却出现在感觉印象之后，而且是由感觉印象得来的。”[8]应当指出的是，尽管反省印象是反省之后出现的，它却不是观念，而是生动而强烈的经验。洛克认为，感觉是外部对象刺激我们的感官引起的；贝克莱认为，感觉观念是上帝放入我们心灵之中的；休谟则说，感官印象的来源是不可知的。“至于由感官所发生的那些印象，据我看来，它们的最终原因是人类理性所完全不能解释的。我们永远不可能确实地断定，那些印象是直接由对象发生的，还是被心灵的创造能力所产生，还是由我们的造物主那里来的。”[9]

（三）记忆观念和想象观念

观念即是人心对于印象的再现。如前所述，这种再现有两种不同的方式：一种是记忆，一种是想象。休谟认为，记忆的观念与想象的观念有下述两点主要区分：首先，就强烈和生动程度而言，记忆的观念强于想象的观念。“记忆的观念要比想象的观念生动和强烈得多，而且前一种官能比后一种官能以更为鲜明的色彩描绘出它的对象。当我们记忆起过去任何事件时，那个事件的观念以一种强烈的方式进入心中；而在想象中，知觉确实微弱而低沉，并且在心中很难长时间保持稳定不变。”[10]其次，记忆的观念受原始印象的次序和形式的束缚。“记忆的主要作用不在于保存简单的观念，而在于保存它们的次序和位置。”[11]想象的观念则没有这种限制，正所谓海阔凭鱼跃，天高任鸟飞。“想象可以自由地移置和改变它的观念。”[12]但想象的翅膀无论飞得多远，它最终都要立足于我们的印象。“它实际上是限制在一个狭隘的范围之内；人的精神所具有的创造力量，不外乎是将感官和经验提供我们的材料加以联系、置换、扩大或缩小而已。例如当我们想到金山的时候，我们只是将已经熟知的‘金’和‘山’这两个合理的观念连缀起来。又如我们能够想到一匹有德性的马，是因为我们能够从自己的感觉中想到德性，而又可以把它与我们熟知的马那种动物的形象结合起来。简言之，所有的思想材料，如果不是来自我们的外部感觉，就是来自我们的内部感觉。”[13]

（四）简单知觉与复合知觉

在休谟看来，无论印象还是观念，都有简单与复合之分。“简单性的标准是不可分性”。[14]简单的印象和观念是知觉的最小单元，不容再行区分；复合印象和观念则可以区分为若干部分。简单印象和简单观念之间具有一一对应的关系。“每个简单观念都有和它类似的简单印象，每个简单印象都有一个和它相应的观念。我们在暗中所形成的那个‘红’的观念和在日光之下刺激我们眼睛的那个印象，只有程度上的差别，没有性质上的区别。”[15] 至于复杂观念和复杂印象，情况则要复杂得多。虽然总体说来，二者也具有对应关系，但其类似程度要弱于简单印象和简单观念。“我必须利用简单知觉与复合知觉的区别来限制‘一切观念和印象都是类似的’这个概括判断。我观察到，我们的许多复合观念从来不曾有过和它们相应的印象，而我们的许多复合印象也从来没有精确地复现在观念之中，我能设想新耶路撒冷那样一座黄金铺道、红玉砌墙的城市，虽然我从来不曾见过这样一座城市。我曾见过巴黎；但是我难道就可以断言，我能对那座城市形成那样一个观念，使它按照真正的和恰当的比例完全复现那座城市的全部街道和房屋吗？因此，我看到，我们的复合印象和观念一般说来虽然极为类似，可是说它们彼此互为对方的精确复本那个规律并非普遍真实的。”[16] 复合观念包括关系、样式和实体。

（五）印象是观念的原因

简单印象总是先于它的相应观念出现，而不是相反。例如，为了使一个儿童形成某种颜色或味道的观念，我们就必须首先把这些对象呈现给他，使他获得形成这种观念所必须的印象。“不论心灵或身体的任何印象，都永远有一个和它类似的观念伴随而来，而且观念与印象只在强烈和生动程度方面有所差别。……我们的印象是我们的观念的原因，而我们的观念不是我们的印象的原因。”[17] 在科学和日常生活中，我们碰到更多的是各种复合观念。更为切近的考察将会发现，这些复合观念都可以还原为组成它们的简单观念，并最终还原为作为其原因的印象。“当我们分析我们的思想或观念的时候，不管它们是何等的复杂或崇高，我们总是发现它们可以分解成为简单的观念，而这些简单的观念又是先前的一种感情或感觉的摹本。即使有些观念乍看起来似乎与这个来源相去甚远，但是经过比较详细地考察，我们仍然发现是从那个始源得来的。上帝的观念，意思是指一个全智和至善的神，就是由于反省我们自己心灵的作用并无限地扩大善良和智慧的品质而产生出来的。我们可以任意把这种研究进行到任何程度，但在那里总会看到，我们所考察的每一个观念都是与其相似的印象的摹本。”[18] 如果一个人由于感官的缺陷不能形成某种印象，那么，他也就不会形成相应的观念。比如，没有视觉印象的盲人便不会有颜色的观念，没有声音印象的聋子便不会有声音的观念。同理，一个温和的人由于没有极端的报仇或残忍的印象，也就不能形成根深蒂固的报仇或残忍的观念。一切观念都来自于印象，或者说，没有印象就不可能有任何观念。

观念是印象的摹本，这是休谟在人性科学中建立的第一条原则。该原则不仅揭示了观念的原因，从而为知识的确定性提供了担保，而且提供了一个消除观念的模糊性和歧义性的方法。按照休谟的原则，当我们面临有歧义的观念时，“我们必须拿出观念所摹写的印象和原始感觉来。这些印象都是强烈的、可感的。印象不包含歧义。它们本身不仅处于充分的光明之下，而且把光明投射到与它们相符但处在模糊之中的那些观念上。借助于这种方法，我们也许能获得一种新的显微镜或新的视觉。”[19] 比如，一旦我们采取上述方法，关于有无天赋观念的争论就会顷刻消除，因为一切观念都可以最终被还原为相应的印象，所以，天赋观念是根本不存在的。

二、对若干观念的辨析

（一）因果观念

1.“休谟之叉”（Hume’s fork）。莱布尼茨已经把真理区分为“推理的真理”和“事实的真理”，前者是必然真理，依据矛盾律，后者是偶然真理，依据充足理由律。休谟则把知识的对象区分为“观念的关系”（relations of ideas）和“实际的事情”（matters of facts）。“人类理性或研究的全部对象，可以自然地分为两类，即：观念的关系和实际的事情。属于第一类的是几何、代数、三角和算术等科学。简言之，任何一个命题，只要由直觉而发展其确切性，或者由证明而发现其确切性，就属于前一类，‘直角三角形斜边的平方等于其余两边的平方和’这个命题，便是表达这些图形之间的一种关系。又如：‘三乘五等于三十除以二’这个命题，便是表达这些数目之间的一种关系。这类命题，只凭思想的作用就能发现出来，而不以存在于宇宙中某处的任何事物为依据。纵然在自然中并没有圆形或三角形，欧几里得所证明的真理仍然保持着它的可靠性和自明性。”[20]

“人类理性的第二种对象——实际的事情，则不能用同样的方式来加以确定；它们的真理性不论有多大，在我们看来总不能与前一类的真理性同样明确。各种事实的反面仍然是可能的，因为它并不会包含任何矛盾，而且可以同样轻易明晰地为心灵所设想，就像那符合实际情况的一样。‘太阳明天将不出来’这个命题和‘太阳明天将要出来’这个断言是同样易于理解的，同样没有矛盾的。”[21]按照这种划分，数学和逻辑知识属于“观念的关系”，无须诉诸于经验，具有普遍必然性；而各种经验知识属于“实际的事情”，只具有或然性。休谟对知识对象的这种二分法对后世产生了重大影响，史称“休谟之叉”，康德及其后学关于分析命题和综合命题的划分即始于此。

休谟的知识论重点关注关于“实际的事情”的知识何以可能的问题。鉴于一切关于“实际的事情”的知识都建立在因果关系之上，所以，对于因果关系观念形成机制的探讨就成了休谟知识论的重中之重。休谟的结论是，因果观念是经验知识，而非先验知识，因而因果

爱丁堡

关系的发现，不是通过理性而是通过经验。“我们关于因果关系的知识，在任何情况下都不是从先验的推理获得的，而是完全产生于经验，即产生于当我们看到一切特殊的对象恒常地彼此联结在一起的那种经验。一个人不管他有多么强烈的自然理性和才能，如果在他面前的对象对他说来完全是新的，那么，即使他极其精细地考察它的可感性质，他也不能发现出关于这个对象的任何原因和结果。”[22]

2. 因果观念不能由单一事例的观察产生。休谟的知觉理论已经为我们考察任何观念提出了一条准则：我们的一切观念不过是我们的印象的摹本。为了明了因果观念的合法性，我们必须“考察这个观念的印象”。

在休谟看来，因果关系的性质主要有如下三点：第一，原因和结果在时空上互相接近；第二，原因先于结果；第三，因果间有一种恒常的结合即必然联系。在对单一事例的考察中，我们能够发现的两个对象间的关系只有两种：接近关系和接续关系，即上述前两种性质，而没有第三种性质。就是说，在对单一事例的感觉中，我们并不能发现任何一种性质可以把原因和结果必然地结合起来，因为我们对于两个事件之间的关系没有任何“预知”。“一个弹子的冲击，伴随着第二个弹子的运动，这就是表现于我们外部感觉的全部情况。心灵从对象的这种前后相续得不到什么感觉或内部印象。因此在任何单一的、特殊的关于原因与结果的实例中，并没有任何东西能给人们提示出能力或必然联系的观念。”[23]“假定有一个具有最强的理性能力和反省能力的人，突然来到这个世界上，他一定会马上觉察到事物不断地在连续出现，一件事跟着另一件事在发生；但是除此以外他就不能进一步发现其他东西了。他不会在一开头就通过任何推理而得到因果的观念。”[24]可见，在单一的事例中，我们根本不可能具有因果观念的感觉印象。

我们也可以用我们的意志支配我们自己的身体及其某些部分，但休谟认为，在这里，我们发现的也只是一个事件接着另一个事件，而没有二者必然联系的观念被揭示出来。“在这里，我们也只能看到身体的运动随着心灵的意欲之后而发生，而不能视察或设想那个将运动和意志结合起来的纽带，或者心灵借以产生这个结果的能力。”[25]可见，在单一的事例中，我们也根本没有因果观念的反省印象。

如果在单一的事例中，我们既没有因果关系的感觉印象，也没有因果关系的反省印象，我们就有充足的理由说，在这种情况下我们根本不会形成因果观念。“一切事件似乎都是完全松散而分离的，一个事件随着另一个事件之后而产生，但是我们却根本不能观察到其间有任何纽带。它们似乎是连接在一起，而不是联系在一起。既然凡是根本不呈现于我们外部感官或内部感觉之前的东西，我们对它就不能有任何观念，那么，必然的结论看来就是：我们根本就没有联系的观念或能力的观念，这两个名词不论用在哲学推理或日常生活中，都是绝对没有任何意义的。”[26]但问题并非这样简单。事实是，我们的观察不限于单一事例，作为有记忆的理性存在物，我们总是能够把观察的范围扩大，从而观察到类似例子的重复。

3. 因果观念是“习惯的联想”。休谟认为，我们的因果观念正是同类例子的“重复”造成的。“如果某一特殊事件在所有的情况之下，总是与另一事件集合在一起，我们就可以毫不踌躇地预言，在这一事件之后将出现另一事件……将一个对象称为原因，另一个对象称为结果”。[27]“倘若我们看到同样一些对象永远结合在一起的若干个例子，我们便立刻想到它们的联系，而开始由这一个推出那一个来。因此，类似的例子的这种重复，就构成能力或联系的本质，并且是这个观念所由以发生的来源。因此，为了理解能力的观念，我们必须考虑那种重复”。[28]既然通过重复我们获得了因果关系的观念，而我们的一切观念都必定是印象的摹本，所以，重复一定产生了某种新的东西即作为因果观念来源的新的印象。“能力观念既是不能在任何一个例子中找到的一个新的原始观念，而却又是在若干个例子重复之后发生出来，那么可以断定：重复单独并不能产生那个结果，它必然要显现或产生可以作为那个观念来源的某种新的东西。如果重复过程既不显现、也不产生任何新的东西，那么我们的观念虽然可以由于重复而增多，但是并不能够扩大得超出我们在观察单独一个例子时所见的它们原来的样子。”[29]

显然，这种重复并没有在对象方面造成任何变化，就是说，在重复之后，无论是就单个对象而言，还是就两个对象的关系而言，都没有发生任何变化。“因此，对象的恒常结合以及它们的接续关系和接近关系的始终类似，并不在这些对象中显现或产生任何新的东西。但是必然观念、能力观念或效能观念却是由这种类似关系得来的。因此，这些观念并不表象任何属于或能够属于恒常结合着的对象的任何东西。”[30]既然如此，因果观念就没有任何感觉印象作为它的基础。

于是，我们只能到反省印象中去寻找因果观念的来源。“产生能力观念的若干类似例子，虽然并不互相影响，并且永远不能在对象中产生任何性质，可以作为那个观念的范本，可是对于这种类似关系的观察，却在心灵中产生了一个新的印象，成为那个观念的真实范本。因为当我们在足够多的例子中观察到了那种类似关系以后，我们立刻就感到心灵有由一个对象转到它的通常伴随物的倾向，并因为那种关系而在较强的观点下来想象它。……若干类似结合的例子导致我们的能力和必然概念。这些例子本身是彼此完全区别的，除了在观察它们和集合它们的观念的心灵中以外，并没有任何结合。因此，必然性就是这种观察的结果，并且只是心灵的一个内在印象，或者是把我们的思想由一个对象带到另一个对象的倾向。”[31]这样，我们就找到了因果观念的真实基础，尽管这种观念不产生于由感官传来的任何印象，却来源于一种内在的印象。“我们心中所感觉到的这种联系，我们的想象从一个对象进到经常伴随的对象的这种习惯性的推移，就是我们据以形成能力观念或必然联系观念的那种感觉或印象。”[32]

休谟认为，因果观念的核心是把过去的经验运用于对于未来的预测，即由命题一“我曾经见到这样一个事物总是有这样一个结果跟随着”推出命题二“我预先见到别的表面上相似的事物也会有相似的结果跟随着”。问题是，在命题一和命题二之间没有任何必然的联系。毋宁说，联系二者的纽带只是基于经验观察的一种“主观预期”，因此，因果关系只是一种“习惯联想”的产物。按照这种习惯，当一个对象出现时，我们就相信或期望第二个对象的存在。只是这种习惯已经如此根深蒂固，以致我们把它误认为一种理性的推论。“习惯到了最深的程度，它就不仅掩盖了我们天生的无知，甚至隐蔽了习惯本身，好像没有习惯这回事似的，这只是因为习惯已经达到了最高的程度。”[33]可见，我们的因果观念除了表示一种基于习惯的思想联系之外，没有任何其他的含义，因为“对象之间并没有可以发现的联系”。[34]因果关系只“是思想的结合原则”，是知觉的性质，而不是对象的性质。“整个说来，必然性是存在于心中，而不是存在于对象中的一种东西；我们永远也不可能对它形成任何哪怕是极其渺茫的观念，如果它被看做是物体中的一种性质的话。或者我们根本没有必然性观念，或者必然性只是依照被经验过的结合而由因及果和由果及因进行推移的那种思想倾向。”[35]

休谟承认，在很多情况下，我们的“习惯联想”并不会使我们失望，就是说，我们所期望的结果的确有很大的可能性会出现。但这种必然性不是客观的必然性，而是心理的必然性，因为它不是别的，只是我们的一种“信念”（belief）。这种信念和虚构有何区别？休谟的回答是，“虚构与信念的差别在于某种感情或情绪，这种感情或情绪是附加于信念之上，而不是附加于虚构之上；它既不依赖于意志，也不能随心所欲地予以指挥。它与其他一切情感一样，必定为自然所唤起，而且必定是从心灵在任何特殊的时刻所处的特殊境遇中产生的。无论什么时候，任何事物只要呈现于记忆或感觉之前，它就会凭着习惯的力量，立即促使想象力去设想那个经常与他相结合的事物。这种构想伴随着一种感情或情绪，与放荡不羁的幻想截然不同”。[36]“在我看来，信念不过是比仅由想象所获得的构想更生动、更活跃、更强烈、更坚实、更稳定的一种关于事物的构想。”[37]“信念是人心感到的某种东西，它把判断的观念和想象的虚构区别开来。它使它们更有分量和影响；使它们表现出更大的重要性；使它们在人心中更强有力；使它们成为我们行动的支配原则。”[38]

信念之所以比想象更为生动或活跃，是因为它不是凭空而起的，而是和现前的印象有关。所以，信念就是“和现前一个印象关联着的或联结着的一个生动的观念。”[39]“当我们由其他对象的存在推断一个对象的存在时，必然永远有某种对象呈现于记忆或感官之前，作为我们推理的基础”。[40]信念的建立是一个累积的过程，单一的例证不足以确立因果关系的信念。“第一个例子简直没有什么力量；第二个例子给它稍微增加了一点力量；第三个例子变得更为明显；通过这些缓慢的步骤，我们的判断才达到一种充分的信念。”[41]在信念和自然的途径之间虽然不存在逻辑的必然性，但却存在“一种预定的和谐”。至于我们为什么会有这样一种习惯，休谟认为这是不可知的。姆瓦伊帕亚特别看重信念在休谟哲学中的地位，认为“全部休谟哲学奠基于他的信念学说，信念是休谟哲学中最为根本的原理，休谟对人性成分的说明乃至他的全部基本原理均依赖于信念。”[42]

因果关系是经验和习惯的产物，“除了蠢人或疯子，没有一个人

休谟墓

会妄图反抗经验的权威，或拒绝那个人类生活的伟大指导。”[43] 只有这个原则才能使我们的经验对我们有用，使我们能期待将来出现一连串事件，与过去出现的事件相似。“如果没有习惯的影响，我们除了直接呈现于记忆和感觉的东西而外，对于其他的事实就会一无所知；我们就会根本不知道如何使手段适应目的，或者运用我们的自然能力来产生任何效果；一切行动都会立刻终止，思辨的主要部分也会终止了。”[44] 就是说，尽管因果观念不具有“观念的关系”的必然性，却是人类必不可少的工具，毕竟它构成了人类知识的大部分，并且是一切人类活动和行为的源泉。

休谟以后的哲学家大多不满意他对因果关系的“心理学解释”。但正如戴维·罗杰·奥尔德罗伊德所说：“从历史上来看，休谟对于因果性问题所做的讨论却是至关重要的，因为它激发了康德去提出自己对于这个问题的解释，由此导致了哲学的重建。”[45]

（二）实体观念

自亚里士多德以来，实体就是哲学中的一个重要概念，近代哲学家更是几乎毫无例外地对这一概念做了讨论。基于他的知觉理论，休谟认为，哲学家们所说的实体观念只是若干简单观念的集合体，是想象把这些简单观念结合在了一起，所以，真正说来，并不存在实体的观念。首先，我们没有所谓实体观念的印象。“有一类哲学家把他们大量的推理建立在实体和偶性的区别上，并且设想我们对两者都具有清楚的观念：我很想请问那些哲学家们，实体（substance）观念是从感觉印象得来的呢，还是从反省印象得来的呢？如果实体观念是从我们的感官传给我们的，请问是从哪一个感官传来的，并以什么方式传来的？如果它是被眼睛所知觉的，那么这个观念必然是一种颜色；如果是被耳朵所知觉，那么它必然是一种声音；如果是被味觉所知觉，那么它必然是一种滋味；其他感官也是如此。但是我相信，没有人会说：实体或是一种颜色，或是一个声音，或是一种滋味。因此实体观念如果确实存在，它必然是从反省印象得来的。但是反省印象归结为情感和情绪；两者之中没有一个能够表象实体。因此，我们的实体观念，只是一些特殊性质的集合体的观念，而当我们谈论实体或关于实体进行推理时，我们也没有其他的意义。”[46]

其次，实体往往被定义为可以独立自存的东西，但在休谟看来，每一个被想象出来的东西也都是可以独立自存的。比如，我们的一切知觉都是相互区别、相互分离的，在这个意义上也可以说是独立存在的，这样一来，所谓实体与偶性的区别也就不复存在了。因此，无论从观念的根源看，还是从定义看，我们都不能得到一个令人满意的实体观念。“除了对知觉而外，我们对任何事物都没有一个完善的观念。一个实体是和一个知觉完全差异的。因此，我们并没有一个实体观念。”[47] 我们看到，英国经验论从洛克到休谟的发展，是一个逐渐排除形而上学因素的过程。洛克假定实体的存在，尽管我们对之缺乏必要的、清晰的了解；贝克莱抓住洛克实体学说中的漏洞，否定了物质实体的存在，但出于自己学说体系和信仰的原因，肯定和保留了精神实体的存在；休谟则把经验主义原则贯彻到底，从根本上否定了实体的存在。

（三）外部世界的观念

休谟认为，人们的自然本能和先入之见总是使他们相信或假定一个外部世界的存在。这种信念不是理性产生的，因为“我们总是不作任何推理，甚至差不多是在运用理性之前，就假定有一个外在的宇宙，它不依赖于我们的知觉，即使我们和每一个有感觉的实体都不在场或者都消灭了，它也将会存在。”[48] 这种信念也不是感官产生的，感觉器官只是影像得以进入心灵的通道，而不是心灵和对象之间的桥梁。知识的唯一对象是知觉，而最原始的知觉就是感觉印象，这个印象是如何在我们心中生起的，这完全超出了我们的理解力。“感性知觉是否为与之相似的外物所产生，这是一个事实问题。这个问题怎样来解决呢？当然要靠经验，和其他性质相似的问题一样。但是，经验在这里却沉默了，也必定是完全保持沉默。除了知觉之外，没有任何其他东西呈现于心灵之前，心灵绝不可能经验到知觉与对象的联系。因此，我们假定这种联系，是没有任何理性根据的。”[49]“我们纵然尽可能把注意转移到我们的身外，把我们的想象推移到天际，或是一直到宇宙的尽处，我们实际上一步也超越不出自我之外，而且我们除了出现在那个狭窄范围以内的那些知觉以外，也不能想象任何一种的存在。”[50]这样，我们根本不知道外部世界是否存在，因为那样的追问把我们引导到知觉以外，而对于知觉以外的东西我们一无所知。

那么，什么原因促使我们相信外物的存在呢？休谟把我们关于外物存在的信念分为两个密切联系的信念：物体继续存在的信念和物体独立存在的信念，而且，前一种信念导致了后一种信念。“一种继续存在或独立存在的信念”既不来自于感官，也不来自于理性，只能来自于想象。想象首先把知觉的变化和间断“设想”为知觉的一贯性（coherence）和恒定性（constancy），进而由这种一贯性和恒定性“虚构”出对象的继续存在和独立存在。我们的知觉本来是变化的，就是说，旧知觉（或知觉对象）不断在消失，新知觉（或知觉对象）不断在产生。但这样一种状况不但使我们感到不安，而且也使生活极为不便，于是，想象就“本能地”忽略了知觉的多变性，把不断变化的知觉（或知觉对象）序列视为一贯的，从而获得了对象继续存在的观念。

“我总是时时需要假设对象的继续存在，以便联系其过去的和现在的现象，并以我凭经验所发现为适合于它们的特殊本性和条件的那样一种彼此的结合给予它们。因此，在这里，我就自然而然地会把世界看作一种实在而持久的东西，并且当它已经不在我的知觉之中时仍然保持其存在。”[51] 比如，我离开房间时生了炉火，回来时炉火已经发生变化，化成了灰。但知觉告诉我，那还是同一个东西。我们的知觉也总是间断而不连续的，想象出于同样的理由把它们“整理”为连续的、恒定的。比如，我睁开眼睛时，我知觉到了眼前的山川，当我再次睁开眼睛时，我会知觉到同样的山川，尽管中间的知觉是不连续的。这样，想象造成的知觉（或知觉对象）的一贯性和恒定性直接导致了对象的继续存在，而一旦对象继续存在的信念得以确立，那么，对象的独立存在便是顺理成章的事情了。“关于物体的继续存在和独立存在的这两个问题是密切联系着的。因为如果我们感官的对象即使在不被知觉时仍然继续存在，那么对象的存在自然是独立于知觉之外，而与知觉有区别的”。[52]

（四）自我观念

常识告诉我们，我们每个人都有一个自我，而且，这个自我在同一时间里是纯而不杂的，而在不同的时间里又是具有自身同一性的。休谟认为，这样的自我观念实际上是根本不存在的，因为我们没有与之相应的印象。“每一个实在观念的产生，必然归功于某一个印象。但是自我或人格并不是任何一个印象，而是我们假设和若干印象与观念有所联系的一种东西。如果有任何印象产生了自我观念，那么那个印象在我们一生的全部过程中必然是继续不变的、同一的；因为自我是被假设为是以那种方式而存在的。但是一种恒常而不变的印象是根本不存在的，痛苦与快乐、悲伤与喜悦、情感和感觉，互相接续而来，从来不全部同时存在。因此，自我观念是不能由这些印象中任何一个或任何别的印象中得来的；因而，也就没有那样的一个观念。”[53] “就我而论，当我直接地体会我所谓我自己时，我总是碰到这个或那个特殊的知觉，如冷或热、明或暗、爱或恨、痛苦或快乐等等的知觉。任何时候，我总不能抓住一个没有知觉的我自己，而且我任何事物也观察不到，只能观察到一个知觉。”[54]

所以，所谓的自我不过是不断变化着的一系列知觉的集合体，在各种变化之中、之后保持同一性和稳定性的“自我”是根本不存在的。“心灵是一种舞台；各种知觉在这个舞台上接续不断地相继出现；这些知觉来回穿过，悠然逝去，混杂于无数种的状态和情况之中。恰当地说，在同一时间内，心灵是没有单纯性的，而在不同时间内，它也没有同一性，不论我有喜爱想象那种单纯性和同一性的多大的自然倾向。”[55]甚至说心灵是一座舞台都只是一种比喻，因为我们反省自身时，发现的始终是知觉的“杂多”而非“同一”或“单纯”。

实际上，对于人格同一性问题的讨论由来已久。《会饮篇》中，柏拉图就通过苏格拉底转述的曼提尼亚妇女狄奥提玛的言论触及了人格同一性问题。“尽管我们在谈论个体的时候总是把它当做一生中以同样形式存在的生命，因此假定一个人从小到老都只是一个人。然而，一个人虽然始终用同一个名字，但他的方方面面都在变化，每一天他都是一个新人，而原来的他已不再存在。我们可以看到他的头发、肌肉、骨头、血液，以及身体的其他所有部分，都在变化。不仅他的身体变，而且他的灵魂也在变。他的性格、气质、思想、欲望、快乐、痛苦、恐惧都不是终生不变的，而是有些在出现，有些在消失。……这条原则用于人的知识甚至更加令人惊奇，我们关于事物的知识，有些在增长，有些在遗忘，可见，在知识方面我们也从来不是同一个人。”[56]

那么，为什么我们总是有一种自然倾向，认为我们的人格具有一种同一性，并且尽管在一生中我们经历了时空上的巨大变化，却始终相信这种同一性得以持续呢？休谟认为，这主要是下述思维习惯造成的，即把“同一性”和“相关对象的接续”混淆起来，以同一性概念代替相关对象的接续的概念。“为了向我们自己辩护这种谬误，我们往往虚构某种联系起那些对象、并防止其间断或变化的新奇而不可理解的原则，这样，我们就虚构了我们感官的知觉的继续存在，借以消除那种间断；并取得了灵魂、自我、实体的概念，借以掩饰那种变化。”[57] 人们之所以要用同一性代替相关对象的接续，大概源于一种古老的形而上学“冲动”：发现“多”中之“一”、“变”中之“不变”。于是，当事物中发生细微的变化时，当某种重大的变化以缓慢的、逐渐的方式发生时，当事物的组成部分已经发生了巨大变化然而维系它们的共同目的或目标没有发生变化时，人们都倾向于假定该事物保持了自身的同一性。

休谟认为，人们归之于心灵的那种同一性只是一种虚构的同一性。“这种同一性一定不可能有另一个来源，而是一定发生于想象在相似对象上的相似作用。”[58] 前面已经证明，对象间并不存在任何实在的联系，甚至因果关系也不过是观念间的一种习惯性的联系。同理，“同一性并非真正属于这些差异的知觉而加以结合的一种东西，而只是我们所归于知觉的一种性质，我们之所以如此，那是因为当我们反省这些知觉时，它们的观念就在想象中结合起来的缘故。”[59] 我们的理智借以在想象中对观念加以结合的“工具”就是类似关系、接近关系和因果关系这三个“观念世界中的结合原则”。“同一性是依靠于类似关系、接近关系和因果关系三种关系中的某几种关系的。这些关系的本质既然在于产生观念间的一种顺利推移；所以，我们的人格同一性概念完全是由于思想依照了上述原则，沿着一连串关联着的观念顺利而不间断地进行下去而发生的。”[60] 这样，和外部世界的观念一样，关于自我的观念也是一种特殊的观念，因为它们都不是起源于印象，而是源于心灵的“虚构”。

三、道德哲学

（一）道德不是导源于理性，而是导源于情感（passions）

柏拉图和亚里士多德开创了西方道德哲学的理性主义传统，这种传统以理性与情感的对立为其基本原则。柏拉图把人的灵魂分为理性、激情和欲望三个部分，并且认为美德和正义的关键在于理性对于激情和欲望的控制和驾驭。亚里士多德把灵魂分为植物能力、嗜欲能力和理性能力（包括道德德性和理智德性），其中，理智德性是最高的德性，因而也是最高尚、最持久、最愉快的幸福。休谟则明确指出，道德哲学不能诉诸于理性或知性，只能诉诸于情感。

理性或知性的任务是发现真理，其方式不外两种：观念的比较和事实的推断。但它所发现的真理永远是冷漠的，引不起任何欲望或反感，因而不可能对人们的行为发挥任何影响，就是说，它既不能引起意志作用，也不能制止意志作用。理性当然可以通过下述两种方式间接影响我们的行为：它可以为我们提供关于"事实"的判断，从而刺激起相应的情感；它可以按照因果关系为我们提供发挥某种情感的手段。在我们能够做出道德判断之前，我们必须预先知道所有因素和关系，而这些都是理性或知性提供的。一个人杀死了另一个人，在我们对杀人者的行为做出道德判断之前，我们必须了解被杀者的情况：是侵犯者、强盗还是无辜者。"但是当每一个因素、每一种关系都知晓之后，知性则又没有了进一步发挥作用的余地，也没有了它自己能够发挥作用的对象。于是那种随即发生的赞许或谴责就不可能是判断力的作品，而只能是心的作品，就不是一个思辨性的命题或断言，而是一种生动活泼的感受或情感。"[61] 所以，德与恶是不可能从理性中推出的，就是说，从"是与不是"推不出"应当与不应当"。

休谟无意用情感的"霸权"取代理性的"霸权"，毋宁说，他通过对情感的重新规定彻底颠覆了理性与情感的二元对立。“休谟的一个最伟大的哲学成就就是摧毁了理性和情感之间的这种虚假对立，表明情感渗透到所谓理性活动的核心。在休谟看来，情感不是困扰心灵的非理性力量，而是人性的本质部分，并且潜在地是积极的和有益的。”[62]一般情况下，理性和情感总是一致的，就是说，理性是服务于情感的。“当我们谈到情感和理性的斗争时，我们的说法是不严格的、非哲学的。理性是、而且也应该是情感的奴隶，除了服务和服从情感之外，再不能有任何其他的职务。”[63]一个人宁愿毁灭全世界也不肯伤害自己的一个指头，另一个人为了防止一个陌生人的些小不快宁愿毁灭自己，所有这些都谈不上违反理性。只有在下述两种情况下才可以说情感违反了理性：情感建立在一个虚妄的判断之上；情感选择了不足以达到预定目的的手段。但在这样的情况下，即在我们的情感违反理性的时候，这种情感却并不因此成为恶的。比如，一个人可能因为误判而发生了某种情感，或者在实现自己目的的过程中采取了错误的手段。在休谟看来，任何人都不能认为这样的错误是这个人道德品格中的一种缺陷，因而这样的错误值得惋惜，却不该责备。可见，“第一，理性单独绝不能成为任何意志活动的动机，第二，理性在指导意志方面并不能反对情感。”[64]“因此道德上的善恶区别并不是理性的产物。理性是完全不活动的，永不能成为像良心或道德感那样，一个活动原则的源泉。”[65]

道德的区分不能来自理性，只能来自我们的道德感。“道德宁可以说是被人感觉到的，而不是被人判断出来的”。[66]德的本质就在于产生快乐，恶的本质则在于给人痛苦。“一个行动、一种情绪、一个品格是善良的或恶劣的，为什么呢？那是因为人们一看见它，就发生一种特殊的快乐或不快。因此，只要说明快乐或不快的理由，我们就充分地说明了恶与德。”[67]德性被“界定为凡是给予旁观者以快

爱丁堡大学

乐的赞许情感的心理活动或品质，而恶行则相反。”[68]“某个事物之所以令人欲求，必定是因为它自身之故，因为它直接符合或一致于人类的情感和感情。”[69]那么，引起我们苦乐情感的原则是什么呢？休谟的回答是利益、效用或有用性。不过，这里的利益不是个人或集团的一己之利，而是公利。就是说，那些令我们快乐的情感总是能够促进人类利益、造福人类社会。“因此，如果有用性是道德情感的一个源泉，如果这种有用性并不总是被关联于自我来考虑，那么结论就是，凡是有助于社会的幸福的东西都使自己直接成为我们的赞许和善意的对象。”[70]

在休谟看来，我们的一切苦乐、赞美与谴责都源于全人类的幸福与苦难。“一般说来，确定无疑的是，无论我们走到哪里，无论我们反思或谈论什么，一切事物总是呈现给我们以人类的幸福或苦难的景象，并在我们胸中激起快乐或不安的同情活动。在我们的严肃的工作中，在我们的轻松的消遣中，这条原则一直发挥着它的能动的效能。”[71]正因如此，甚至出现于敌人身上的优秀品格也会使我们感到快乐，从而得到我们的赞许，尽管这些品格是有损于我们的特殊利益的。“所以我们只是在一般地考虑一种品格，而不参照于我们的特殊利益时，那个品格才引起那样一种感觉或情绪，而使我们称那个品格为道德上善的或恶的。”[72]人类和社会利益的感召力是如此之大，甚至一个极端自私的人，在与其私利无关的场合，他也会情不自禁地偏向于人类和社会的利益。所以，道德概念蕴涵着某种为全人类所共通的情感。

（二）正义起源于人类协议，是一种人为的德性

休谟把德性分为自然的德和人为的德。所谓人为的德就是为了谋求社会利益而做出的一种人为的设计或发明。和其他德性一样，“公共的效用是正义的唯一起源”。[73]但正义不是一种自然的德，而是一种人为的德。就是说，人们并非生来即懂得正义和不义的分别。“正义和非义的感觉不是由自然得来的，而是人为地（虽然是必然地）由教育和人类的协议发生的。”[74] 正义的德性不会出现在人们所虚构的“黄金时代”。在这样的时代，或者大自然所给予我们的财富取之不尽、用之不竭；或者尽管财富匮乏，但人性本善，爱人如己。“在那种情况下，正义就是完全无用的，它会成为一种虚设的礼仪，而绝不可能出现在德性的目录中。”[75] 正义的德性也不会出现在霍布斯所构想的“自然状态”。在这样的状态中，力量是正当与否的唯一标准，正义的法则让位于必需和自我保存这些更为紧迫和强烈的动机。

正义源于人们为了保存自己及其财产而订立的一种契约。这种契约之所以必要，理由有二：从人类心灵的性质看，我们都是自私的并且只有有限的慷慨；从外物的情况看，它们不仅容易转移，而且与人类的需要相比显得稀少。“正义只是起源于人的自私和有限的慷慨以及自然为满足人类需要所准备的稀少的供应。”[76] 这种契约并不是一种许诺，而是在对彼此利益的尊重中所达成的一种“默契”。比如，两个在船上共同划桨的人就是依据一种合同或协议而行动的，尽管他们彼此之间并未做出任何承诺。

“协议只是一般的共同利益感觉；这种感觉是社会全体成员互相表示出来的，并且诱导他们以某种规则来调整他们的行为。我观察到，让别人占有他的财物，对我是有利的，假如他也同样地对待我。他感觉到，调整他的行为对他也同样有利。当这种共同的利益感觉互相表示出来、并为双方所了解时，它就产生了一种适当的决心和行为。这可以恰当地称为我们之间的协议或合同，虽然中间并没有插入一个许诺；因为我们双方各自的行为都参照对方的行为，而且在做那些行为时，也假定对方要做某种行为。”[77] 正是这种人为的协议产生了正义，从而产生了财产权。可见，人们建立正义的原始动机不是公益而是自私。“利己心才是正义法则的真正根源”。[78] 和其他的德性一样，正义感不是建立在理性之上，而是建立在情感之上。它不是基于我们的观念，而是基于我们的印象。除正义外，忠顺、国际法、淑德和礼貌等也属于人为的德性。

（三）同情是一种自然的德性，而且是我们对人为的德性表示尊重的根源

休谟认为，同情是一种自然的德，因为“凡能激动一个人的任何感情，也总是别人在某种程度内所能感到的。”[79] 人类的心灵具有类似的构造，就是说，它们在感觉和作用方面是类似的。当我从别人身上看到某种情感的结果时，我就可以本能地追溯它的原因，从而很快在自身中形成那种情感；当我从别人身上看到某种情感的原因时，我也能本能地追溯它的结果，从而在自身中产生那种情感。虽然别人的情感不能直接呈现于我的心灵，但借助于因果推理我们可以很自然地形成一种同感。而且，真正说来，人为的德之所以能够指向社会或公益，正是以同情为基础的。“我们对社会所以发生那样广泛的关切，只是由于同情；因而正是那个同情原则才使我们脱出了自我的圈子，使我们对他人的性格感到一种快乐或不快，正如那些性格倾向于我们的利益或损害一样。”[80] 正义之所以令我们感到快乐从而得到我们的赞许，是因为它有促进公益的倾向。如果不是由于同情使我们对公益发生关切，那种公益对于我们来说就是漠不相关的。所以，“同情是道德区别的主要源泉”。[81]

在对休谟哲学的评价上，主要有下述三种态度：

一种是比较传统的态度，把休谟看成一个彻底的怀疑主义者，认为他与贝克莱一样是从洛克的经验论出发的，不过他在经验论上比洛克和贝克莱更为彻底，合乎逻辑地得出了怀疑主义的结论，比如罗素就称休谟为英国经验论的“逻辑终局”。

第二种态度更看重休谟的反形而上学思想，从而把他看作一个早期的分析哲学家。这种看法可以追溯至康德，他认为“自从有形而上学以来，对于这一科学的命运来说，它所遭受的没有什么能比休谟所给予的打击更为致命”。休谟《人类理智研究》结尾处的那段名言无疑支持了上述态度：“如果我们相信这些原则，则当我们巡行各个图书馆时，我们必将会起什么样的破坏作用呢？我们如果拿起一本书，例如神学的或经院哲学的书，我们就可以问：‘其中包含有关于量或数方面的任何抽象推理吗？’没有。‘其中包含有关于实际的事实和存在的任何经验的推理吗？’没有，那就可以把它投到烈火中去，因为它所包含的，没有别的东西，只有诡辩和幻想。”[82]

第三种态度更为重视休谟的自然主义倾向。巴里·斯特德（Barry Stroud）说：“休谟哲学中影响深远的最重要和最使人感兴趣的东西是自然主义态度。他视之为自己的独特贡献。正是这种态度导致他的哲学提出那些意义深远、富于挑战性的问题。它的直接继承者不是现今的实证主义或分析经验论，因这些派别企图否定或抹杀这种特点；而是科学的自然主义，这种观点通行于19世纪对人、动物和自然的研究之中，如今再次显示了促进和影响对人学思考的迹象。”[83]

没有休谟，就不会有康德。在这个意义上，把康德视为休谟的注脚[84]也许并不为过。

注释

1 伊丽莎白·S. 拉德克利夫：《休谟》，中华书局，2002年，第3页。

2 Paul Stanistreet, *Hume's Scepticism and the Science of Human Nature*, Ashgate, 2002, p.7.

3 艾耶尔：《休谟》，中国社会科学出版社，1990年，第18页。

4　艾耶尔：《休谟》，中国社会科学出版社，1990 年，第 21 页。
5　休谟：《人性论》上册，商务印书馆，1997 年，第 7 页。
6　同上书，第 13 页。
7　《西方哲学原著选读》上卷，第 517 页。
8　休谟：《人性论》上册，第 19—20 页。
9　同上书，第 101 页。
10　同上书，第 20 页。
11　同上书，第 21 页。
12　同上。
13　《西方哲学原著选读》上卷，第 518—519 页。
14　James Baillie, *Hume on Morality*, Rouledge, 2000, p.20.
15　休谟：《人性论》上册，第 15 页。
16　同上书，第 14—15 页。
17　同上书，第 16—17 页。
18　休谟：《人类理智研究》，第 13 页。
19　同上书，第 54 页。
20　同上书，第 19 页。
21　同上。
22　同上书，第 21 页。
23　同上书，第 55 页。
24　同上书，第 35—36 页。
25　同上书，第 65 页。
26　同上书，第 65—66 页。
27　同上书，第 66 页。
28　休谟：《人性论》上册，第 187 页。
29　同上书，第 188 页。
30　同上书，第 189 页。
31　同上书，第 190 页。
32　休谟：《人类理智研究》，第 67 页。
33　同上书，第 22 页。
34　休谟：《人性论》上册，第 123 页。
35　同上书，第 190—191 页。

36 休谟:《人类理智研究》, 第 41—42 页。
37 同上书, 第 42 页。
38 同上书, 第 43 页。
39 休谟:《人性论》上册, 第 114 页。
40 同上书, 第 115 页。
41 同上书, 第 152—153 页。
42 Paul A.Mwaipaya, *The Foundation of Hume's Philosophy*, Aidershot, Ashgate, 1999, p.1.
43 休谟:《人类理智研究》, 第 29 页。
44 同上书, 第 37 页。
45 戴维·罗杰·奥尔德罗伊德,《知识的拱门——科学哲学和科学方法论历史导论》, 第 191 页。
46 休谟:《人性论》上册, 第 27—28 页。
47 同上书, 第 262 页。
48 休谟:《人类理智研究》, 第 140 页。
49 同上书, 第 142 页。
50 休谟:《人性论》上册, 第 84 页。
51 同上书, 第 223 页。
52 同上书, 第 214 页。
53 《十六—十八世纪西欧各国哲学》, 第 595—596 页。
54 同上书, 第 596 页。
55 休谟:《人性论》上册, 第 283 页。
56 《柏拉图全集》第二卷, 人民出版社, 2003 年, 第 250—251 页。
57 休谟:《人性论》上册, 第 284 页。
58 同上书, 第 289 页。
59 同上书, 第 290 页。
60 同上书, 第 291 页。
61 休谟:《人类理智研究》, 第 142 页。
62 James Baillie, *Hume on Morality*, p.13.
63 休谟:《人性论》下册, 第 453 页。
64 同上书, 第 451 页。
65 同上书, 第 498—499 页。

66　休谟:《人性论》下册，第 510 页。
67　同上书，第 511 页。
68　休谟:《道德原则研究》，第 141 页。
69　同上书，第 145—146 页。
70　休谟:《人类理智研究》，第 70 页。
71　同上书，第 72 页。
72　休谟:《人性论》下册，第 512 页。
73　休谟:《道德原则研究》，第 35 页。
74　休谟:《人性论》下册，第 523 页。
75　休谟:《道德原则研究》，第 36 页。
76　休谟:《人性论》下册，第 536 页。
77　同上书，第 530 页。
78　同上书，第 569 页。
79　同上书，第 618 页。
80　同上书，第 621 页。
81　同上书，第 662 页。
82　休谟:《人类理智研究》，第 153 页。
83　巴里・斯特德:《休谟》，山东人民出版社，1992 年，第 290—291 页。
84　Paul A.Mwaipaya, *The Foundation of Hume's Philosophy*, p.134.

第八章 康德：哥白尼革命

我觉得，我们在这里可以在某种意义上毫不夸张地说，给我物质，我就用它造出一个宇宙来！这就是说，给我物质，我将给你们指出，宇宙是怎样由此形成的。因为如果有了在本质上具有引力的物质，那么大体上就不难找出形成宇宙体系的原因。

这里的情况与哥白尼最初的思想是相同的。哥白尼在假定整个星群都围绕观察者旋转，对天体运动的解释就无法顺利进行之后，试一试让观察者旋转而星体静止，是否可以更为成功。如今在形而上学中，就对象的直观而言，人们也可以用类似的方式做出尝试。

作为我们的感官对象而存在于我们之外的物是已有的，只是这些物本身可能是什么样子，我们一点也不知道，我们只知道它们的现象，也就是当它们作用于我们的感官时在我们之内所产生的表象。因此无论如何，我承认在我们之外有物体存在，也就是说，有这样的一些物存在，这些物本身可能是什么样子我们固然完全不知道，但是由于它们的影响作用于我们的感性而得到的表象使我们知道它们。

——康德

康 德

康德的生活一直被视为典型的哲学家的生活。海涅说过："康德的生活史是难于叙述的，因为他既没有生活，又没有历史。"[1]赫费也说："除了他的哲学思想发展史，康德没有其他的传记。"[2]但正如福尔伦德所说："对一般爱好康德学说的人来讲，去认识这位学者淡泊宁静的生涯，也是一件非常重要的事：读者从中可以看见他那种内在的精神活动是与他的生涯密切相关的。"[3]

伊曼努尔·康德（Immanuel Kant，1724—1804）1724年4月22日生于东普鲁士的哥尼斯堡（Königsberg，今天俄罗斯的加里宁格勒）一个家境贫寒、子女众多的马鞍匠家庭。他的祖辈是17世纪从苏格兰迁来欧洲大陆生活的，康德对此颇为自豪，因为这使他和休谟有了一层更为密切的关系。父母都是信仰新教的虔信派（Piestism）教徒，康德小时候的精神世界受到很深的虔信派影响，甚至他后来的道德哲学也可以看到这种影响。日本学者安倍能成认为，"康德的实践哲学就是虔信派，更广泛地说，是新教精神和批判哲学的结合"。[4]康德先是就读于郊区的疗养院学校，八岁时开始上王室腓特烈学校，这是当时德国最好的学校之一，但有着严格的宗教式规章制度，课程除希伯来语、希腊语和拉丁语外，大部分都是宗教课。该校校长舒尔茨（Albert Schultz，1692—1763）是沃尔夫（Christian Wolff，1679—1754）的学生，也是哥尼斯堡虔信派的领袖，和康德一家多有来往，对康德的一生发生过重要影响。

1740年，康德以班级第二名的成绩从腓特烈高级中学毕业，进哥尼斯堡大学学习。哥尼斯堡大学创建于1544年，是当时日耳曼最大的大学之一。康德注册的是神学系，但他听得更多的是哲学和自然科学方面的课，而不是神学课。他学过的课程包括历史、逻辑、形而上学、实用哲学、修辞学、数学、物理学等。大学阶段对康德影响最大的是克努岑（Martin Knutzen，1713—1751），克努岑也是沃尔夫的学生，把康德引入了牛顿物理学和沃尔夫哲学。大学期间，康德的业余生活颇为丰富，台球和扑克牌是他的强项。1746 年父亲去世后康德离开了大学，去乡下当了几年家庭教师。至于他离开大学时是否已经毕业，我们不得而知。

1755 年，康德重返哥尼斯堡大学，以题为《论火》的论文获得哲学硕士学位，同年以题为《对形而上学认识基本原理的新解释》的资格论文获得编外讲师资格。1756 年，他给弗里德里希国王写信，恳请国王恩赐他逻辑学和形而上学编外教授职位。1758 年，康德致信哥尼斯堡大学校长和评议会，寻求上述职位。据说为了得到这一职位，他还曾给俄国女皇伊丽莎白写信。但康德未能如愿，在讲师的职位上一干就是 15 年。1764 年，他拒绝了哥尼斯堡提供给他的诗学艺术教授的职位，因为他的兴趣在哲学和形而上学。1765 年，为补生活之用，42 岁的康德兼任王室图书馆副馆长。1769 年和 1770 年 1 月，他先后拒绝了来自埃尔兰根大学和耶拿大学的教授聘书，他的唯一愿望是在哥尼斯堡大学担任哲学教授。1770 年 3 月，46 岁的康德升任哥尼斯堡大学逻辑学和形而上学教授，就职论文为《论感性世界和理智世界的形式与原则》，这部著作标志着康德批判哲学的真正诞生。

据说康德具有生动而精确的表达能力，讲课风趣幽默，颇受学生欢迎，为了占个坐位，听众必须提前一个小时即早晨六点到达教室。他的听众不仅有大学生，而且有本地以及慕名而来的崇拜者。他所讲授的课程内容十分广泛，不仅包括逻辑学和形而上学，而且涉及数学物理、自然地理、人类学、教育学、哲学宗教学、伦理学、自然法，甚至包括碉堡建造和烟火制造。他多次出任系主任，也多次轮值大学校长。此外，他还先后当选为柏林科学院和彼得堡科学院的院士。

有资料表明，康德年轻时的生活是丰富多彩的：和朋友一起吃午饭、打台球、打牌、上剧院、参加各种沙龙等花去了他不少时间。康德身高不足一米六，但他举止高雅，头发金黄，脸色清朗。有人曾经对他那迷人的双眼做过如下描述："康德的眼睛像是穹苍中的以太做的，心灵深处的凝视，仿佛穿透了薄云，温润地闪烁发光。我无法形容康德坐在我的对面时，低垂的眼睛突然抬起来与我四目交视的片刻，他的神情多么使我着迷。我总觉得好像透过这个蓝色的以太之火瞥见了密涅瓦（Minerva）最神圣的内在。"[5] 哈曼（Johann Georg Hamann，1730—1788）说，"当时康德硕士先生确实是世间最有风度的男士，穿着镶边衣服，带着爱神的马车夫，拜访所有的小社团。"[6] 所以，年轻时的康德在社交圈赢得了"优雅硕士"的美誉。

海涅把老年康德的生活刻画得刻板、单调，认为康德"过着一种机械般有秩序的，几乎是抽象的独身生活。我相信，就连城里教堂的大时钟也不能像它的同乡伊曼努尔·康德那样无动于衷地、按部就班地完成它每日的表面工作。起床，喝咖啡，写作，讲学，吃饭，散步，一切都有规定的时间，邻居们清楚地知道，当伊曼努尔·康德穿着灰色外衣，拿着藤手杖，从家门口出来，散步走向菩提树小林荫道的时候就是下午三点半钟，由于这种关系人们现在还把这条路叫作哲学家路。一年四季他每天总要在这条路上往返八次，每逢天气阴晦或乌云预示着一场暴雨的时候，他的仆人，老兰培，便挟着一把长柄雨伞作为天意的象征忧心忡忡地跟在后面侍候他。"[7] 据说，康德的生活节奏只有一次被打破了，因为那天他正在读卢梭的《爱弥尔》。但正如库恩所说，康德不是一个孤单、闭塞甚至滑稽的人物，他喜欢社交，身边朋友、学生和访客不断。晚年的康德成了哥尼斯堡最有名望的人之一，到访该城的每个人都想见他。"这个大师的特色之一，是他深刻的思想并不妨碍与人交往的风趣；他是纯粹的理性与深邃的智能，却不因此而为自己与别人带来负担。和他在一起时，只要看着他，听他说话，便够愉快了”。[8]

康德终生居住在哥尼斯堡这个边远小城，据说他一生中只有一次离家到一个一百公里外的城市旅行的经历。但他的人类学和地质物理学的讲座却吸引了众多的听众。“他懂得用想象来弥补实际的缺乏，以致他对伦敦的西明斯特大桥的描述，令一位在场的英国人几乎认为，他见到的康德是一位在伦敦生活过几年的建筑家。”[9]他害怕噪音的干扰，当邻居的一只公鸡让他无法忍受时，他就想干脆把这只鸡买下来，遭拒绝后他索性搬了家。1783 年，年近 60 的康德终于有了自己的房子，美中不足的是，这座房子靠近监狱，犯人的祷告声成了困扰康德的又一种噪音。康德喜欢与女人交际，只要她们不妄称理解《纯粹理性批判》，但他终身未娶，虽然有过两次结婚的机会。他曾经说，当他想要女人时，他养她不起；当他养得起女人时，他不再需要女人了。据说在 18 世纪的日耳曼，许多学者都因为经济原因选择了独身。

按照康德自己的说法，他自幼胸腔平坦而内陷，限制了心肺的活动空间，所以，他一直受“疑病症”的困扰。从写给友人的信件可知，70 岁左右的康德便感到体力不支，思考能力下降。从 1796 年开始，康德因健康原因停止了讲课。之后，康德经历了若干年的逐渐衰老过程。1804 年 2 月 12 日上午 11 时，年近八旬的康德在家乡哥尼斯堡去世。据说他留下的最后一句话是：“这很好。”由于天气寒冷，康德的遗体 16 天后才下葬。下葬当天，哥尼斯堡所有的教堂都以钟声送别这位“哲学国王”。

康德的主要哲学著作包括：《纯粹理性批判》(1781)、《实践理性批判》(1788)、《判断力批判》(1790)、《任何一种能够作为科学出现的未来形而上学导论》（1783）、《道德形而上学基础》（1785）、《单纯理性范围内的宗教》（1793）、《永久和平》（1795）、《道德形而上学》（1797）、《学科之争》（1798）等。

一、前批判时期

康德的学术生涯可以1770年的教授就职论文《论感性世界和理智世界的形式与原则》为界分为前后两个时期。前期是所谓“前批判时期”，主要研究自然科学特别是数学、天文学和化学等，在自然哲学和科学方法论上也多有建树。一般认为，“前批判时期”可以细分为两个阶段：1763年之前为第一阶段，1763年之后为第二阶段。第一阶段主要受沃尔夫唯理论影响，第二阶段则多受休谟经验论的影响。“前批判时期”最重要的成就当属“潮汐假说”和“星云假说”。1754年，康德发表了《对地球从生成的最初在自转中是否发生过某种变化的问题的研究》一文，提出了著名的“潮汐假说”，即地球自转速度因潮汐摩擦而逐渐变慢的假说。这一假说的主要内容是：地球以一种自由运动围绕着它的轴不断旋转。如果没有外在原因使这种运动变缓或加速，这种运动就会保持不变。事实上，存在着这样的外在原因，这就是海水对地球的摩擦。月球引力引起地球表面海水的潮汐现象，而海水对地球表面不断冲击的结果，必然使地球自转速度逐渐变缓，并最终使地球自转完全停止从而走向毁灭，尽管这个过程是极为缓慢的。这一假说后来被证明是正确的。

1755年，康德匿名发表了《自然通史和天体理论》，提出了关于天体起源的“星云假说”。这一假说的核心是证明“天体的原始形成是一种力学的安排”。按照这一假说，宇宙间最初散布着众多云雾状的物质微粒即“原始星云”，这些星云在引力和斥力的作用下发生运

打台球的康德

动。“我假定整个宇宙的物质都处于普遍的分散状态，并由此造成一种完全的混沌。我根据给定的吸引定律看到了物体的形成，又看到了斥力改变物体的运动。”[10]“我十分谨慎地排除了一切任意的虚构。我在把宇宙追溯到最简单的混沌状态以后，没有用别的力，而只是用了引力和斥力这两种力来说明大自然的有秩序的发展。这两种力是同样确实、同样简单，而且也同样基本和普遍。”[11]引力造成了原始星云的不断凝聚，斥力则使这些凝聚起来的星云发生旋转运动。各种天体由此形成。

“星云假说”令人想起古代原子论。原子论认为，大自然的原初状态散布着大量的原始物质即原子，原子的下落和偏离运动形成了宇宙万物。在康德看来，就用力学运动解释宇宙的形成而言，“星云假说”和原子论确有相似之处。但原子论的致命错误是把宇宙的形成归于偶然性。“原子论者通统都不合理到如此地步，以致把一切生物的起源都归之于这样的盲目会合，把有理性的东西说成真正可以从无理性的东西中推导出来。在我的理论体系中则相反，我认为物质是受某种必然的规律所支配的。我看到，物质是能从它的完全分解和分散状态中自然而然地发展成为一个美好而有秩序的整体的。这种情况并不是出之于一种偶然和碰巧；相反，人们看到，这是自然的性质所带来的必然结果。”[12]几十年以后，法国天文学家拉普拉斯（Pierre-Simon marquis de Laplace，1749—1827）在《宇宙系统论》一书中提出了类似的假说，后人合称为康德—拉普拉斯假说。

在18世纪，居支配地位的自然观是“神创论”和“不变论”，牛顿物理学为这种自然观提供了自然科学基础。按照这种自然观，上帝的“第一次推动”产生了现有的天体，此后，这些天体就遵循万有引力定律按照预定的轨道一直运转下去。康德的自然观仍然是从牛顿物理学出发的。和牛顿不同的是，他不是单纯用引力，而是用物质之间引力和斥力的相互作用说明天体的起源和运动。在康德看来，天体不是一成不变的，而是一个遵循自身必然性的演化过程，造成这种演化的不是什么“上帝之手”，而完全是物质的力量。“我觉得，我们在这里可以在某种意义上毫不夸张地说，给我物质，我就用它造出一个宇宙来！这就是说，给我物质，我将给你们指出，宇宙是怎样由此形成的。因为如果有了在本质上具有引力的物质，那么大体上就不难找出形成宇宙体系的原因。”[13] 不难看出，“前批判时期”的康德在自然观上具有强烈的唯物论和辩证法倾向。

雅斯贝尔斯说：“康德本人很看重他的前批判与批判著作的区别，他认为前批判著作无足轻重。‘这篇论文（《纯粹理性批判》）使我以前的形而上学论著的价值完全被毁掉了。’”[14] 所以，在其生命的晚年，当出版商准备出版他的著作集时，康德要求只收录 1770 年以后的著作。但正如雅斯贝尔斯接下去所说：“前批判著作是科学兴趣、人的观点、世界经验和逻辑形而上学问题的表达，从本质来讲，它们也是以后的批判思维的背景。”[15]

二、先天综合判断

1770 年升任大学教授以后，康德思想逐渐进入“批判时期”。在 1781—1790 年的十年间，构成批判哲学体系的《纯粹理性批判》、《实践理性导论》、《判断力批判》三部巨著相继问世。康德在这三部著作中分别阐述了他的认识论思想、伦理学思想和美学（目的论）思想，构成了所谓真善美的批判哲学体系。如果说康德“前批判时期”的兴趣主要是自然科学的，那么，康德在“批判时期”的兴趣则在于自然科学和形而上学的“知识基础”问题。所谓“批判哲学”，就是对人的认识能力、实践能力和审美能力进行批判性考察，划定它们各自的界限和范围，从而有效地抵制怀疑论和独断论。因为批判哲学强调先验知识形式在知识构成过程中的主导地位，康德把自己的哲学叫作“先验唯心主义”或“批判的唯心主义”，从而和贝克莱“神秘的、幻想的唯心主义”和笛卡尔“经验的唯心主义”划清界限。

（一）对旧形而上学的批评

康德不满意他以前的形而上学。文艺复兴以后，自然科学发展迅速，取得了很多骄人的成就，而形而上学“却老是原地踏步不前”。这门有着两千多年历史的科学似乎成了一个角斗场。“在形而上学中，人们不得不无数次地走回头路，因为人们发现那条路并不通向人们想去的地方；至于形而上学的信徒们在论断中的一致，还是非常遥远的事情，毋宁说它是一个战场，这个这场似乎本来就只是为在战斗游戏中演练它的各种力量而设立的，在这个战场上还从来没有一个武士能够夺得哪怕一寸土地，基于自己的胜利而建立起一种稳定的占领。”[16]形而上学曾经是一切科学的女王，但随着时间的推移，它成了一个孤苦伶仃、流离失所的妇人。近代的唯理论和经验论更是把形而上学搞得声名狼藉。唯理论最终成了独断论，经验论最终成了怀疑论。

康德把独断论比作专制统治，把怀疑论比作藐视一切安定生活的游牧民族。独断论者的错误在于混淆了现象与本体，把只能应用于现象界的概念和范畴（如原因、结果、存在、实体、永恒、必然、偶然等）运用于本体界即宇宙整体。比如，唯理论者用上述范畴去说明上帝、世界、灵魂，从而提出了上帝存在还是不存在，灵魂有灭还是不朽，世界整体有终极原因还是没有终极原因等等问题。在康德看来，这就是独断论，因为他们未经考察就把只适用于现象界的东西武断地应用于本体。怀疑论根本否认本体的实在性，否认经验中有普遍性、必然性。怀疑论说到底也是一种独断论，因为他们未经考察就武断地否认本体的实在性，否认普遍性、必然性。

在一定意义上，康德的批判哲学是唯理论和经验论的一种批判的综合。他试图用新的形而上学代替旧的形而上学，而这个工作是通过对纯粹理性本身的批评，通过划清“知性”与“理性”、科学知识和形而上学的界限完成的。康德认为，唯理论和经验论对于什么是科学知识的问题都做了片面的回答。以笛卡尔和莱布尼茨为代表的唯理论认为，科学知识是“天赋观念”的产物，他们只承认科学知识的普遍性和必然性，否认经验的真实性。以休谟为代表的经验论则相反，只承认经验的真实性，否认科学知识的普遍性和必然性。康德力图克服唯理论和经验论各自的片面性，认为科学知识必须具备下述两个特征：一是普遍必然性，二是扩大知识，因为“在形而上学上，扩大知识才是我们的真正目的。”[17]

（二）先天综合判断是如何可能的

知识是由判断构成的。依据判断的主词和谓词的不同联系，判断可以划分为分析判断和综合判断。在分析判断中，谓词和主词具有同一性，但谓词没有给主词增加新内容，因而，这种判断是“解释的判断”，具有普遍必然性。例如：“黄金是一种黄色金属”，“一切三角形都是三边形”，“一切物体皆有广延”，“单身汉就是未婚男人”等。当我做出如上判断时，我并没有扩大“黄金”、“三角形”、“物体”和“单身汉”的概念，只是把蕴含在主词之中的东西引申出来而已。在综合判断中，谓词不能从对主词的分析而推导出来，就是说，主词和谓词没有同一性。为了做出这样的判断，人们必须走出概念之外，诉诸于经验。这种判断在主词之外增加了新内容，因而是“扩充的判断”，比如“物体是有重量的”，“那辆汽车是蓝色的”等等。至于为什么“物体是有广延的”是分析判断，而“物体是有重量的”是综合判断，华特生认为，“就这样的判断来说，分别不是绝对的，因为如康德自己所说，‘物体是有广袤的’原来是从经验得来，因而是综合

讲台上的康德

的；而另一方面，‘物体是有重量的’，在它已经成为心的内容一部分的时候，就必须看为一个分析判断，因为那时‘物体’这个概念就包括着‘重量’这个概念作为它自己的一部分。”[18]

判断也可以划分为先天判断和后天判断（就判断和经验的关系而言）。先天判断独立于经验，因而是普遍的、必然的，不会为经验所否决。“如果有一个命题与它的必然性一同被思维，那么它就是一个先天判断”。[19]后天判断则要求经验的证实，因而不具普遍性和必然性。

这四种判断有下述几种可能的组合：一种是先天分析判断。分析判断完全根据矛盾律，所以，一切分析命题都是先天判断，比如，“黄金是一种黄色金属”这个分析命题就同时是先天判断，因为为了知道这一点，我在我的黄金的概念以外，不需要更多的经验。这种判断有必然性，但不能扩大知识。先天分析判断实际上是唯理论所推崇的知识形式。一种是后天综合判断，即来自经验的命题，康德认为，它们的可能性不需要加以特别解释，因为经验本身就是知觉的不断积累（综合）。经验判断永远是综合判断，这种判断不具普遍性、必然性，但可以扩展知识。这实际上是经验论所推崇的知识形式。不可能有后天分析判断，因为分析判断一定是先天的。剩下的一种可能就是先天综合判断，实际上无论是唯理论还是经验论，都否认先天综合判断的可能性。

康德认为，形而上学乃至哲学本身的“命运”取决于先天综合判断是否可能。他肯定地说，这种判断是存在的。数学判断（至少是纯数学）就是先天综合判断，因为一方面真正的数学命题永远不是经验的判断，而是先天的判断，因而具有必然性，这种必然性不是从经验中可以得到的；另一方面数学命题又是综合判断，以 7+5=12 为例，12 不可能从 7 和 5 两个数目之合而为一中分析出来，为了得到 12 这个结果，我们必须超出 7 和 5 的概念，借助于直观。就是说，7+5=12 这个命题实际上扩大了我们的概念。又如“两点之间直线最短”这个几何学命题也是一个综合命题，因为直的概念并不包含大小的概念。自然科学知识即物理学也是先天综合判断，如“在物质世界的所有变化中，物质的量保持不变”，“在运动的传递中，作用和反作用在任何时候都必然彼此相等”。形而上学关于灵魂、世界、上帝的命题也属于先天综合判断。“形而上学只管先天综合命题，而且只有先天综合命题才是形而上学的目的。”[20] 旧形而上学把“上帝存在”视为先天分析命题，这是错误的。我们从“上帝”概念中不能推出它的存在，因为“存在”超出了“上帝”概念之外。所以，“上帝存在”是先天综合判断。

问题是：形而上学本身能否成立？康德区分了“内在形而上学”和“超越形而上学”。“内在形而上学”是出于纯粹知性的知识，是关于现象的知识；“超越形而上学”是出于纯粹理性的知识，是关于物自身的形而上学。对于“内在形而上学”来说，“先天综合判断”是完全能够成立的，而对于“超越形而上学”来说，“先天综合判断”则是完全无效的。[21] 旧形而上学的错误在于把只能运用于现象的东西运用于物自身了。康德认为，经验论者和唯理论者认为一切综合判断都是经验的，一切先天判断都只是分析的。他们不知道有先天综合判断，所以，都不能正确说明科学知识的含义和构成问题。《纯粹理性批判》的中心任务就是回答“先天综合判断如何可能”的问题，这个问题又可以具体分为四个子问题：纯数学中的先天综合判断是如何可能的？纯自然科学的先天综合判断是如何可能的？旧形而上学作为人的一种“自然倾向”是如何可能的？形而上学作为科学是如何可能的？

在康德以前的近代哲学史上，莱布尼茨和休谟都曾经对判断或知识做过分类。莱布尼茨区分了“推理的真理”和“事实的真理”，休谟区分了“观念的关系”和“实际的事情”。但“在康德看来，这两位哲学家都错误地把两种区分压缩成了一种。正因如此，他们都没有意识到先天综合判断的独特本质。”[22]

三、哥白尼革命

在对行星运动现象的解释上，相对于传统的托勒密的地心说的理论框架，哥白尼建立了新的思维模式，主张地球在运动，而太阳是不动的，并处于宇宙的中心。该假说得到了开普勒和牛顿的证实。人们一般把从“地心说”到“日心说”的转变称为“哥白尼革命”。在康德看来，哥白尼学说的最大意义在于对自然意识的克服。“康德的核心论点不仅指向哲学的传统，而且也指向自然意识。因为，这种自然意识将世界视为诸对象组成的一个集合，这些对象具有各自特定的属性，处在一定的相互关联之中，并且无论如何是现实的，不依赖于认知的主体。”[23]在近代哲学史上，笛卡尔率先对这种自然意识提出了挑战，强调了第一人称观点的重要性。康德进一步推进了笛卡尔的工作。

在解释知识的本性时，相对于传统认识论“认识必须符合对象”的立场，康德提出：对象必须符合我们的认识，知性是自然的立法者。康德在《纯粹理性批判》第二版中做了一个著名类比，把他在哲学上提出的新的思维模式比作哥白尼在天文学中提出的新学说。“这里的情况与哥白尼最初的思想是相同的。哥白尼在假定整个星群都围绕观察者旋转，对天体运动的解释就无法顺利进行之后，试一试让观察者旋转而星体静止，是否可以更为成功。如今在形而上学中，就对象的直观而言，人们也可以用类似的方式做出尝试。”[24]评论家们因而

康德为俄国学生讲课

把康德哲学作为形而上学中的“哥白尼革命”，这种革命的实质也是对于自然意识的颠覆。

在康德看来，科学知识应当是“先天综合判断”，就是说，科学知识由两部分构成：先天的部分提供具有普遍性、必然性的知识形式，综合的部分提供后天的质料。康德强调，虽然形式和质料都是构成知识的必要要素，但它们的地位是有所不同的，先天的形式来自人的心灵或主体，是能动的、主动的，是知识所以可能的条件；后天的质料则是被动的、惰性的。科学知识的形成不是被动的主体适应、符合外部对象的过程，而是主体用先天的形式去整理、综合和统一杂多的质料的过程。进一步说，如果没有人的主体，没有主体的综合统一活动，不但知识不可能，而且知识的对象也不可能成立。康德的哥白尼革命“意味着认识主体是主动的，而不是一个运动变化的主动世界的被动‘观察者’；理解知识意味着理解这种主动的构造作用。”[25]

费希特说过，康德从主体出发的思想本来是最容易不过的了，但想到这一点却用了几千年的时间，足见康德的伟大。实际上，康德的“哥白尼革命”是由他肇始的整个德国唯心论的共同特征。

四、《纯粹理性批判》的题名、结构和重要术语

（一）题名

《纯粹理性批判》的书名涉及下述概念：纯粹、理性、纯粹理性、批判。在康德那里，“纯粹”指先于经验、独立于经验。“知识的先天方式如果未混杂有任何经验的东西时，便命之曰纯粹。”

“理性”有多重含义，《纯粹理性批判》书名中的理性，是广义的理性，泛指一切先验因素的源泉。“理性是提供先天知识原则的能力。”[26]

“纯粹理性”即独立于经验的理性，或者说，“是包含着绝对先天地认识某种对象的原则的理性。”[27] 广义上的“纯粹理性”包括纯粹理论理性和纯粹实践理性，这里特指纯粹理论理性。

据康蒲·斯密的考证，康德所用“批判”（Kritik）来自英文，而且，康德是在德文中使用该词的第一人。康德强调，这里的“批判”不是指对于书籍和体系的批判，而是指对于理性能力的批判，即对理性能力的鉴别、区分和审查，就是说，对纯粹理性加以分类，对其各自的权限和能力加以规定。“我们可以把出自先天原则的认识能力称之为纯粹理性，而把对它的可能性和界限所作的一般研究称之为纯粹理性批判”。[28] 为了区别于通常的批评、批判，贺麟先生曾经以“论衡”翻译康德的“Kritik”，进而把康德的“三大批判书”翻译为《纯理论衡》、《行理论衡》和《品鉴论衡》，还把“批判哲学”译为“批导哲学”，可谓用心良苦。

在康德看来，旧形而上学不能取得进展的一个重要原因就是没有对理性能力加以审查，或者对理性的能力估计不足，或者对理性能力盲目崇拜。康德的目的是设立一个法庭，看看哪些是理性的合法要求从而加以维护，哪些是理性的无根据的僭妄从而加以驳回。这个法庭不是别的，就是纯粹理性批判。

（二）结构

《纯粹理性批判》分为“先验要素论”（Transcendental Doctrine of Elements）和“先验方法论”（Transcendental Doctrine of Methods）两大部分。从篇幅上看，“先验要素论”约占全书的五分之四，“先验方法论”约占全书的五分之一。从内容上看，“先验要素论”主要讲知识的可能性问题；“先验方法论”实际上是从《纯粹理性批判》到《实践理性批判》的一个过渡，主要讲本体高于现象，道德或宗教高于科学知识。

“先验要素论”分为“先验感性论”（Transcendental Aesthetic）和“先验逻辑”（Transcendental Logic）。“先验感性论”主要讲感性，重点是知识的直观形式——时间和空间，回答纯数学是如何可能的问题。“先验逻辑”分为“先验分析论”（Transcendental Analytic）和“先验辩证论”（Transcendental Dialectic）。“先验分析论”主要讲知性，重点是知识的知性形式——范畴，回答纯自然科学是如何可能的问题；“先验辩证论”主要讲理性，重点是理念论，回答形而上学作为一种自然倾向是如何可能的问题。理性要求认识整体或理念，即灵魂、世界和上帝，而理性没有自己的工具，只能使用知性范畴，所以，理性注定要犯错误。

总起来说，“先验感性论”和“先验分析论”都是讲知识问题，而知识只关涉现象。“先验辩证论”和“先验方法论”都是讲物自身的问题，物自身在现象之外，也在知识之外。纯粹理论理性可以达到数学和自然科学的知识，但这种知识都是关于现象的知识；纯粹理论理性不能达到关于整体或本体的知识，不能认识上帝、世界和灵魂。这些最高的本体只能通过实践理性才能得以确立。

（三）几个重要术语

1. 先天（a priori）与后天（a posteriori）。亚里士多德最早使用了“先天”与“后天”概念，意思是“先于”和“后于”。在康德这里，先天首先指“独立于经验、甚至独立于一切感官印象的知识。”[29] 接下去，他又区分“先天”与“纯粹先天”。对于一个挖自己房子墙脚的人来说，他不必等房子倒塌下来即可以提前预知房子的倒塌。康德说，这样的知识不是绝对的或纯粹的先天知识，因为他的知识来自于间接经验，比如，是从“物体是有重量的”等等命题中派生出来的。纯粹先天指绝对独立于一切经验的知识。“我们在下面将不是把先天知识理解为不依赖于这个或者那个经验而发生的知识，而是理解为绝对不依赖于一切经验而发生的知识。”[30]纯粹先天知识有严格的普遍性和必然性，时间空间、十二范畴都是纯粹先天的。

后天的即经验的，不具普遍性和必然性，但这样的东西构成了科学知识的起点。“我们的一切知识都以经验开始，这是无可置疑的；因为认识能力受到激发而行动，如果这不是由于对象激动我们的感官，一方面由自己造成表象，另一方面使我们的知性行动运作起来，对这些表象加以比较，把它们联结起来或者分离开来，并这样把感性印象的原始材料加工成叫作经验的对象的知识，那又是由于什么呢？因此在时间上，我们没有任何知识先行于经验，一切知识都从经验开始。”[31]康德强调，尽管我们的知识始于经验亦即后天的东西，却不能因此就说这些知识来自经验，因为如果没有先天的知识形式，还是不能形成科学知识。

2. 先验的（transcendental）与超验的（transcendent）。“先验的”指经验所由形成的条件，它虽然是先于经验的（先天的），然而仅仅是经验知识所以可能的条件，如时间空间、十二范畴。“我把一切不研究对象、而是一般地研究我们关于对象的认识方式——就这种方式是先天地可能的而言——的知识称为先验的。”[32]与“先天的”一样，“先验的”也是普遍的和必然的。“先天的”只是说它独立于经验，而没有说到它可以运用于经验从而使经验成为可能。

“超验的”指超越经验界限的东西（物自身）。“在我们的纯粹理智概念上有某种迷惑人的东西，它引诱我们去做超验的使用。我称之为超验的使用，是因为它超出一切可能的经验。”[33]先天的指先于经验，但并不超越经验；先验的先于经验，但也不超越经验，而是经验可能性的条件；超验的则超出一切可能的经验。

3. 现象（appearance）与物自身（thing in itself）。现象与“物自身”相对，指依赖于认知主体的对象，也就是事物对于主体所呈现的

哥尼斯堡

样子，是科学知识可以达到的领域。“物自身”或“自在之物”则指不依赖于认知主体的东西，是不可知的。在康德那里，“物自身”或“自在之物”是在多重意义上被使用的，赫费将之归结为两类。“存在着两类自在之物：感觉的此岸，其未知的‘发动者’；和知性的彼岸，如灵魂、自由和上帝这样的纯粹的思想之物。二者的共同之处在于：它们只能被思考，却不能被认识。”[34]

第一类是作为感觉外部来源的“物自身”。这种意义上的物自身是在我们之外刺激我们的感官、引起我们的感觉、但不为我们所知的东西。“作为我们的感官对象而存在于我们之外的物是已有的，只是这些物本身可能是什么样子，我们一点也不知道，我们只知道它们的现象，也就是当它们作用于我们的感官时在我们之内所产生的表象。因此无论如何，我承认在我们之外有物体存在，也就是说，有这样的一些物存在，这些物本身可能是什么样子我们固然完全不知道，但是由于它们的影响作用于我们的感性而得到的表象使我们知道它们”。[35]

第二类是作为一种限制性概念的“物自身”。在康德那里，知识的正当范围是现象，超出现象之外的因而不可认识的东西就是“物自体”、“自在之物”或“本体”。“本体的概念纯然是一个界限概念，为的是限制感性的僭妄，所以只有消极的应用。尽管如此，它却不是任意地杜撰出来的，而是与感性的限制相关联的，但毕竟不能在感性的领域之外设定某种积极的东西。”[36]“我们的批判的演绎绝不排斥像这样的东西（本体），它只是限制感性论原则，使它至少不致扩大到一切东西上去（因为那样一来会把一切东西都变成仅仅是现象），而只对于可能的经验的对象有效。”[37]

《纯粹理性批判》无疑是哲学史上最难读的著作之一，之所以如此，既有思想上的原因，也有表达方式上的原因。在该书出版之初，康德就意识到了自己的哲学革命可能给人们的理解造成的困难。在致马库斯·赫茨的信中，康德说过："我们不能指望，人们的思维方式一下子就被引导到至今为止完全不习惯的轨道上来，因为需要时间来事先在其旧有的进程中，逐渐地消除旧的思维方式，并通过潜移默化的影响，使它转入相反的方向。"[38]

康德自己也承认，造成该书晦涩难懂的原因之一是成书的时间过于仓促。在1781年6月8日致比斯特尔的信中，康德说过："尽管这部作品是我多年来深思熟虑的结果，但却是在很短的时间内，用现在的这种形式写成的。因此，有时会遗留下一些疏忽或仓促的文笔，有时会遗留下一些晦涩难懂的东西。姑且不说其中的印刷错误，对此，我已经无法加以纠正了。"[39] 在1783年8月7日致伽尔韦的信中，康德也说过："我坦率地承认，在开始时，我并没有指望我的著作会这样迅速地受到欢迎。因为十二年来，我虽然年复一年地精心思索材料，但还没有把这些材料按照普遍的可理解性加工成文稿，要达到这个目的，似乎还需要几年时间。然而相反，我实现这个目的只用了约四五个月的时间。因为怕的是，如果长期拖延下去，这样一项范围宽广的工作最终就会成为我的一个负担。我现在已经60岁了，虽然头脑中还装有这整个体系，但增长的年龄很可能使我最终无法实现这一目标。"[40]

在海涅看来，康德之所以用那样灰色的、枯燥乏味的包装纸一般的文体写作这本书，是因为在他摈弃了笛卡尔、莱布尼茨和沃尔夫的数学形式之后，没有能够创造一种更好的语言。只有天才才能创造出这样的语言，但"康德却不是天才。"叔本华则把康德文体上的特色叫作"辉煌的枯燥性"。尽管叔本华不否认这与题材的艰难和思想的深刻有关，但他还是说："不过谁要是自己彻底明白而十分清楚地知道了他所想的、所要的是什么，他也就绝不会写出模糊的东西，绝不会提出恍惚不定的概念”。[41] 在叔本华看来，康德哲学缺乏希腊建筑的那种简洁和质朴，令人想起整齐匀称的哥特式建筑。“他有时候搞这一套已近乎儿戏，这时由于屈从他那种嗜好，竟至于显明地强奸了真理”。[42] 康蒲·斯密则干脆把康德著作的晦涩难懂归咎于他思想和用语的混乱。“几乎在书中每一章里，康德都是自相矛盾的，而且难得在书中找着一个术语不是有歧义、前后用法一致的。作为一个作家来讲，康德是所有伟大思想家之中最不准确的一个。”[43]

当然，《纯粹理性批判》绝不是不可理解的。我们将在下一章尝试着进入“这一坚固而可怕的堡垒”。[44]

注释

1　海涅：《论德国宗教和哲学的历史》，第 102 页。
2　奥特弗里德·赫费：《康德：生平、著作与影响》，人民出版社，2007 年，第 10 页。
3　福尔伦德：《康德生平》，商务印书馆，1986 年，第 1 页。
4　安倍能成：《康德实践哲学》，福建人民出版社，1984 年，第 6 页。
5　曼弗雷德·库恩：《康德传》，上海人民出版社，2008 年，第 149 页。
6　赫费：《康德：生平、著作与影响》，第 19 页。
7　海涅：《论德国宗教和哲学的历史》，第 102 页。
8　曼弗雷德·库恩：《康德传》，第 405 页。
9　尤文·舒尔兹：《康德》，河北教育出版社，2001 年，第 25 页。
10　《十八世纪末—十九世纪初德国哲学》，商务印书馆，1975 年第 2 版，第 5 页。
11　同上书，第 14 页。
12　同上书，第 7 页。
13　同上书，第 9 页。
14　雅斯贝尔斯：《大哲学家》，第 355 页。

15 雅斯贝尔斯:《大哲学家》，第 355 页。

16 康德:《纯粹理性批判》(第2版)，中国人民大学出版社,2004年，第10页。

17 康德:《任何一种能够作为科学出现的未来形而上学导论》，商务印书馆，1982 年，第 28—29 页。

18 约翰·华特生:《康德哲学讲解》，华中师范大学出版社，2000 年，第 49—50 页。

19 康德:《任何一种能够作为科学出现的未来形而上学导论》，第 27 页。

20 同上书，第 26 页。

21 参见张世英:《康德的〈纯粹理性批判〉》，北京大学出版社，1987 年，第 85 页。

22 Jill Vance Buroker, *Kant's Critique of Pure Reason: An Introduction*, Cambridge University Press, 2006, p.27.

23 赫费:《康德的〈纯粹理性批判〉》，人民出版社，2008 年，第 35 页。

24 康德:《纯粹理性批判》(第 2 版)，第 11 页。

25 Douglas Burnham with Harvey Young, *Kant's Critique of Pure Reason*, Edinburgh University Press, 2007, p.21.

26 康德:《纯粹理性批判》(第 2 版)，第 40 页。

27 同上。

28 康德:《判断力批判》，人民出版社，2002 年，第 1 页。

29 康德:《纯粹理性批判》(第 2 版)，第 26 页。

30 同上书，第 27 页。

31 同上书，第 26 页。

32 同上书，第 40 页。

33 康德:《任何一种能够作为科学出现的未来形而上学导论》，第 87 页。

34 赫费:《康德的〈纯粹理性批判〉》，第 38 页。

35 康德:《任何一种能够作为科学出现的未来形而上学导论》，第 50—51 页。

36 康德:《纯粹理性批判》(第 2 版)，第 205—206 页。

37 康德:《任何一种能够作为科学出现的未来形而上学导论》，第 86 页。

38 《康德书信百封》，第 77 页。

39 同上书，第 80 页。

40 同上书，第 87 页。

41 叔本华:《作为意志和表象的世界》，商务印书馆，1982 年，第 584 页。

42　叔本华：《作为意志和表象的世界》，商务印书馆，1982 年，第 585 页。

43　康蒲·斯密：《康德〈纯粹理性批判〉解义》，华中师范大学出版社，2000 年，第 2 页。

44　戴维·罗杰·奥尔德罗伊德：《知识的拱门——科学哲学和科学方法论历史导论》，第 207 页。

第九章 康德：我能够知道什么

无感性就不会有对象被给予我们，无知性就不会有对象被思维。思想无内容则空，直观无概念则盲。

把理念（即纯粹理性概念）同范畴（即纯粹理智概念）区别开来作为在种类上、来源上和使用上完全不同的知识，这对于建立一种应该包括所有这些先天知识的体系的科学来说是十分重要的。没有这种区别，形而上学就完全不可能，或者充其量只能说是拼凑，跟既不认识所使用的材料，也不知道这些材料适合做什么，就拼凑空中楼阁一样，不过是一种不合规格的、拙劣的打算而已。

假定一个具有最高充足性的存在者的存在为一切可能的结果的原因，以便使理性容易找到它所寻求的解释根据的统一性，这是可以允许的。然而如此放肆，以至于人们甚至说这样一个存在者必然实存，就不再是一个可以允许的假说的谦逊表现，而是一个不容置疑的确信肆无忌惮的僭妄了。

——康德

康　德

一、先验感性论

先验感性论讨论感性知识的先天条件。“一门关于感性的一切先天原则的科学，我称作先验感性论。”[1] 感性知识是从经验开始的。“通过我们被对象刺激的方式获得表象的能力（感受性）叫作感性。”[2] 康德认为，感性的功能是直观。“无论一种知识以什么方式以及通过什么手段与对象发生关系，它与对象直接发生关系所凭借的，以及一切思维当作手段所追求的，就是直观。”[3] “知识要么是直观，要么是概念。前者直接地与对象相关，是个别的，后者间接地凭借多个事物能够共有的一个特征与对象相关。”[4] 直观有四个显著特征：第一，对象性，就是说，直观一定与对象相关。“直观只是在对象被给予我们时才发生”。第二，直接性，直观是对对象的直接表象，而不是把对象置于一个一般概念之下。第三，单一性，直观表象的是单个的、特殊的对象，而不是一组对象。第四，被动性，直观不是主动的创造，而是被动的接受。

康德区分经验的直观和纯直观。经验的直观是“通过感觉与对象发生关系的那些直观”。人的实际感性认识活动中的直观都是经验的直观，因为这里离不开对象。康德认为，认识的一个先决条件就是：必须有“对象”或“物自身”刺激我们的感官，形成感觉，尽管我们对之毫无知识。康德进一步指出，如果我们对经验的直观加以分析，我们会发现，这种直观实际上可以分成两个部分：一部分是感觉提供给我们的杂多的质料，这是后天被给予我们的；一部分是对这些质料加以整理的形式，这些形式是先天地蕴涵在心灵中的。尽管在实际的感性认识活动中，形式和质料缺一不可，但我们可以撇开感性认识或直观活动中质料的一面，把那些先天的形式剥离出来单独加以考察。这些不掺杂感性内容的直观形式就是“感性直观的纯粹形式”，康德称之为纯直观。“因此，我的直观只有按照一种方式能够先行于对象的实在并且成为先天知识，那就是它只包含感性的形式，这种感性的形式在我的主观里先行于我被对象所感染的一切实在印象。”[5]可见，“先验感性论”的策略是：把知识中知性即思维的成分除去，剩下经验的直观；再把经验直观中属于感觉的成分除去，剩下纯直观或直观的纯粹形式，即时间和空间。

康德分别对时间和空间进行了“形而上学阐明”和“先验阐明”。“形而上学阐明”是从本体论的意义上、从本性上说明时间和空间是先天直观形式，“先验阐明”则是从认识论角度、从应用上说明时间和空间的性质。“形而上学阐明”表明：第一，时间和空间都不是从外部经验中概括出来的经验概念，它们是逻辑在先的和先天的；第二，时间和空间都是必然的先天的表象；第三，时间和空间都不是概念，而是纯粹直观；第四，时间和空间都是无限的。“先验阐明”表明：空间是几何学的先天综合判断所以可能的先决条件，时间则是算术的先天综合判断所以可能的先决条件。在上述两种阐明之后，康德得出结论：一方面，时间和空间都不是某种独立存在的东西，也不是事物之客观的规定性；另一方面，空间是外感官的形式，时间是内感官的形式，即直观我们自己和我们的内部状态的形式。而且，时间不仅是内感官的直接条件，也是外感官的间接条件，因为表现在外部的东西，作为一种表象，也必然出现于人们心中，从而表现为时间的形式。所以，时间是一切表象的先决条件，就是说，相对于空间，时间具有优先性。

当康德说时间和空间是先天直观形式时，他强调的是时间和空间的“逻辑在先”，而不是“时间在先”，这是理解康德“先验唯心论”的关键。对此，司退斯（W.T.Stace，1886—1967）对于试图进入康德哲学的人做过下述著名告诫：“当康德说关于时间和空间的认识对所有的经验来说都是先天的时候，自然，他的意思不是说我们生来就有一种现成的时间和空间的知识。心理学家已经辛勤地研究过在小孩和幼小动物中时间和空间知识萌芽的方式。当然，这种知识是在经验中逐渐获得的。但这种心理学上的结论与康德的理论绝不冲突，而且实际上与它没有关系。谁也不赞成假定，尤其是康德最不赞成假定关于时间和空间的认识在时间顺序上对经验来说是先天的；它们只是在逻辑顺序上对经验来说是先天的，因为它们是经验的逻辑条件。康德的理论是：虽然我们无疑以心理学家所描述的方式逐步得到时间和空间的知识，但我们这样所知道的东西并不是对我们来说外在的事物，而是这样的事物，即这事物的创造者还是我们自己。”[6]

需要指出的是，空间和时间是数学的先天综合判断的必要条件，但不是充分条件。光有直观，没有思维（知性），数学家是无法做出任何一个先天综合判断的。数学当然是科学知识，原因是，这里不仅有时空或直观，而且有思维的运用。康德在《纯粹理性批判》第 2 版中明确指出，先验感性论中已经包含了对于杂多的整理和联结，对于杂多的质料加以综合统一，但是单凭时空的直观形式是无法达到综合统一的，真正要做到综合统一需要靠知性，靠自我的先验统觉。赫费说：“康德同意一点：在数学中也应用范畴；几何学不是仅仅通过纯粹的空间直观，而是通过借助范畴把杂多几何概念相联结才成为可能。（欧几里得几何学定理即一切三角形内角之和等于 180 度，按照量是全称的，按照质是肯定的，按照关系是定言的，按照模态是必然有效的，因而归因于单一性、实在性、实体性和必然性等范畴。）”[7]华特生也强调，没有知性或思维的活动，我们就不能有对于直观的对象的意识。所以，如果离开了知性或思维，就不可能有任何关于数学对象的知识。“在先验感性论中康德讨论直观，像是它并不依赖思维的任何活动而就包含有一个对象的意识似的。然而在先验分析论中，当他进而考虑思维里面经验的条件时，他清楚地指出没有思维的活动就不能有真正对象的知识。所以我们必须把感性论中所表现的观点看为在某意义上是临时的”。[8]

时间和空间作为纯直观形式，是感性知识所以可能的条件。但感性知识只限于现象，而不涉及物自身。“空间和时间合起来是所有感性直观的纯形式，并由此而使先天综合命题成为可能。但是，这两个先天的知识来源正由于此（即它们只是感性的条件）为自己规定了界限，也就是说，它们仅仅涉及作为显象来考察的对象，但并不表现物自身。唯有前者才是它们的有效性的领域，如果超出这个领域，就不再有它们的客观应用了。”[9]

二、先验分析论

在感性阶段，作为先天直观形式的时间和空间对对象进行了初步的整理，但科学知识远未完成。要真正形成具有普遍性、必然性的科学知识，必须进展到知性（understanding），运用范畴对感性知识进行思维。“我们的知识产生自心灵的两个基本来源，其中第一个是接受表象的能力（印象的感受性），第二个是通过这些表象认识一个对象的能力（概念的自发性）；通过前者，一个对象被给予我们，通过后者，该对象在与那个（仅仅作为心灵的规定的）表象的关系中被思维。因此，直观和概念构成了我们一切知识的要素，以至于无论是概念没有以某种方式与它们相应的直观、还是直观没有概念，都不能提供知识。”[10]“无感性就不会有对象被给予我们，无知性就不会有对象

康德雕像

被思维。思想无内容则空，直观无概念则盲。”“知性不能直观任何东西，而感官则不能思维任何东西。只有从它们的相互结合中才能产生出知识。”[11]“先验分析论”就是要讲知性知识成立的前提条件，从而回答纯自然科学中的先天综合判断如何可能的问题。康德把“先验分析论”叫作“真理的逻辑”。

（一）知性范畴是知性知识成立的前提条件——概念分析论

1. 知性范畴及其来源。知性不是直观的能力，而除了直观之外，唯一的一种认识方式就是凭借概念。“因此，每一种知性、至少人的知性的知识，是一种凭借概念的知识，它不是直观的，而是推论的。”[12]作为知性先天形式的不是经验概念，而是纯粹概念。经验概念即共相，即同类事物的“通名”；纯粹概念则是先天的、具有普遍性和必然性的概念。“纯直观仅仅包含某物被直观的形式，而纯概念则只包含思维一个对象的一般形式。只有纯直观或者纯概念才是先天地可能的，经验性的直观或者概念则只是后天可能的。”[13]在康德那里，纯概念只有四组共十二个，也称十二范畴。康德发现这些知性概念的“导线”有两条：一条是亚里士多德的“范畴表”，另一条是形式逻辑的“判断表”。亚里士多德在《范畴篇》中首次对范畴做了分类，提出了十大范畴，即实体、量、质、关系、位置、时间、姿势、状况、主动、被动。此外，亚里士多德还提出了五个“副范畴”，即对立、先于、同时、运动、所有。康德认为，亚里士多德的工作固然可敬，但他的范畴表是有缺陷的，最大的缺陷是他没有像康德那样区分感性形式和知性形式。比如，位置、时间、姿势、先于、同时等都属于感性直观形式，不应当出现于范畴表中；状况不是范畴，而是一切思维形式的共同特征。[14]

于是，康德对亚里士多德的范畴论进行了改造，得出了量、质、关系、样态四类范畴。实际上，在晚期希腊哲学中，斯多亚派就曾经对亚里士多德的范畴表进行过修正，把亚氏的 10 个范畴缩减为 4 个，即实体、性质、样式和关系。我们有理由相信，康德在改造亚里士多德范畴表时，也借鉴过斯多亚派的思想。当然，这四类范畴的划分也吸取了形式逻辑的判断分类。形式逻辑也是从这四个方面对判断加以分类的。沿着上述两条“导线”，康德提出了纯粹知性的范畴表：1. 量的范畴：单一性、多数性、全体性；2. 质的范畴：实在性、否定性、限定性；3. 关系的范畴：依存性与实体性（实体和偶性）、因果性与隶属性（原因与结果）、交互性（主动与被动）；4. 样态的范畴：可能性——不可能性、定在性——不存在性、必然性——偶然性。康德认为，这四类范畴可以分为两组：量和质的六个范畴与直观（纯直观和经验性直观）的对象相联系，是关于单个对象的概念，不涉及对象间的关系，康德称之为“数学性的范畴”。关系和样式的六个范畴与直观对象之实存相联系，都是关乎对象间关系（或者对象与知性的关系）的概念，康德称之为“力学性的范畴”。在这个范畴表中，每一组都是三个，并且第三个范畴都是前两个范畴的综合。这部分内容属于范畴的“形而上学演绎”。正如华特生所看到的，康德关于范畴的“三分法”及其对立统一的思想，为费希特和黑格尔铺平了道路。

2. 知性是一种综合能力和活动。康德认为，知性运用范畴于对象的活动实际上是一种联结的活动，即把一般杂多的东西联结为统一体。“知性本身无非是先天地进行联结并把被给予的表象的杂多置于统觉的同一性之下的能力，这一原理乃是全部人类知识中的至上原理。”[15] 联结不属于感性直观形式即时间和空间，而属于知性。“所以一切联结，无论我们是否意识到它，无论它是直观杂多的联结还是各种各样的概念的联结，就前者而言是感性直观的联结还是非感性直观的联结，都是一种知性的行动”。[16] 康德把这种联结活动称为“综合”。康德讲了三重综合。

第一重综合是“直观中把握的综合”，这是一种低级的和初步的综合。通过这种综合，杂多的直观对象被联结为一个初步的、混沌的统一体。比如，这种综合可以把若干个点联结为一条直线；或者把若干个数目联结为一个单位，比如10。这种综合出现于直观中，是和时间空间一起发生作用的，而且，只有按照时间空间才能发生。但如果我们抽掉直观中的时间空间因素，我们就会发现，这种综合是一种知性能力。“这种综合的统一性不可能是别的同一性，只能是在一个源始的意识中按照范畴来联结一个被给予的一般直观的杂多的统一性，只不过是被运用于我们的感性直观罢了。所以，一切综合，甚至使知觉成为可能的综合，都从属于范畴”。[17]

第二重综合是“想象中再生的综合”，这种综合比第一种综合要高一级，因为它不仅涉及当前在场的东西，还要借助于想象把当前不在场的东西再生出来。真正说来，即使最低级的综合也需要想象的介入。如果没有想象，甚至第一重综合也不能实现。以10这个数字为例，我之所以能够把它作为一个整体看待，前提是通过想象把不在场的各个单位1、2、3、4、5、6、7、8、9再生出来。如果我们计数时没有想象和记忆，只顾眼前，10这个统一体是不会真正出现的。“想象就是把当时并没有出现的对象表现在直观里的能力。”想象依靠时间，所以“想象属于感性”，但它又不同于感性，“想象乃是先天地确定感性的能力。”就是说，它又是一种先验综合。可以说，正是想象把感性和知性联系了起来。“联结感性直观的杂多的东西就是想象力。想象力就其理智综合的统一性而言依赖于知性，就其把握的杂多性而言依赖于感性。”[18]

第三种综合是“概念中辨认的综合”，是认识活动中最高的综合。“想象中再生的综合”有一个条件，就是主体必须有能力对再生的表象加以辨认，确认这些表象就是原来的表象，否则，综合就无从谈起。这种辨认只能在概念中进行，正是概念使杂多的表象必然再现。就是说，必须把杂多的表象和想象置于概念之下。

3. 先验统觉（transcendental apperception）。综合之所以能够进行，依赖于主体自身的同一性。就是说，对象的同一源于自我的同一。康德把综合性的自我称为"统觉"。莱布尼茨最早提出统觉，认为单子均有知觉，但只有他称为"理性灵魂"的特殊单子有统觉。依他之见，正由于这种意识，我们才变成人，才变成道德世界的成员。在康德那里，统觉有"经验统觉"和"先验统觉"之分。经验统觉即自我意识是瞬息万变的，无同一性可言。在这一点上，康德完全同意休谟的看法，即在经验的层次上，我们碰到的永远只是自我的特殊的、不断变换的状态，而不是一个具有同一性的"自我"本身。和休谟不同的是，康德并没有就此否认自我的同一性，因为除了这种经验的统觉之外，还有先验的统觉。先验统觉是在一切变化着的意识状态中保持不变的、"恒常的我"。经验对象的统一性来源于先验统觉的统一性，"人为自然立法"。在康德这里，统觉是把概念和直观结合为知识的能力，即把秩序和规则带入现象，按照范畴获得综合统一。在统一现象时，先验统觉必须按照范畴进行，然而它自身先于范畴，并且是范畴的源泉。先验统觉自身不能被进一步规定，它是人类知识范围的最高原理。

（二）概念与直观对象相结合构成科学知识——原理分析论

1. 先验图型（transcendental schematism）。知识是知性范畴与直观对象相结合的产物。但知性与感性、知性范畴与直观对象是完全异质的，就是说，绝不能在任何直观中遇到纯粹知性范畴。所以，为了能够把直观归摄在范畴之下，或者说为了能够把范畴运用于经验，必须使知性范畴直观化、感性化或图型化。"如今显而易见的是，必须有一个第三者，它一方面必须与范畴同类，另一方面必须与显象同类，并使前者运用于后者成为可能。这个中介性的表象必须是纯粹的（没有任何经验性的东西），并且毕竟一方面是理智的，另一方面是感性的。”[19] 这个第三者就是“先验图型”。

图型是联结概念和直观的桥梁，但它本身既不是概念，也不是具体的感性形象或图像。“图型自身在任何时候都是想象力的产物”。[20] 康德在此区分了“生产的想象力的经验性能力”和“纯粹先天想象力”。前者可以产生图像，后者则可以产生图型。比如，我们思维中“三角形的图型”，当我们想象三角形时，我们的头脑中便会有一个“图型”，它绝不是三角形的感性图像（比如画在纸上的三角形），也不是概念。“对于一个一般而言的三角形的概念，根本不会有一个三角形的图像与其相符。因为图像达不到概念那种使得该概念适用于直角的或者锐角的等等一切三角形的普遍性，而是始终仅仅局限于这个领域的一个部分。三角形的图型永远不能实存于别处，而是只能实存于思想中，它意味着想象力的综合就空间中的纯粹形状而言的一条规则。”[21] 又比如数，当我们逐一画出五个点时，我们可以得到 5 这个数的图像。但当我们仅仅想象一个一般的数时，比如一亿，我们头脑中并没有这个数的图像，这时我们心中出现的就是一个“图型”。没有图型，概念就是无意义的，因为只有借助于图型，它们才能被应用于现象。

从理论上说，每一个范畴都有自己的“先验图型”。但实际上，康德并没有列出每一个范畴的“图型”。“得要注意，康德在讨论图型法时并不都是为每一个范畴做出一个图型的。”[22] 三个“量”的范畴分享一个共同的“图型”，这就是“数”。“作为一个知性概念的量的纯粹图型是数，数是对一个又一个（同类的东西）的连续相加进行概括的表象。”[23] 三个“质”的范畴以感觉填充时间的“程度”作为自己的“图型”。“实在性”的“图型”就是感觉在时间中的“充实”，“否定

康德画像

性”的“图型”就是感觉在时间中的“缺乏”，“限制性”的“图型”则是感觉在时间中的“程度范围”。“关系”范畴的“图型”是“时间秩序”。其中，每一个范畴都有自己的“图型”。“实体和偶性”的“图型”是“持久与变易”，“原因与结果”的“图型”是“杂多的接替”，“主动与被动”的“图型”则是“并存的对象的交互关系”。“样式”范畴的“图型”是“与对象的存在相关的时间本身”。其中，“可能性”的“图型”是“对象在任一时间的存在”，“现实性”的“图型”是“对象在一定时间中的存在”，“必然性”的“图型”则是“对象在一切时间中的存在”。“因此，图型无非就是按照规则的先天时间规定，这些规则按照范畴的顺序，关涉到就一切可能对象而言的时间序列、时间内容、时间顺序，最后还有时间概念。”[24]

“先验图型”是《纯粹理性批判》中最难理解的部分之一。康德在《纯粹理性批判》和《未来形而上学导论》中都曾经说这部分内容是“干巴巴的”或“枯燥乏味”的，而且很显然，他也意识到自己并不能清楚明白地对其加以阐释。“我们知性就显象及其纯然形式而言的这种图型法是人类灵魂深处的一种隐秘的技艺，我们很难在某个时候从自然中猜测出它的真正操作技巧，并将它毫无遮蔽地展现在我们眼前。我们只能够说：图像是生产的想象力的经验性能力的一个产物，感性概念（作为空间中的图形）的图型则是纯粹先天想象力的一个产物，仿佛是它的一个符号，种种图像是通过它并且根据它才成为可能的，但种种图像永远必须凭借它们所标示的图型才与概念相结合，就其自身而言并不与概念完全相应。”[25]有批评者认为，图型不过是加上了时间条件的范畴本身，因而图型论并没有解决范畴的应用问题。也有批评者认为，图型论完全是多余的和不必要的，因为在此之前先天综合判断可能性的主要问题已经得到解决。比如，叔本华就认为，从来没有一个人能够弄清楚这个以最晦涩而著名的“图型法”到底是怎么回事儿。在他看来，“图型”实际上并不存在，它不过是康德为了追求体系上的对称性而杜撰出来的。赫费则认为，“康德的先验图型法并不是他的理性批判的多余的、巴罗克式的附加，而是从主题本身中获得的”。[26]

2. 纯粹知性的原理。有了先验图型，知性范畴就可以同直观对象相结合，构成自然科学的基本原理，即纯粹知性的原理。这些原理完全是知性范畴的运用，所以，原理表完全出自范畴表。“范畴表给我们提供了原理表的完全自然的指示，因为后者毕竟无非是前者的客观应用的规则。”[27]康德从四类范畴引出了自然科学的四个原理：直观的公理、知觉的预先推定、经验的类比和一般经验性思维的公设。前两者是数学性的原理，后两者则是力学性的原理。直观的公理即“一切直观都是广延的量”，它表明：时间和空间中的一切对象都是无限可分的，都具有广延的量，就是说，都具有量的特征。它可以说明“7+5=12”和“两点间直线最短”这两个先天综合判断都属于广延的量。这条原理是“量”的范畴的应用。知觉的预先推定即“在一切显象中，作为感觉对象的实在的东西都有强度的量，即一种程度”，这条原理属于“质”的原理，是“质”的范畴的应用。经验的类比即“经验唯有通过知觉的一种必然结合的表象才是可能的”，它是“关系”范畴的应用。康德讲了三个类比原理：“实体的持久性的原理”，即“无论显象如何变易，实体均保持不变”；“根据因果性规律的时间相继的原理”，即“一切变化都按照原因与结果相联结的规律发生”；“根据交互作用或者共联性规律并存的原理”，即“一切实体，就其在空间中能被知觉为同时的而言，都处在无一例外的交互作用之中”。一般经验性思维的公设即经验思维的准则，康德讲了三条公设：“可能性公设”即“凡是与经验的形式条件（按照直观和概念）一致的，就是可能的”；“现实性公设”即“凡是与经验的质料条件（感觉）相关联的，就是现实的”；“必然性公设”即“凡是其与现实的东西的关联被按照经验的普遍条件规定的，就是必然的”。

至此，我们已经达到了知识的最高点。知性范畴和原理只能用于现象，不能用于物自身，用康德的话说，知性在任何时候只能做经验性的应用，但永远不能做一种先验的应用。“一切概念，从而还有一切原理，无论它们如何是先天可能的，都仍然与经验性直观、从而与可能经验的材料相关。没有这种相关，它们就根本没有任何客观有效性，而是一种纯然的游戏，是想象力或者知性各自用自己的表象所做的游戏。”[28]“自以为能够在一个系统的学说中关于一般而言的物提供先天综合知识（例如因果性原理）的本体论，其自负的称号必须让位于仅仅一种纯粹知识的分析论的谦逊称号。”[29]

三、先验辩证论

赫费说：“‘辩证论’要告诉人们的既简单又清楚：从单纯的思虑中不可能有认识；谁若相信相反的东西，他就会成为一种幻想的牺牲品，甚至成为一种海市蜃楼的牺牲品：他相信要在没有东西可以去认识的地方去认识。”[30]

（一）先验幻相（transcendental illusions）

借助于感性直观形式和知性范畴，人对知识对象进行了两次综合，形成了带有普遍性、必然性的科学知识。但人的求知欲是无止境的，人的本性不满足于前两次综合，不满足于现象界的知识，要求进行第三次综合，进而超出现象，达到物自身，即达到无所不包的整体。但人们没有别的工具，只能依靠知性范畴。而知性范畴只对现象有效，不能应用于物自身。如果对范畴做超经验的使用，就会产生所谓“先验幻相”。康德把“先验辩证论”叫作“幻相的逻辑”。

“先验幻相”不同于“经验性的幻相”和“逻辑的幻相”。“经验性的幻相”是我们的判断力被想象的影响所诱惑而造成的，其典型形式就是视觉的幻相，比如把远处的一棵树看成一个人，把远处的方塔看成圆塔。康德强调，视觉的幻相不是感官的错误，因为感官根本不做判断，因而也就谈不上真理或谬误。“因为真理或者幻相并不在被直观的对象中，而是在关于被思维的对象的判断中。因此，人们虽然可以正确地说，感官不犯错误，但这并不是因为它们在任何时候都正确地做出判断，而是因为它们根本不做判断。所以，无论是真理还是谬误，从而还有诱使人得出谬误的幻相，都唯有在判断中，也就是说，唯有在对象与我们的知性的关系中才能发现。”[31]“经验性的幻相”是可以避免的。“逻辑的幻相”是违反或漠视逻辑规则造成的错误推理，这样的错误也是可以纠正的。

“先验幻相”的产生则是人的本性决定的，是由于把物自身混同于现象而产生的，是一种自然的和不可避免的幻相。在康德看来，“即使我们已经揭露了它，并通过先验的批判清晰地看出了它的无价值（例如‘世界在时间上必定有一个开端’这一命题中的幻相），它也仍然不终止。”[32]“这是一种根本不能避免的幻觉，如同我们不能避免海面在中央对我们显得比在岸边更高，因为我们是凭借比岸边更高的光线来看海中央的；或者更有甚者，甚至天文学家也不能避免月亮在升起时对他显得更大，尽管他并不为这一幻相所蒙骗。”[33]先验辩证论旨在揭示先验的幻相，并防止它骗人，但要真正消除这种幻相，却是先验辩证论永远做不到的，因为“纯粹理性有一种自然的和不可避免的辩证法，它不是一个外行由于缺乏知识本身而陷入的辩证法，或者某个诡辩家为了迷惑有理性的人们而人为地编造出来的辩证法，而是不可阻挡地附着于人类理性的辩证法，甚至在我们揭露了它的假象之后，它也仍然不停地迷惑人类理性，不断地将人类理性推入任何时候都需要予以消除的一时糊涂。”[34]

（二）“先验幻相”与“理性”及其理念

康德认为，人除了感性和知性之外，还有一种更高的认识能力——理性。“我们的一切知识都始自感官，由此达到知性，并终止于理性；在理性之上，我们没有更高的东西来加工直观的材料并将之置于思维的至上统一之下了。”[35]理性不同于知性，后者是“规则的能力”，即“通过规则得到现象的统一性的能力”，其对象和适用范围是有限的现象；前者则是“原则的能力”，即“在原则之下得到知性规则的统一性的能力”，它要超越有限的现象，达到无限的物自身。“先验幻相”由此产生。可见，“先验幻相”是理性的必然产物，或者说，理性是“先验幻相”的真正居所。华特生认为，知性和理性不是两种不同的认识能力，而是同一个智力的两种不同的运用。二者的差别在于：知性总是关联于感性直观的，而理性则缺乏感性直观。但正是这一差别使得知性和理性成了两种不同的认识能力。还应当指出的是，在康德那里，理性有广义和狭义之分。广义的理性指人的认识能力和实践能力的整体，在这个意义上，不仅感性和知性这两种认识能力是理性的，而且与道德、审美和宗教相关的能力也是理性的。狭义的理性则专指追求无条件综合的认识能力。这里讲的理性即是狭义的理性。

由于理性没有自身的工具，只能借助于知性范畴进行推论，即从有限的东西推出无限的东西，从而达到关于整体即本体的若干“设想”，这种整体性“设想”康德称之为理念，即先验的理性概念。“理念，我是指其对象不能在任何经验中表现出来的那些必然的概念来说的。”[36]康德的理念论源于柏拉图的理念论。在柏拉图那里，理念是同类具体事物的本质、原型和“通名”，从理论上说，有多少类具体事物，就有多少种理念，其中，“善”的理念居于理念世界的顶峰，是

康德在散步

一切理念追求的最高目的。康德的理念约略相当于柏拉图的“善”，是一种无所不包的整体概念和最高理想。康德特别强调理念和范畴的区分。“把理念（即纯粹理性概念）同范畴（即纯粹理智概念）区别开来作为在种类上、来源上和使用上完全不同的知识，这对于建立一种应该包括所有这些先天知识的体系的科学来说是十分重要的。没有这种区别，形而上学就完全不可能，或者充其量只能说是拼凑，跟既不认识所使用的材料，也不知道这些材料适合做什么，就拼凑空中楼阁一样，不过是一种不合规格的、拙劣的打算而已。”[37]

正如康德从形式逻辑的判断表引出了知性范畴，他从形式逻辑的推理即直言推理、假言推理和选言推理推出了三个理性理念：灵魂、世界和上帝，分别是“理性心理学”、“理性宇宙论”和“理性神学”的研究对象。康德认为，旧形而上学把这三个理念看做实在或实体，必然会出现三种“纯粹理性的辩证推理”（指不合理而又无法避免的推理）：“纯粹理性的谬误推理”、“纯粹理性的二律背反”、“纯粹理性的理想”。

“纯粹理性的谬误推理”（paralogism），是纯粹理性的第一种“辩证幻相”，是旧形而上学的“理性心理学”在灵魂或自我问题上所犯的错误。灵魂或自我是一种无条件的主体，它只具有理想性，如果赋予其实在性，就成了“谬误”或“幻相”。笛卡尔的“我思故我在”，就是把“我在”中的“我”当作实体，因而是谬误的。康德认为，实体本来是知性范畴，只能应用于经验对象，不能运用于超验的理念。把灵魂或自我实体化的一个严重后果是：否定了自我的自由。

“纯粹理性的二律背反”（antinomies）。是纯粹理性的第二种“辩证幻相”，是旧形而上学的“先验宇宙论”关于“世界”的先验幻相。“世界”只是对于整体性的一种设想，因而在现象界并没有与之相对应的对象，如果把它当作现象界的东西加以规定，就会出现“二律背反”。“二律背反”指的是：对同一个对象可以有两种截然对立的规定，而且两者都能够得到证明。共有四组二律背反，它们是用四类知性范畴去规定“世界”这个无限整体时产生的。用“量”的范畴去规定“世界”产生第一组“二律背反”：正题：世界在时间上有开端，在空间上有界限；反题：世界就时间、空间来说都没有开端，都是无限的。用“质”的范畴去规定“世界”产生第二组“二律背反”：正题：世界上任何实体，都由单一不可分的东西构成；反题：世界上没有任何单一不可分的事物。用“关系”范畴去规定“世界”产生第三组“二律背反”：正题：世界作为整体是自由的；反题：没有自由，世界上一切事物都按自然规律而发生。用“样式”范畴去规定“世界”产生第四组“二律背反”：正题：有一个绝对的必然存在属于这个世界，或作为它的部分，或作为它的原因；反题：世界中或世界外都没有一个绝对必然的存在作为世界的原因。康德对第三组二律背反极为重视，在 1798 年致伽尔韦的信中，他声称“正是这个二律背反，把我从独断论的迷梦中唤醒，使我转到对理性本身的批判上来，以便消除理性似乎与它自身矛盾这种怪事。”[38]

“纯粹理性的理想”即上帝，如果把这样的理想当作现实性的东西或知识的对象进行追求，就会产生纯粹理性的第三种“辩证幻相”。康德批判了旧形而上学关于上帝存在的种种证明，即“本体论证明”、“宇宙论证明”和“自然神学证明”。本体论证明始于安瑟尔谟，笛卡尔、斯宾诺莎、莱布尼茨等人也在不同程度上重提了这种证明，特点是从上帝的概念本身推论出上帝的存在。康德认为，“本体论证明”的错误是：把上帝这种理想性的东西当成客观对象，用“存在”这个知性范畴去规定超验的上帝。康德区分了“逻辑的谓词”和“实在的谓词”：任何东西都可以充当“逻辑的谓词”，但“逻辑的谓词”却不必然是“实在的谓词”。“存在”或“是”就不是“实在的谓词”，而是一个“判断的系词”。“因此，当我思维一个事物时，无论我通过什么谓词以及多少谓词来思维它（甚至在普遍的规定中），通过我附加上‘该物存在’，也对该物没有丝毫的增益。”[39] 同理，当人们说上帝存在时，人们并没有为上帝（全知、全能、全善）的概念设定一个新谓词，就是说，上帝的实存并没有得到肯定。“一个人不能从纯然的理念出发使洞识变得更加丰富，恰如一个商人不能为了改善自己的状况就想给自己的库存现金账添上几个零来使财产增多一样。”[40]

“宇宙论证明”的特点是“经验性地以不确定的经验为基础，也就是说以某一种存在为基础”。[41] 而一切可能经验的对象就是世界，故被称为宇宙论的证明。这种证明的逻辑是：“如果某种东西实存着，那就必定也有一个绝对必然的存在者实存着。现在，至少我自己实存着，所以一个绝对必然的存在者实存着。”[42] 就是说，一切偶然的东西必有其原因，直至一个绝对必然的原因。它的错误是：用因果关系的知性范畴去证明超验的上帝，因而是不合法的。而且，在最终的意义上，它的错误和本体论证明的错误是一样的：把单纯逻辑的存在等同于实存。“假定一个具有最高充足性的存在者的存在为一切可能的结果的原因，以便使理性容易找到它所寻求的解释根据的统一性，这是可以允许的。然而如此放肆，以至于人们甚至说这样一个存在者必然实存，就不再是一个可以允许的假说的谦逊表现，而是一个不容置疑的确信肆无忌惮的僭妄了”。[43]

“自然神学证明”的特点是“从确定的经验和由这种经验所认识的我们感官世界的特殊性开始，并根据因果律由它一直上升到世界之外的最高原因”。[44] “宇宙论证明”从一切可能的经验推论上帝的存在，“自然神学证明”则从我们的这个感官世界出发论证上帝的存在。“把在世界中如此普遍可观察到的秩序与合目的性当做一种完全偶然的安排，从它出发前进到一个与它相应的原因的存在。”[45] 这是一种最古老、最适合通常的人类理性的证明，其错误也是把只适用于现象界的因果范畴运用于上帝，从有限推论无限，因而也是非法的。在康德看来，自然神学证明的基础是宇宙论证明，而宇宙论证明是一种隐蔽的本体论证明。

康德对于旧形而上学上帝证明的批判，并不意味着他得出了上帝不存在的结论。在康德看来，如果把上帝这个至高存在者作为知识的对象加以研究，就会陷入“幻相”，就是说，无论是上帝存在还是不存在都是不可用知性范畴加以证明的。康德把“上帝存在”的问题预留给了实践理性。“最高的存在者对于理性纯然思辨的应用来说依然是一个纯然的、但毕竟完美无缺的理想，是一个完成全部人类知识并使其达到顶峰的概念，它的客观的实在性沿着这条道路虽然不能得到证明，但也不能被驳倒；而且如果应当有一种能够弥补这种缺陷的道德神学的话，那么在这种情况下，此前尚成问题的先验神学就通过对它的概念的规定和对一种足够经常地被感性蒙骗、并且并不总是与其自己的理念一致的理性的不断的监察，而证明了自己的不可或缺性。”[46] 赫费认为，“在有关上帝的哲学启蒙的历史过程中康德的思想带来了一次决定性的转折。这一转折甚至达到了革命的级别，当然是哲学神学内部的典范性变化的级别。……康德的哲学神学的典范性变化就在于此：不再是理论理性，而是纯粹实践理性，即道德理性才是合法的上帝问题的原生地。”[47]

四、先验方法论

鉴于“先验方法论”在《纯粹理性批判》中所占篇幅较小，这部分内容历来为康德哲学解释者所忽略。“按照该书的结构，康德显然认为这部分内容具有同等的重要性。而且，有很多证据表明：‘法规’

篇的内容真正说来正是全书其他部分努力达到的目标。”[48]康德把《纯粹理性批判》比作一座建筑，“先验要素论”对可用的建筑材料进行了估算，使我们清楚地知道了我们可以用这些材料建造多大规模的住宅。“先验方法论”则对这座建筑加以设计和规划。“我把先验的方法论理解为对一个完备的纯粹理性体系的形式条件的规定。”[49]

（一）纯粹理性的训练（discipline）

鉴于理性总是倾向于超出经验的范围追求无限，从而陷入种种幻相不能自拔，康德认为，理性自身“就十分需要一种训练来约束它那把自己扩展到可能经验的狭窄界限之外的倾向，并阻止它放纵和失误了，甚至纯粹理性的全部哲学都是仅仅与这种否定的效用相关的。”[50]这种训练可以在下述几个方面展开。

“纯粹理性在独断应用中的训练”旨在表明：数学方法和哲学方法是两种不同的方法，因而把前者应用于后者就必定是独断的。“为一种独断的程序所充斥、用数学的名称和绶带来装饰自己，这并不适合于哲学的本性，尤其是在纯粹理性的领域里；哲学毕竟不属于数学的行列，尽管它有一切理由希望与数学结成姊妹关系。”[51]

“纯粹理性在其争辩应用方面的训练”旨在表明：纯粹理性的争端之所以发生，是因为解决这种争端的法庭没有真正确立起来。这个法庭不是别的，恰恰是纯粹理性批判。“没有这种批判，理性就仿佛是处在自然状态中，并且除了通过**战争**之外，就不能以其他方式来提出或者保障自己的主张和要求。”[52]在康德看来，近代哲学的种种争端即源于此。为了平息这种争端，理性就必须使自己接受这样的训练，“除了**诉讼**之外，我们不应当以别的方式来进行我们的争端。”[53]向理性法庭提出诉讼的结果是，理性知道了自己的能力和限度，自然状态因而让位于永久和平。

“纯粹理性在假说方面的训练”旨在表明：纯粹理性对于灵魂、

上帝、世界等理念非但不能形成任何知识，甚至也不能形成任何有效的假说。关于对象的任何假说都必须基于某种完全确定的东西，即对象的可能性，而对象的可能性的条件在于可能经验的条件。理性理念既不关涉任何经验对象，也不指向任何想象的、可能的对象，所以，关于这些理念的任何先验假说都是不合法的。康德并不是完全否认假说在纯粹理性领域的作用，但他强调，“假说只是作为战斗的武器才被允许，不是为了在它上面建立一种权利，而仅仅是为了维护一种权利。”[54]

“纯粹理性在其证明方面的训练”旨在表明：任何先验证明都必须遵循下述三条原则。第一，“不事先考虑以及说明人们要从何处得到打算把先验证明建立于其上的那些原理，以及人们有什么权利能够期望从它们得出好的推论结果，就不尝试任何先验证明。”[55]第二，“只能为任何一个先验的命题找到**唯一的一种**证明。”[56]第三，“证明从来都不是**迂回的**，而必须在任何时候都是**明示的**。”[57]

（二）纯粹理性的法规（canon）

“纯粹理性的训练”指出了人类理性为了约束自己的放纵必须经受的种种锻炼，“纯粹理性的法规”则从正面提出了正确使用纯粹理性的先天原理，因为康德“把法规理解为某些一般认识能力的正确应用之先天原理的总和。”[58]纯粹知性有自己的法规，这就是先验分析论。纯粹理性的思辨应用则是无法规可言的，因为这种应用是不合法的。“如果某个地方有纯粹理性的一种正确应用，在这种情况下也必定有纯粹理性的一种法规的话，那么，这种法规将不涉及思辨的理性应用，而是涉及**实践的理性应用**”。[59]

理念不是认识的对象，而是一种“理想”。要把握理念，不能依靠理论理性，必须依靠实践理性。实践理性高于理论理性。康德认为，一方面，纯粹理论理性或思辨理性的批判只是消极的，即永远不

康德的住所

要冒险用思辨理性去超越经验的界限；另一方面，它又是积极的，即为纯粹理性的实践应用创造了条件。“因此，一项限制思辨理性的批判，虽然就此而言是消极的，但由于它借此同时排除了限制或者有完全根除理性的实践应用的危险的障碍，事实上却具有积极的和非常重要的用处，只要人们确信，纯粹理性有一种绝对必要的实践应用（道德上的应用），在这种应用中它不可避免地扩展越过感性的界限，为此它虽然不需要从思辨理性得到任何帮助，但尽管如此却必须针对它的反作用得到保障，以便不陷入与自己本身的矛盾。否认批判的这种服务有积极的用处，如同说警察不产生积极的用处，因为警察的主要工作毕竟只不过是阻止公民可能为其他公民会采取的暴力行为而担忧，以便使每一个公民都能够安居乐业罢了。”[60]

（三）纯粹理性的建筑术（architectonic）

这部分内容实际上是康德关于自己哲学体系的一个概览。他强调，知识必须构成一个体系，因为“唯有在体系中，它们才能够支持和促进理性的根本目的。”[61]“纯粹理性的建筑术”就是讲构造批判哲学体系的方法或艺术。“我把一种**建筑术**理解为种种体系的艺术。由于正是系统的统一性最初使平常的知识成为科学，也就是说，用知识纯然的集合体构成一个体系，所以建筑术就是我们一般知识中的科学性因素的学说，从而必然属于方法论。”[62]

批判哲学体系以理性理念为引导。理念虽然不可知，却构成了知识统一性的一个担保。“我把体系理解为杂多的知识在一个理念之下的统一。”[63]“科学性的理性概念包含着与它一致的整体的目的和形式。”[64]康德区分了两种统一性：技术性的统一和建筑术的统一。前者是经验的统一性，数学、物理学等自然科学所追求的即是这种意义上的统一性；后者则是基于理性目的的统一性，哲学特别是批判哲学所追求的即是这种意义上的统一性。哲学高于其他科学，哲学家高于科学家。

“数学家、自然科学家、逻辑学家，无论前二者在理性知识上、后二者尤其在哲学知识上进展多么出色，他们毕竟只是理性艺人。在理想中还有一位教师，安排所有这些人，把他们当作工具来使用，以促进人类理性的根本目的。唯有这位教师，人们才必须称为哲学家”。[65]

批判哲学体系以道德或自由为自己的最高追求。康德认为，哲学有两个对象，即自然和自由，前者是自然哲学的研究对象，后者是道德哲学的研究对象。“自然哲学关涉**存在**的一切，道德哲学则关涉**应当存在**的一切。”[66] 与哲学史上的很多哲学家一样，康德也把道德哲学作为自己批判哲学体系的制高点，因为道德哲学涉及的是人的尊严和人生的意义。“由于道德哲学与其他一切哲学相比所拥有的这种优越性，在古人那里，人们在任何时候都把哲学家同时并且尤其理解为道德学家”。[67]

批判哲学体系致力于道德形而上学的建立。批判哲学以建立未来的科学的形而上学为己任，因为唯有形而上学才是真正意义上的哲学。“人们在任何时候都将返回到形而上学那里，就像是返回到一个曾与我们反目的爱人那里一样”。[68] 批判哲学以伦理学为自己的最高追求，但这里的伦理学或道德哲学不是经验科学，而是形而上学。康德区分自然形而上学和道德形而上学：与纯粹理论理性相关的是自然形而上学，与纯粹实践理性相关的则是道德形而上学。处于批判哲学体系顶峰的无疑是道德形而上学，它是“一个纯粹的，完全清除了一切经验、一切属于人学的东西的道德哲学。”[69]

总的说，“先验方法论”构成了联结《纯粹理性批判》和《实践理性批判》的一个纽带。

《纯粹理性批判》是哲学史上最重要、最伟大的经典之一。奥特弗里德·赫费说：“尽管有黑格尔、马克思、穆勒和尼采的著作，尽管后来又出现了弗雷格、胡塞尔、海德格尔、罗素或维特根斯坦，但是似乎没有一个人知道有比《纯粹理性批判》在近代哲学史留下更深刻印记的著作了。”[70] 他还说：“康德把迄今在部分互相置之不理、部分互相攻击的各种思潮中展开的近代思维的主要问题提到了一个更高的明晰性和反思的阶段，并力求在共同的原则下来解决这些问题。康德的批判性先验论的新论述持久地改变着各个不同领域的哲学讨论，并且对直至当代的思想发展起了决定性的作用。”[71]

注释

1 康德：《纯粹理性批判》(第2版)，第46页。
2 同上书，第45页。
3 同上。
4 同上书，第244页。
5 康德：《任何一种能够作为科学出现的未来形而上学导论》，第41页。
6 司退斯：《黑格尔哲学》，中国社会科学出版社，1989年，第35页。
7 赫费：《康德：生平、著作与影响》，第92页。
8 约翰·华特生：《康德哲学讲解》，华中师范大学出版社，2000年，第62页。
9 康德：《纯粹理性批判》(第2版)，第58页。
10 同上书，第69页。
11 同上书，第70页。
12 同上书，第80页。
13 同上书，第69页。
14 参见华特生：《康德哲学讲解》，第102页。
15 康德：《纯粹理性批判》(第2版)，第104页。
16 同上书，第102页。
17 同上书，第120页。
18 同上书，第121页。
19 同上书，第128页。
20 同上书，第129页。

21 康德:《纯粹理性批判》(第 2 版),第 130 页。
22 约翰·华特生:《康德哲学讲解》,第 145 页。
23 康德:《纯粹理性批判》(第 2 版),第 131 页。
24 同上书,第 133 页。
25 同上书,第 130 页。
26 赫费:《康德:生平、著作与影响》,第 100 页。
27 康德:《纯粹理性批判》(第 2 版),第 141 页。
28 同上书,第 199 页。
29 同上书,第 201—202 页。
30 赫费:《康德的〈纯粹理性批判〉》,第 216 页。
31 康德:《纯粹理性批判》(第 2 版),第 229 页。
32 同上书,第 231 页。
33 同上。
34 同上书,第 232 页。
35 同上。
36 康德:《任何一种能够作为科学出现的未来形而上学导论》,第 104 页。
37 同上书,第 105 页。
38 《康德书信百封》,第 242 页。
39 康德:《纯粹理性批判》(第 2 版),第 392 页。
40 同上书,第 394 页。
41 同上书,第 387 页。
42 同上书,第 395 页。
43 康德:《纯粹理性批判》(第 2 版),第 400 页。
44 同上书,第 387 页。
45 同上书,第 409 页。
46 同上书,第 417—418 页。
47 赫费:《康德:生平、著作与影响》,第 136 页。
48 Douglas Burnham with Harvey Young, *Kant's Critique of Pure Reason*, Edinburgh University Press, 2007, p.170.
49 康德:《纯粹理性批判》(第 2 版),第 456 页。
50 同上书,第 458 页。
51 同上书,第 472 页。

52 康德：《纯粹理性批判》（第 2 版），第 482 页。
53 同上。
54 同上书，第 497 页。
55 同上书，第 502 页。
56 同上。
57 同上书，第 504 页。
58 同上书，第 508 页。
59 同上书，第 509 页。
60 同上书，第 15 页。
61 同上书，第 531 页。
62 同上。
63 同上。
64 同上。
65 同上书，第 535 页。
66 同上书，第 536 页。
67 同上。
68 同上书，第 542 页。
69 康德：《道德形而上学原理》，上海人民出版社，2002 年，第 3 页。
70 赫费：《康德：生平、著作与影响》，第 26 页。
71 同上书，第 261 页。

第十章　康德：我应当做什么

在世界之中，一般地，甚至在世界之外，除了善良意志，不可能设想一个无条件善的东西。

善良意志，并不因它所促成的事物而善，并不因它期望的事物而善，也不因它善于达到预定的目的而善，而仅是由于意愿而善，它是自在的善。并且，就它自身来看，它自为地就是无比高贵。

要使一件事情成为善的，只是合乎道德规律还不够，而必须同时也是为了道德而做出的；若不然，那种相合就很偶然并且是靠不住的。因为，有时候并非出于道德的理由，也可以产生合乎道德的行为，而在更多情况下却是和道德相违反。

有两样东西，我们愈经常愈持久地加以思索，它们就愈使心灵充满始终新鲜不断增长的景仰和敬畏：在我之上的星空和居我心中的道德法则。

——康德

康　德

一、理性的统一性

康德说，他的全部哲学可以归结为下述三个问题：我能够知道什么（what can I know）？我应当做什么（what must I do）？我可以希望什么（what may I hope）？而这三个问题又可以归结为一个问题：人是什么（what is man）？第一个问题由自然形而上学来回答，第二个问题由道德形而上学来回答，第三个问题由宗教学来回答，人是什么的问题在微观上由人类学来回答，在宏观上则由批判哲学整体来回答。第一个问题涉及理论理性，第二和第三个问题则涉及实践理性。

康德的道德哲学主要见于《道德形而上学原理》和《实践理性批判》等著作。康德把形而上学分为两种：自然形而上学和道德形而上学，自然形而上学处理物理学的理性部分（物理学的经验部分是狭义物理学的对象），道德形而上学则处理伦理学的理性部分（伦理学的经验部分是实用人类学的对象）。在康德看来，全部道德概念都先天地存在于理性之中，并且导源于理性，就是说，这些概念绝不是经验的，绝不是从偶然的经验知识中抽象出来的。道德哲学是关乎人的意志或意愿的，但它研究的不是人的一般意愿的行为和条件，这是心理学的任务，而是可能纯粹的意志的观念和原则。所以，道德哲学的基础一定是形而上学。“形而上学必须是个出发点，没有形而上学，不论在什么地方也不会有道德哲学。”[1]

在康德那里，理性包括理论理性和实践理性，但实践理性不是一个不同于理论理性的理性。毋宁说，只有一个理性，它或者从事理论工作，或者从事实践工作。“在纯粹实践理性完成之后，我就有必要同时说明它在原则上和理论理性的一致，因为，归根到底只有一个理性，只是在运用方面有所不同罢了。”[2]“在纯粹理性源泉里，理性在形而上学方面的思辨的使用必然同理性在道德方面的实践的使用是统一的。”[3]所不同的是，“理性思辨应用的关切在于认识客体，直至最高的先天原则，理性实践应用的关切在于相对于最终的和完整的目的决定意志。”[4]在筹划出版《纯粹理性批判》第二版的过程中，康德甚至有过这样的想法，即把《实践理性批判》包括在《纯粹理性批判》之中。当然，最终康德放弃了这个念头。

为了体现理性批判的一致性，《实践理性批判》具有和《纯粹理性批判》类似的形式结构，即分为“纯粹实践理性要素论”和“纯粹实践理性方法论”。从篇幅上看，“纯粹实践理性要素论”约占了全书的十分之九，“纯粹实践理性方法论”约占十分之一。从内容上看，“要素论”主要讲纯粹实践理性诸原理，“方法论”则涉及“我们如何能够裁成纯粹实践理性的法则进入人类的心灵，以及裁成它们对于这种心灵的准则的影响，亦即如何能够使客观的实践理性在主观上也成为实践的。”[5]“纯粹实践理性要素论”分为“纯粹实践理性分析论”和“纯粹实践理性辩证论”。前者讨论真理的规则，后者描述和解决实践理性判断中的假象。

二、善良意志

人不同于物。后者只是按照规律而活动，前者的活动则由意志而发动。“在自然界中每一物件都是按照规律起作用。唯独有理性的东西有能力按照对规律的观念，也就是按照原则而行动，或者说，具有意志。”[6]康德强调，要使规律见之于行动，必然需要理性，所以，这种意志绝不是一种非理性力量，而是实践理性。

道德的最终目的是追求至善，但善有两种：意志的善和结果的善。在康德看来，只有意志的善才是真正的道德善。“在世界之中，一般地，甚至在世界之外，除了善良意志，不可能设想一个无条件善的东西。”[7] 人性中其他好的特征如理解、明智、判断力以及勇敢、果断和忍耐等，只有在特定条件下才是有价值的，因为它们既可以被用于善，也可以被用于恶。“假如不以善良意志为出发点，这些特性就可能变成最大的恶。”[8] 康德举例说，沉着的特性放在一个恶棍身上会使他更加危险，也使他愈加可憎。日本学者安倍能成曾经引用孟子的话说明“结果的善”的相对性。“淳于髡曰：‘男女授受不亲，礼与？’孟子曰：‘礼也。’曰：‘嫂溺，则援之以手乎？’曰‘嫂溺不援，是豺狼也。男女授受不亲，礼也；嫂溺援之以手者，权也。’”[9] 而善良意志（good will）则内在地即是善的，其价值完全是自足的，全然独立于其各种外部关系，甚至独立于它的结果。“善良意志，并不因它所促成的事物而善，并不因它期望的事物而善，也不因它善于达到预定的目的而善，而仅是由于意愿而善，它是自在的善。并且，就它自身来看，它自为地就是无比高贵。”[10] 有了善良意志，即使由于时机和条件不具备而未能取得预定的结果，这个意志本身仍然是值得夸耀和赞许的。善良意志虽然不是唯一的善和完全的善，但一定是最高的善，也是最为纯粹的善。

很显然，善良意志和义务密切相关。康德的道德理论是义务论（deontology）的，认为行为道德与否完全取决于行为者的动机。如果一种意志出于义务（from duty），而不仅仅是合乎义务（in conformity with duty），那么，这种意志就是善良意志。正确的或善良的动机就是“做正确的事情”、“尽自己的道德义务”、“尊重道德律”。康德严格区分出于道德与合乎道德。“要使一件事情成为善的，只是合乎道德规律还不够，而必须同时也是为了道德而做出的；若不然，那种相合就很偶然并且是靠不住的。因为，有时候并非出于道德的理由，也可以产生合乎道德的行为，而在更多情况下却是和道德相违反。”[11] “行为全部道德价值的本质性东西取决于如下一点：道德法则直接地决定意志。倘若意志决定虽然也合乎道德法则而发生，但仅仅借助于必须被设定的某种情感，而不论其为何种类型，因此这种情感成了意志充分的决定根据，从而意志决定不是为了法则发生的，于是行为虽然包含合法性，但不包含道德性。”[12] 拥有善良意志的人，会仅仅因为义务本身而履行义务，而不会期望任何回报，或可能带给他的任何幸福或快乐。

道德行为不允许有任何功利的考虑。商人做到货真价实、童叟无欺，这是合乎义务的，但他这样做却不是出于义务和诚实原则，而是出于自利，所以，商人的行为谈不上道德行为。助人为乐，当然也是合乎义务的，因而值得称赞，但却不具有真正的道德价值，因而不值得高度推崇，因为它出于爱好。道德行为不能出于爱好，只能出于责任或义务。假如一个性格冷淡、不具同情心的人，在特定情况下出于义务而助人，则是一种具有道德价值的行为，因为他做好事不是出于爱好，而是出于义务。当然，出于义务的动机和出于爱好的动机可能是重合的。而且，康德相信：对合乎义务的事情的爱好能够大大有利于道德准则起作用。

应当指出的是，康德绝不是主张人们必须冷漠地做好事。他所强调的是，给予行为道德价值的，不是爱好的动机，而是责任的动机。正如阿利森所说：“事实上，康德绝没有主张，一个在别的方面值得予以道德称赞的行为，一旦行为者有一种实行它的爱好就会丧失其道德意义。相反，他的主张是说，如果行为者实行该行为仅仅是因为爱好，那么，这样的行为就会缺乏道德意义。因此，伴有爱好（mit Neigung）的行为与受到爱好推动或出于爱好（aus Neigung）的行为

康　德

之间的区分，乃是康德道德心理学的一个本质要素。”[13]

康德反对道德上的“后果论”（consequentialism）。“后果论”认为人类的一切行为都有其目的，都是为了实现某种结果，因此，判定行为的善恶，首先要依据其结果的善或恶。比如，功利主义就认为，行为的道德与否只和行为的结果相关，而和行为的动机无关。穆勒说：“功利主义道德学家超越于几乎所有其他人的地方就在于他们坚信，行为的动机与行为的道德之间是没有联系的，尽管行为的动机与当事人的价值很有关联。把一个落水的同伴拯救上岸在道德上是做了一件正确的事，无论他是出于义务，还是出于得到回报的期望；背叛一个信任自己的朋友就是一种罪过，即便这种背叛是为了帮助另外一个朋友，对于另外一个朋友自己具有更多的义务。”[14]康德认为，理性的目标不是产生合乎预期的结果，而是产生出自身即为善的意志。于是，康德提出了道德的三个命题：第一，“只有出于责任的行为才具有道德价值”；第二，“一个出于责任的行为，其道德价值不取决于它所要实现的意图，而取决于它所被规定的准则”；第三，“责任就是由于尊重规律而产生的行为必要性”。[15]

康德严格区分幸福论与德性论，“区别由经验原则构成整个根基的幸福论与毫无经验成分的道德论，是赋予纯粹实践理性分析论的第一的和最重要的任务”。[16]康德并非漠视人的幸福，他想强调的是，幸福取决于主体的爱好、本能、需求等经验性要素，因而不宜成为普遍的道德法则。“幸福原则与德性原则的这种区别并不因此立即就成了两者的对立，而且纯粹实践理性并不希望人们应当放弃对于幸福的要求，而只是希望一旦谈到职责，人们应当完全不瞻顾幸福。”[17]因为“幸福是个很不确定的概念，虽然每个人都想要得到幸福，但他从来不能确定，并且前后一致地对自己说，他所想望的到底是什么。这种情况发生的原因在于：幸福概念所包含的因素全部都是经验的，它们必须从经验借来。”[18]

正如赫费所看到的，康德在理论理性领域和实践理性领域的“论敌”有所不同。在认识论中，他反对的是对纯粹理性的僭妄；而在伦理学中，他所反对的是对受经验制约的理性的僭妄。叔本华特别看重康德对于德性论和幸福论的区分，因为在康德之前，无论是古代人还是近代人都把伦理学看做关于幸福的学说，而这意味着把德性仅仅当做达到幸福这个目的的手段。“康德对道德科学的伟大贡献是，他清除了这门科学中的一切幸福论。”[19]

三、绝对命令

理性有其自身的客观法则。在一个完全善良的意志那里，比如说在上帝那里，意志自身就必然地和这些法则相一致，期间不存在任何隔膜。但由于我们只是部分地作为理性存在者而存在（除此之外，我们还有各种主观的冲动和欲望），所以，我们并不是必然地会合乎道德地行动，我们会把这些法则经验为强制性因素，视为我们必须加以遵守的命令。“在人类这里，这个法则具有一个命令的形式，因为我们虽然设定作为理性存在者的人类具有纯粹意志，但是我们无法设定作为受需要和感性动机刺激的存在者的人类具有神圣意志，亦即不可能有任何与道德法则相抵触的准则这样一种意志。因此，道德法则在人类这里就是一个命令”。[20]

康德区分了两种命令：假言命令（hypothetical imperatives）和绝对命令（categorical imperatives）。假言命令是人们为了达到一种特定的结果必须遵守的命令。按照这种命令，人们之所以必然实施一个行为，不是由于该行为本身，而是由于外在于该行为的另一个目的，对于这个目的而言，该行为只是一个手段。例如，如果你想按时毕业，就必须修满学分。它是一种命令，因为这是你达到如期毕业这个特定的目的必须要遵守的。但它只是一种假言的、有条件的、相对的命令，如果你不想如期毕业，则可以完全不顾这个命令。康德认为，道德命令不是假言命令，因为道德命令是无条件的、普遍的和绝对的。绝对命令是人作为一个理性存在者必须遵守的命令，它把行为本身看做是自为地客观必然的，和其他的目的无关。绝对命令“宣称行为自为地是客观必然的，既不考虑任何意图也不考虑其他目的，所以被当做一种必然的实践原则。”[21] 这里的“绝对”包含下述两层含义：其一，它具有绝对的强制性，是人们在任何情况下都必须遵守的准则，即使和爱好所希望的后果相背驰，也必须执行；其二，它具有最大的普遍性，是任何一个理性存在者都必须遵守的准则。

在康德那里，绝对命令有三种表述形式。第一个表述是：“要只按照你同时认为也能成为普遍规律的准则去行动”。就是说，只有当你的行动所要遵从的准则可以成为一条普遍的准则时，你才可以采取该行动。为了说明这种命令，康德举出了几种情况：1. 一个身处逆境因而心灰意冷准备自杀的人，可以向自己提出这样的问题：他的行为准则是否可以变成一条普遍的自然规律。显然，以通过情感促使生命的提高为职责的自然不可能把毁灭生命作为自己的规律，可见，自杀是不合乎道德的。2. 在无计可施时，一个人可以有意地做不兑现的诺言吗？答案很简单，他只需这样问自己：我是否也愿意把这个通过假诺言而解脱自己困境的准则，变成一条普遍规律？换句话说，我是否愿意这条准则不仅适用于我，而且同样适用于他人？一个有理性的存在者肯定做出否定的回答，否则任何诺言都会失效。当然，诚实原则并不意味着任何时候对任何人都要“完全讲真话”，比如对严重的病人或者小孩子完全可以对某些事情保持沉默，而不必说谎。3. 一个有才能也有机会的人却无所事事，不愿意去发挥和增长自己的才干。这

康德剪影

个人就该问一问自己：他是否愿意他这种忽视自己天赋的行为成为一种普遍规律。显然不能，因为任何一个有理性的存在者都愿意把自己的才能发挥出来。4. 一个事事如意的人，有能力帮助别人却无动于衷。康德指出，没有人愿意把这样一条原则当成普遍规律，因为那样的话，任何同情和帮助都会成为不可能。

这四个例子涉及四种义务：禁止自杀是对自身的完全义务，禁止不发展自己的能力是对自身的不完全义务；禁止假承诺是对他人的完全义务，禁止对他人的苦难漠不关心是对他人的不完全义务。“康德把绝对命令的这第一个公式，当成是圣经中那个著名的金律——欲人施于己者，己必施诸人——的哲学基础。它是先天的，因为它以仅仅能够得到理性推崇的东西为基础。”[22] 康德认为，有了这条绝对命令，人们就可以很容易地辨别善与恶、合乎责任与违背责任，即使最普通的人也知道自己该做什么，不该做什么。“德性的定言命令，每个人的能力在任何时候都足以承受，至于以经验为条件的幸福规矩，则绝少如此，而如果仅就一个单一的意图而言，更远非是每个人力所能及的。原因在于，在前一种情形下，它只取决于必定是真正而纯粹的准则，但在后一种情形下，它还取决于实现一个欲求对象的力量和自然能力。”[23]

绝对命令的根据何在？康德意识到，通过例证和经验来证明绝对命令是不可能的，因为很多看似绝对命令的东西骨子里很可能是假言的。“对于道德，没有什么比举例说明更为有害的了。”[24] 所以，对于绝对命令的可能性必须先天地加以研究。他认为，绝对命令是先天综合判断。它是先天的，因为它不是来自于经验，而是源自理性自身；它所涉及的不是行为的质料，而是行为的形式，是行为所遵循的原则。它是综合的，因为它的内容没有包含在理性行为者的概念本身之中。康德指出，“如若有一种东西，它的定在自在地具有绝对价值，它作为目的能自在地成为一确定规律的根据。在这样东西身上，也只有在这样东西身上，才能找到定言命令的根据，即实践规律的根据。”[25] 人就是这样一种有理性的存在者，他自在地作为目的而实存着，而不仅仅是这个或那个意志随意使用的工具，正是这一点构成了绝对命令的根据。所以，绝对命令的第二个表述是：“你的行动，要把你自己人身中的人性，和其他人身中的人性，在任何时候都同样看做是目的，永远不能只看作是手段。”[26] “在目的的秩序里，人（以及每一个理性存在者）就是目的本身，亦即他决不能为任何人（甚至上帝）单单用作手段，若非在这种情形下他自身同时就是目的”。[27]

就上面举过的例子而言，为了逃避一时的困境而毁灭自己（自杀），就是把自己的人身作为工具，而不是看做目的；对别人做不兑现的诺言，则是把别人仅仅当作自己的工具，而不是将其看做自在目的；忽视自己的天赋虽然并不妨碍把人性作为目的而保存，却不能促进这一目的的实现；一个人不仅要促进自己目的的实现，而且要尽其所能促进他人目的的实现，所以，在有能力的情况下，还是要对陷于困境的人伸出援助之手。康德强调，这条原则具有普遍性和客观性，它不可能来自经验，只能来自纯粹理性。

如果每个有理性的存在者都服从这样的规律，即在任何时候都不应把自己和他人仅仅当作工具，而应该永远看作自身就是目的，就会产生一个目的王国。每一个有理性的存在者都是这个目的王国的成员。

意志并不是简单地服从规律或法律，他之所以服从，是由于他自身也是个立法者。正由于这规律或法律是他自己制定的，所以他才必须服从。于是，康德对绝对命令的第三种表述是：“每个有理性东西的意志的观念都是普遍立法意志的观念。”[28] “每个有理性的东西，在任何时候，都要把自己看作一个由于意志自由而可能的目的王国中的立法者。他既作为成员而存在，又作为首脑而存在。”[29]道德活动和立法活动密不可分，正是通过这种活动目的王国才成为可能。康德强调，每一个有理性的存在者都赋有立法能力，规律或法律只能出于他的意志。自己为自己立法，这就是意志的“自律”（autonomy），与此相反的则是“他律”（heteronomy）。“意志自律是一切道德法则以及合乎这些法则的职责的独一无二的原则；与此相反，意愿的一切他律非但没有建立任何职责，反而与职责的原则，与意志的德性，正相反对。”[30]

正因为人是自律的，所以才谈得上人的尊严。“唯有立法自身才具有尊严，具有无条件、不可比拟的价值，只有它才配得上有理性东西在称颂它时所用的尊严这个词。所以自律性就是人和任何理性本性的尊严的根据。”[31]“虽然在责任概念上，我们感到对规律的服从，然而我们同时还是认为那些尽到了自己一切责任的人，在某种意义上是崇高的、尊严的。他之所以崇高，并不由于他服从道德规律，而是由于他是这规律的立法者，并且正因为这样，他才服从这一规律。”[32]

康德强调，关于绝对命令的三种表述实际上是同一规律的不同公式，其中，每一个都包含着其他两者。

四、纯粹实践理性的公设

至善是意志与道德法则的完全切合。对于一个必死的、有限的理性存在者来说，这种完全的切合无疑是难以达到的。“意志与道德法则的完全切合是神圣性，是一种没有哪一个感觉世界的理性存在者在其此在的某一个时刻能够达到的完满性。”[33]这种完满性“只有在一个向着那个完全的切合性而趋于无穷的前进中才能见及”。[34]于是，康德提出了纯粹实践理性的公设（postulates），作为这种切合性的担保。

“所谓公设，我理解的是一种理论的、但在其本身不可证明的命题，它不可分离地附属于无条件有效的先天实践法则。”[35]

公设之一：意志自由（free will）。“人是立法者”的思想表明：绝对命令不但命令我们遵循普遍规律，而且遵循我们作为理性存在者自身所制定的普遍规律。在康德看来，这一点极为重要，因为它直接引向自由理念。自由就是遵循我们自己的理性法则，而不仅仅是我们的欲望。所以，自由即道德。“显然道德是和一个自由的主体的实在性结合在一起的；因为，如果人不是自由的，他的行动就不能归之于他自己，因而人与自然界无生命的东西就没有区别了。”[36]自由学说在康德哲学中占有重要地位，亨利·阿利森说：“从根本上看，康德的批判哲学是一种自由的哲学。”[37]

自由当然不是无视规律的随心所欲。康德认为有两种规律，一种是自然规律，一种是自由规律，关于自然规律的科学是物理学，关于自由规律的科学就是伦理学。所谓自由规律就是作为理性存在者的人自己颁布的规律。所以，自然和自由的区别在于：前者遵循的是外在的必然性，后者则不受外来原因的限制，独立地起作用，就是说，只遵循理性自身的规律。“自由意志和服从道德规律的意志，完全是一个东西。”[38]“人们必须公开承认有一个似乎无可逃脱的循环。为了把自己想成在目的序列中是服从道德规律的，我们认为自己在作用因的序列中是自由的。反过来说，我们由于赋予自身以意志自由，所以把自己想成是服从道德规律的。”[39]

在康德那里，自由和自律即意志的自身立法是一回事。康德认为，有两种自我，即作为现象的自我和作为物自身的自我。作为现象的自我是感觉世界的成员，可以认识，服从自然规律，是他律的；作为物自身的自我是理智世界的成员，不可知，只服从理性规律，而不受自然和经验的影响，因而是自律的。现象的自我的原则是必然性，作为物自身的自我的原则则是自由。“自由即是理性在任何时候都不为感觉世界的原因所决定。”[40]“倘若人们还想拯救自由的话，那么只余下一种方法：将只有在时间中才能决定的事物，从而也把依照自然必然性法则的因果性单单赋予现象，却把自由赋予作为物自身的同一个存在者。”[41]作为物自身的自我所享有的自由是一种先验自由，“没有这种乃系唯一先天实践的先验自由，任何道德法则，任何依照道德法则的责任都是不可能的。”[42]

正因为人是自由的，所以，人必须对自己的行为承担责任。“一个人可以尽力矫揉以把他耿耿于怀的一件违反法则的事情粉饰为无意之举，粉饰为人们决不可能完全避免的过失，从而粉饰为某种他为自然必然性的洪流裹入其中的事件，因此把自己解释为清白无辜的：不过，如果他意识到他在犯下那过错的当下他原是清醒的，亦即原是正在使用他的自由的，那么，他就会发现，为他辩护的律师根本不可能钳制他心中的原告之口；他虽然解释他的违法行为出于某种不良习惯，后者由于日积月累的疏忽放任竟养成到了这个地步：他能够把这个违法行为看作这个不良习惯的自然后果，但这并不能使他免于他施于自己的责备和警告。”[43]在《纯粹理性批判》中我们看到，自由是一个无法通过理论理性加以证明的东西，但它却是道德得以成立的一个条件。

公设之二：灵魂不朽（the immortality of the soul）。为了在趋于无穷的前进中实现上述切合，必须设定灵魂不朽。“这个无穷的前进只有以进入无限延续的实存和同一个理性存在者的人格（人们称之为灵魂不朽）为先决条件，才是可能的。这样，至善只有以灵魂不朽为先决条件才在实践上是可能的；从而，与道德法则不可分离地联结在一起的这种不朽，是纯粹实践理性的一个公设”。[44]就是说，任何一个有限的理性存在者，就他是有限的而言，都不可能在其有限的生命

康德与莱辛

历程中现实地实现至善，否则，他就和无限的理性存在者没有任何差别了。但人的有限性并没有剥夺他的“神圣性”，他可以不断地从低级的道德完善性向高级的道德完善性迈进，前提是：他有足够的时间实现这种转化。所以，从理想性方面来说，人可以在生命（灵魂）的无限延续中不断趋向至善。

公设之三：上帝存在（the existence of God）。纯粹理性的最终目的是达到至善，对于有限的理性存在者来说，达到至善的道路漫长而艰难。为了使人不半途而废，为了使人不丧失信心，必须设定一个现实的至善者，作为我们行为的楷模，作为一个预悬的目标。这就是上帝。“我们只有从一个道德上完满的（神圣的和仁慈的）、同时也全能的意志那里，从而通过与这个意志的契合一致才能希望达到至善，而把后者立为我们努力的对象，乃是道德法则为我们造就的职责。”[45] 更为重要的是，虽然康德反对道德上的幸福论，但他并不认为德性与幸福是天敌。在最终的意义上，德性与幸福的统一是至善的题中应有之意。在康德那里，这种统一是在德性的基础上实现的。“以德为主，以福为从，就能得到统一；以福为主，以德为从，就不能得到统一。”[46] 实现这种统一的一个必要前提是：存在着一个作为正义化身的上帝，就是说，只有上帝才能保证有德者最终得福。所以，在康德看来，认定上帝的存在，在道德上是必然的，或者说，道德法则必然导致宗教。“上帝的概念是一个在本源上不属于物理学，亦即不属于思辨理性的、而属于道德学的概念”。[47]

正如赫费所指出的，“上帝存在”的公设和道德的自律并无冲突。一方面，“为了合乎道德，并不是必须信仰上帝。谁如果仅仅因为期待在彼岸有一种赏罚公正，才合乎道德法则地行动，那么他从一开始就丧失了自律。合乎道德的行动除了对道德法则的尊重不允许有任何其他的动机。”[48] 所以，在康德那里，宗教不是道德的基础，而是道德的结果。另一方面，上帝不是别的，恰恰是一个至善的存在者。如果否认上帝的存在，就意味着否认了至善的存在，从而也就从根本上否认了人达到至善的可能。在这个意义上，上帝的存在就成了道德的题中应有之意。所以，康德多次说过，道德不可避免地导向宗教。

沃诺克（C.J.Warnock）非常看重康德哲学中关于道德和宗教关系的思想，认为康德哲学所着力调解的不是经验论和唯理论的对立，而是道德和宗教的冲突，而且，调解道德和宗教的冲突也是哲学的真正任务之所在。[49]查尔斯·泰勒也正确地评论道："自康德以后，人们开始从道德角度来看宗教，而不是相反。'我应该做什么'不是由自我的宗教信仰或者上帝的命令来决定的，而是由作为理性存在的自我给予自己的命令来决定的。实际上，宗教的理性果核，对上帝和永生的信念，是确立在对道德的要求基础之上的，假如最高的善要想得到实现的话，那么那种信念便是必要条件。"[50]

应当指出的是，康德所认可的上帝只是哲学家的上帝，亦即单纯理性范围内的上帝，而不是位格的上帝。正如曼弗雷德·库恩所说："有组织的宗教让他心中充满愤慨，熟识康德的人们都知道他完全不相信位格神的存在。'上帝'与'不朽'等都是理论的假设，他自己却不曾真正相信它们。他认为这样的信仰只是'个人的需要'。康德自己没有这种需要。"[51]所以，在康德那里，宗教本质上是道德性的。这种宗教观曾经令教会和国王不满，在他发表《单纯理性范围内的宗教》之后，国王即致信康德不允许他再发表关于宗教的言论。

在《实践理性批判》的结论部分，康德说出了那句脍炙人口的名言："有两样东西，我们愈经常愈持久地加以思索，它们就愈使心灵充满始终新鲜不断增长的景仰和敬畏：在我之上的星空和居我心中的道德法则。"[52]前者使我倍感自己的渺小和无助，后者则给我带来了尊严和自信。"前面那个无数世界的景象似乎取消了我作为一个动物性创造物的重要性，这种创造物在一段短促的时间内（我不知道如何）被赋予了生命力之后，必定把它所由以生成的物质再还回行星（宇宙中的一颗微粒而已）。与此相反，后者通过我的人格无限地提升我作为理智存在者的价值，在这个人格里面道德法则向我展现了一种独立于动物性，甚至独立于整个感性世界的生命”。[53]

康德的道德哲学从一开始就令人刮目相看。让·保尔在给一位友人的信中曾经这样写道：“您无论如何要买两本书，康德的《道德形而上学原理》和康德的《实践理性批判》。康德不是世界之灯光，而是有朝一日会成为整个光芒四射的太阳系。”[54]

康德对近现代西方哲学发生了革命性影响，新康德主义者文德尔班在其《近代哲学史》中把全部近代哲学划分为前康德哲学、康德哲学和后康德哲学，足见其对康德哲学的重视。雅斯贝尔斯说：“康德就像是现代哲学的汇合点。他的著作像生活本身一样，具有无限的可能性。……在哲学的世界历史上，康德的步骤是独一无二的。自柏拉图以降，在西方还从未有人采取过这样的步骤，以如此严峻的思想氛围造成富于转折性的结果。”[55]日本学者安倍能成（1883—1966）说：康德“在近代哲学上恰似一个处于贮水池地位的人。可以这样说，康德以前的哲学概皆流向康德，而康德以后的哲学又是从康德这里流出的。”[56]

注释

1　康德：《道德形而上学原理》，第 4 页。

2　同上书，第 6 页。

3　康德：《任何一种能够作为科学出现的未来形而上学导论》，第 157 页。

4　康德：《实践理性批判》，第 131 页。

5　康德:《实践理性批判》，第 165 页。
6　康德:《道德形而上学原理》，第 30 页。
7　同上书，第 8 页。
8　同上书，第 9 页。
9　《孟子·离娄上》。
10　康德:《道德形而上学原理》，第 9 页。
11　同上书，第 4 页。
12　康德:《实践理性批判》，第 77—78 页。
13　阿利森:《康德的自由理论》，辽宁教育出版社，2001 年，第 160 页。
14　穆勒:《功利主义》，光明日报出版社，2007 年，第 28 页。
15　康德:《道德形而上学原理》，第 15—16 页。
16　康德:《实践理性批判》，第 100 页。
17　同上书，第 101 页。
18　康德:《道德形而上学原理》，第 35 页。
19　叔本华:《伦理学的两个基本问题》，商务印书馆，1996 年，第 139 页。
20　康德:《实践理性批判》，第 33 页。
21　康德:《道德形而上学原理》，第 32 页。
22　罗杰·斯克拉顿:《康德》，中国社会科学出版社，1989 年，第 115 页。
23　康德:《实践理性批判》，第 39 页。
24　康德:《道德形而上学原理》，第 26 页。
25　同上书，第 46 页。
26　同上书，第 47 页。
27　康德:《实践理性批判》，第 144 页。
28　康德:《道德形而上学原理》，第 49 页。
29　同上书，第 52 页。
30　康德:《实践理性批判》，第 34 页。
31　康德:《道德形而上学原理》，第 55 页。
32　同上书，第 59 页。
33　康德:《实践理性批判》，第 134 页。
34　同上。
35　同上。
36　华特生:《康德哲学讲解》，第 261—262 页。

37 亨利・阿利森:《康德的自由理论》,第 1 页。
38 康德:《道德形而上学原理》,第 70 页。
39 同上书,第 73—74 页。
40 同上书,第 76 页。
41 康德:《实践理性批判》,第 103—104 页。
42 同上书,第 105 页。
43 同上书,第 107 页。
44 同上书,第 134 页。
45 同上书,第 141 页。
46 安倍能成:《康德实践哲学》,第 46 页。
47 康德:《实践理性批判》,第 153 页。
48 奥特弗里德・赫费:《康德:生平、著作与影响》,第 230 页。
49 奥康诺:《批评的西方哲学史》,东方出版社,2005 年,第 562 页。
50 查尔斯・泰勒:《黑格尔》,译林出版社,2002 年,第 79 页。
51 曼弗雷德・库恩:《康德传》,上海人民出版社,2008 年,第 33 页。
52 康德:《实践理性批判》,第 177 页。
53 同上。
54 奥特弗里德・赫费:《康德:生平、著作与影响》,第 265 页。
55 雅斯贝尔斯:《大哲学家》,第 547 页。
56 安倍能成:《康德实践哲学》,第 3 页。

第十一章　费希特：自由的哲学

设定着自己的自我，与存在着的自我，这两者是完全等同的、统一的、同一个东西。自我就是它将自己设定成为的那个东西；而且它将自己设定成为它所是的那个东西。

伦理学并不是研究智慧的科学，这样的伦理学根本是不可能的，因为智慧与其说应被看做一门科学，倒不如说应被看做一门艺术，相反地，伦理学像全部哲学那样，是一门研究知识的学说；具体地说，它是关于我们的一般道德本性的意识的理论，是关于我们的特定职责的意识的理论。

我寄望于行动；行动也属于使人类完善的计划之列。站在那里抱怨人类堕落，而不动手去减少它，那是女人的态度。不告诉人们应该怎样变得更好，就进行惩罚和挖苦，那是不友好的态度。行动！行动！——这就是我们的生存目的。

我的体系是第一个自由的体系。正如那个民族使人摆脱了外来的枷锁一样，我的体系也使人挣脱了自在之物和外在影响的镣铐，并且在它的第一原则中宣布人是独立的生物。

——费希特

费 希 特

海涅说过："关于康德我们只要考察一本书就行了。但对费希特除了书以外还要观察这个人；在这个人身上思想和信念是统一的，并且以这种伟大的统一性作用于同时代的人们。所以，我们不仅要解释一种哲学并且还要说明一个个性，也就是说这个哲学是受这个个性制约的。"[1]

约翰·哥特利布·费希特（Johann Gottlieb Fichte，1762—1814）1762 年 5 月 19 日出生于普鲁士萨克森州的拉梅诺（Rammenau）村。父亲克里斯蒂安·费希特是一个制带匠，母亲约翰娜·马莉娅·多罗特娅也是制带匠的女儿。费希特天资聪慧，但由于家境贫寒，无法上学，只能在家里放鹅。9 岁时在当地一位贵族米尔提茨（Ernst Haubold von Miltitz）的资助下进入著名的普夫达中学（Schulpforta）。这个学校是大学的预科，讲授的都是古典课程，训练极为严格，出了很多伟人，如诺瓦利斯、施莱格尔、尼采等。费希特在这里"是一个很用功的人，几乎可以得到最高的称赞。"[2]1780 年，费希特进入耶拿大学神学院，翌年转至莱比锡大学神学系。在此期间，他先是接受了决定论，后来转向了道德自由。

1784 年，由于赞助人米尔提茨的去世，费希特中途辍学，前往苏黎世做家庭教师。在这里，他阅读了卢梭和孟德斯鸠的著作，并开始研究康德哲学，这对他后来的哲学思想产生了深远的影响。在致魏斯宏（F. A. Weisshuhn，1758—1795）的信中，费希特曾经写道："自从我读了《实践理性批判》后，我进入了一个崭新的世界。我曾经相信不可驳倒的东西，现在在我看来是被驳倒了；我曾经相信是永远不能证明的事情，例如绝对自由的观念，义务的观念等，现在在我看来是被证明了。我简直成了一个乐天派。这个体系对于人是怎样的尊重，给予我们以何等大的力量，是难以言说的！”[3]1790 年，费希特在苏黎世结识了德国著名诗人克洛普施托克（Friedrich Gottlieb Klopstock，1724—1803）的侄女约翰娜·拉恩（Johanna Rahn，1755—1819），两人很快坠入情网并订了婚。同年，他返回莱比锡，继续当家庭教师。

1791 年，为了“更切近地结识一位受到整个欧洲崇敬的人”、“伟大的、对于人类最为重要的人”、“使本世纪后半叶在人类精神的进程中和在将来所有的时代中留下不可磨灭痕迹的人”，费希特前往康德的家乡哥尼斯堡，期望能够认识这位哥尼斯堡的圣人。在第一次会见中，这个不知名的年轻人并未给 67 岁的康德留下深刻印象。为了让康德了解他，他用几周时间就康德批判哲学和天启的关系写了一篇长文——《试评一切天启》。这次，康德对来访者另眼相看了，并安排自己的出版商出版了这篇文章，还推荐费希特前往大学任教。由于未知的原因，此文首次发表时作者和前言被漏掉了，人们竟普遍认为这是康德自己关于宗教的批判著作。康德马上对此做了澄清，并对文章的真实作者做出了高度评价，费希特很快成了一颗冉冉升起的新星。1793 年，费希特在苏黎世与约翰娜完婚。3 年后，他们的儿子出生了，费希特难掩心中的“康德情结”，给儿子取名伊曼努尔。

1794 年，在歌德的推荐下，费希特来到当时的哲学重镇——耶拿，成为耶拿大学教授，主持康德哲学讲座，开始了其哲学生涯的耶拿时期（1794—1799）。费希特从来没有获得过学位证书，而他在耶拿发表第一次演讲的当天，校方就决定授予他博士学位。接下来的六年中，费希特在这里享有很高的声誉。除给专业学生讲授其《全部知识学的基础》外，费希特还在周日晚间给青年学生做通俗讲演。这种演讲极受学生欢迎，学校里最大的教室也座无虚席，走廊里、窗台上到处都是听众。与此同时，他的哲学体系也趋于成熟。发生在1798年的一个事件，为他的耶拿时期画上了句号。当时，他兼任《哲学杂志》的责任编辑，由于杂志发表了一篇宗教怀疑论的文章，有人指责费希特是个无神论者。魏玛政府撤销了费希特的教授职称，迫使他离开了耶拿。

在弗利德利希·冯·施莱格尔的帮助下，费希特迁居柏林，开始了其哲学生涯的柏林时期（1800—1814）。这时的普鲁士首都还没有自己的大学，费希特以做家庭教师和发表演讲为生，参加施莱格尔兄弟的文学团体的活动，和谢林、施莱尔马赫等交往密切。与此同时，他还参加了柏林大学的筹建工作。1804年，他担任爱尔兰根大学教授。1806年，普法战争爆发，费希特担负起宣扬爱国主义的任务。在致普鲁士国务大臣的信中，费希特写道："如果我能够的话，我将通过生动有力的讲演激起德国人的良心，更高地激发他们的爱国热忱。……我还希望表示，我敢于拿起我曾经学会使用的武器参加战斗。"[4]1807年12月开始，他在柏林科学院发表了著名的《对德意志民族的讲演》，连讲了14次。1810年，柏林大学建立，费希特被任命为哲学系主任，翌年当选为第一任校长。但由于他的爱国主义演讲，四个月后被迫辞职。

1813年柏林保卫战爆发，他的妻子在一家军队医院作志愿护工，染上了伤寒，并把伤寒传给了同样参加保卫战的费希特。妻子痊愈了，费希特却一病不起，并于1814年1月29日去世，享年52岁。他的遗体被安葬在多罗特姆的城市墓地，墓碑的碑文出自《旧约·但以理书》："导师们必将永放光芒，如同上天的光辉。他们为众生指明正义，犹如那永恒不落的星辰"。[5]他的儿子伊曼努尔·赫尔曼·费希特（Immanuel Hermann von Fichte，1796—1879）也是一位哲学家，先后任波恩大学和图宾根大学教授，并且是费希特的第一个传记作者。

费希特的主要著作包括:《略论知识学的特征》(1794)、《全部知识学的基础》(1794—1795)、《以知识学为原则的自然法权基础》(1796)、《知识学新说》(1797)、《以知识学为原则的伦理学体系》(1798)、《论人的使命》(1800)、《论锁闭的商业国》(1800)、《现时代的根本特点》(1804)、《极乐生活指南》(1806)、《对德意志民族的讲演》(1808)等。

一、知识学三原理

费希特哲学是接着康德哲学讲的。费希特认为，他是唯一真正理解康德哲学的人。在他看来，康德的最大功绩是发现并确立了先验唯心论，即知识普遍必然性和有效性的根源不在于外部世界，而在于主体自身，但康德没有为先验唯心论提供哲学基础。“康德只是指点了真理，但他既没有阐述它，也没有证明它。这位奇特的超群之人或者只具有对真理的预言能力，而不了解其原因本身；或者他低估了他的时代，认为没有必要将真理告诉这个时代”。[6] 为了推进和完成康德的先验唯心论，费希特提出了自己的哲学——知识学(Wissenschaftslehre)。他认为，哲学作为严格的科学，必须确立若干绝对的、不证自明的基本原理并从这些原理中演绎出它的全部范畴。在《全部知识学的基础》一书中，费希特提出了作为其哲学核心的三条原理。

(一)自我设定自己——绝对无条件的原理

知识学的首要任务是“找出人类一切知识的绝对第一的、无条件的原理。”[7] 这样的原理必须是简单的，其中的主词和宾词必须是等同的，否则就仍然是有待于证明的东西。费希特认为，为了发现这样的原理，我们必须从任何人都毫无异议地同意的一个命题开始。这样的

普夫达中学

命题可能有很多，而距离我们的目标最近的命题是“A=A”或“A是A”，任何人都会不加丝毫怀疑地主张“上述命题直截了当地是明确无误的”。设定A=A，就是设定“如果有A，则有A”，这种直接的必然关联可以叫作X。事实上是否有A，现在还完全不清楚，也无关紧要，因为我们这里着眼的是命题的形式，而不是命题的内容。重要的是：在A与A之间，存在着必然关联X。

X的根据何在？费希特的回答是：自我或自我同一性。“至少X是在自我之中，而且是由自我设定的——因为是自我在上述命题中作判断的，并且自我是按照X这样一条规律进行判断的；这样一来，X这条规律就是被提供给自我的，而由于X是直截了当地和无需任何其他根据被提供出来的，它就必定是由自我自己提供给自我的。”[8]既然X是设定在自我之中的，A也就必定是设定在自我之中的，不仅是作为主词的A，而且包括作为宾词的A，因为X只有与一个A联系着才是可能的。

我们看到，对A的设定需要一个前提：有一个恒常的、同一的自我。“在自我——不论这自我现在正从事设定，或从事判断，或随便正在做别的什么——之中，有着永远是等同的、永远是单一的、永远是同一个的某种东西”。[9]如果像休谟所说的那样，自我不过是不断变化着的一系列知觉的集合体，A就不能得到设定。由于自我的存在，A=A这个抽象公式便获得了内容，就是说，A不仅是A，而且A是。这样，我们就从A=A得出了我＝我，我是我，因为设定了A的自我与A在其中被设定的那个自我是相同的。费希特强调，我＝我和A=A有所不同。在A=A的同一命题中，只有在一定条件下才能得出A是，这个条件就是自我及其设定活动；而我＝我或我是我的命题则是绝对有效的，它不仅在形式上是绝对的，而且在内容上也是绝对的，就是说，它不仅断定在有了主词的情况下必定有宾词，而且它断定有主词，即肯定主词的存在。这样，费希特就从形式逻辑的同一律进到了知识学的首要原理——自我设定自身。应当指出的是，在他那里，同一律只是进入第一原理的一条便捷的途径，而不是它的根据。“不是命题‘A=A’充当命题‘我是’的根据，毋宁是反过来，命题‘我是’充当命题‘A=A’的根据。”[10]

形式逻辑的同一律使我们发现了知识学的出发点——自我。“整个知识学作为先验科学既不能也不该超越自我”。按照费希特孙子爱德华·费希特（Eduard Fichte）的说法，费希特曾经“长期不懈地沉思哲学的最高原理，直到有一天当他站在冬日的暖炉旁时，突然被这样的思想所抓住：只有自我这个纯粹的主体—客体才可以作为哲学的最高原理。”[11]

“自我设定自己”到底是一种理论活动，还是一种实践活动？一方面，“设定”（posit）是一种理论活动，也就是一种反思或自我意识。在一定意义上，自我的本质就是对自身的意识，而且正是在这种意识中确立了自身的存在。“在我有自我意识以前，我究竟是什么呢？对此，自然的回答是：我根本不是，不存在。因为我（那时）不是自我。只在自我对它自己有所意识时，自我才是。”[12]另一方面，这个自我不是一个具有固定特征的静态的主体，而是一个自由的绝对主体，是一种“事实行动”（fact/act）。“自我的存在（本质）完全在于自己把自己设定为存在者的那种自我，就是作为绝对主体的自我。既然它设定自己，所以它是「或，存在」；既然它是，所以它设定自己；因此对自我来说，自我直截了当地必然地是。”[13]“它同时既是行动者，又是行动的产物；既是活动着的东西，又是由活动制造出来的东西”。[14]“设定着自己的自我，与存在着的自我，这两者是完全等同的、统一的、同一个东西。自我就是它将自己设定成为的那个东西；而且它将自己设定成为它所是的那个东西。”[15]

可见，在构建知识学基本原理之初，费希特的意图就非常明确：把在康德那里仍然被割裂的理论理性与实践理性、必然和自由有机地统一起来。正如君特·策勒（Günter Zöller）所说："费希特把自由置于人类知识的核心，从而对知与行或理论与实践之间的僵硬区分提出了质疑。"[16] 设定自身的自我既是理论的，又是实践的；也可以说，它既不是单纯理论的，也不是单纯实践的。上述二元区分在这里尚未出现，人是自由的，不仅作为一个行为主体是这样，作为一个认识主体也是这样。

在费希特看来，笛卡尔的"我思故我在"和康德的范畴演绎都是讲的自我设定活动，但他们的设定活动都不够彻底。"自我设定自己"，作为全部知识学的绝对第一的原理，是不可证明、不可规定的。"我的哲学的入口始终是不可解的。这使得我的哲学很费解，因为它只能用想象力去把握，而不能用理智把握。但这正保证了它的正确性。任何可理解的东西都以一个更高的领域为前提，它在这个领域中被理解，所以，正因为它可以理解，它才不是最高的。"[17] 汤姆·罗克摩尔指出了费希特和笛卡尔之间的一个重要差别：虽然二者都试图从一个"基本原理"出发建立整个哲学体系，但笛卡尔的"基本原理"是可论证的，而费希特的"第一原理"则是不可证明的，因而带有设定的性质。"对于费希特来说，不可能存在某个已经被证明为真的作为基础的第一原理，也就是说不可能存在那种笛卡尔意义上的基础。因此，我们就必须通过把理论建立在一个无基础的体系之上，通过构建一个不带有笛卡尔式基础的体系，而进行知识的考察。"[18]

费希特认为，只有被自我设定的东西，才具实在性，换句话说，自我是实在性的根据。"一切是的「或存在着的」东西，只因它是在自我之中设定起来的，才是或才存在；在自我之外没有任何东西。"[19] 这样，从人类知识的第一原理中，费希特得到了实在性（reality）的范畴。“对于可应用实在性范畴的一切其他可能的东西而言，必须指明，实在性是从自我那里转移到它们身上的：——只要自我存在，它们就必定存在。”[20]

（二）自我设定非我——内容上有条件的原理

第一原理表明了自我的自身设定和自身等同，但它不包含任何差别，或者说，它包含的是无差别的差别，因而是抽象的，用黑格尔的话说，它本身还没有真理性。自我不会停留于这种无差别的空疏状态，它必定为自己提供内容和差别。费希特从矛盾律即“－A不=A”开始，把我们带入知识学的第二条原理。命题“－A不=A”也是任何人都会承认的、确定无疑的，但设定－A的行动与设定A的行动有所不同，它是一种反设定。第一原理设定的是自我，反设定的结果则是非我。就是说，上述矛盾律命题的根据是：非我≠自我。“相对于自我，直截了当地对设起来一个非我。”非我无疑是不同于自我的东西，是自我的对立面。“我把被想象为自我之外存在的、有别于自我的、与自我对立的一切东西称为非我”。[21]但它又是自我设定起来的，是在自我之内的，因而又不是完全不同于自我的东西。“要能设定随便一个什么对象，我就必须首先知道这个对象；因此对象必须在一切可能的经验以前原来就存在于我自身之中、存在于表象者之中。——这个论断是一目了然的，可以说，谁若是不理解它，谁若不会从它出发上升到超验的唯心主义，那么谁就一定是无可争辩的精神盲人。”[22]可见，康德的“物自身”是一个不必要的假设。因为在费希特看来，人们设定一个东西，而又对其全然不知，这是根本不可能的事情。

费希特认为，他通过“自我设定非我”进一步推进了康德的先验唯心论。康德探询的是非我中杂多的统一性的基础，费希特进而把非我看做由自我设定的东西。“而我则是一个比康德还要顽固的先验唯心论者；因为在康德那里经验的杂多性是被给予的，尽管只有上帝才知道这杂多性是怎样的，以及从何而来。而我则用直率的言辞断言，甚至经验的杂多性也是由我们通过创造能力产生出来的。”[23]应当强调的是，费希特的知识学是先验唯心论，而不是主观唯心论。当他说“自我设定非我”时，他毫无疑问认为自我是先于非我的，但这里的“先于”是“逻辑在先”，而不是“时间在先”。正如弗雷德里克·科普尔斯顿所说：“对于经验意识来说，自然必定是某种给定物。只有哲学家在先验反思中通过意识追溯绝对自我的创造活动，而这种活动本身是无意识地发生的。对于非哲学家以及哲学家自己的经验意识来说，自然界是某种给定物，是有限自我所处的场所。”[24]“费希特无意于否定经验意识的观点，即自然先于有限的自我。他所关注的是为经验意识奠基，而不是否定这种意识。”[25]

费希特认为，“自我设定非我”这条原理在形式上也是绝对的和无条件的，但在内容上则是有条件的，这个条件就是：自我必须是首先被设定的东西，正如“如果设定了一个－A，就必已设定了一个A。”[26]而且，“自我设定非我”也是以意识或自我的同一性为前提的，如果从事设定的自我和从事对设或反设定的自我不是同一个自我，后者就谈不上对设或反设定，而成了设定。从“自我设定非我”这条原理，可以得到否定性（negation）的范畴。和第一原理一样，第二原理也是不能证明和推论的。

（三）自我设定自我与非我的统一——形式上有条件的原理

通过前两条原理，不仅自我得到了设定，而且其反面——非我也得到了设定。但自我和非我是相互取消、相互扬弃的。“A与－A，存在与非存在，实在与否定，它们怎样才能结合在一起来加以思维，而彼此并不互相取消、互相扬弃？”[27]在费希特看来，答案只有一个：即把这些对立物吸收到统一的意识的同一性里去，使它们彼此互相制约、互相限制。互相限制的结果，使得自我和非我都成了可分割的东西。于是，知识学的第三条原理可以表述为："自我在自我之中对设一个可分割的非我与可分割的自我相对立。"[28] 因为可分割的自我和可分割的非我以这种方式在自我中达到统一，一般把这条原理简称为"自我设定自我与非我的统一"。

应当指出的是，尽管我们一直笼统地谈论自我和非我，实际上这里出现了两种不同意义上的自我和非我，即无限的自我、非我和有限的自我、非我。第一条原理中的自我是"绝对自我"，它没有任何规定性，因而"不是某种东西"，也不可分割；第二条原理中的非我也是完整的，没有限制的，是一般的（而非确定的）对象，是绝对的虚无。"一个自我，以及与它相对立的非我要绝对地先于所有的情感作用，而后者只有借助于前者才得以实现。为什么自我是我，而物不是我，原因根本不在于此，而在于这种对立的发生是绝对的"。[29]"须注意，那种原初的设定，对立和区分不是思维，不是直观，不是知觉，不是欲求，不是感觉等等，而是人类精神的全部行动，它没有名称，它永远不会在意识中出现，它是不可理解的"[30]。"我的绝对自我显然不是个体。受到侮辱的侍臣们和愤怒的哲学家们之所以这样解释我，目的是要把可耻的实践上的唯我论归咎于我。但个体必须从绝对自我中演绎出来。"[31]

到了第三原理，"自我设定自我与非我相互规定"，后面的自我是受非我限制的自我，就是那不是非我的东西，非我是受自我限制的非我，就是那不是自我的东西，于是自我与非我都是有限的和可分割的了。就是说，到第三原理才出现我们日常经验中的"自我"和"非我"。"绝对自我是被设定为不可分割的；相反，有非我与之对设起来的那种自我，则是被设定为可分割的。因此，只要有一个非我被对设起来以与自我相对立，而这个自我本身则是与绝对自我对立

作为志愿军人的费希特（1813）

的。”[32]“在这个命题（即‘自我无条件地设定自己本身’——引者注）里根本没有谈到出现于现实意识中的自我，因为出现于现实意识中的自我绝不是无条件的，它的出现毋宁永远是要么直接要么间接地以自我之外的某种东西为根据。”[33]

费希特强调，区分绝对自我与现实自我、绝对存在与现实存在极为重要，“知识学对绝对存在与现实存在进行了严格的区分，只把绝对存在当作根据，以便能够说明现实存在。”[34]“生命和意识的原则，生命和意识所以可能的根据，当然都是包含在自我之中的，然而只表明其存在于自我之中，还产生不出在时间中的现实生活，经验生活。而不在时间之中的、不现实的、非经验的生活，是我们绝对不能思维的。要说这样一种现实生活是可能的，自我就还需要一种特殊的阻力，一种来自非我的阻力。”[35]当然，这两种不同意义上的自我仍然有其同一性。有限的自我和有限的非我都统一在绝对的自我之中。

君特·策勒说：“费希特不易被理解；更糟的是，费希特易于被误解。”[36]实际上，混淆费希特的绝对自我与经验自我的情形早在其知识学问世之初就已经存在了。1794 年 5 月，歌德把费希特的著作寄给雅柯比，并且戏谑地写道：“请你这个亲爱的非我有机会时给我的自我谈一谈你的思想。祝你健康，并问候你周围所有那些善良的、彬彬有礼的非我”。[37]雅柯布斯正确地指出，这种解释是非常错误的，因为经验自我被等同于绝对自我了。海涅也曾经说过，“很多人把费希特所谓的自我误解了，以为就是约翰·哥特利勃·费希特自己，而这个个别自我则又否定其他一切存在。‘岂有此理！’善良的人们叫喊起来，‘这个人竟不相信我们存在。我们要比他胖得多，而且我们既然是市长和书记官，还是他的上司呢！’女士们则质问道：‘难道他连他太太的存在也不相信吗？怎么？费希特太太未必就放过不管？’但是，费希特所谓的自我，根本不是指的个别自我，而是被意识到的普遍的世界自我。”[38]

如果我们从第三条原理中抽掉特定的内容，抽掉自我和非我，就可得到根据命题或充足理由律：A 部分地 = — A，和— A 部分地 =A。从“自我设定自我与非我的统一”这条原理，我们可以得到限制性（limitation）的范畴。第三条原理在内容上是无条件的，而在形式上则是有条件的。与前两条原理不同，它几乎是完全可以证明的。

费希特认为，上述三条原理确立以后，康德在《纯粹理性批判》中提到首要地位的问题即“先天综合判断是如何可能的”问题，就以最普遍的、最令人满意的方式得到了回答。“我们在第三条原理中通过设定起来的自我与非我的可分割性已经把这互相对立的自我与非我综合起来，而对于这种综合的可能性既不能进一步追问，也不能给它提出任何根据了；这种综合，直截了当地是可能的，人们无需任何进一步的根据就有权这样做。”[39] 在费希特看来，只有两种哲学：批判的与独断的。批判哲学旨在建立一个绝对无条件的和不能由任何更高的东西规定的绝对自我，而独断哲学则把物的概念设为绝对最高的概念；前者试图从观念引出物，后者则试图从物引出观念；前者是内在的，因为它把一切都置于自我之内，后者是超验的，因为它要超出自我以外去。知识学无疑是批判哲学的继续和完成。黑格尔说：“费希特哲学的最大优点和重要之点，在于指出了哲学必须是从最高原则出发，从必然性推演出一切规定的科学。其伟大之处在于指出原则的统一性，并试图从其中把意识的整个内容一贯地、科学地发展出来，或者像人们所说的那样，构造整个世界。”[40]

二、理论知识学

在上述第三条原理中，包含着下述两个命题：“自我设定自己为受非我限制的”和“自我设定非我为受自我限制的东西”。第一个命题是理论知识学的基础，第二个命题是实践知识学的基础。

理论知识学实际上是费希特的认识论。他从“自我设定自己为受非我限制的”命题出发，推出了关系、因果性、实体与偶性等范畴。康德的知性范畴主要来自于形式逻辑，在费希特看来，这样获取范畴的方法是不科学的，因为人类知识的一切规定必须来自知识学的基本原理。这一点得到了黑格尔的肯定，他说：“康德采取经验的方式把纯粹知识的规定、范畴从逻辑里搬过来，——这实在是一种极其非哲学的、不正当的做法。费希特前进了一步，这是他的大功绩。他要求从自我中推出、构成各种思维规定，并且试图完成这项工作。自我是能思维的，是能动的，它产生出它的各种规定。”[41]

“自我设定自己为受非我限制的”表明：一方面，非我规定自我，另一方面，这一切又都是自我设定的，所以，“自己设定自己是被规定的，显然就等于说自我规定自我”。[42] 自我是实在性的源泉，自我规定自己的过程，也就是自我被赋予绝对实在性的过程，就是说，自我中根本没有设定什么否定性。非我是与自我相对立的，因而非我中包含着绝对的否定性。完全是否定性的非我如何能规定自我？就自我被非我规定而言，自我之中的实在性被扬弃了，当然，这不是完全的扬弃，只是部分的扬弃，而被扬弃的那部分实在性同时就被让渡给了非我；在让渡给非我部分实在性的同时，自我从非我那里接受等量的否定性。只要自我设定实在性于非我之中，它就设定否定性于自身之中；只要它设定否定性于非我之中，它就设定实在性于自身之中。这样，“通过自我的实在性或否定性的规定，非我的否定性或实在性就同时得到规定，反过来说也一样，通过非我的实在性或否定性的规定，自我的否定性或实在性就同时得到规定。我们可以从对立的两者中的任何一方出发，只要我们愿意，从哪一方出发都行，而每一次都在规定一方时通过从事规定的行动而同时规定了对方。”[43] 这就得出了“相互规定”的概念，也就是康德的关系范畴。

为了进一步说明自我和非我的相互规定，费希特引入了“活动”和“受动”的概念。就自我设定自身而言，自我表现为活动；就自我被非我规定而言，自我表现为受动。非我之所以能够规定自我并从自我那里获得实在性，完全由于在这种情况下自我是受动的。“被赋予活动的一方，而且只在它没有被赋予受动的情况下，叫作原因……；被赋予受动的一方，而且只在它没有被赋予活动的情况下，叫作结果”。[44] 这就得出了因果范畴。自我既是自我设定的，因而具有完全的实在性，又受非我的规定，因而部分地具有否定性。“自我，当它被看作是绝对地被规定起来的、包括一切实在性的整个领域时，它就是实体。当它被设定于这个领域的一个并非无条件地规定的范围里的时候，它是偶然的，或者说，它是实体中的一个偶体。”[45] 实体和偶体密不可分。不和偶体发生关系的实体是不可思维的，“因为正是通过在绝对的领域内设定可能的范围，自我才成为实体；通过可能的偶体，才产生实在”。[46] 没有实体，偶体也是不可思维的，“因为要想认识某个东西是一个特定的实在，我们就必须使它与一般实在发生关系。”[47] 这就得出了实体和偶体的范畴。自我是受非我限制的，因而自我是有限的；自我又是自身设定的，因而自我又是无限的。这就得到了有限与无限的概念。黑格尔认为，这是世界上推演范畴的第一次理性尝试。在这个意义上，黑格尔的范畴论直接源于费希特。

理论知识学的另一个内容是讨论理论自我的各种能力即“实用的意识史”，包括感觉、直观、想象力、知性、判断力和理性。这六种能力也就是理论自我创造世界的过程。通过感觉，自我感受到强制；通过直观，自我把感觉指向一个非我；通过想象力，自我构成各种空间图像；通过知性，主客关系得以确立；通过判断力，自我对客体加以选择或抽象；通过理性，达到对自我自身的认识。

三、实践知识学

理论知识学相当于康德的理论理性批判，而实践知识学则相当于康德的实践理性批判。费希特认为，理论自我和实践自我是同一个自我，尽管它们的任务有所不同。理论自我着重说明自我如何认识世界，实践自我则着重说明自我如何创造世界并从它所创造的世界返回自身。

为了返回自身从而实现自身，绝对自我无条件地把自己和一个非我联系起来，而且，为了自己的绝对存在之故，绝对自我需要客体与自我的一致性。“自我应该是绝对独立的，而一切都应该是依存于它的。由此可见，客体与自我的一致性乃是一种需要。而提出这种需要的是绝对的自我，绝对自我直接为了自己的绝对存在需要客体与自我的一致性。”[48] 而“自我那种与非我相联系的活动，根本不是一种促成实际等同的规定活动，而只是要去进行规定的一种倾向，一种努力。但是，这种规定活动毕竟是完全有合法权力的，因为它是由自我的绝对设定活动设定的。”[49] 自我以非我作为实现自己目的的手段，它一方面设定自己的对立面——非我，另一方面又要求这个非我从属于自身，与自身相等同。当然，这个非我无论如何是与自我有差别的（这也是它被称为非我的原因），所以，二者的等同只是绝对自我的一种需要，一种无条件的要求，一种趋于无限的努力（striving）。

“努力”是实践自我的基本性质，也是“对知识学的实践部分最重要的概念”，它表明：绝对自我绝不满足于一种抽象的自身等同，它一定要设定非我，并要求非我和自身相一致，从而回到自身。正是这种“努力”使非我或一切客体成为可能，从而使知识或认识成为可

柏林大教堂

能。“自我返回自己本身的纯粹活动，就其与一个可能的客体的关系而言，是一种努力。这种无限的努力向无限冲去，是一切客体之所以可能的条件，没有努力，就没有客体。”[50] 没有实践自我的努力，就没有理论自我的认知能力。“如果理性不是实践的，它就根本不能是理论性的，也就是说，如果人没有一种实践能力，他就不可能有认知能力。而任何表象能力都是建立在实践能力上的，以实践能力为基础的。”[51]

“努力”包含了反努力（counter-striving）以及努力与反努力的平衡。“在自我的努力里，同时就有非我的一个反努力被设定起来，以与自我的努力相平衡。”[52] 努力之所以是努力，就因为它是受到非我限制的，就是说，有一种反努力与之抗衡。反之，如果努力遇不到任何抵抗和障碍，它就会“感到”满足，从而不再表现为努力，而绝对自我不可能不是一种努力。换句话说，努力是一种克服（overcoming），而克服需要被克服的障碍。努力与反努力方向相反，力量相等，势均力敌。在实践自我的基础上，费希特确立了自己的伦理观、政治观和宗教观。

应当指出的是，费希特的知识学不是一成不变的。自从《全部知识学的基础》问世以后，费希特一直没有放弃对知识学的修改订正，直到身染瘟疫不治身亡。谢林认为，后来的费希特完全放弃了早期耶拿时期的思想体系。但费希特不止一次说过，就其基本特征和精神实质而言，知识学从来没有发生过任何变化，所有的变化只涉及其外在形式。

知识学无疑是晦涩难懂的，用费希特自己的话说，“知识学属于只可意会不可言传的科学。它是绝不能单凭字面，而只有通过精神才能得其真谛的。因为它的基本观念必须依靠创造性的想象力本身从研究它的人的身上诱发出来。”[53] “知识学是需要人花费他的全部精力的东西。不靠人的完整的全部能力是无法理解它的。”[54]

四、人的使命

费希特的伦理学体系是直接从其知识学的基本原理中推演出来的。在费希特看来，“伦理学并不是研究智慧的科学，这样的伦理学根本是不可能的，因为智慧与其说应被看作一门科学，倒不如说应被看作一门艺术，相反地，伦理学像全部哲学那样，是一门研究知识的学说；具体地说，它是关于我们的一般道德本性的意识的理论，是关于我们的特定职责的意识的理论。”[55] 在费希特的伦理学体系中，关于人的使命特别是学者的使命的理论占有重要地位。康德曾经把自己的哲学视为对“人是什么”这个问题的回答。费希特则说：“全部哲学，一切人类的思维和学说，……其目的无非都在于回答……那个最高深的问题，即一般人的使命是什么？通过什么手段他才能最稳妥地完成这一使命？”[56]

（一）自在的人的使命

费希特的讨论从“自在的人的使命”开始。“所谓自在的人就是这样一种人，这种人仅仅被想象为是人，是仅仅按照一般人的概念加以想象的；这种人是孤立的，没有任何结合，在他的概念里必然不包含任何结合。”[57] 自在的人当然还不是现实的人，只是抽象的人，但这种自在的即理论上的人构成了现实的即社会的人的“逻辑基础”。费希特的策略是：剥离人的一切自然属性和社会属性，在其“纯粹性”中先行考察人作为人即有限的理性存在物所肩负的使命。

和康德一样，费希特认为，人与非人的根本区别在于：人是有理性的存在物，是“理性生物”。而理性本身内在地就包含着目的、自律或自由。所以，理性的人的使命必定是以自己为目的，以自己的存在和完善为目的。就是说，不是先有一种“人的存在”，在这个存在之外还有什么存在的目的或意义。存在本身就是人存在的目的。“既然人确实有理性，所以他就是他自己的目的，这就是说，他之所以存在，不是因为某种别的东西应当存在，反之，他之所以完全存在，是因为他应当存在；他的单纯存在是他的存在的最终目的，或者在同样的意义上说，人们绝不能毫无矛盾地探求他的存在的任何目的。他之所以存在，是因为他存在。人应当仅仅被视为理性生物，就此而言，绝对存在的这种特性，为他自己而存在的这种特性，就是他的特性或他的使命。"[58]

就人是"理性生物"而言，他是一个纯粹自我，也就是完全由自己决定、而不为外在事物决定的自我。这样的自我永远自身同一，永远不会自相矛盾。"所以，一切有限的理性生命的最终使命，就是绝对自相统一，始终自相同一，完全自相一致。"[59]但除此之外，人还是一个"感性生物"，就是说，他还是一个受在他之外的非我限制的经验的自我。如果完全把自己看作一个"感性生物"，人就会成为外物的奴隶，被外物牵着走，从而陷入自相矛盾的境地。费希特强调，应该把人看作"有理性的感性生物"，从而改变外在事物，使之与自我的纯粹形式相一致。于是，"人的最终和最高目标是人的完全自相一致，而且为了使人能自相一致。还在于人以外的一切事物同他对于事物的必然实践概念相一致，这种概念决定着事物应该是怎样的。"[60]就是说，"使一切非理性的东西服从于自己，自由地按照自己固有的规律去驾驭一切非理性的东西"。[61]在费希特看来，这样的目标就是康德的"至善"理想。因为人是有限的理性存在物，所以，他永远不能现实地达到这个目标。日益无限地接近这个目标，这就是"自在的人"的真正使命。

（二）社会的人的使命

"自在的人"只是一种抽象。实际上，人从来都不是离群索居的，人本质上就是"社会的人"，社会就是理性生物的相互关系。那么，

“人是怎样假定和承认自身以外的同类理性生物的？”[62]常识的观点往往会诉诸于经验，但费希特说：“经验充其量只能告诉我们，有些结果类似于理性原因引起的结果；但是，经验永远也不能告诉我们，引起这些结果的原因是作为自在的理性生物真实存在的，因为自在的生物本身并非经验的对象。”[63]在费希特看来，“社会的人”可以从“自在的人”的概念中推演出来。“自在的人”的使命就是趋于自相一致或完善，要实现这一使命，就必须假定在自己之外存在着与自己类似的理性生物。“人注定是过社会生活的；他应该过社会生活；如果他与世隔绝，离群索居，他就不是一个完整的、完善的人，而且会自相矛盾。”[64]

既然假定同类的存在是人的一个基本意向，我们就应该真正把他们当作同类，与之建立一种“平等协作关系”，而不是“主客从属关系”。把他人当作奴隶加以奴役，非但不能表明我们的自由，相反，恰恰表明了我们自己的不自由，表明了我们自己是奴隶。“任何把自己看作是别人的主人的人，他自己就是奴隶。”[65]“只有这样一种人才是自由的，这种人愿意使自己周围的一切都获得自由，并且通过某种影响，也真正使周围的一切都获得了自由”。[66]真正自由的人必须把他人看作和自己一样的目的，在任何情况下都不能把别人当作手段，否则，就会陷于自相矛盾的境地。“人可以利用非理性的东西作为达到自己目的的手段，但是却不可利用理性生物作为达到自己目的的手段；他甚至不可利用理性生物作为达到理性生物自身的目的的手段；他不可像对待无机物或动物那样，对他们施加影响，以致不顾他们的自由，而只是利用他们去实现自己的目的。”[67]

这样，我们就得到了社会的最高目标：同社会的所有可能的成员完全一致平等、同心同德。费希特认为，正如绝对的至善不可能完全达到、只能无限接近一样，这个最终目标也是我们永远达不到的，只要我们还是人，而不是神。“这种接近于同所有个体完全一致和同心同德的过程，我们可以称为联合的过程。因此，这种在热诚方面应当变得日益坚实，在规模方面应当变得日益广阔的联合过程，就是社会的人的真正使命”。[68] 如果和“自在的人”的使命联系起来，我们也可以说，社会的人的使命就是促成一种共同的完善。

我们看到，费希特关于人的使命的思想直接脱胎于康德“目的国”的理想：人本身是最高的目的，不但把我自己当作目的，而且把我的同类当作目的。

（三）学者的使命

在促进理性目的的过程中，人们从事着不同的职业，因而划分为不同的阶层。费希特把人的职业区分为两大类：一类直接以共同体为对象，一类为了共同体以自然为对象。前者是高级职业，后者是低级职业；从事第一类职业的是高等阶层，包括学者、神职人员、文学艺术家和国家官员等；从事第二类职业的为低等阶层，包括生产者、匠人和商人等。在《以知识学为原则的伦理学体系》一书中，费希特对这些阶层的使命或职责分别做出了规定。和柏拉图一样，费希特认为，在一个健康的社会中每一个社会阶层都是必不可少的，而道德和正义就在于坚守阶层的岗位。

在所有阶层中，费希特赋予学者阶层特殊的地位。所谓的学者，就是献身于获得知识的人，这些知识包括哲学的、历史哲学的和纯粹历史的知识。学者阶层的真正使命就是：“高度注视人类一般的实际发展进程，并经常促进这种发展进程。”[69] 具体地说，学者应当履行的职责包括：

第一，促进科学或学科的进步。“他应当尽力而为，发展他的学科；他不应当休息，在他未能使自己的学科有所进展以前，他不应当认为他已经完成了自己的职责。只要他活着，他就能够不断地推动学

柏林的勃兰登堡门和巴黎广场

科前进；要是在他达到自己的目的之前，他遇到了死亡，那他就算对这个现象世界解脱了自己的职责，这时，他的严肃的愿望才算是完成了。”[70]我们看到，费希特对学者的职业道德提出了很高的要求，这就是：鞠躬尽瘁，死而后已。

第二，以服务于社会为己任。“学者的使命主要是为社会服务，因为他是学者，所以他比任何一个阶层都更能真正通过社会而存在，为社会而存在。因此，学者特别担负着这样一个职责：优先地、充分地发展他本身的社会才能、敏感性和传授技能。”[71]这是学者的社会责任。

第三，言传身教，做人类的教师。学者在文化和道德方面都应该走在其他阶层的前面，成为他们的楷模，“我们不仅要用言教，我们也要用身教”。[72]学者的道德不仅仅表现在严肃地热爱真理，而且表现在向全社会传播这些真理。“就学者的使命来说，学者就是人类的教师。”[73]作为一个特别具有社会责任感的阶层，学者不应当仅仅满足于“解释世界”，而且应当致力于“改造世界”。“我寄望于行动；行动也属于使人类完善的计划之列。站在那里抱怨人类堕落，而不动手去减少它，那是女人的态度。不告诉人们应该怎样变得更好，就进行惩罚和挖苦，那是不友好的态度。行动！行动！——这就是我们的生存目的。”[74]

费希特关于学者的使命的论述，令人激动，对于今天的学者来说，仍然具有极大的现实意义。当然，后现代主义者会对费希特的这种“现代性神话”提出质疑和批判。比如，罗蒂会说，在“后哲学”时代，与其他社会阶层相比，学者并不具有任何优越性，他们不再是社会的“典范”或“楷模”，而仅仅意味着他们的“品位”。“他们将被非知识分子以同样轻松的、宽容的和非理解的方式去看待，恰如我们当前看待我们邻居对观察鸟类、或收集轮毂罩、或发现大金字塔的秘密入迷一样。”[75]

费希特的哲学是自由的哲学。他自己明确说过，“我的体系是第一个自由的体系。正如那个民族使人摆脱了外来的枷锁一样，我的体系也使人挣脱了自在之物和外在影响的镣铐，并且在它的第一原则中宣布人是独立的生物。”[76]“在知识学中，人对他的自由（自我性和独立性）的认识被设定为是每个真正的人都自然具有的；谁不具有这认识，谁就无可救药了。”[77]“我的体系从头至尾都是对自由概念的分析”。[78]

在相当长的时期内，费希特在西方哲学史上的重要性一直被人们所忽视，例如，罗素就说：费希特作为一个纯粹哲学家来说并不重要，因而在其《西方哲学史》中根本就没有费希特的位子。海涅说：“费希特哲学就它本身的内容来讲，并没有很大的意义。这个哲学没有给社会带来什么结果。费希特学说的内容目前还引起某些兴趣，只是在于它是全部德国哲学中最值得注意的一个阶段，只在于它最为彻底地证明了唯心主义的毫无结果，只在于它构成了通向今天的自然哲学的必经之路。”[79]即使对费希特持肯定态度的人也往往只把他视为从康德到黑格尔的一个中间环节。

近年来，越来越多的学者开始注意费希特哲学的自身价值以及这种哲学对现代西方哲学的影响。弗雷德里克·诺伊豪泽尔（Frederick Neuhouser）说：费希特关于理论自我意识的学说可能是20世纪现象学意识理论的最为重要的先驱，而他的自由学说对后来的大陆哲学和英美分析哲学也多有影响。[80]

注释

1　海涅：《论德国宗教和哲学的历史》，第115页。

2　《激情自我：费希特书信选》，经济日报出版社，2001年，第1页。

3　《激情自我：费希特书信选》，第 37 页。
4　同上书，第 260 页。
5　威廉·格·雅柯布斯：《费希特》，中国社会科学出版社，1989 年，第 199 页。
6　《激情自我：费希特书信选》，第 79 页。
7　费希特：《全部知识学的基础》，商务印书馆，1986 年，第 6 页。
8　同上书，第 8 页。
9　同上书，第 9 页。
10　同上书，第 14 页。
11　Dalee.Snow, *Schelling and the End of Idealism*, State University of New York Press, 1996, p.39.
12　费希特：《全部知识学的基础》，第 12 页。
13　同上。
14　同上书，第 11 页。
15　同上书，第 13 页。
16　Günter Zöller, *Fichte's Transcendental Philosophy: The Original Duplicity of Intelligence and Will*, Cambridge University Press, 1998, p.2.
17　《激情自我：费希特书信选》，第 142 页。
18　汤姆·罗克摩尔：《黑格尔：之前和之后》，第 84 页。
19　费希特：《全部知识学的基础》，第 14—15 页。
20　同上书，第 15 页。
21　费希特：《论学者的使命 人的使命》，商务印书馆，1984 年，第 6 页。
22　费希特：《全部知识学的基础》，第 21 页。
23　《激情自我：费希特书信选》，第 146 页。
24　Frederick Copleston, S. J., *A history of Philosophy: Volume 7, Modern Philosophy, Part Ⅰ, Fichte to Hegel*, A Division of Doubleday & Company, Inc., 1965, p.72.
25　Ibid., p.78.
26　费希特：《全部知识学的基础》，第 19 页。
27　同上书，第 25 页。
28　同上书，第 27 页。
29　《激情自我：费希特书信选》，第 141—142 页。
30　同上书，第 142 页。
31　同上书，第 146 页。

32 费希特:《全部知识学的基础》，第 27 页。
33 同上书，第 200 页。
34 同上书，第 202 页。
35 同上。
36 Günter Zöller, *Fichte's Transcendental Philosophy: The Original Duplicity of Intelligence and Will*, p.25.
37 雅柯布斯:《费希特》，第 77—78 页。
38 古留加:《黑格尔传》，商务印书馆，1978 年，第 30 页。
39 费希特:《全部知识学的基础》，第 31 页。
40 黑格尔:《哲学史讲演录》第四卷，第 311 页。
41 同上书，第 314 页。
42 费希特:《全部知识学的基础》，第 46 页。
43 同上书，第 49 页。
44 同上书，第 55 页。
45 同上书，第 61 页。
46 同上书，第 62 页。
47 同上。
48 同上书，第 182 页。
49 同上书，第 183 页。
50 同上。
51 同上书，第 185 页。
52 同上书，第 209—210 页。
53 同上书，第 208 页。
54 同上书，第 209 页。
55 《费希特著作选集》第三卷，商务印书馆，1997 年，第 18 页。
56 同上书，第 5—6 页。
57 同上书，第 5 页。
58 同上书，第 7 页。
59 同上书，第 9 页。
60 同上书，第 10—11 页。
61 同上书，第 11 页。
62 同上书，第 14 页。

63　费希特:《论学者的使命 人的使命》，第 15 页。

64　同上书，第 18 页。

65　同上书，第 21 页。

66　同上。

67　同上书，第 21—22 页。

68　同上书，第 22—23 页。

69　同上书，第 40 页。

70　同上书，第 41—42 页。

71　同上书，第 42 页。

72　同上书，第 44 页。

73　同上书，第 43 页。

74　同上书，第 57 页。

75　理查德·罗蒂:《哲学的场景》，上海译文出版社，2009 年，第 82 页。

76　《激情自我：费希特书信选》，第 113 页。

77　同上书，第 160 页。

78　同上书，第 223 页。

79　海涅:《论德国宗教和哲学的历史》，第 117 页。

80　Frederick Neuhouser, *Fichte's Theory of Subjectivity*, Cambridge University Press, 1990, pp. 170—171.

第十二章　谢林：走向绝对

哲学必须以无条件的东西为出发点。问题现在只是在什么地方寻找无条件的东西，在自我里呢，还是在非我里。如果这个问题解决了，一切问题也都解决了。在我看来，全部哲学的最高原则就是纯粹的、绝对的自我，也就是那个不但没有完全被客体所限制，而且是通过自由而被树立起来的自我，单纯的自我。

艺术对于哲学家来说就是最崇高的东西，因为艺术好像给哲学家打开了至圣所，在这里，在永恒的、原始的统一中，已经在自然和历史里分离的东西和必须永远在生命、行动与思维里躲避的东西仿佛都燃烧成了一道火焰。

对于哲学的心灵来说，没有什么比听到下述说法更令人不安的了：自此以后，全部哲学被认为落入一个体系的桎梏之中。当他看到面前知识的无限范围时，他会感到一种前所未有的崇高。他的科学的全部尊严在于：它永远不会被完成。在他相信已经完成了自己的体系的瞬间，他将变得无法忍受他自己。

——谢林

谢　林

谢林（Friedrich Wilhelm Joseph von Schelling，1775—1854年）1775年1月27日出生于符滕堡（现在德国的巴登—符滕堡州）的莱昂贝格（Leonberg），2岁时，他家搬到图宾根附近的贝本豪森（Bebenhausen）。谢林的父亲是神学硕士，通晓多种古代语言，任贝本豪森教会学校的牧师及东方文化教授，后升任符滕堡新教教会的主教。谢林6岁上学，8岁开始学习古代语言，10岁开始就读于纽庭根（Nürtingen）的拉丁学校，结识了荷尔德林。少年时期的谢林就表现出了令人惊叹的才华，可以用拉丁文、希腊文、古希伯来文和阿拉伯文写诗。1790年，15岁的谢林进图宾根神学院学习哲学、神学和古典语文学，和比他年长5岁的黑格尔、荷尔德林成为同窗好友，用古留加的话说，“三个天才同住一室！”。

1792至1795年，谢林先后完成了哲学、语文学和神学的学习。1794年，他的一本阐释费希特思想的著作不仅得到了费希特本人的认可，也使他在哲学界崭露头角。1795至1797年，他在莱比锡一个贵族家里做家庭教师，同时在莱比锡大学学习数学、物理学、化学和医学。1798年，经歌德推荐，年仅23岁的谢林受聘为耶拿大学的编外教授，讲授自然哲学和先验哲学，成为费希特的同事和朋友，同时结识了席勒、那瓦利斯和施莱格尔兄弟，并逐渐成为浪漫派的领袖。用斯特芬·迪兹（Steffen Dietzsch）的话说，谢林最辉煌的岁月是同耶拿大学连在一起的，历时5年，即从1798至1803年。在这里，他不仅是大学生们的偶像，而且，他面向公众的演讲也曾经是城里的大事。一位听众曾经这样描写谢林的讲课：“教室不大但挤满听众，谢林外表朝气蓬勃，引人注意，他站在讲台上，讲得优雅流畅，使人印象深刻。他面前点着两盏灯，教室其他地方为黑暗所笼罩，听众聚精会神，鸦雀无声。这个人有某种神奇的魔力。”[1]

谢林和奥古斯特·威廉·施莱格尔（August Wilhelm von Schlegel，1767—1845）及其妻子卡洛琳娜（Caroline Schlegel）过往甚密，卡洛琳娜和她的女儿奥古斯达·拜梅尔（Auguste Böhmer）都爱上了谢林。不幸的是，1800年，痢疾夺去了这个姑娘的生命。这次变故使谢林和比他年长12岁的卡洛琳娜的关系愈加密切，终于导致卡洛琳娜和施莱格尔离婚，并于1803年和谢林结婚。卡洛琳娜出身于一个东方学教授家庭，是浪漫派中最具天赋的女性，在和施莱格尔结婚之前已经是两个孩子的母亲。古留加对她做了这样的描述："人们并不认为她是个绝色美人，可是她却善于成为一个非常温柔的女性，具有特殊的魅力。天赋聪颖，善于交往，感觉敏锐而富有同情心，所有这一切使她成了社交界的灵魂。她使男人们为之倾倒，使诗人和哲学家获得灵感，她总是被爱慕的气氛所笼罩。她勇于面对自己的命运而不计后果。”[2]这场婚姻在当时成了一件丑闻，于是，谢林被迫携夫人离开了耶拿，前往维尔茨堡。从1803至1806年，谢林任维尔茨堡大学教授，思想开始倾向于宗教神秘主义。

谢林早期的自然哲学就已经标志着他和费希特的巨大分歧，起初黑格尔是站在谢林一边的，而且他们还于1802年共同编辑《批判哲学杂志》。但在接下来的岁月里，黑格尔逐渐脱离谢林，1807年出版的《精神现象学》包含了对谢林哲学体系的强烈批判，这一批判给谢林带来了巨大的打击，最终导致二人的关系破裂。随着《精神现象学》的出版，黑格尔崭露头角，引领潮流的成了黑格尔，而不是谢林。1806年，谢林到了慕尼黑，被任命为巴伐利亚科学院院士，1808年获得巴伐利亚国内功勋奖章。

1809年，妻子卡洛琳娜因痢疾去世，谢林悲痛万分，在卡洛琳娜的墓碑上刻下了这样的思念："上帝把她给了我，死亡不能把她带走。"古留加说："卡洛琳娜不单单是可爱的女人、伴侣，她已化作他自己的一部分，是激励他创作的隐秘因素。她走了，他身上的某种东西也死了。工作的时钟停了，纵然修复，走得也不一样了。他还将活好多年，多于他已经度过的年头。还有一些独创的思想来光顾他，并且相当不坏地记录到纸上，但全都停留在未完成状态，没有什么出色的作品付印。这有种种原因，最重要的原因之一是卡洛琳娜不在了。在文化史上很难找到另一个例子，一个女人在哲学家的创作生涯中具有如此重大的意义。"[3] 三年后，经歌德介绍，谢林与卡洛琳娜的密友之女、23岁的巴乌琳娜·戈特尔（Pauline Gotter）结婚。

1820年秋，谢林任爱尔兰根大学教授，讲授神话哲学与近代哲学史。1827年5月返回慕尼黑，担任新建的慕尼黑大学教授，并被巴伐利亚政府任命为科学中心总监，由科学院推举为院长。1841年秋，他被普鲁士国王召回柏林，接替了黑格尔去世后留下的柏林大学哲学教席，讲授神话哲学和天启哲学，并担任普鲁士政府枢密顾问。在柏林大学的第一次讲演中，他宣称：他在青年时期就掀开了哲学史上新的一页，现在，他将再一次谱写新的篇章。克尔凯郭尔、巴库宁（Mikhail Bakunin）、屠格涅夫、恩格斯、兰克、布克哈特（Jakob Burckhardt）、洪堡等都曾经听过他的课。不过，谢林在柏林并没有获得预期的成功。1854年8月20日，谢林在赴瑞士旅行的途中死于巴德拉卡茨（Bad Ragaz），享年79岁。在巴伐利亚国王贡献的墓碑上刻着这样的铭文："纪念德国第一思想家"。

谢林的主要著作有：《论一种绝对形式哲学的可能性》（1794）、《自然哲学观念》（1797）、《论世界灵魂》（1798）、《先验唯心论体系》（1800）、《布鲁诺对话：论事物的神性原理和本性原理》（1802）、《哲学与宗教》（1804）、《对人类自由的本质及其相关对象的哲学研究》

（1809）等。除此之外，谢林留下了大量未发表手稿。

谢林一生的哲学思想发生过很多变化，一般按照时间顺序将其分为自然哲学、先验哲学、同一哲学和天启哲学四个阶段。鉴于同一哲学实际上是自然哲学和先验哲学的组合，我们从同一哲学和天启哲学两个方面对谢林哲学加以介绍。

一、同一哲学

近代哲学始于笛卡尔的心—物二元论，按照这种哲学，广延的世界和思想的世界是分开的。斯宾诺莎试图以绝对的"神或自然"使这两个世界重新统一起来，按照这种哲学，尽管思想和广延仍然是分开的，却是同一个实体的不同属性。就哲学旨趣而言，谢林和斯宾诺莎颇为相似，正如霍尔斯特・福尔曼斯所说："谢林几乎完全追随着斯宾诺莎，并且他一直——尽管使他的思想完全变了形——没有再放弃这个人。从此之后，谢林的一切哲学构思及其他的整个体系都以绝对为开端了"。[4] 一般认为，谢林早期哲学体系由 3 个环节构成：1. 经过改造的费希特的自我。2. 经过改造的斯宾诺莎的实体。3. 前两个环节在他那里的神秘统一，即主观事物与客观事物的"绝对同一性"。用古留加的话说，"谢林就在斯宾诺莎和费希特之间、与斯宾诺莎并列的某个地方寻找着自己的中间位置。"[5]

谢林认为，一切知识都以客观东西和主观东西的一致为基础。所有客观东西的总体是自然，所有主观东西的总体是自我或理智。哲学的任务就在于说明二者的会合活动。这种会合可以通过两种方式发生：使客观的东西成为第一位的，从客观的东西中引出主观的东西，表明自然是与理智同一的，客体就是主体，这是自然科学和自然哲学的方法；使主观的东西成为第一位的，从主观的东西引出客观的东

年轻时的谢林

西，说明理智或自我的实在性，说明自我同自然具有同一性，主体就是客体，这是先验哲学的方法。整个哲学体系就由这两门基本学科组成，“这两门基本科学在原则上和方向上都彼此对立，而又相互需要和相互补充。”[6]“如果说自然科学把自然规律精神化为理智规律，或把形式的东西附加给质料的东西，就从实在论中得出了唯心论，那么，先验哲学把理智规律物质化为自然规律，或把质料的东西附加给形式的东西，就从唯心论中得出了实在论。”[7]当然，这两门基本科学的地位不是平等的，因为“自然科学本身在其完成时又会回到先验唯心论的原理当中来。”[8]

（一）自然哲学

谢林早期哲学研究的重心是自然哲学（1795—1800）。自然哲学的起点是自然，或者说，是所有客观东西的总体。在费希特那里，哲学的起点是绝对自我，自然没有自身的实在性，它的实在性完全是由自我让渡给它的，因而自然或非我只是自我借以实现自身的手段，仅仅表现为对自我努力的一种阻力。早期谢林虽然是费希特的追随者，但他不满于费希特处理自然的方式。在斯宾诺莎实体学说的启发下，谢林认为，自然才是哲学的起点，它有其自身的实在性和独立性，并且形成一个统一的整体。谢林的自然哲学不仅遭到了费希特的批评，而且也使谢林和费希特最终分道扬镳。

作为一个浪漫主义者，谢林认为，自然不仅具有客观性，而且表现为主动性和创造性，因为它已经包含某种精神性的东西于自身之内，换句话说，自然的本性是精神，是沉睡的精神（slumbering spirit）、无意识的自我或理智。自然并不与精神相对，只是精神的一个早期阶段。“我们所谓的自然界，就是一部写在神奇奥秘、严加封存、无人知晓的书卷里的诗。要是真能揭开这个谜，我们就会从中认出精神的奥德赛”。[9]自然应该是可见的精神（visible spirit），精神应该是不可见的自然（invisible nature）。“物质无非是被看成了处于精神活动的平衡状态里的精神。物质只是湮没了的精神，或者反过来说，精神只是在生成过程中来看的物质”。[10] 自然是生产性的和生成性的，自然中的一切都是由自然的整体“预定的”，因而都可以从自然本身“推演”出来。和费希特的绝对自我一样，这种生产性自然包含两种对立的活动于自身之内，即肯定的倾向和否定的倾向，自然的一切事物均源于这两种对立的力量。

谢林以当时的自然科学知识为基础，认为自然的发展经历质料、物质（磁、电和化学过程）、有机体（植物、动物和理性生物）三个阶段，这也是精神化程度越来越高的过程。“每个有机体都是某种象征性的东西，每种植物，可以说都具有心灵的错综复杂的特征。由于在我们的精神中有一种无限的追求是将自身有机化，那么在外部世界中也必定自我呈现出一种普遍的有机趋向……自然的这种一贯的和确定的通向有机化的过程，完全清楚地显示出一种旺盛的冲动，这种冲动，仿佛在同粗野的物质角斗，时而胜利，时而屈服，时而以更加自由的、时而以更有限的形式突破它。这便是自然的普遍精神，它逐渐脱离粗野的物质而自己成长起来。从苔藓地衣开始（在这里还几乎见不到有机化的踪迹），直到那种显示出其挣脱了物质枷锁的高贵形态为止，一直是这同一个冲动在起支配作用。这个冲动追求的是一个共同的合目的性理想，无限地努力表达出作为我们精神之纯粹形式的那一共同的原型”。[11]

自然科学或自然哲学的最终任务不是拘泥于自然事件的细节，而是发现其中的形式和规律，即揭示自然中的精神或理智。“一切自然科学的必然趋向是从自然出发而达于理智的东西。这一点，而且只有这一点，才是把理论带到自然现象去的努力的基础。自然科学的最高成就应当是把一切自然规律完全精神化，化为直观和思维的规律。现象（质料的东西）必须完全消逝，而只留下规律（即形式的东西）。”[12] 自然试图通过反思自身达到理智，但这种努力在无意识的自然阶段无法实现，只有在人那里，自然才达到理智或精神，达到自我意识。“自然的僵死的和没有意识的产物只是自然反映自己的没有成效的尝试，不过所谓僵死的自然总的来说还是一种不成熟的理智，因而在它的现象中仍然无意识地透露出理智特性的光芒。自然只有通过最高和最后的反映，才达到完全变其自身为客体的最高目标，这种反映不是别的，而就是人，或者说得更概括一点，就是我们称之为理性的东西，通过理性自然才破天荒第一次完全回复到自身，从而表明自然同我们之内认作是理智与意识的东西本来就是同一的。”[13] 这样，在人身上并通过人，自然达到了自我意识，实现了客观的东西和主观的东西、自然与精神的会合，沉睡的精神变成了觉醒的精神（awakened spirit）。

（二）先验哲学

在谢林那里，与自然哲学相互对立、相互补充的另一个哲学分支是先验哲学。《先验唯心论体系》（1800）的出版标志着这种哲学的确立。先验哲学把主观的东西视为一切实在的唯一根据，为了做到这一点，它极力摆脱客观的东西的干扰，对客观实在加以普遍怀疑。“如果说全神贯注于客观事物的自然哲学家只是极力想阻止主观的东西干扰他的知识，那么相反地先验哲学家则只是极力想阻止客观的东西干扰知识的纯粹主观的原理。排除干扰的工具是绝对怀疑论，不是不彻底的、仅仅针对人们的普通成见的怀疑论，还未曾见到根底的怀疑论，而是彻底的怀疑论，这种怀疑论不是针对个别成见，而是针对着根本的成见，这种成见一倒，其他一切成见也就定然不推自倒了。”[14]

在谢林看来，一个根本性的成见就是“那种认为事物似乎存在于我们之外的成见”。谢林强调，先验哲学是知识论，而不是形而上学。

它所处理的不是存在，而是知识，所以，它才可能“一开始便抽掉了任何客观的东西，而只把主观的东西留在视野之内。”[15] 真正的知识是以两个对立面的会合活动为前提的，而这种会合只能是一种经过中介的会合。“因此，在我们的知识活动中必定有某种普遍的中介，它就是知识的唯一根据。”[16] 普遍怀疑的目的就是要发现这样的中介，从而确立关于知识的最高原理。“任何知识都只能有一个（起中介作用的）原理。”[17] 而且，这样的原理不可能在知识之外，而是在知识自身之内。“先验哲学家并不过问在我们的知识之外可能会有我们知识的什么最终根据，而是只问在我们知识自身内我们不能超越的最终的东西是什么？他是在知识之内寻找知识的原理（所以这一原理本身是能够被认识到的某种东西）。”[18]

通过普遍怀疑，谢林发现了“我在”或自我意识这个先验哲学的阿基米德点。和费希特一样，先验哲学以我、我在为出发点。在1795年致黑格尔的一封信中，谢林写道：“哲学必须以无条件的东西为出发点。问题现在只是在什么地方寻找无条件的东西，在自我里呢，还是在非我里。如果这个问题解决了，一切问题也都解决了。在我看来，全部哲学的最高原则就是纯粹的、绝对的自我，也就是那个不但没有完全被客体所限制，而且是通过自由而被树立起来的自我，单纯的自我。”[19] “自我意识囊括了我们知识的全部领域，甚至把这个领域扩展到无限，而在每一方面自我意识总是至高无上的。”[20] 即使在自然哲学中，即当我们把客观的东西确立为第一位的东西时，我们也永远越不出自我意识之外去。“至于说自我意识是个坚固的立脚点，对我们来说一切都系于这个点，这是无需证明的。”[21] 谢林强调，自我意识不是一切存在的绝对原理，而是一切知识的绝对原理，因为一切知识都以自我意识为出发点。自我是纯粹的活动或行动。“自我的概念是通过自我意识的活动产生的，因此，除这一活动而外，自我就什么东西也不是了，它的全部实在性都是以这一活动为唯一基础，它本身无非就是这一活动。因此，只有把自我设想为一般活动，否则它就什么也不是。”[22]

与证明、推理和概念等知识活动不同，自我是一种绝对自由的知识活动，是一种直观活动。和一般的感性直观不同，这种直观总是自由地进行创造的直观，是同时创造自己的对象的直观，这就是谢林所说的理智直观（intellectual intuition）。“自我不是别的，只是一种把自身变成自己的对象的创造活动，即是说，它是一种理智的直观活动。”[23] 通过理智直观活动，我们得到了先验哲学的基本原理：自我 = 自我。谢林强调，自我 = 自我不仅是一个同一命题，而且是一个综合命题，因为它把作为创造者的自我和作为被创造者的自我这对立的双方等同起来。“自我 = 自我这个命题也一定表达出了一切知识的原理，因为这一命题正是唯一可能的同一而综合的命题。”[24] 这种作为哲学本原的自我及其直观是不证自明的。

在谢林看来，不理解理智直观，就根本无法理解先验哲学乃至一切哲学。“没有理智直观，哲学思维本身就根本没有什么基础，没有什么承担和支持思维活动的东西；在先验思维里取代客观世界，仿佛能使思辨展翅翱翔的东西，正是这种直观。……没有理智直观，一切哲学也都会是绝对不可理解的。”[25] 进行理智直观的自我不是个体的自我，也不是经验的自我。“纯粹自我意识是一种活动，这种活动处在一切时间以外，一切时间正是由它构成的；经验意识只是在时间和表象的连续系列中产生的意识。”[26] “我们把那种永恒的、不包含在时间里的自我意识的活动称为自我，这种活动是赋予一切事物以存在的东西，因而自身是根本不需要别的存在来支撑的，相反地，它是自己承负和支持自己的，客观上表现为永恒的生成，主观上表现为无限的创造。”[27] 所以，先验哲学的开端和归宿都是自由。这种自由的纯粹自我在康德那里是不可认识的自在之物，谢林认为康德的做法是荒唐的，因为自我根本就不是事物，既不是自在之物，也不是现象。

在谢林那里，自我或自我意识囊括了知识的全部领域。“自我把自身变成自己的对象”表明，在自我中存在着两种倾向或活动：一种是不受限制的自由活动，一种则是受限制的活动，两种活动互为存在的前提，共同构成了自我的完整机制。“正像两种活动互为存在前提一样，唯心论与实在论也互为存在前提。如果我只考虑观念的活动，我得出的就是唯心论，或者说，我便会断言限制纯粹是由自我设定的；反之，如果我只考虑现实的活动，我得出的就是实在论，或者说，我便会断言限制是不依赖于自我的。如果我同时考虑到两者，我便会得出由两者构成的第三种东西，大家可以称之为唯心实在论，或者说，这就是我们迄今用先验唯心论名称所表示的东西。”[28] 先验哲学相应分为理论哲学、实践哲学和艺术哲学三个部分，分别处理观念的活动、现实的活动以及二者的统一。

1. 理论哲学。理论哲学是谢林的认识论，其任务是探讨经验的可能性，解释表象何以能绝对地同完全独立于它们而存在的对象一致。“哲学是自我意识的一部历史，这部历史有不同的时期，那个唯一的绝对综合就是由这些时期相继组合而成的。”[29] 理论哲学分为三个时期：第一个时期是从原始感觉（primitive sensation）到创造性直观（productive intuition）。感觉是认识活动的基础，“认识的所有实在性都维系于感觉，一种哲学如不能解释感觉，就足以因此而一败涂地。因为，一切认识的真理性都毫无疑问地是以伴随着认识的强制感为基础的。存在（客观性）所表示的永远只是直观活动或创造活动的一种被限制状态。”[30] 第一时期的目的就是要说明自我怎样得以直观它自身为受到限定的，以及自我怎样直观到它自身是进行感觉的。第二个时期是从创造性直观到反思（reflection），旨在说明自我怎样得以直

谢林画像

观它自身为创造性的。在这个阶段，谢林演绎出了时间、空间和因果性诸范畴。第三个时期是从反思到绝对意志活动（the act of absolute will）。在这个阶段，自我表现为一种主动的自由力量，先验哲学也随之从理论部分转向实践部分。安德鲁·布伊认为，谢林理论哲学的独创性在于，它把哲学转化为自我意识的一部历史，从而为黑格尔的《精神现象学》做了准备。[31]

2. 实践哲学。实践哲学要探讨的是"某一客观的东西如何会因一种单纯思想的东西而改变，以致与之完全一致起来"。实践哲学包括三条原理：第一，"绝对的抽象，即意识的开端，只能从理智的自我决定或理智对自己的行动得到解释。"[32] 理智的自我决定实际上就是最广义的意志活动或自由活动，可以说，第一条原理确立的是人的自由。第二，"理智的自我决定的活动或理智自己对自己的自由行动，只能由这种理智之外的一种理智的特定行动得到解释。"[33] 第二条原理表明：我的自由是以其他理智或理性生物的存在及其影响为前提的。"除了承认其他理性生物存在之外，没有任何理性生物能证实自己是理性生物。"[34] 可见，自由不是我一个人的事情，"我只有通过一定的外来影响才能达到自由。"[35]

谢林强调，一个孤立的理性生物不仅不能达到对于自由的意识，而且也不能达到对于客观世界本身的意识。我之所以能够确认世界的客观性，是因为我不是一个孤立的个体。除了我之外，还有其他进行直观的理智。"对于个体来说，其他的理智仿佛是宇宙的永恒支柱，有多少理智，客观世界就有多少不可毁灭的明镜。世界虽然完全是由自我建立的，却是不依赖于我的，因为在我看来，世界止息于其他理智的直观，这些理智的共同世界是原本，这种原本与我的表象的符合才是真理。"[36] 第三，"意志活动原初必然是以一种外在对象为目标。"[37] 这条原理表明：意志活动不仅是自由的，而且关涉外在必然性。"任何行动，无论是个人的还是整个族类的，作为行动都必须被设想为自由的，作为客观结果则都必须被设想为服从于自然规律的。”[38]

对于自由和必然及其关系的讨论，把我们带到了谢林的历史哲学。在谢林看来，历史是由自由和必然共同造成的，一系列绝对没有规律的事件与一系列绝对合乎规律的事件一样，都不配称为历史。“历史既不能与绝对的规律性相容，也不能与绝对的自由相容，而是仅仅存在于这样一种地方，在这种地方，唯一的理想实现于无穷多的偏离活动中，结果个别历史事件虽然不符合这个理想，但全部历史事件却符合这个理想。”[39]“历史的主要特点在于它表现了自由与必然的统一，并且只有这种统一才使历史成为可能。”[40]历史当然要讲必然性，但“在任何历史中设想的进步，都不允许有这样一种规律性，这种规律性把自由的活动限制在一种确定的、总是周而复始的连续行动系列上”。[41]人之所以有历史，恰恰是因为他的行为是无法根据理论预先估计出来的。“就此而言，任性是历史的女神。”[42]

当然，实现自由的一个必要前提是：人的行动的最后结局取决于一种必然性，这种必然性凌驾于人之上，甚至操纵着人的自由表演。“人们不管怎么做作，不管怎么任意放肆，都会不顾他们的意志，甚至于违背着他们的意志，而为他们看不到的必然性所控制，这种必然性预先决定了人们必然会恰好通过无规律的行动，引起他们预想不到的表演过程，达到他们不打算达到的境地，而且这种行动越无规律，便越确实会有这样的结果。”[43]“从主观方面看，我们是为表现内心而行动的；从客观方面看，则绝不是我们在行动，而是另一种东西仿佛通过我们而行动着。”[44]自由与必然的共同作用促进了历史的进步，这种进步表现为向法治状态的无穷接近。谢林把人类历史划分为三个时期。第一个时期是悲剧时代，在此期间，命运作为盲目的力量居于支配地位。第二个时期是从罗马共和国到谢林所处的时代，这是自然规律居支配地位的时期。第三个时期是未来时代，是天意开始的时代。“这个时期将在什么时候开始，我们无法回答。但是，当将来存在这个时期时，上帝也将存在。”[45]

是什么东西保证了自由和必然的预定和谐？是一种凌驾于二者之上的更高的东西，这种更高的东西本身既不是主体，也不是客体，更不能同时是这两者，而是一种“绝对同一性”。这个绝对同一体绝对单纯，不包含任何二重性，因而不能达到意识（意识恰恰是二重性的），也不会成为知识的对象，只能是行动中永远假定的即信仰的对象。“这种永恒的无意识的东西，仿佛是精神王国中永恒的太阳，以自己固有的夺目光辉把自己掩盖起来，它虽然从未变成客体，但在一切自由行动上标出了自己的同一性，同时对于一切理智都是同一个东西，是一切理智由以分为各种级次的看不见的根源，是我们心中自我决定的主观事物与客观事物（直观者）的永恒中介，同时是自由中包含的规律性与客观事物的规律性中包含的自由的根据。”[46]

3. 艺术哲学。理论哲学肯定了现实世界对表象的统治，实践哲学则强调思想对感性世界的统治，于是，我们陷入一种矛盾之中，“我们要有理论的确实性，就得失去实践的确实性，要有实践的确实性，就得丧失理论的确实性；在我们的认识中存在着真理性而同时又在我们的意志中存在着实在性，这是不可能的。”[47] 在谢林看来，如何解决这个矛盾是先验哲学的“最高任务”，理论哲学和实践哲学本身都不能解决这一问题，只有一种更高的哲学才能完成这个任务，这更高的哲学是联结二者的中间环节，它既非理论的亦非实践的，既是理论的又是实践的。这种更高的哲学就是艺术哲学。“哲学的工具总论和整个大厦的拱顶石乃是艺术哲学。”[48] 如果说谢林的理论哲学和实践哲学在相当的程度上仍然带有费希特哲学的烙印，那么，艺术哲学无疑是谢林的独创。

无论是自然哲学还是先验哲学，最后都会合于一个绝对同一体，"这个绝对不客观的东西既不能用概念来理解，也不能用概念来表现。因此，剩下的唯一方法就是在一种直接的直观中表现这个绝对不客观的东西"。[49] 这种直观不是感性的，而是理智的；它不是以客观事物或主观事物为对象，而是以绝对统一体、以本身既不主观也不客观的东西为对象。理智直观的一种典型形式就是艺术直观或美感直观。在美感直观中，有意识活动和无意识活动、主观事物与客观事物达到了高度同一。"艺术作品唯独向我反映出其他任何产物都反映不出来的东西，即那种在自我中就已经分离的绝对同一体；因此，哲学家在最初的意识活动中使之分离开的东西是通过艺术奇迹，从艺术作品中反映出来的，这是其他任何直观都办不到的。"[50] 所以，谢林说："艺术是哲学的唯一真实而又永恒的工具和证书，这个证书总是不断重新确证哲学无法从外部表示的东西，即行动和创造中的无意识事物及其与有意识事物的原始同一性。正因为如此，艺术对于哲学家来说就是最崇高的东西，因为艺术好像给哲学家打开了至圣所，在这里，在永恒的、原始的统一中，已经在自然和历史里分离的东西和必须永远在生命、行动与思维里躲避的东西仿佛都燃烧成了一道火焰。"[51]

至此，谢林的先验哲学达到了顶点，开始转向狭义的"同一哲学"（identity philosophy）。实际上，就在《先验唯心论体系》（1800）出版后的第二年，谢林发表了《对我的哲学体系的阐述》（1801）一文，明确打出了"绝对同一性哲学"的旗帜，进入了一个短暂的"同一哲学"时期，直到《哲学与宗教》（1804）的出版。与自然哲学和先验哲学不同的是，"绝对同一体"不是最后才达到的东西，而是"同一哲学"的出发点。这种"同一哲学"后来遭到了黑格尔的批判。在黑格尔看来，绝对同一如同黑夜一般，在这样的黑夜中所有的牛都是黑的。谢林则说："大部分人在绝对的本质中所看到的不过是一片

莱昂贝格

黑夜，因而不能认识其中的任何东西；在他们面前，绝对皱缩为对于差别的单纯否定，成了某种纯粹缺失性的东西，据此，他们聪明地把它变成了他们的哲学的终结者……我在此试图表明的是：那个绝对的黑夜如何能够转化为知识的白昼。”[52]

二、天启哲学

耶拿时期的谢林醉心于自然和艺术，对宗教采取拒斥态度。1804年以后，谢林的思想发生了巨大的转变，霍尔斯特·福尔曼斯把这种转变归因于跟住地的改变相关的交往圈子的变化。在慕尼黑，谢林受到了天主教的神智论者弗兰茨·巴德尔（Franz Baader）的深刻影响，并通过巴德尔接受了雅可布·波墨的思想，从而为基督教所吸引，由同一哲学转变为天启哲学（Philosophy of Revelation）。霍尔斯特·福尔曼斯评论道：“在图宾根［被谢林］认为是苍白无血的废物而抛弃的基督教，展现出了令人惊奇的全新魅力。谢林完成了退回基督教的转向。甚至，他从此领悟到了一种使命，这是他从此之后直到其生命的尽头都不曾放弃过的使命：增强力量，以这些力量完成德国的再生——［这是］一种依靠宗教精神的再生，一种依靠有生命力的基督教和基督教的灵知（Gnosis）的再生。”[53]

（一）创世论

人们一般把谢林1809—1827年之间的哲学称为“世界时代”（Ages of the World）哲学。1809年，谢林发表了《对人类自由的本质及其相关对象的哲学研究》，这是他生前最后一部公开发表的著作，在一定意义上，该书奠定了其“世界时代”哲学的基础。20世纪中叶以来，特别是海德格尔关于该书的演讲出版以来，《自由论文》引起了人们的广泛关注。

谢林认为，我们生活于其中的这个可见世界是上帝创造的。初始的上帝宛如一个婴儿，是一个绝对无差别（indifference）的同一体，他既无人格，也没有爱（有差别才有爱），又无自我意识，就是说，上帝对包含于自身之内的各种力量处于无知状态。“你们看看婴儿吧，在自身内什么都混沌未分［！］你们将在婴儿身上认出一个最为纯粹的神性形象。通常，我们总是把最高的东西说成是主体和客体的真正绝对的统一，而这个最高的东西不是双方的，只有力才是双方的。它是尚未自知的自身内心的纯粹喜悦，是完全满足于自身且一无所思的泰然自得的狂喜，是对其不存在感到欢愉的静止的内在性。”[54] 谢林也把这个无差别的同一叫作“原始根据”或“无根者”（baselessness）。

上帝不是一种逻辑的抽象物，而是各种力量的有生命的统一体，因而必定要生成变化，亦即从无意识进到意识状态。于是，包含在上帝之中的各种力量自发地激动起来，原来处于潜存状态的“观念的力量”和“现实的力量”得以分化，这也就是谢林在“实存东西的本质”和“单纯实存之根据”之间所做的著名区分。一种力量是上帝的“本质”，即上帝的“灵”，代表着光明。这是上帝的高级部分，也是其本真的部分。“唯有上帝，这位实存着的他自身，居于纯粹的光明中，因为只有他是从自己本身出发的。”[55] 另一种力量则是上帝的“根据”（ground），即上帝的“基础”或“质料”，代表着黑暗。这是上帝的低级部分，是上帝中的“自然”（nature in God）。

“根据”或“自然”与上帝不可分、在上帝之内，却不是上帝本身，或者说，不是“绝对地看待的”上帝。“上帝在自身之内拥有的其实存的这个根据，不能被绝对地看作就是上帝，就是说，它只是实存着，因为它也只是上帝实存的根据，它就是上帝中的自然（Nature-in-Gott）；一个虽然与上帝不可分离，但确有区别的东西。”[56] “根据”本质上是一种冲动或渴求，就像“波涛汹涌的大海”，上帝用“灵”

或理智对之加以控制和限制，用光照亮这黑暗的根据，这就是爱的力量。谢林强调，这两种力量是“两种同样永恒的开端”。“创世的第一个开端是太一要把自己分娩出来的渴望，或者说是根据的意志。第二个开端是爱的意志，通过它道语被表达在自然中，并通过爱的意志上帝使自身成为有人格的。”[57] 两种力量互动的结果产生了一个“理念的王国”，即可能存在的各种事物的形象。“理念的王国”产生于上帝之内，也存在于上帝之内。

正是由于上帝之内两种力量的相互联系，上帝具有了人格性。在谢林看来，无论是斯宾诺莎的上帝，还是费希特的上帝，都只是没有人格的存在物，因为他们的上帝或者是“观念的东西”，或者是“现实的东西”，而没有二者的统一性。在此意义上可以说，他们的上帝都是缺乏精神性的，因为联结二者的纽带恰恰就是精神。随着人格性的出现，上帝对可能出现的事物之“理念”有了认识，进而通过这些理念认识了自身。“这一渴望作为尚且黑暗的根据，依然是神之亲在的最初的激动，与此相应，在上帝自身之内，产生了一种内在反映性的表象，通过这一表象，上帝在一肖像（Ebenbilde）中看见了他自身，因为除了上帝之外，没有其他的表象对象。这个表象，绝对地看，是上帝在其中得以实现的第一个东西，尽管只是在它自身之内实现的，这个表象是在上帝那里开始的，并是在上帝之内产生的上帝自身。”[58]

接下去就是“理念的世界”外显的过程。上帝为什么要把这个“理念的王国”现实化？显然不是源于上帝的必然性。因为上帝的存在完全不需要一个现实的世界。正如福尔曼斯所说：“对于他来说——更清楚地对于他的自我认识来说——这个现实世界的建立不能带来任何新的东西，即没有任何新的认识。”[59] 所以，“现在，上帝是否也现实地建立这个被直观到的观念的世界，还是仍然把它作为观念

歌德与席勒

的，这完全在于上帝自身。”[60]就是说，上帝是绝对的自由。他可以创世，也可以不创世。但他创造了这个世界，作为一种恩典。

于是，从上帝的“根据”“分娩”出了“圣子”即可见的世界。谢林强调，可见的世界不是源于上帝本身，不是源于上帝的“灵”，而是源于上帝的根据，源于黑暗，是展现出来的上帝的“自然”或“无意识部分”。这当然不是说，可见的世界不出自上帝之内，因为一切都在上帝之中。不过，在上帝之中，这个作为黑暗的根据并不是漆黑一片，其中总是交织着观念的东西。“创世的终极意图就是：把不能自为地存在的东西，通过把它从黑暗（作为一个不依赖于上帝的根据）中提升出来达到定在，[变成]也仿佛是自为的。诞生和死亡的必然性就是由此而来。上帝给予的理念是，使那些曾在他之内没有独立生命的东西，以致在自性和非存在中的东西，从非存在中唤醒以取得生命，它们作为独立的实存者就又存在于他之内。”[61]所以，尽管可见的世界源于上帝的根据，但一切受造物却同时包含着两种原则，“第一种原则是万物由以与神区分的原则，或者说万物由以只存在于单纯根据中的原则。”[62]另一种原则是源于理智的光明的原则。由此产生了受造物的两种意志：一种是基于根据即黑暗原则的“私意”（self-will）或局部意志，这是一种盲目的意志；一种是基于理智原则的“公意”或普遍意志（universal will）。随着世界的创立和展开，上帝取得了完全的“现实性”。

（二）神正论

谢林不否认恶的存在。在他看来，恶就是上述两个原则——光明的原则和黑暗的原则——既定秩序的颠倒。“恶的一般可能性在于，人不是使他的自性成为基础，成为工具，而是把它提高到统治地位和无上意志（Allwillen），相反，却使他内在的精神性东西成为手段。”[63]恶不可能存在于上帝之中，也不可能源于上帝，尽管上帝在自身之中就包含着黑暗的原则，因为上帝体现了两个原则的不可分离的统一。“原始的根据物自在地绝不可能是恶，因为在它之中尚未出现原则的二元分离。”[64] 恶也不可能存在于人之外的其他受造物之中，因为这些受造物缺乏调解两种原则的能力——精神。谢林不承认莱布尼茨所说的“形而上学的恶”，即由受造物的有限性所造成的恶。在谢林看来，恶不来自有限性本身，而是来自于提高为自我存在的有限性，而只有人才具有这种能力。“由于人是所有可见的受造物中最完善的，只有人才能够作恶，这就已然指明，恶的根据绝不可能在于缺陷或褫夺。”[65]

只有人才能作恶。作为上帝的造物，人身上秉承了黑暗的原则和光明的原则。“由最深的中心向光明的提升，除了在我们人类中之外，并没有发生在我们可见的受造物中。在人类中存在着黑暗原则的整个强力，在人类中同样也存在着光明的整个力量。在人类中有着最深的深渊和最高的天空，或者说，两者的中心。”[66] 人不仅具有源于根据的东西，而且产生了一种高层次的东西——精神。“现在看来，尽管在所有事物中都有两个原则，但由于从根据中提升出来的东西有其缺陷性，它们没有完全的和谐。所以，只有在人类中，才把在所有其他事物中尚被压抑的和不完整的‘道语’，完全地说出来了。”[67] 这不是说在人身上两种原则达到了不可分离的高度统一，那是只有上帝才能达到的境界。上帝和人的区别之一就是，在上帝中两个原则是不可分离的统一，而在人身上二者则必须是分离的。恶的可能性即源于此。

正如福尔曼斯所说：“上帝自身也包含着黑暗和光明，但黑暗被从属于光明，更清楚地说，是被提升到光明中的。这是上帝的本质秩序，他从未把这个秩序倒转过来。上帝不能作恶，恶是基于把黑暗提升到光明之上，并以此摧毁了两种原则的本质的等级秩序；这种可能性作为向恶的自由只是在人类中实存着。”[68] 就是说，人在自身之内拥有向恶（和向善）的自由，因为“在他之内诸原则的纽带不是必然的，而是自由的。他站在这一分界线上。”[69]“恶，作为这样的恶，根据不会为之，每个受造物都是由于自己的罪孽而堕落。”[70]“就自性脱离光明就是恶的原则而言，根据诚然只是激发出恶的可能的原则，而不是恶本身，也不是为了恶。”[71]恶不源于根据本身，而是源于对爱的背离，源于根据的意志和爱的意志的颠倒。而这完全是人的自由造成的。

恶源于人的自由。这必定是上帝在创世之初就已经预知的，上帝为什么不对此加以阻止？谢林说，善与恶是对立的统一，阻止恶就意味着终止善和爱，并最终取消上帝自身。“因为这样不外就是意味着，爱的对立面因之而不能存在，爱自身也必定不能存在了。这就是说，绝对肯定的东西要为那种只是作为对立才有一种实存的东西、永恒的东西要为纯粹时间性的东西做出牺牲。”[72]“假如上帝真的为了恶的缘故而不把自己启示出来，那么恶就已经战胜善和爱了。”[73]“因此之故，假如恶不存在，上帝自身也必定不存在。”[74]谢林强调，即使在启示的终点，也不是完全地消灭恶，而是把它从现实性退回到完全的非现实性。“因为恶之为恶，只是由于它超出了其潜在性而言的；但把它归于非存在，或者归于潜在状态，那它就是永远应该存在的东西，是基础（Basis），是被制服了的东西，而且作为这样的东西，它便不再与上帝的神圣性和爱处于矛盾中了。”[75]谢林的神正论思想深受波墨的影响，华特生把谢林的神正论称为“一种新的神秘的神正论”。[76]

（三）否定哲学与肯定哲学

从1827年开始，谢林在慕尼黑大学就近代哲学史做了多次讲座，提出了否定哲学（negative philosophy）与肯定哲学（positive philosophy）的区分。1832—1833年，又做了《肯定哲学的奠基》的讲演，进一步阐述了上述思想。

谢林认为，任何事物都包含两个方面：它的“本质”和它的“实存”。“我们应当注意，在任何真实的事物中，都有两样东西需要认识；认识存在是什么（quid sit），认识那个存在者（quod sit），这是两种全然不同的认识。前者——回答它是什么的问题——给予我关于事物本质的洞见，或者说，它规定的是：我对事物有所理解，我拥有关于那个事物的一个概念，或者我在概念中拥有该事物。而另一个即关于那个存在者的洞见，给予我的不仅仅是概念，而是某种超出单纯概念的东西，即实存。”[77] 如果我们追问的是一个事物的“什么”（whatness），我们完全不用考虑这个事物是否实际存在。即使世界上根本没有三角形这个事物，我们的理性也可以先天地对其“什么”即本质有所理解；如果我们追问的是那个存在者（thatness），就是说，那个实际存在着的东西，我们必须诉诸经验。“某物竟然存在，特别是，这个特定的事物存在于世，如果不诉诸经验，理性绝不能先天地认识和宣称这一事实。”[78]“在特定条件下，理性可以自行地认识这个植物的本质，但绝不能认识其现实的、当下的实存。”[79] 理性科学可以解释事物的可能性，却不能告诉我们自然中（偶然地）实际存在着什么以及这些东西以什么具体形式存在，这是经验的职能。

正是基于“本质”与“实存”、“理性”与“经验”的上述区分，谢林区分了否定哲学与肯定哲学这两种风格迥异的哲学：前者旨在“把握事物的本质”，后者则致力于“解释事物的实存”；前者关注的是“什么”（whatness），后者关注的则是“那个”（thatness）；前者的手段是逻辑思维，后者的手段则是一种自由之思（free thinking）；前者是一种理性哲学，后者则是一种广义的经验哲学，谢林称之为“形而上的经验主义”（metaphysical empiricism）。在谢林看来，否定哲学与肯定哲学的分野始于古希腊，笛卡尔以降的近代哲学史是一部“否定哲学”居主导地位的历史，黑格尔的理性哲学则是这一历史的顶峰（实际上，谢林把自己的早期哲学也划归了这种否定哲学）。否定哲学虽然以各种方式解释了世界的本质和潜能，却不能有效地说明世界

慕尼黑

的实存与现实，不能使人拥有现实的上帝、具体的世界以及上帝与世界的自由关系。可以说，否定哲学极大地满足了人们“探本求源”的理论冲动，却不能为人类带来现实的人生关怀。在谢林看来，黑格尔哲学的错误不在于它是一种否定哲学，因而排斥肯定哲学；而在于它是一种超出了自己界限的否定哲学，声称它在自身之内征服了肯定哲学，即在理性哲学内部达到了世界的现实性。

谢林认为，他的后期哲学是一种真正的肯定哲学。这种哲学不是从作为理念或本质的存在开始，而是从一个活动的、创造性的存在即作为人格的、现实的上帝开始。“上帝，人们真正叫作上帝的东西（我相信，甚至哲学家也必须按照一般用法使用语言）只能是作为创造者的人格，他可以开始某物，因此，他存在于一切事物之前，而不仅仅是一个理性观念。”[80] 肯定哲学不是单纯地诉诸于理性或思维，而是首先诉诸于意志即信仰，诉诸于对一个人格化的、创造性的、救赎性的上帝的信仰。所以，真正的肯定哲学必然同时就是神学或哲学宗教。在谢林看来，康德固然承认上帝的存在，但只是作为实践理性的一个公设，所以，康德单纯理性限度内的宗教并不是真正的宗教，因而仍然属于否定哲学。

谢林强调，他无意用肯定哲学取代否定哲学。毋宁说，肯定哲学和否定哲学各有自己的范围和界限，因而应该相互补充。“如果一件事情需要 A 和 B 两个要素，我发现起初我只拥有一个要素即 A，那么，现在 B 被加到了 A 之上，或者我现在不再单纯拥有 A，而是拥有 A+B，这一事实并没有改变 A。应当防止的只是，我相信通过单纯拥有 A，我已经拥有或能够获得那只有首先添加 B 才能拥有或获得的东西。这就是否定哲学和肯定哲学的关系。当第二项被添加的时候，第一项并没有发生任何改变。相反，通过添加后者，前者致力于自己的真正本质，因而再也不会想跃出自己的界限，就是说，使自己成为肯定的哲学。”[81] 谢林把否定哲学叫作“学院哲学”（the philosophy of the academy），把肯定哲学叫作“生活哲学”（the philosophy for life），两者的联合才能满足人们对于哲学的要求。

三、谢林哲学的历史命运

在德国古典哲学家中，谢林的命运最为独特，在他去世后的百年间，他的名字一直笼罩在黑格尔的阴影之下。在相当长的时期内，他的哲学不过是从康德、费希特到黑格尔之间的一个中间环节。而且，人们对谢林哲学的一个根深蒂固的看法是：体系多变，缺乏统一性，就像一条哲学变色龙。“在他后来的论著里，每一部著作总是重新开始（从来没有一个贯彻到底的完整的全体），因为我们看到，此前写出的著作不能令他满意，所以他不得不以不同的形式和术语另起炉灶。”[82] 黑格尔的上述评论基本上代表了谢林同代及后代人对他的看法。

然而，黑格尔未能理解的是，谢林哲学表现出来的多样性和“非体系性”，与他对哲学的理解密切有关。在谢林眼中，哲学的尊严和最高成就，不是实现一个封闭的、完成了的体系，而在于不懈的探索和追求，在于真正的自由。早在1795年，谢林就曾经写道：“对于哲学的心灵来说，没有什么比听到下述说法更令人不安的了：自此以后，全部哲学被认为落入一个体系的桎梏之中。当他看到面前知识的无限范围时，他会感到一种前所未有的崇高。他的科学的全部尊严在于：它永远不会被完成。在他相信已经完成了自己的体系的瞬间，他将变得无法忍受他自己。在那样的瞬间，他将不再是一个创造者，相反，他将沦为他的创造物的工具。”[83]

在谢林看来，“体系哲学”与“非体系哲学”恰恰是否定哲学与肯定哲学之间的一个重要区分。“前者是一种完全自我封闭的、业已达到一种不变结论的科学，所以，在这个意义上是一个体系；相反，恰恰因为它从来不是绝对封闭的，肯定哲学不能在同样的意义上被称为一个体系。”[84] 所以，谢林忠告他的听众：试图倾听他的人，应当倾听到底。但哲学家们往往缺乏这样的耐心，所以哲学史家很少对谢林哲学抱有兴趣。比如，在罗素的《西方哲学史》中，我们只能读到关于谢林的这样几句评论：他“比较温厚近人，但是主观程度也不稍差。他和德国浪漫主义者有密切关系；在哲学上，他并不重要，固然他在当时也赫赫有名。”[85]

实际上，我们完全可以把谢林不同时期的“不同哲学”视为他朝向同一目标的“不同尝试”。不错，后来的“启示哲学”和原来的“同一哲学”的确有很大差别。但在早期阶段，谢林也曾明确把绝对自我等同于上帝。“对我们来说，除了绝对自我的世界就没有超感觉的世界。上帝只不过是个绝对自我。”[86] 只不过那时的谢林否认人格的上帝。“我们所得出的结论远远地超过一个人格的东西。”[87]“人格的上帝是没有的”。[88] 后期的谢林则强调上帝的人格性。他甚至明确说过，“我的哲学的真正名称就是基督教哲学”。约翰·劳兰德（John Laughland）说：“在其一生中，谢林采取过不同的、有时是相互冲突的哲学观点，但他的思考大多是围绕一套同样的问题旋转的。具体说来，他终生都是围绕着创世、自由、恶与上帝的问题进行写作的。”[89]

如何评价谢林的思想转变，这是一个十分复杂的问题。过去，人们多把谢林从“同一哲学”到“天启哲学”的转变看做一种“后退”或“反动”，比如，海涅就说过，“这人现在背叛了自己的学说，离弃了他亲自奉献的祭坛，蹓回过去信仰的厩舍，他现在成了一个虔良的天主教徒”。[90] 曾经听过谢林柏林演讲的青年黑格尔派的卢格（Arnold Ruge，1802—1880）说：“认为谢林仍然是一个哲学家，这是一个人所能做的最蠢的事情。”[91] 我们认为，谢林并没有随着这种转变从哲学家变成神学家。他的哲学旨趣仍然是哲学的，只不过他越来越觉得基督教学说为阐述他的哲学思想提供了一个方便的视角。

20 世纪 50 年代以后，谢林哲学的命运开始发生变化，他“终于从黑格尔哲学的权威和声望所投下的长长的黑影中脱颖而出。”[92]1954 年，在谢林逝世 100 周年之际，国际谢林大会召开，雅斯贝尔斯等人与会并强调谢林思想的独特性。同一年，哈贝马斯完成了以谢林为主题的博士论文。1955 年，雅斯贝尔斯发表了《谢林》一书，把谢林视为存在主义的先驱。海德格尔对谢林评价甚高，认为谢林（而不是黑格尔）是德国唯心论的顶峰，并把谢林的《对人类自由的本质及其相关对象的哲学研究》视为德国哲学最深刻的著作之一，因而也是西方哲学最深刻的著作之一。安德鲁·布伊说：“谢林对于现代哲学发展的历史意义是毋庸置疑的：像叔本华、克尔凯郭尔、费尔巴哈、尼采和海德格尔这样的思想家，他们受惠于谢林的东西远比他们所承认的要多。”[93] 达利·斯诺则强调，“在谢林哲学本身中，就有对于支配着当代哲学对话的哲学关注的预期。”[94]

在一定意义上，谢林是德国唯心论哲学的终结者和现代西方哲学的开启者。正如贾森·沃思所说：“谢林正在努力表达某种东西，而这种东西的时代还没有到来。事实上，人们甚至可以说，他本人出生得太早了。但现在他的时代也许已经来到”。[95]

让我们遵从谢林对我们的忠告：倾听谢林，而且，倾听到底。

注释

1　梯雷特主编:《同时代人看谢林》，第 19 页，都灵，1974。转引自《西方哲学史（学术版）第六卷〈德国古典哲学〉》，凤凰出版社、江苏人民出版社，2005 年，第 332—333 页。

2　古留加:《谢林传》，商务印书馆，1990 年，第 79—80 页。

3　古留加：《谢林传》，商务印书馆，1990 年，第 198 页。
4　谢林：《对人类自由的本质及其相关对象的哲学研究》，“德文版编者霍尔斯特·福尔曼斯的导论”，商务印书馆，2008 年，第 12 页。
5　古留加：《谢林传》，第 117 页。
6　谢林：《先验唯心论体系》，商务印书馆，1997 年，第 9 页。
7　同上书，第 18 页。
8　同上书，第 22 页。
9　同上书，第 276 页。
10　同上书，第 115 页。
11　谢林：《对人类自由的本质及其相关对象的哲学研究》，第 7 页。
12　谢林：《先验唯心论体系》，第 7 页。
13　同上书，第 7—8 页。
14　同上书，第 9 页。
15　同上书，第 20 页。
16　同上书，第 19 页。
17　同上书，第 20 页。
18　同上书，第 20—21 页。
19　《黑格尔通信百封》，上海人民出版社，1981 年，第 41 页。
20　谢林：《先验唯心论体系》，第 22 页。
21　同上书，第 21 页。
22　同上书，第 31 页。
23　同上书，第 35—36 页。
24　同上书，第 37—38 页。
25　同上书，第 25 页。
26　同上书，第 40 页。
27　同上书，第 41 页。
28　同上书，第 52 页。
29　同上书，第 63 页。
30　同上书，第 72 页。
31　Andrew Bowie, *Schelling and Modern European Philosophy: An Introduction*, Routledge, 1993, p.47.
32　谢林：《先验唯心论体系》，第 188 页。

33 谢林:《先验唯心论体系》，第 195 页。
34 同上书，第 205 页。
35 同上书，第 203 页。
36 同上书，第 210 页。
37 同上书，第 211 页。
38 同上书，第 254 页。
39 同上书，第 240 页。
40 同上书，第 243 页。
41 同上书，第 240 页。
42 同上。
43 同上书，第 248 页。
44 同上书，第 254 页。
45 同上。
46 同上书，第 250 页。
47 同上书，第 14 页。
48 同上书，第 15 页。
49 同上书，第 273 页。
50 同上书，第 274 页。
51 同上书，第 276 页。
52 Andrew Bowie, *Schelling and Modern European Philosophy: An Introduction*, p.55.
53 谢林:《对人类自由的本质及其相关对象的哲学研究》，“德文版编者霍尔斯特・福尔曼斯的导论”，第 19 页。
54 同上书，第 148 页。
55 同上书，第 73 页。
56 同上书，第 71 页。
57 同上书，第 113 页。
58 同上书，第 74 页。
59 同上书，第 163 页。
60 同上。
61 同上书，第 124 页。
62 同上书，第 76 页。

63　谢林:《对人类自由的本质及其相关对象的哲学研究》,“德文版编者霍尔斯特·福尔曼斯的导论”,第 106 页。
64　同上书,第 89 页。
65　同上书,第 83 页。
66　同上书,第 77 页。
67　同上书,第 78 页。
68　同上书,第 154 页。
69　同上书,第 88—89 页。
70　同上书,第 97 页。
71　同上书,第 120 页。
72　同上书,第 121 页。
73　同上书,第 122 页。
74　同上。
75　同上书,第 124 页。
76　John Watson, *Schelling's Transcendental Idealism: A Critical Exposition*, Thoemmes Press, 1992, p.222.
77　F. W. J. Schelling, *The Grounding of Positive Philosophy: the Berlin lectures*, State University of New York Press, 2007, p. 129.
78　Ibid.
79　Ibid., p.210.
80　Ibid., pp.210—211.
81　Ibid., p. 146.
82　黑格尔:《哲学史讲演录》第四卷,第 342 页 .
83　F.W.J.Schelling, *The Grounding of Positive Philosophy: the Berlin lectures*, p.3.
84　Ibid., pp.182—183.
85　罗素:《西方哲学史》下卷,第 263 页。
86　《黑格尔通信百封》,第 41 页。
87　同上书,第 40 页。
88　同上书,第 41 页。
89　John Laughland, *Schelling Versus Hegel: from German Idealism to Christian Metaphysics*, Ashgate Publishing Limited, 2007, p.1.
90　海涅:《论德国宗教和哲学的历史》,第 142 页。
91　Andrew Bowie, *Schelling and Modern European Philosophy: An Introduction*, p.3.

92 Dalee Snow, *Schelling and the End of Idealism*, State University of New York Press, 1996.p.1.

93 Andrew Bowie, *Schelling and Modern European Philosophy: An Introduction*, p.4.

94 Dalee Snow, *Schelling and the End of Idealism*, p.2.

95 Jason M. Wirth ed., *Schelling Now: Contemporary Readings*, Indiana University Press, 2005, p.5.

第十三章　黑格尔：真理既是实体又是主体

哲学的每一部分都是一个哲学全体，一个自身完整的圆圈。但哲学的理念在每一部分里只表达出一个特殊的规定性或因素。每个单一的圆圈，因它自身也是整体，就要打破它的特殊因素所给它的限制，从而建立一个较大的圆圈。因此全体便有如许多圆圈所构成的大圆圈。这里面每一圆圈都是一个必然的环节，这些特殊因素的体系构成了整个理念，理念也同样表现在每一个别环节之中。

事情并不穷尽于它的目的，而穷尽于它的实现，现实的整体也不仅是结果，而是结果连同其产生过程；目的本身是僵死的共相，正如倾向是一种还缺少现实性的空洞的冲动一样；而赤裸裸的结果则是丢开了倾向的那具死尸。

如果真理是抽象的，则它就是不真的。健康的人类理性趋向于具体的东西。理智的反省才是抽象的理论，不是真的，只是在头脑里是正确的，而且没有实践性。哲学是最敌视抽象的，它引导我们恢复到具体。

——黑格尔

黑格尔

沃·考夫曼说："如果忽视他的生活和时代，就不能完全充分了解黑格尔的哲学，而且在历史上还很少有发生过这么多事件的时期。……他自己的思想，绝不是在象牙塔中织成的一张网，而是与他所生活的时代发生的事件密切相关的。不但他的历史哲学或政治哲学，而且他的整个哲学概念以致他自己的使命，都确实是这样。"[1]

格奥尔格·威廉·弗里德里希·黑格尔（Georg Wilhelm Friedrich Hegel，1770—1831）1770 年 8 月 27 日生于德国符腾堡公国首府斯图加特，贝多芬、荷尔德林和华兹华斯也出生在这一年。用德国新黑格尔主义者理查德·克洛纳（Richard Kroner，1884—1974）的话说，这是一个理性时代和启蒙运动接近尾声、浪漫主义大行其道的岁月。[2] 黑格尔的父亲格奥尔格·路德维希·黑格尔（Georg Ludwig Hegel，1733—1799）是斯图加特市的税务局书记官，母亲（Maria Magdalena Louisa，1741—1783）是律师的女儿。黑格尔 3 岁进德语学校，5 岁进拉丁语学校。他很小就接触了古代文献，苏格拉底、柏拉图、亚里士多德、荷马、索福克勒斯、欧里庇德斯等都是他的最爱。1785 年，黑格尔进入斯图加特文科中学，进一步接受了希腊和罗马思想的影响，同时表现出对宗教的兴趣。1788 年中学毕业后，由学校保送到图宾根神学院（Stift at Tuebingen）学习哲学和神学，享受公爵奖学金。在此期间，他与荷尔德林和谢林成为挚友。

1789 年，法国大革命爆发，德国的进步力量为之欢呼雀跃，包括图宾根在内的很多城市都成立了政治俱乐部，黑格尔积极参加了俱乐部的活动，并被卢梭的革命思想所吸引。1793 年大学毕业，毕业文凭上写着这样的评语：健康状况不佳，中等身材，不善辞令，沉默寡言，天赋高，判断力健全，记忆力强，文字通顺，作风正派，有时不太用功，虽然尝试讲道不无热情，但看来不是一名优秀的传教士，语言知识丰富，哲学上十分努力。[3]大学毕业后，为了在学术上和经济上做好必要的准备，和康德、费希特一样，他选择了家庭教师的职业，先后在伯尔尼和法兰克福当了七年的家庭教师。1799年，他的父亲去世，为他留下了一笔遗产，数目虽然不大，却足以帮他登上大学讲坛。

1801年年初，黑格尔来到了当时德国哲学和文化中心耶拿，以一篇题为《费希特哲学体系与谢林哲学体系的差异》的论文，成为耶拿大学编外讲师。古留加记载了黑格尔担任讲师期间的一件趣事："有一次上课，他心不在焉地提前了一小时，下午三点的课，两点就去了。讲堂里听课的是另一批人，可是他没有觉察到，就在讲坛上坐了下来，讲起来了。有个学生向他暗示他搞错了，他压根儿没有理会。按照课程表，这时应该由奥古斯蒂教授来上课。他来到教室门口，听到黑格尔的声音，以为自己迟到了一个小时，于是赶紧退了回去。到三点钟，黑格尔的学生们都来了，他们已经知道这件事，就好奇地等待着，看看他们的老师怎么摆脱这个尴尬局面。黑格尔说，诸位，感官可靠性究竟是否真正可靠，首先取决于关于自身的意识经验。我们一直认为感官是可靠的，本人在一小时以前却对此有了一次特别的经验。他的嘴角刹那间浮起一丝微笑，但马上又消失了。一切照常进行。"[4]

在耶拿期间，黑格尔与谢林共同创办《哲学评论杂志》。1805年，在歌德的帮助下，黑格尔晋升为编外教授。讲台上的黑格尔更多的是靠其思想吸引他的听众，相比之下，他的口才则显得有些笨拙。歌德在致席勒的一封信中曾经写道："在与黑格尔的接触中，我始终感到，要是有人能教黑格尔某些讲话的技术，他肯定能给黑格尔带来巨大的好处。黑格尔确实是一个很杰出的人；但是他的言辞表达却大有可非议之处。”[5]耶拿时期是黑格尔酝酿哲学体系的时期，成果是1807年《精神现象学》的出版。普法战争结束之后，耶拿大学依然没有复课，微薄的工资难以维持生计，此外，他和女房东的私生子的降生也使他处境难堪（这个女人在此之前已经和其他情人有过两个私生子）。于是黑格尔离开了耶拿，前往巴伐利亚的班堡，任《班堡报》编辑和撰稿人。

对新闻自由的失望，使黑格尔很快就放弃了报社的工作。1808至1816年，他在纽伦堡当了八年的中学校长，期间完成并出版了《逻辑学》（俗称《大逻辑》）。在这里，41岁的黑格尔收获了自己的爱情，妻子玛丽·冯·图赫尔出身于纽伦堡的一个世家，比黑格尔年轻20岁左右。据说黑格尔总是亲自主持家政，家里的账也由他亲自记，以致罗森克兰茨在其《黑格尔传》中写道：“可以说黑格尔是太精明了，哪怕变成市侩也不在乎。”[6]为了改善自己的经济状况，当然也为了自己的哲学，他于1816年到海德堡任哲学教授。在海德堡期间，黑格尔完成了《哲学全书》的写作，向世人宣告了自己的庞大哲学体系。古留加描述了黑格尔在海德堡的一件轶事：天在下雨，陷入哲学沉思中的哲学家却没有察觉，一只鞋陷进了烂泥里，黑格尔继续沉思并前行，失去鞋子的那只脚只剩下了袜子。[7]

1818年，普鲁士国王任命黑格尔为柏林大学教授。柏林不仅有科学院、剧院、博物馆和图书馆，而且开出的薪金相当于他在海德堡的两倍，于是，黑格尔来到了德意志最大一个邦的首都。1822年，黑格尔被任命为大学评议会委员。1829年10月被选为柏林大学校长并兼任政府代表。1831年被授予三级红鹰勋章。柏林时期是黑格尔思想的顶峰，他在此开设的课程包括：法哲学、逻辑性与形而上学、哲学全书、实用物理学或自然哲学、历史哲学、美学或艺术哲学、宗教哲学、哲学史等。虽然他口才欠佳，但其思想的深刻性吸引了很多学生。年轻气盛的叔本华曾想与黑格尔在课堂上一比高低，与黑格尔在同一时间上课，结果听课的学生不足 3 人，而黑格尔的听众则与日俱增。黑格尔在柏林大学期间出版的著作主要是《法哲学原理》，以及死后陆续出版的《美学讲演录》、《哲学史讲演录》、《历史哲学讲演录》等。1831 年 11 月 14 日，黑格尔在柏林死于急性霍乱。115 年前，莱布尼茨也在这个日子逝世。黑格尔被葬于柏林的一个公墓里，位于费希特旁边。

黑格尔的著作以晦涩而著称，有人甚至这样描述他的写作风格，“他的沉闷的绕来绕去折磨人的写作风格，足以使大多数读者相信，德国作家是一些专门寻找有受虐癖读者的虐待狂。”[8] 黑格尔研究者黑林（Haering）则不无感慨地说：“这是尽人皆知的秘密。时至今日，关于黑格尔思想的评介文章仍然使想阅读黑格尔著作的人处于无所依傍的状况。即使在黑格尔评论家之中，能完整地逐字逐句解释清楚一页的人也少得可怜”。[9] 当然，透过黑格尔那些晦涩、艰深的文字，我们还是可以发现其中埋藏着的珍宝。

一、黑格尔哲学体系概观

黑格尔是一位不折不扣的体系性的哲学家，在他看来，不成体系的哲学就谈不上科学。《精神现象学》的出版宣告了这一体系的一个雏形。按照他最初的设想，其全部哲学包括四个部分：精神现象学、逻辑学、自然哲学和精神哲学。《精神现象学》是这个体系的第一部分，带有“入门”或导论的性质。但《哲学全书》出版以后，黑格尔对于自己哲学体系的看法显然有所变化。此时的他倾向于把《哲学全书》作为自己哲学体系的完成形态，而把《精神现象学》作为一个相

黑格尔的母亲

对独立的早期著作。实际上，《精神哲学》和《精神现象学》的内容多有重合。米勒认为，《精神现象学》出版不久，黑格尔就已经意识到“他写成并混淆了两卷不同的书，结果他给这两卷书写了两个不同的导言。一个称之为序言，另一个称之为导论。”[10] 考夫曼则认为，《精神现象学》不仅仅是《哲学全书》的一个纲要，而是整个《哲学全书》的一次预演。“《哲学全书》中专讲‘现象学’的 12 页，肯定不是关于《精神现象学》的一种可接受的纲要，《精神现象学》从整体上说与《哲学全书》是相当一致的：它体现出一种（不是全部预先计划好的）按某种不同方式组织整个材料的最初尝试。而《哲学全书》的 §26—§78 则在某种程度上与《精神现象学》的序言相一致。”[11]

从内容上说，《精神现象学》描述的是人的意识从低级到高级的发展过程，正如恩格斯所说：“精神现象学也可叫作同精神胚胎学和精神古生物学类似的学问，是对个人意识在其发展阶段上的阐述，这些阶段可以看作人的意识在历史上所经历过的诸阶段的缩影”。[12] 海谋在《黑格尔和他的时代》一书中也说：“犹如生理学提供由种子发展成果实、由卵子发展成有生命的存在的发展史，同样，精神现象学则企图提供由自然的意识，即类似胚胎的意识提高到高度有教养的、高度成熟的意识这样的一个发展史。”[13] 当然，在黑格尔看来，个人意识的发展离不开整个人类社会历史的发展。这个过程是曲折而漫长的，最终达到“绝对知识”即“纯粹概念”。到了纯概念阶段，精神现象学就终结了。《哲学全书》就是从《精神现象学》所达到的成果——纯概念开始的。

《哲学全书》由三部分构成：“逻辑学”、“自然哲学”和“精神哲学”。这里的“逻辑学”比纽伦堡时期单独出版的“逻辑学”篇幅要小，为了区分起见，人们一般把纽伦堡时期的“逻辑学”叫作《大逻辑》（*Greater Logic*），把《哲学全书》中的“逻辑学”叫作《小逻辑》

（*Smaller Logic*），亦称《全书本逻辑学》。《小逻辑》可以看作《大逻辑》的一个纲要和缩写。逻辑学以《精神现象学》所达到的“纯概念”为研究对象。在黑格尔看来，逻辑学是研究事物本质的科学，事物的本质就是“理念”，所以，逻辑学就是研究理念自在自为的科学。尽管“理念”是事物的本质和核心，但理念本身是一个缺乏现实性的抽象的“阴影王国”。为了实现自身，“理念”必然使自身“外化”，表现于自然界之中，这就从逻辑学过渡到了自然哲学。

自然哲学是研究理念或概念的异在或外在化的科学。和谢林的自然哲学一样，在黑格尔看来，自然界的发展是潜藏其中的精神或概念的发展过程。自然哲学分“力学”、“物理学”和“有机学”三个部分，分别讨论自然的“机械性”、“物理性”和“有机性”。在“有机性”阶段，产生了生命，并最终出现了人，出现了精神。作为生命力最完善的有机体，人及其精神是自然界最高的发展阶段。“精神是自然的真理性和终极目的。”至此，理念或概念就克服了自身的外在性，在更高的程度上回到了自身。这就从自然哲学过渡到了精神哲学。

精神哲学是研究理念由它的异在而返回到它自身的科学。精神哲学包括“主观精神”、“客观精神”和“绝对精神”三个部分。“主观精神”讨论个人的精神，“客观精神”讨论体现为法律、社会、道德和国家的精神，包括法哲学、伦理学、政治哲学和历史哲学等。涉及“客观精神”的著作，除《哲学全书》外，还有《法哲学原理》、《历史哲学讲演录》。“绝对精神”是精神发展的最高阶段，包括艺术、宗教、哲学三个阶段。涉及“绝对精神”的著作，除《哲学全书》外，还有《美学讲演录》、《宗教哲学讲演录》、《哲学史讲演录》。

黑格尔强调，逻辑学、自然哲学和精神哲学的研究对象是一样的，都是理念，只不过不同的哲学部门分别研究理念的不同状态。“所以这种划分部门的观念，实易引起误会，因为这样划分，未免将各特殊部门或各门科学并列在一起，它们好像只是静止着的，而且各部门科学也好像是根本不同类，有了实质性的区别似的。”[14] 实际上，这些以理念为对象的哲学部门自身构成一个个相对完整的圆圈，这些圆圈又彼此环环相扣，形成一个更大的圆圈，成为一个有机的整体。“哲学的每一部分都是一个哲学全体，一个自身完整的圆圈。但哲学的理念在每一部分里只表达出一个特殊的规定性或因素。每个单一的圆圈，因它自身也是整体，就要打破它的特殊因素所给它的限制，从而建立一个较大的圆圈。因此全体便有如许多圆圈所构成的大圆圈。这里面每一圆圈都是一个必然的环节，这些特殊因素的体系构成了整个理念，理念也同样表现在每一个别环节之中。”[15]

汤姆·罗克摩尔认为，黑格尔的“圆圈论”彻底颠覆了笛卡尔“线性的论证形式”。按照笛卡尔模式，“如果出发点是真的，而且基于此出发点之上的论证过程是严格的，那么随出发点而来的理论就必然是真的。在这种线性论证中，起点证明终点。或者说在一个推理的链条中最初的环节保证了其后所有的东西，后者都要依赖于它，都从它而来。”[16] 黑格尔的体系则表明：事实上，我们无法找到这样一个出发点和基础，一切都必须在体系中并通过体系获得自身的意义。与把黑格尔作为基础主义最大代表的一般倾向相反，罗克摩尔把黑格尔视为一个“反基础主义者”。

黑格尔把他的哲学体系划分为逻辑学、自然哲学和精神哲学，有哲学史的渊源。在黑格尔看来，柏拉图哲学就是由这样三个要素构成的：希腊早期的自然哲学、苏格拉底的道德哲学，以及由柏拉图独创的概念辩证法。斯多葛派也明确地把哲学分为逻辑学、自然哲学和伦理学，并用很多比喻说明三者之间的关系。伊壁鸠鲁则把哲学分为准则学、物理学和伦理学。当然，这些哲学家都未能像黑格尔这样用精神把这三个部门结合起来，形成一个主体与客体相统一、历史与逻辑相统一的庞大体系。

二、《精神现象学》题解

从成书过程来看，《精神现象学》和《纯粹理性批判》颇为相似。二者都是经过长期酝酿之后，在一个较为短暂和仓促的状态下写成的，从而在一定程度上造成了这两本书的晦涩难懂。而且，两位作者对此都直言不讳。1807 年 5 月，《精神现象学》问世之初，黑格尔在致谢林的信中这样写道："我自己感到，这本书的细节使总体的概观受到损害。而这种概观按其自身的性质来说，必须是深入浅出。如果想要提高它，让它具有清楚完整的形式，须要我投入很多时间，个别部分还须从多方面加工才能安排就绪。这些毛病您自己很容易看得出来，无须我来多说了。至于最后几部分的杂乱无章，如果您知道这是在耶拿战役前夕的午夜时分编定的，就会予以谅解了。"[17]

人们不禁会问：黑格尔急什么呢？如果说康德出版《纯粹理性批判》时已经年近六旬，所以有一种紧迫感是可以理解的话，黑格尔出版《精神现象学》时年方 37，正值壮年，完全可以一种更为从容的状态从事写作。造成黑格尔这种"紧迫感"的至少有三个直接原因。其一，他的同窗好友谢林比他小 5 岁，但在《精神现象学》出版之前谢林早已出版了多部著作，并且确立了在哲学界的地位。所以，黑格尔急于宣告自己哲学体系的"诞生"，以便从谢林的"追随者"变成一个独领风骚的哲学家。其二，黑格尔和出版社订立的出版合同约定：黑格尔必须在 1806 年 10 月中旬交稿，否则，书的印数和稿费都会随之减少，他的担保人也会蒙受经济损失。其三，如上所述，《精神现象学》是在普法战争的隆隆炮火中仓促收笔的。当法军已经占领耶拿甚至冲进黑格尔的住所时，《精神现象学》最后几页书稿还没有写完。

马背上的世界精神——拿破仑

（一）黑格尔哲学中的“精神”（spirit）

黑格尔承认，“关于精神的知识是最具体的，因而是最高和最难的。”[18] 在黑格尔哲学中，“精神”一词是在不同的层次上被使用的。在最广泛的意义上，“精神”等于“理念”，而理念构成了哲学的唯一对象。在此意义上可以说，全部黑格尔哲学就是关于“精神”的“科学”。在次一级的意义上，“精神”等于“理念”的一个特殊阶段或状态。理念有三种存在状态：在自身之内、在自身之外和返回到自身。理念的这三种状态对应于黑格尔哲学体系的三个部分：逻辑学、自然哲学和精神哲学。在此意义上，“精神”即经过外化之后重返自身的理念是“精神哲学”的研究对象。在更次一级的意义上，“精神”是“精神现象学”的一个环节，而“精神现象学”本身后来又是“精神哲学”的一个环节。从《精神现象学》一书的内容上看，这里的“精神”显然不是第一层意义上的“精神”，也不是第三层意义上的“精神”，而是和《精神哲学》中的“精神”相一致的。所以，我们结合黑格尔《精神哲学》的“绪论”，对他的精神概念加以简要介绍。

1. 精神的观念性。作为精神哲学的研究对象，“精神”即是经过外化之后重返自身的理念。黑格尔把精神的这一规定性叫作“观念性”。“必须把观念性，就是说，理念的异在的扬弃、理念从它的他物向自身的回复和回复到了自身，称为精神概念的与众不同的规定性”。[19]“属于精神概念的这种对外在性的扬弃，就是我们曾称之为精神的观念性的东西。精神的一切活动都无非是外在东西回复到内在性的各种不同的方式，而这种内在性就是精神本身，并且只有通过这种回复，通过这种外在东西的观念化或同化，精神才成为而且是精神。”[20] 在其单纯的直接性中，精神还不是真实的，只是自在的东西。在其单纯的否定性中，精神外在于自身。只有在返回自身的运动中，精神才把自身提高为真理，成为自在自为的东西。所以，精神不是单纯的肯定，也不是单纯的否定，而是否定之否定。这样的精神才是一个“真实的东西”、“活生生的东西”、“有机的东西”和“系统的东西”。

2. 精神的自由。精神的观念性表明，精神不会停留于单纯的直接性和简单性，它要否定自身，表现为他物，并最终征服他物，把他物作为构成自身的一个环节。这一过程充分表明了精神的自由。“精神的本质从形式上看就是自由，即概念的作为自身同一性的绝对否定性。依据这个形式的规定，精神能够从一切外在东西和它自己的外在性、它的定在本身抽象出来；它能够忍受对其个体的直接性的否定，忍受无限的痛苦，就是说，能够在这个否定中肯定地保持自己，而且能够自为地是同一的。”[21] 精神的自由意味着它不依赖于他物。但这不是说它可以摆脱他物或不以他物为中介，恰恰相反，它利用他物，进而把他物作为实现自身的手段。“精神的自由不单是一种在他物之外，而且是一种在他物之内争得的对于他物的不依赖性，精神的自由之成为现实不是由于逃避他物，而是由于克服他物。”[22] 精神之所以能够在自身之内忍受他物、忍受矛盾，是因为精神的“自信”：它知道这些矛盾是它自身设定的，因而能够为它所扬弃。“这种支配存在于精神里的全部内容的权力，构成精神的自由的基础。”[23]

3. 精神的显示。这是精神的观念性的题中应有之意。精神一开始就是精神，但在其直接性中，它不知道自己是精神。精神通过否定和否定之否定的过程，使自身得到了实现，从而也使自身得到了显示，不仅是向他物显示，而且向自己本身显示。“逻辑理念或自在存在着的精神由于其异在的扬弃而成为自为的，就是说，成为对自己显示出来的。因此，自为存在着的精神，或精神本身，不同于不知道自己本身的、只对我们显示的、倾注在自然界的相互外在性里的自在存在着的精神，它是不只向某个他物而且也向自己本身显示着的东西”。[24] 精神的显示特征表明，不是先有一个（现成的）精神，这个精神可以

斯图加特

对自身显示自己。毋宁说，只有自我显现着的精神才是真正的和现实的精神。“精神本身只有就它显示自己本身而言才存在。因此，现实性——它正在于精神的显示——是属于精神的概念的。”[25]

我们看到，《精神哲学》和《精神现象学》中的“精神”都是“人的精神”，正是这种“精神”构成了人的本质。所以，黑格尔《精神哲学》开宗明义地说：“精神哲学”的目的就是实现德尔斐神庙阿波罗的神谕：认识你自己。

（二）黑格尔的“现象学”（phenomenology）

“现象学”一词不是黑格尔的独创。据考证，德国数学家、物理学家和哲学家约翰·海因里希·兰贝特（Johann Heinrich Lambert，1728—1777）最早提出和使用了“现象学”一词，之后的赫尔德、康德和费希特等人都在自己的著作中使用过该词。在黑格尔那里，“现象学”就是哲学的“预备性”科学。黑格尔认为，哲学必须成为“科学”，“科学”的标志就是达到“纯概念”。为了达到这种“纯概念”的高度，人类精神用了两千多年的时间。所以，在构造自己哲学体系之初，黑格尔就为自己提出了这样的任务：再现人类精神从最初的简单意识到纯概念的发展历程。“这部《精神现象学》所描述的，就是一般的科学或知识的这个形成过程。最初的知识或直接的精神，是没有精神的东西，是感性的意识。为了成为真正的知识，或者说，为了产生科学的因素，产生科学的纯粹概念，最初的知识必须经历一段艰苦而漫长的道路。”[26]

黑格尔是一个非常具有历史感的哲学家。和康德不同，他不是上来就讲知识的先天形式，而是从“经验意识”开始。如果说“精神”就是一个“主体”或“个体”，那么，为了达到科学即用“纯概念”进行思维的高度，这个个体必须经历一个漫长的“教养”过程。所以，黑格尔告诫我们：“要有耐心，一方面，这是说，必须忍耐这条道路的辽远，因为每个环节都是必要的；另方面，这是说，必须在每个环节那里都作逗留，因为每个环节自身就是一个完整的个体形态，而且只当它的规定性被当做完整的或具体的东西来考察时，或者说，只有当全体是在这种规定性的独特性下加以考察时，每个环节才算是得到了充分的或绝对的考察。”[27] 所以，黑格尔的《精神现象学》“就是关于意识的经验的科学”。[28]

谈到黑格尔的“现象学”，就不能不谈胡塞尔的“现象学”以及二者的关系。胡塞尔的现象学无疑是20世纪以来最重要的哲学思潮之一，但黑格尔对于意识现象的研究表明，“现象学并不是从胡塞尔才开始的，他至多代表了现象学的一个新起点。”[29] 胡塞尔本人并不喜欢黑格尔，在他看来，他的现象学是接着笛卡尔而不是黑格尔讲的。在《精神现象学》的“译者导言”中，贺麟先生就对胡塞尔的现象学和黑格尔的现象学做出了若干极有见地的区分：前者是先验的，后者是经验的；前者是非历史的，后者则是历史性的。也有一些哲学家注意到两种现象学之间的联系。比如，科耶夫说：“精神现象学是一种现象学的描述（在胡塞尔的意义上）；其对象是作为‘存在现象’的人；人在自己的存在中和通过存在向自己显现。精神现象学本身是其最后的‘显现’。”[30] “与黑格尔所认为的不同，精神现象学是一种哲学人类学。它的主题是作为人的人，在历史中的实在存在。在现代的意义上，它的方法是现象学的。”[31] 张世英先生强调，应该到黑格尔《精神现象学》中寻找现象学的基本口号——面向事情本身——的源头。[32]

三、《精神现象学》“序言”

在《精神现象学》中，“序言”占有重要地位。这个“序言”并不是像通常的序言那样写于正文之前，而是在全书完成之后加上去的。黑格尔哲学的解释者历来十分重视这个“序言”，因为它不仅是《精神现象学》的“序言”，而且是整个黑格尔哲学体系的“序言”。“黑格尔这篇内容丰富、雄心勃勃、激动人心的序言不仅仅是《精神现象学》的序言，而是黑格尔计划中的哲学体系的序言。这个体系将包括两个部分：第一部分为《精神现象学》，第二部分涵盖逻辑学、自然哲学和精神哲学。所以，黑格尔的序言大大超出了《精神现象学》自身的问题和目的。”[33] 格罗克纳甚至认为，“这篇序言是黑格尔所有著作中最重要的。”[34]

（一）真理是全体（the Whole）

黑格尔写作《精神现象学》的时候，正是谢林的“同一哲学”大行其道之时。按照谢林的“绝对同一”哲学，哲学的起点是“绝对”，是主观的东西和客观的东西的“无差别的同一”。要把握这种最高的“同一体”，只能通过“理智直观”活动。黑格尔认为，把“绝对”作为哲学的起点，这并没有错。但“绝对”一开始只是一个单纯的“共相”或抽象的普遍性，只有通过一系列自身发展才能成为完满的“全体”。“开端、原则或绝对，最初直接说出来时只是个共相。”[35] 所以，黑格尔在自己哲学体系的“宣言书”中，一开始就不指名地把批判矛头指向了昔日的好友。

在黑格尔看来，绝对或真理不是一个静态的点，而是一个流动的过程。真理不能停留于单纯的开端。“关于绝对，我们可以说，它本质上是个结果，它只有到终点才真正成为它之所以为它；而它的本性恰恰就在这里，因为按照它的本性，它是现实、主体或自我形成。”[36] “首先呈现出来的才仅只是它的直接性或者说它的概念。我们不能说一个建筑物在奠基的时候就算是已经落成，同样我们也不能把对于一个全体所获得的概念视为是该全体自身。当我们盼望看见一棵身干粗壮枝繁叶茂的橡树，而所见到的不是橡树而是一粒橡实的时候，我们

图宾根

是不会满意的。同样，科学作为一个精神世界的王冠，也绝不是一开始就完成了的。”[37]“空虚的开端只在达到这个终点时，才是一个现实的知识。”[38]

但这不意味着真理在于单纯的结论或目的，如果舍弃了通往结果的曲折道路，离开了构成真理或绝对的具体环节，这个“结果”就和“开端”一样抽象和贫乏。“事情并不穷尽于它的目的，而穷尽于它的实现，现实的整体也不仅是结果，而是结果连同其产生过程；目的本身是僵死的共相，正如倾向是一种还缺少现实性的空洞的冲动一样；而赤裸裸的结果则是丢开了倾向的那具死尸。”[39]“唯有这种正在重建其自身的同一性或在他物中的自身反映，才是绝对的真理，而原始的或直接的统一性，就其本身而言，则不是绝对的真理。真理就是它自己的完成过程，就是这样一个圆圈，预悬它的终点为目的并以它的终点为起点，而且只当它实现了并达到了它的终点它才是现实的。”[40]

实际上，“真理是全体”的思想，不仅是针对谢林哲学所做的回应，而且是黑格尔毕生坚持的一个信念。在《小逻辑》导言中，我们可以看到类似的思想。“关于理念或绝对的科学，本质上应是一个体系，因为真理作为具体的，它必定是在自身中展开其自身，而且必定是联系在一起和保持在一起的统一体，换言之，真理就是全体。”[41]“哲学开端所采取的直接的观点，必须在哲学体系发挥的过程里，转变成为终点，亦即成为最后的结论。当哲学达到这个终点时，也就是哲学重新达到其起点而回归到它自身之时。这样一来，哲学就俨然是一个自己返回到自己的圆圈，因而哲学便没有与别的科学同样意义的起点。”[42]

（二）真理是概念的系统

这个思想也是直接针对谢林的直观哲学提出的。在谢林那里，真理或绝对存在于直观或直接知识之中。“按照这种说法，绝对不是应该用概念去把握，而是应该予以感受和直观；应该用语言表达和应该得到表述的不是绝对的概念，而是对绝对的感受和直观。”[43] 在黑格尔看来，作为过程的真理或绝对不能以直观或感受的方式直接地加以把握，只能通过概念间接地获得。“真理的存在要素只在概念之中”。[44]“哲学的陈述，为了忠实于它对思辨的东西的本性的认识，必须保存辩证的形式，并且避免夹杂一切没被概念地理解的和不是概念的东西。”[45] 可以说，黑格尔的全部哲学就是一个概念的系统，是概念不断展开和分化、又不断回复到自身的过程。

在黑格尔看来，哲学要成为科学的体系，必须从单纯的直接性上升为概念，进而从抽象概念上升到具体概念。提到概念，人们不免会联想到抽象性。殊不知，黑格尔是最反对抽象的，在他那里，抽象与贫乏同义。“如果真理是抽象的，则它就是不真的。健康的人类理性趋向于具体的东西。理智的反省才是抽象的理论，不是真的，只是在头脑里是正确的，而且没有实践性。哲学是最敌视抽象的，它引导我们恢复到具体。”[46] 具体概念是包含特殊的普遍，是包含对立的同一，因而是抽象思维的反面。在任《班堡报》主编期间，黑格尔写过一篇名为《谁抽象地思维》的随笔，生动地说明了什么是具体概念和抽象思维。面对一个被押往刑场的凶手，坚持概念具体性的人会透过“凶手”的概念，看到其中包含的丰富内容：他的家庭状况，生活经历，社会对他的态度等等。相反，“在凶手身上，除了他是凶手这个抽象概念之外，再也看不到任何别的东西，并且拿这个简单的品质抹杀了他身上所有其他的人的本质……这就叫作抽象思维。”[47]

黑格尔对谢林直观哲学的批判，宣告了两人关系的破裂。一开始，黑格尔也许没有意识到问题的严重性，因为在 1807 年 5 月 1 日写给谢林的信中，黑格尔还急切地想听到谢林对《精神现象学》一书的评价，并希望通过谢林把这本书介绍给公众。“倘蒙您对全书的某几页予以赞同，比起别人对全书的满意或不满意，都要受到我的尊重。我想，只有您才是我所希望的，乐于把这书介绍给公众，并能就此对我做出评价的人。”[48] 谢林无疑从书中嗅出了黑格尔的“火药味”，并对黑格尔把直观与概念对立起来表示不解。实际上，认为“绝对”只有通过直观而非概念才能加以把握，谢林（以及作为其先驱的雅可比）并非第一人。在谢林之前，斯宾诺莎就认为作为整体的“实体、神或自然”不能通过推理的知识达到，只能诉诸于理智直观。在谢林之后，叔本华也认为，作为意志客体化的“理念”不能通过概念的方式获得，只能通过理智直观才能达到。在概念与直观的问题上，现代西方哲学家大多会同意谢林，而反对黑格尔。

（三）真理既是实体又是主体

自笛卡尔以来，实体与主体一直是近代哲学讨论的重要概念。黑格尔认为，近代哲学割裂了实体与主体的关系，结果二者成了格格不入、彼此外在的东西。斯宾诺莎的实体最终淹没了自我意识，费希特的自我最终取消了实体，谢林的“绝对”则最终取消了实体的“中介活动”。黑格尔强调，“一切问题的关键在于：不仅把真实的东西或真理理解和表述为实体，而且同样理解和表述为主体。”[49] 黑格尔所说的“真实的东西或真理”实指“绝对”或“精神”。一方面，“绝对”或“精神”是最高的本体或实体，因而具有最大的实在性或现实性；另一方面，“绝对”或“精神”又是“活的实体”，是不断运动、变化和发展的东西，因而是“主体”。“说真理只作为体系才是现实的，或者说实体在本质上即是主体，这乃是绝对即精神这句话所要表达的观念。精神是最高贵的概念，是新时代及其宗教的概念。唯有精神的东西才是现实的；精神的东西是本质或自在而存在着的东西”。[50] 真理既是实体又是主体的思想表明：“黑格尔哲学的中心原则就是主体性原则。”[51]主体性原则就是自由的原则。

这个活的或作为主体的实体，不是一种单纯的“自己爱自己”的游戏，它要否定自身、走出自身，从而在一个更高的基础上认识自身、回归自身、重建自身、丰富自身。所以，真理的实现过程既是“单一的东西的分裂为二的过程”，又是通过对立面回复到自身的过程。黑格尔特别强调非直接性的“中介过程”的重要性，强调通过肯定、否定、否定之否定的过程，亦即通过对立统一的过程，使主体、绝对和真理得以丰富和实现。“如果中介或反映不被理解为绝对的积极环节而被排除于绝对真理之外，那就是对理性的一种误解。正是这个反映，使真理成为发展出来的结果”。[52]黑格尔举个体的成长为例，说明“中介”在精神发展过程中的重要作用。胎儿只是自在地是人，而不是自为地是人。为了成为一个自为的人，这个胎儿必须经历“教养”的过程。而“教养”的过程就是走出其自身的直接性，在他物中反映自身的过程。经过一个漫长的学习、磨砺的过程，亦即自我否定的过程，一个真正意义上的、饱尝人世沧桑、领悟人生真谛的人才得以形成。可见，“实体即主体”的思想，实即“真理是过程”思想的延续和深化。

一些黑格尔研究者认为，只要理解了《精神现象学》的序言，就理解了整个黑格尔哲学。但正如罗克摩尔所说：在研究和理解了紧跟这篇序言的整本书之前，这篇序言严格说来是不可理解的。[53]在下一章中，我们将尝试着理解这座“哲学思想的伟大里程碑”。[54]我们必须对我们即将面临的困难有充分的思想准备，毕竟文德尔班在其《近代哲学史》中曾经说过，能够理解《精神现象学》的一代人已经死绝了。

注释

1 沃·考夫曼:《黑格尔——一种新解说》，北京大学出版社，1989年，第2页。
2 Hegel, *Early Theological Writings*, trans.T.M.Knox, University of Pennsylvania Press, 1979, p.1.
3 古留加:《黑格尔传》，商务印书馆，1978年，第12—13页。
4 同上书，第43页。
5 沃·考夫曼:《黑格尔——一种新解说》，第98页。
6 古留加:《黑格尔传》，第73页。
7 同上书，第90页。
8 S.杰克·奥德尔:《叔本华》，中华书局，2002年，第3页。
9 雅克·敦德:《黑格尔和黑格尔主义》，商务印书馆，1995年，第27页。
10 G.米勒:“现象学、逻辑学与哲学全书的相互依存关系”，载《国外黑格尔哲学新论》，中国社会科学出版社，1982年，第185页。
11 沃·考夫曼:《黑格尔——一种新解说》，第245页。
12 恩格斯:《费尔巴哈与德国古典哲学的终结》，人民出版社1959年，第8页。
13 黑格尔:《精神现象学》上卷，译者导言，商务印书馆，1979年6月第2版，第17页。
14 黑格尔:《小逻辑》，商务印书馆，1980年第2版，第60页。
15 同上书，第56页。
16 汤姆·罗克摩尔:《黑格尔：之前和之后》，第88页。
17 《黑格尔通信百封》，第94页。
18 黑格尔:《精神哲学》，人民出版社，2006年，第1页。
19 同上书，第11页。
20 同上书，第14页。
21 同上书，第19—20页。
22 同上书，第20页。
23 同上书，第21页。
24 同上书，第22页。
25 同上书，第23页。
26 黑格尔:《精神现象学》上卷，第17页。

27　黑格尔:《精神现象学》上卷，第 19 页。
28　同上书，第 23 页。
29　汤姆・罗克摩尔:《黑格尔：之前和之后》，第 254 页。
30　科耶夫:《黑格尔导读》，译林出版社，2005 年，第 37 页。
31　同上书，第 38 页。
32　参见张世英:“现象学口号‘面向事情本身’的源头——黑格尔的《精神现象学》”，载《江海学刊》，2007 年第 2 期。
33　Kenneth R. Westphal ed., *The Blackwell Guide to Hegel's Phenomenology of Spirit*, Blackwell Publishing Ltd., 2009, p.1.
34　《新黑格尔主义论著选辑》上卷，第 632—633 页。
35　黑格尔:《精神现象学》上卷，第 12 页。
36　同上。
37　同上书，第 7 页。
38　同上书，第 14 页。
39　同上书，第 2 页。
40　同上书，第 11 页。
41　黑格尔:《小逻辑》，第 56 页。
42　同上书，第 59 页。
43　黑格尔:《精神现象学》上卷，第 4 页。
44　同上。
45　同上书，第 45 页。
46　黑格尔:《哲学史讲演录》第一卷，第 29 页。
47　古留加:《黑格尔传》，第 65 页。
48　《黑格尔通信百封》，第 94—95 页。
49　黑格尔:《精神现象学》上卷，第 10 页。
50　同上书，第 15 页。
51　Larry Krasnoff, *Hegel's Phenomenology of Spirit: An Introduction*, Cambridge University Press, 2008, p.62.
52　黑格尔:《精神现象学》上卷，第 13 页。
53　汤姆・罗克摩尔:《黑格尔：之前和之后》，第 142 页。
54　同上书，第 112 页。

第十四章　黑格尔：精神的发展过程

欲望和由欲望的满足而达到的自己本身的确信是以对象的存在为条件的，因为对自己确信是通过扬弃对方才达到的；为了要扬弃对方，必须有对方存在。因此自我意识不能够通过它对对象的否定关系而扬弃对象。

个体满足它自己的需要的劳动，既是它自己的需要的满足，同样也是对其他个体的需要的一个满足，并且一个个体要满足它的需要，就只能通过别的个体的劳动才能达到满足的目的。

普遍的自由所能做的唯一事业和行动就是死亡，而且是一种没有任何内含、没有任何实质的死亡，因为被否定的东西乃是绝对自由的自我的无内容的点；它因而是最冷酷最平淡的死亡，比劈开一棵菜头和吞下一口凉水并没有任何更多的意义。

默祷只是虔诚地默念着那对象，而哲学便要通过思维的知识实现这种神人和合（Versoehnung），因为精神要求回复到它自己的本质。哲学通过思维意识的形式与它的对象相联系。宗教便不采取这种形式。

——黑格尔

黑格尔

罗克摩尔把康德的《纯粹理性批判》视为18世纪最伟大的哲学著作，把黑格尔的《精神现象学》视为19世纪最伟大的哲学著作。《精神现象学》到底是一部怎样的著作？黑格尔说："在我的《精神现象学》一书里，我是采取这样的进程，从最初、最简单的精神现象，直接意识开始，进而从直接意识的辩证进展（Dialektik）逐步发展以达到哲学的观点，完全从意识辩证进展的过程去指出达到哲学观点的必然性"。[1] 克洛纳把这个过程比作"精神通往上帝的旅程"。[2]

《精神现象学》分六个阶段考察了精神的发展历程，分别是意识、自我意识、理性、精神、宗教和绝对知识。其中，"意识"、"自我意识"和"理性"相当于《哲学全书》"精神哲学"的"主观精神"，主要讨论个人意识的发展史；"精神"相当于《哲学全书》"精神哲学"的"客观精神"，主要讨论社会意识的发展史；"宗教"和"绝对知识"相当于《哲学全书》"精神哲学"的"绝对精神"，这是意识发展的最高阶段，意识的对象不再是有限的，而是无限的"大全"即"绝对精神"。意识发展过程中的早期阶段都作为要素在"绝对精神"中得以扬弃。

一、意识

意识是人的精神发展的最初阶段，实即"对象意识"阶段。在这个阶段，自我和世界彼此外在。"在意识中我们看到自我这个完全简单的东西为一方和世界的无限多样性为另一方之间的巨大区别。自我和世界的这个在此尚未达到真正调解的对立构成了意识的有限性。"[3]

意识分为“感性确定性”、“知觉”和“知性”三个阶段。黑格尔在此浓缩了从前苏格拉底到康德的西方哲学史。

（一）感性确定性（sense-certainty）

这是一种最直接、最单纯、最初步的认知。在此阶段，主体对于客体所能达到的全部认识就是“这一个”（this），至于“这一个”到底是什么、有何规定，则一无所知。“它存在——这对感性知识说来，就是本质的东西。而这个纯粹的存在或者这个单纯的直接性便构成感性确定性的真理性。”[4]“感性意识只知道这个客体是一个存在着的东西、某物、实存着的物、个别的东西等等。”[5]在这里，对象“完整”地呈现在我面前，“我”还没有能力通过概念对对象加以“剪裁”，因为这时的“我”也只是一个“纯我”，一个“纯粹的这一个”。表面上看，“感性确定性”是一种最丰富、最真实的知识，“因为它对于对象还没有省略掉任何东西，而让对象整个地、完备地呈现在它面前。但是，事实上，这种确定性所提供的也可以说是最抽象、最贫乏的真理。它对于所知道的仅仅说出了这么多：它存在着。”[6]

在此阶段，“这一个”只可“意谓”（meaning），不可言传，因为语言总是倾向于把一个事物纳入一个普遍概念，说出来的“这一个”已经具有普遍性，因而超出了“感性确定性”。“凡只是我自己意谓的，便是我的，亦即属于我这个特殊个人的。”[7]所以，要理解或体会“感性确定性”，我们只能看着、听着或指着眼前的“这一个”对象，而不能把“这一个”说出来，因为说出来的“这一个”可以指称任何对象，比如，既可以是“这一个”人，也可以是“这一个”桌子。

在“感性确定性”阶段，我可以用一个“专有名词”指称一个对象吗？辛格的理解是：“因为他在《逻辑学》中断言，专有名词是无意义的，确切地说这是因为专有名词不涉及它名称本身以外的任何东西，也就是说不涉及任何普遍性的东西。对于通过专有名词表达出来的感性确定性的特殊认识，我们可以设想黑格尔会说，那仅仅是在人们所意识到的每一个‘这个’上面贴上无意义的标签，这种标签什么也没有传达。”[8]但按照黑格尔的说法，当我们说出“专有名词”（比如“苏格拉底”）时，实际上我们是有所传达的，即对事物的性质和规定已经有所断定，并因此超出了“感性确定性”。

（二）知觉（perception）

对“这一个”的言说，便从“感性确定性”进到了“知觉”。“直接的确定性还没有认识到它自己的真理，因为它的真理是共相；而它想要认识的是这一个。反之，知觉便把对它存在着的东西认作是普遍性的东西。”[9]在知觉阶段，主体开始认识到“这一个”是什么、有何特征以及和他物有何区别；而且，意识摆脱了前一阶段的“个别性”，进入“普遍性”。比如，当主体意识到并说出“这一个”是桌子时，这里的“这一个”已经带有共相的特征了。“如果物的本质成为意识的对象，那么这个意识就不再是感性的，而是知觉的意识。在这种立场上，诸个别的物就与一个普遍东西有关，但也只是有关而已；因此，在这里还没有实现个别东西和普遍东西的真正的统一，而只是这两个方面的混合。”[10]

就是说，作为知觉的意识仍然是一种初级的意识，它只是把事物的“个别性”和“普遍性”外在地“凑合”到一起，尚不能把握二者的真实关系。事物既是多种规定性的“集合体”，又是一个“单一体”。但知觉往往不能正确把握“事物的矛盾概念”，从而陷入错觉。知觉本来“只须接受对象，采取纯粹觉察的态度；通过这种过程所获得的，就是真理。如果知觉的意识于接受对象时，有所活动，那么通过这种活动而有所增加或减少，它就会改变那真理。对象既然是真理和共相、自身等同者，而意识本身是变化无常的和非主要的东西，那么意识就有可能错误地认识对象，因而陷于错觉。知觉的意识是具有陷于错觉的可能性的意识”。[11] 通常的错觉有两个：只看到事物的“多样性”而把事物的“统一性”归于意识自身；只看到事物的“统一性”而把事物的“多样性”归于意识自身。在黑格尔看来，“知觉一般说来是我们通常意识的观点，并且或多或少是各门科学的观点。”[12]

（三）知性（understanding）

意识发现，被它作为普遍性加以认识的东西，实际上只不过是一种现象，而不是事物的真实本质或内在核心。于是，意识就从“知觉”过渡到了“知性”。“知觉的最切近的真理是：对象其实是现象，而对象的己内映现则相反地是一个自为存在着的内在东西和普遍东西。对这种对象的意识就是知性。”[13] 知性已经意识到，事物都是“双层”的，即表层的现象和底层的本质，并试图通过现象去认识事物的本质。黑格尔把本质与现象的关系比作“力”和“力的表现”之间的关系。“力的概念是属于知性的”。[14]“事实上力就是那个无条件的共相”。[15]

这个内在的本质或“绝对无条件的共相”也就是规律，即变中之不变。“这个内在东西就是我们称之为规律的那个东西。因为规律的本质，无论这规律是与外部自然界还是与伦理世界的秩序有关，都在于一种不可分离的统一性，在于不同规定的一种必然的、内在的联系。”[16]“于是那超感官的世界就是一个静止的规律的王国，当然是在知觉世界的彼岸，——因为知觉只是通过经常的变化来表达规律，——然而却同样现存于知觉世界之中，作为它的直接的、静止的摹写。”[17] 在知性阶段，主体与客体是彼此外在的，就是说，知性把事物的本质看成是外在于自己的，没有把它看成意识本身，所以，知性只能认识现象，而不能认识事物的内在本质。“事物的内在核心对于意识还是一个纯粹的彼岸，因为意识在内在核心里还不能找到它自己”。[18] 不难看出，黑格尔的“知性”实际上指的是康德哲学。

黑格尔在书房

二、自我意识

一旦意识发现事物的本质不是别的，恰恰是意识自身，它就从“意识”过渡到了“自我意识”。意识是“对于一个他物的知识”，自我意识则是“对于自己本身的知识”。自我意识是意识的真理。自我意识的表达式是自我 = 自我，它唯一关注的东西就是自己的独立和自由。“在自我 = 自我的表达式里宣告了绝对理性和自由的原则。自由和理性在于我把我自己提高到自我 = 自我的形式，即我认识到一切东西都是我的东西，都是自我，我把每个客体都理解为我本身所是的那个东西的体系中的一个环节，简言之在于我在同一个意识中拥有自我和世界，在世界中重新找到我自己，而反过来在我的意识中拥有那个存在（是）的东西、那个具有客观性的东西。”[19]

当然，最初的自我意识仍然是直接的和抽象的，为了获得内容和客观性，自我意识必须经历三个发展阶段：欲望、主奴关系和斯多葛主义、怀疑主义、苦恼的意识。正如古留加所说，“在这一点上，黑格尔的思维织品，织进了越来越多的社会纤维。尽管他一直是在讲个体的意识，但却是以最重要的社会关系——劳动——为分光镜来看待这种意识的。”[20]

（一）欲望（desire）

这是自我意识的初级阶段，在欲望的驱使下，自我唯我独尊，看不到他人与自我的相互联系、相互依存，把自己的存在和他人的存在完全对立起来，因而不惜取消他人以求自保。黑格尔把作为欲望的自我意识叫作“单个的自我意识”。“自我意识只有通过扬弃它的对方（这对方对于它被表明是一个独立的生命）才能确信它自己的存在；自我意识就是欲望。确信对方的不存在，它肯定不存在本身就是对方的真理性，它消灭那独立存在的对象，因而给予自身以确信”。[21] 原始社会约略相当于“欲望”的阶段。在这样的社会中，人们通过把战俘杀掉的方式证明自己的强大。黑格尔认为，“欲望对对象的态度还完全是自私的破坏的态度，而不是塑造的态度，”[22] 欲望阶段所表现的自由仍然是一种消极的自由。

（二）主奴关系（lordship and bondage）

自我意识发现，它不能通过取消别的自我意识的方式使自身得到发展，只有承认对方，同时扬弃对方，才能获得绝对的自为存在。“欲望和由欲望的满足而达到的自己本身的确信是以对象的存在为条件的，因为对自己确信是通过扬弃对方才达到的；为了要扬弃对方，必须有对方存在。因此自我意识不能够通过它对对象的否定关系而扬弃对象”。[23] 就是说，自我意识不能把他人当作物，而是应当看作和我一样的有生命的自我意识。“自我意识只有在一个别的自我意识里才获得它的满足。”[24] “在第二个阶段上客观的自我获得了一个别的自我的规定，并因而产生了一个自我意识对一个别的自我意识的关系，即两者之间承认的过程。在这里自我意识不再只是单个的自我意识，相反地，在它里面已经开始了一种个别性和普遍性的联合。”[25]《精神哲学》把这个阶段叫作“承认的自我意识”。在这样的意识中，出现了“我们”的观念：我就是我们，我们就是我。

当然，这种“承认的自我意识”是通过残酷的斗争换来的。“由于生命和自由同样重要，所以战斗首先就作为片面的否定而以不平等结束：战斗的一方宁愿要生命和保持自己为单一的自我意识，而放弃其得到承认的要求，另一方则坚持其与自己本身的联系并为作为被征服者的那一方所承认，——这就是主人和奴隶的关系。”[26] 在主奴关系中，一方面，主人支配、统治着奴隶，奴隶则受主人的支配或统治；另一方面，主人通过奴隶支配物，使物为其所用。从这两方面看，主人似乎都是自由的，奴隶则毫无自由可言。但在此过程中，奴隶通过对物的支配，成了物的主人；主人因为通过奴隶才能间接地占有和支配物，反而处于依赖奴隶的地位。于是，情况似乎发生了逆转：主人成了不自由的，奴隶成了自由的；主人成了奴隶，奴隶成了主人。

黑格尔强调，正是主人强加于奴隶的劳动，使奴隶摆脱了依然支配着主人的那种利己主义：因为他不仅为自己而劳动，而且为主人而劳动。在此意义上，奴隶比主人更无私、也更自由。“对奴隶的利己主义的这种制服构成人类自由的真正开始。”[27]黑格尔据此把以“主奴关系”为基础的奴隶制看作人类历史的必经阶段，从而也是人类获得自由的前提。“为了成为自由的，为了获得自制的能力，一切民族最初都必须经历屈从于一个主人的严格训练。”[28]“奴隶制和专制统治在各民族的历史中都是一个必经的阶段，并因而是某种相对合理的东西。”[29]“主奴关系”是《精神现象学》中最引人瞩目的内容之一，历来为黑格尔哲学研究者所重视。

（三）斯多葛主义（stoicism）、怀疑主义（skepticism）、苦恼的意识（unhappy consciousness）

从“主奴关系”可知，无论是主人还是奴隶，都没有达到真正的自由，但他们却都以为自己达到了自由。殊不知，他们所谓的自由仅仅是一种思想上的自由，而这恰恰是“斯多葛主义”的自由观。“自我意识的这种自由，就其出现在人类精神的历史上作为一个自觉的现象而言，大家都知道，叫作斯多葛主义。它的原则认为：意识是能思维的东西，只有思维才是意识的本质，并且认为：任何东西只有当意识作为思维的存在去对待它时，它对于意识才是重要的或者才是真的和善的。”[30]黑格尔对“斯多葛主义”持批评态度，认为它所代表的自我意识是缺乏生活内容的，因而是抽象的。“不论在宝座上或在枷锁中，在它的个体生活的一切交接往来的依赖关系之中，它都是自由

纽伦堡

的、超脱的，它都要保持一种没有生命的宁静，这种没有生命的宁静使它经常脱离生存的运动、脱离影响他人与接受影响的活动而退回到单纯的思想实在性之中。”[31] 这种单纯思想上的自由，充其量是一个僵死的自由概念，不是活生生的自由本身。

在黑格尔看来，“斯多葛主义”必然导致“怀疑主义”。“斯多葛主义”只是对外在现实采取一种超然的态度，它至多只是对有限存在进行了不完全的否定，而不是绝对否定。“怀疑主义”则有过之而无不及，它从根本上否定了现实世界。“在怀疑主义里，现在这个有限存在或特殊性的一面对意识说来就成为完全没有重要性和独立性的东西了；思想完全成为一种否定的思维，否定了那多方面地有规定性的世界，而自由的自我意识的否定性在生活的这种多样性形态中成为真实的否定性。”[32] 怀疑主义以为通过对一切现实事物的否定，它最大限度地行使了自己的自由。实际上，这是一种比“斯多葛主义”的自由更为“任意”的自由。怀疑主义也不能真正达到自我的实现。

自我意识的下一个环节是“苦恼的意识”。在这个阶段自我意识之所以是“苦恼的”，因为它处于“分裂”状态而不能自拔。“苦恼的意识就是那意识到自身是二元化的、分裂的、仅仅是矛盾着的东西。”[33] 自我把世界二重化：一个是变化的、杂多的、非本质的此岸世界；一个是永恒的、统一的、本质的彼岸世界。自我一方面属于此岸世界，一方面又试图脱离这个世界，进入彼岸世界。但自我进入彼岸世界的方式不是概念的。“它不是在思想，而只是在默想，——它是虔敬默祷的默想。它的思维不过是无形象的钟声的沉响或一种热熏熏的香烟的缭绕，换言之，只不过是一种音乐式的思想，而没有达到概念的水平，只有概念才是唯一的、内在的、客观的思维方式。”[34] 黑格尔在此所指的是中世纪的宗教意识。

三、理性

意识的重心在对象，自我意识的重心在自身。单纯的意识和单纯的自我意识都是抽象的，只有二者的结合和统一才能达到真理。这种统一就是理性。在这个阶段，意识对他物的态度由否定转为肯定，就是说，它不像自我意识那样为了自身自由之故不惜牺牲世界，它认识到了“实在即理性，理性即实在”。“因为它现在确知它自己即是实在，或者说，它确知一切实在不是别的，正就是它自己；它的思维自身直接就是实在；因而它对待实在的态度就是唯心主义对待实在的态度。”[35] 与此相对应的，是西方近代由文艺复兴肇始的理性时代。理性分为三个阶段：观察的理性、理性的自我意识通过其自身的活动而实现、自在地和自为地实在的个体性。

（一）观察的理性

初级的理性对于实在和理性自身的同一性尚缺乏明确的认识，所以，还不知道可以在自身之中即可发现理性。“因此理性，作为观察的意识，就走向事物，自以为它所认识的事物都是感性的，与我相对的事物”。[36] 这就是“观察的理性”。在此阶段，意识还不知道理性既是事物的本质，又是它自己的本质，而是对对象进行“静观”，试图发现事物之所以为事物的本质。“观察的理性”包含三个环节：“对自然的观察”，主要讨论了科学规律的问题；“对自我意识的纯粹自身及其与外在现实的关系的观察”，主要讨论了逻辑规律和心理学规律；“对自我意识与其直接现实的关系的观察”，主要批评了面相学和头盖骨相学这两种伪科学。就“观察的理性”仍然囿于主客的分裂而言，黑格尔说它实际上以范畴的形式重复了“意识”的运动。

（二）理性的自我意识通过其自身的活动而实现

“理性的任务，在于知道真理”。[37] 这个真理就是：理性即实在。

"观察的理性"对事物采取一种纯理论的态度，显然不能真正完成理性的上述任务。于是，"观察的理性"过渡到"理性的自我意识通过其自身的活动而实现"，也就是实践的理性。"实践的理性"即"行动的理性"。"这个行动的理性，意识到它自己仅是一个个体，而作为一个个体它必须在别的个体中要求并产生出它的现实来。"[38] 于是，"行动的理性"把人带入了一个伦理世界，带入了一种整体性的社会关系之中。"个体满足它自己的需要的劳动，既是它自己的需要的满足，同样也是对其他个体的需要的一个满足，并且一个个体要满足它的需要，就只能通过别的个体的劳动才能达到满足的目的。"[39] "我直观到，他们为我，我为他们。"[40] 就"实践的理性"也表现为从独立到自由的过渡而言，黑格尔说它实际上在更高的层次重复了"自我意识"的运动。

（三）自在自为地实在的个体性

这是前两个环节的真理。"实践的理性"把个人和社会乃至整个民族紧密地联系在了一起，个体在社会生活中得以实现，从而获得了一种普遍性意义。这种具有普遍性意义的个体性就是"自在地和自为地实在的个体性"。在这里，个体性与普遍性、主体与客体都得到了进一步的统一。"现在，自我意识已经把握到了它自己的概念，即把握到了当初只是我们对它所有的那种概念；它现在确信它自身即是一切实在，而它的目的与本质则是普遍（天赋与才能）与个体性的一种运动着的渗透或统一。……这个理性现在则自在自为地确知它自己的实在，它不再把自己当作与直接存在着的现实相对立的目的然后才设法使自己得到实现，相反，它现在是以范畴本身为它的意识对象了。"[41]

四、精神

黑格尔说："当理性之确信其自身即是一切实在这一确定性已上

升为真理性，亦即理性已意识到它的自身即是它的世界、它的世界即是它的自身时，理性就成了精神。”[42]“理性”是个人意识的顶峰，《精神现象学》前半部即关于个人意识的部分至此业已完成。但是，虽然意识在主观上确信自己即实在，但它还不是普遍的自我意识。在黑格尔看来，个人意识的发展离不开社会历史的发展，个体性与普遍性的进一步统一只有在社会历史中才能达到。这就是“精神”及其以后诸阶段要讨论的问题。精神分为“真实的精神，伦理”、“自我异化的精神，教化”和“自我确定的精神，道德”三个阶段。黑格尔在此浓缩了从古希腊到黑格尔为止的西方历史。

（一）真实的精神：伦理

精神首先作为一个伦理实体而存在，黑格尔在这里实际上描绘了古希腊共和国及其解体的过程。在古希腊城邦这样一个和谐无纷争的社会中，人们出于“伦理意识”，采取“伦理的行动”，效忠于家庭或国家。在这样的社会中，个体以服务于整体为天职。但家庭和国家遵循不同的法则或规律，前者遵循祖先留传下来的“神的规律”，后者则遵循共同政治生活所要求的“人的规律”，前者的原则是个体性，后者的原则则是整体性，因而二者经常陷于矛盾之中，正所谓忠孝难以两全。“一个人只作为公民才是现实的和有实体的，所以如果他不是一个公民而是属于家庭的，他就仅只是一个非现实的无实体的阴影。”[43]

为了使家庭和个人效忠于国家或城邦，政府的一个经常性手段就是发动战争。“为了不让这些制度根深蒂固地这样孤立下去，不让它们因孤立而瓦解整体，涣散精神，政府不得不每隔一定时期利用战争从内部来震动它们，打乱它们已经建立起来的秩序，剥夺它们的独立权利；对于个人也是这样，个人因深深陷于孤立而脱离了整体，追求他们神圣不可侵犯的自卫存在和个人安全，政府就必须让他们在交付给他们的战争任务中体会到他们的主人、死亡。精神就是通过这样打破固定存在形式的办法来保卫伦理的存在使之不致堕落为自然的存在，保持它的意识的自我，并将这个自我提高为自由和它自己的力量。”[44]这样一个社会最终会因为缺少一个绝对的权威而分裂为一个个原子式的个体，于是，出现了“法治状态”即罗马帝国，“伦理”状态宣告解体。

（二）自我异化了的精神：教化

在“伦理”阶段，精神处于自身之内，因而是“真实的精神”。随着“法治状态”的出现，精神开始进入一个异己的世界，因为人与人之间伦理的纽带让位于法权和武力。于是，精神发展的下一个阶段就是“自我异化的精神”。“异化了的精神的世界分裂为两个世界。第一个是现实的世界或精神自己异化而成的世界，而另一个则是精神于超越了第一个世界后在纯粹意识的以太中建立起来的世界。”[45]在黑格尔看来，异化即外化或对象化的过程也就是“教化”的过程，因为所谓“教化”或“教养”无非是走出自身的直接性或自然状态，在他物（社会）中并通过他物认识自己、充实自己的过程。“教化”阶段所描述的是西方从罗马帝国到法国大革命的近代世界。这一部分的重点是黑格尔对于启蒙运动和法国大革命的评论。

黑格尔认为，启蒙所面对的敌人有三个：“欺骗人的教士阶层”、“压迫人的专制暴君”和“群众的坏识见”。鉴于启蒙的本质是“纯粹识见”，所以，它首先把批判的矛头指向了一般群众的荒谬的识见，因为它相信：“当纯粹识见把这种诚实识见及其天真的本质从偏见和谬误中拯救了出来时，它就从恶意的手中将其欺骗的实在性和力量摘除掉了；恶意的王国是以一般群众的无概念的意识为它的基地和素材，——自为存在一般地以简单的意识为它的实体。”[46]启蒙运动有两个显著特征，一个是“对信仰的颠倒”，一个是对有用性的强调。结果，人的“腰杆重新挺硬起来，虎视眈眈，使别的东西望而生畏，都

耶拿大学

是自为的或为自己的，而且转过来利用别的东西。——人是意识到了这种关系的东西，所以人的本质和人的地位就从这里产生出来了。”[47]

法国大革命是自我异化的精神的完成。黑格尔自始至终对法国大革命持赞成的态度，但作为一个理性的哲学家，他也对这场革命表现出来的“绝对自由与恐怖”提出了批评。“普遍的自由，既不能产生任何肯定性事业，也不能做出任何肯定性行动；它所能做的只是否定性行动；它只是制造毁灭的狂暴。”[48]“普遍的自由所能做的唯一事业和行动就是死亡，而且是一种没有任何内含、没有任何实质的死亡，因为被否定的东西乃是绝对自由的自我的无内容的点；它因而是最冷酷最平淡的死亡，比劈开一棵菜头和吞下一口凉水并没有任何更多的意义。”[49]黑格尔认为，就其表现出来的“绝对自由与恐怖”而言，法国大革命实际上是对启蒙与理性的背离。

（三）对其自身具有确定性的精神：道德

这是精神发展的最高阶段，精神经过并克服了漫长的异化状态再一次回复到自身。在这个阶段，个人的意志和全社会的意志得到了统一，精神因而达到了真正的自由。黑格尔在此所指的实际上是他所处的时代，正如泰勒所说：“讨论‘精神’这一章的第三部分把我们带到了德国，带到了从康德开始且经过费希特进而转向德国浪漫派的思想运动。”[50]黑格尔重点讨论了康德和费希特的道德世界观以及浪漫派的良心理论。至此，表现在民族和社会中的精神即“客观精神”达到了顶峰。

五、宗教

“道德”构成了从“客观精神”到“绝对精神”的过渡。在《精神哲学》中，“绝对精神”包括艺术、宗教和哲学三个环节。《精神现象学》则直接从“精神”进到了“宗教”。在“宗教”以前诸阶段，宗教也曾经以各种形式出现过，但那时的宗教都没有达到真正的自我意识，即都没有认识到“精神即绝对”。“自己知道自己的精神在宗教里直接就是它自己的纯粹的自我意识。”[51] 宗教包括三个阶段：自然宗教、艺术宗教和天启宗教，大体对应于个人意识发展的三个环节，即意识、自我意识和理性。

（一）自然宗教（natural religion）

这是宗教的初级形式，在这个阶段，“绝对”表现于自然物中。“精神最初的实现是宗教本身的概念，亦即直接的或自然的宗教。在这里，精神认识到它自身在直接的和自然的形态下”。[52] 黑格尔依次讨论了自然宗教的三种形式：对无生命物体的崇拜（如拜火教）、对动植物的崇拜（如印度的原始宗教）、对作为工匠的上帝的崇拜（如埃及人的宗教）。他把埃及的宗教视为宗教从意识到自我意识的过渡，比如，狮身人面像形象地表达了相互冲突的两个元素：沉沦于自然的精神和从自然中解脱出来的冲动。总的说，自然宗教是东方的宗教。

（二）艺术宗教（aesthetic religion）

在这个阶段，“绝对”不再表现于自然物中，而是存在于更适于表现“绝对”之精神性的艺术品之中。“精神的第二现实必然是这样的精神，作为自己的对象，它认识到它自己是在一种被扬弃了的自然性形态内，或者在自我的形态内的。这就是艺术的宗教。因为，这个形态由于意识的创造活动而提高到自我的形式，于是意识就可以在它的对象中直观到它自己的活动或者自我。”[53] 在黑格尔看来，希腊宗教是艺术宗教的典范。如果说埃及宗教体现的是“自然的东西”与“精神的东西”的混杂，那么，希腊宗教所表现的则是“精神的东西”对“自然的东西”的胜利。黑格尔依次讨论了艺术宗教的三个阶段：抽象的艺术品（如对神像的崇拜）、有生命的艺术品（如酒神祭）、精神艺术品（如希腊史诗、悲剧与喜剧等）。

（三）天启宗教（revealed religion）

这是宗教发展的最高阶段，“绝对”不再表现于人的作品之中，而是直接表现于人本身之中，这个人就是基督，在他身上，人性与神性达到了高度统一。天启宗教扬弃了自然宗教和艺术宗教各自的片面性，使精神获得了自在和自为存在的形态。黑格尔认为，天启宗教即基督教才是真正的宗教，因为它的内容即是绝对精神。但“绝对”的本质是概念（conceptual），而天启宗教把握绝对的方式仍然是表象（presentational），因此，宗教还不是最适于表现精神或意识本质的知识形态，必须进展到“绝对知识”。

六、绝对知识

到了“绝对知识”阶段，意识才真正以最适合于“绝对”的方式认识“绝对”，即通过概念把握概念。“绝对知识是在精神形态中认识着它自己的精神，换言之，是［精神对精神自身的］概念式的知识。”[54] 至此，人类自我意识的发展便超越了自身的有限性和时间性，达到了“哲学知识”。鉴于“绝对”是精神发展的顶峰，贺麟先生曾经独具匠心地将之翻译为“太极”。

哲学和宗教具有共同的内容和对象，这就是“普遍的独立自存的理性”。“在宗教里各民族无疑地业已表示出他们对于世界的本质，对于自然的和精神的实体，以及人与这本质的关系的看法。这里，绝对本质就是他们的意识的对象。”[55] 但哲学和宗教的形式则完全不同：宗教的形式是“表象”，哲学的形式则是概念或思维。“默祷只是虔诚地默念着那对象，而哲学便要通过思维的知识实现这种神人和合（Versoehnung），因为精神要求回复到它自己的本质。哲学通过思维意识的形式与它的对象相联系。宗教便不采取这种形式。”[56]哲学是“绝对精神”的顶峰。“这个运动，——哲学就是这个运动，——在它最终把握到它自己的概念，即只不过回顾它的知时，就发现自己已经完成了。”[57]《精神现象学》由此过渡到《逻辑学》。

《精神现象学》在黑格尔哲学中占有重要地位。青年黑格尔派的著名代表大卫·施特劳斯说：“人们可以恰当地称《精神现象学》为黑格尔著作的全部。黑格尔在这里第一次驾着自己的船离开港口远航，周游世界，尽管这是一种奥德赛式的航行；而他随后的远征，虽然有着更好的引导，却好像局限在内陆海之内。所有黑格尔后来的著作和讲演，诸如他的《逻辑学》、《法哲学原理》、宗教哲学、美学、哲学史和历史哲学，都只是出自《精神现象学》的部分，而《精神现象学》的丰富性，即使在《哲学全书》中也保存得并不完全，而且无论怎么看也是一种干缩的状态。在《精神现象学》中，黑格尔的天才处于巅峰。”[58]

《精神现象学》在西方哲学中也占有重要地位。考夫曼说：《精神现象学》“是高度创造性的，也的确是独一无二的，它完全可以与诸如人们必然会提到的柏拉图的《理想国》，或可能会想到的斯宾诺莎的《伦理学》等任何一部以前的哲学古典著作相媲美。像柏拉图，也有点像斯宾诺莎，黑格尔以其通过个人修养和哲学训练获得的敏感性，用一卷书再造了整个世界。”[59]奥托·波格勒（Otto Poggeler）说：“尼采有句名言：‘可能人类会有一个更高级的状态，到那时，欧洲人民会被各族模模糊糊地遗忘，但是欧洲还会继续活在三十本非常古老但永不陈旧的书籍里’。假如真有那么一天，像尼采所说的那样，那么我们敢说，黑格尔的《精神现象学》，将是这三十本古老而不陈旧的书籍之一。”[60]

注释

1 黑格尔:《小逻辑》，第 93 页。

2 Hegel, *Early Theological Writings*, trans. T. M. Knox, University of Pennsylvania Press, p.44.

3 黑格尔:《精神哲学》，第 220 页。

4 黑格尔:《精神现象学》上卷，第 64 页。

5 黑格尔:《精神哲学》，第 211 页。

6 黑格尔:《精神现象学》，第 63 页。

7 黑格尔:《小逻辑》，第 71 页。

8 彼得・辛格:《黑格尔》，中国社会科学出版社，1992 年，第 97 页。

9 黑格尔:《精神现象学》上卷，第 74 页。

10 黑格尔:《精神哲学》，第 212 页。

11 黑格尔:《精神现象学》上卷，第 77—78 页。

12 黑格尔:《精神哲学》，第 215 页。

13 同上书，第 216 页。

14 黑格尔:《精神现象学》上卷，第 91 页。

15 同上。

16 黑格尔:《精神哲学》，第 217 页。

17 黑格尔:《精神现象学》上卷，第 100 页。

18 同上书，第 97 页。

19 黑格尔:《精神哲学》，第 219—220 页。

20 古留加:《黑格尔传》，第 50 页。

21 黑格尔:《精神现象学》上卷，第 120 页。

22 黑格尔:《精神哲学》，第 225 页。

23 黑格尔:《精神现象学》上卷，第 121 页。

24 同上。

25 黑格尔:《精神哲学》，第 221—222 页。

26 同上书，第 230 页。

27 同上书，第 232 页。

28 同上。

29 同上。

30　黑格尔：《精神现象学》上卷，第 133—134 页。
31　同上书，第 134 页。
32　黑格尔：《精神现象学》上卷，第 136 页。
33　同上书，第 140 页。
34　同上书，第 144—145 页。
35　同上书，第 155 页。
36　同上书，第 162 页。
37　同上书，第 161 页。
38　同上书，第 232。
39　同上书，第 234 页。
40　同上书，第 235 页。
41　同上书，第 260 页。
42　黑格尔：《精神现象学》下卷，第 1 页。
43　同上书，第 10 页。
44　同上书，第 13 页。
45　同上书，第 41 页。
46　同上书，第 83 页。
47　同上书，第 97 页。
48　同上书，第 118—119 页。
49　同上书，第 119 页。
50　查尔斯·泰勒：《黑格尔》，第 288 页。
51　黑格尔：《精神现象学》下卷，第 180 页。
52　同上书，第 185 页。
53　同上书，第 185—186 页。
54　同上书，第 266 页。
55　黑格尔：《哲学史讲演录》第一卷，第 63 页。
56　同上书，第 64 页。
57　黑格尔：《精神哲学》，第 383—384 页。
58　转引自沃·考夫曼：《黑格尔——一种新解说》，第 169 页。
59　同上书，第 134 页。
60　转引自《王玖兴文集》，河北大学出版社，2005 年，第 328 页。

第十五章　黑格尔：思维与存在的同一

哲学乃是一种特殊的思维方式，——在这种方式中，思维成为认识，成为把握对象的概念式的认识。所以哲学思维无论与一般思维如何相同，无论本质上与一般思维同是一个思维，但总是与活动于人类一切行为里的思维，与使人类的一切活动具有人性的思维有了区别。

一般说来，熟知的东西所以不是真正知道了的东西，正因为它是熟知的。有一种最习以为常的自欺欺人的事情，就是在认识的时候先假定某种东西是已经熟知了的，因而就这样地不去管它了。

哲学的最高目的就在于确认思想与经验的一致，并达到自觉的理性与存在于事物中的理性的和解，亦即达到理性与现实的和解。

——黑格尔

黑格尔

1817 年《哲学全书》的出版，标志着黑格尔哲学体系的完成。威廉·华莱士说，《哲学全书》是“黑格尔哲学体系唯一完整的、成熟的、本真的声明”。[1]

一、《哲学全书》导言

与《精神现象学》序言一样，《哲学全书》导言包含很多重要思想。除了《精神现象学》序言已经详加讨论的“真理是具体的”、“真理是全体”和“真理是科学体系”等思想外，黑格尔在《哲学全书》导言中特别从“形式”和“内容”两个方面对哲学的性质做出了规定。

（一）哲学的形式是概念

《精神现象学》序言曾经针对谢林的“直接知识说”强调哲学的“概念”性，《哲学全书》导言则在哲学与“一般的思想”的关系中重申了哲学的“概念”性。“一般的思想”即普通人的思维当然也是属于思维的，因为这恰恰构成了人与动物的一个根本区别。但“一般的思想”往往是表象的。“我们所意识到的情绪、直观、欲望、意志等规定，一般被称为表象。”[2] 哲学思维和表象思维的区别在于：前者是运用概念的活动。“所以大体上我们可以说，哲学是以思想、范畴，或更确切地说，是以概念去代替表象。”[3]“哲学乃是一种特殊的思维方式，——在这种方式中，思维成为认识，成为把握对象的概念式的认识。所以哲学思维无论与一般思维如何相同，无论本质上与一般思维同是一个思维，但总是与活动于人类一切行为里的思维，与使人类的一切活动具有人性的思维有了区别。”[4]“表象和思想的区别，还具有更大的重要性，因为一般讲来，哲学除了把表象转变成思想——当然，更进一步哲学还要把单纯抽象的思想转变成概念——之外，没有别的工作。”[5]

就哲学思维可以通过概念的运用把握事物的本质而言，它无疑高于“一般的思想”。在最终的意义上，只有诉诸于概念的哲学思维可以达到最高的整体性和普遍性。“但一个人具有表象，却未必能理解这些表象对于思维的意义，也未必能深一层理解这些表象所表现的思想和概念。”[6]黑格尔并不否认表象的作用。一方面，表象思维构成了哲学思维的必要准备。“按照时间的次序，人的意识，对于对象总是先形成表象，后才形成概念，而且唯有通过表象，依靠表象，人的能思的心灵才进而达到对于事物的思维的认识和把握。”[7]另一方面，哲学思维不能完全代替表象思维，就是说，不能把哲学思维视为达到真理或绝对的唯一途径。黑格尔认为，历史上关于上帝存在的种种“形而上学证明”就是犯了用概念思维代替表象思维的错误。“这种说法，无异于认为在没有知道食物的化学的、植物学的或动物学的性质以前，我们就不能饮食；而且要等到我们完成了解剖学和生理学的研究之后，才能进行消化。”[8]

哲学的“思维”性和“概念”性使人们容易形成关于哲学的两种错误看法。一种看法是：哲学艰深难懂。造成这种看法的原因有二：一是普通人不习惯于概念化思维或抽象思维。“他们不能够，实即不惯于做抽象的思维，亦即不能够或不惯于紧抓住纯粹的思想，并运动于纯粹思想之中。”[9]二是由于求知者没有耐心。与概念思维相比，表象思维无疑是人们最为熟悉、最为便当的思维工具，于是，人们总是倾向于图省事，而不愿意进行概念思维。另一种截然相反的看法是：哲学太容易，因而没有研究的必要。这种看法的逻辑是：哲学和思维有关，而每个人都有天赋的思维能力，于是，在这个行当里，随便什么人都可以高谈阔论。“人人承认要想制成一双鞋子，必须有鞋匠的技术，虽说每人都有他自己的脚做模型，而且也都有学习制鞋的天赋能力，然而他未经学习，就不敢妄事制作。唯有对于哲学，大家都觉得似乎没有研究、学习和费力从事的必要。”[10] 这种看法的错误就在于把“熟知”等同于“真知”。

早在《精神现象学》序言中，黑格尔就曾经在“熟知”和“真知”之间做出了区分。“一般说来，熟知的东西所以不是真正知道了的东西，正因为它是熟知的。有一种最习以为常的自欺欺人的事情，就是在认识的时候先假定某种东西是已经熟知了的，因而就这样地不去管它了。”[11] 在《哲学史讲演录》里，黑格尔就“熟知”和“真知”的区别进一步做出了下述著名评论：“哲学的特点，就在于研究一般人平时所自以为很熟悉的东西。一般人在日常生活中，不知不觉间曾经运用并应用来帮助他生活的东西，恰好就是他所不真知的，如果他没有哲学的修养的话。”[12] 哲学乃“真知”之学，所以，哲学具有很强的专业性，需要专门的训练，这意味着这个殿堂不是随便什么人都可以进入的。对于愿意并且善于需求“真知”的人们来说，哲学所特有的概念性思维无疑会带给他们无穷的乐趣。

（二）哲学的内容是现实

哲学的形式是纯思和概念，但哲学并不远离现实和经验，“哲学的内容就是现实（Wirklichkeit）。”[13] 在康德那里，范畴和现实（物自身）是彼此隔绝的，范畴只能应用于现象，而不适用于物自身。在黑格尔看来，康德之所以陷入不可知论，主要是因为他假设了一个在意识之外、和意识格格不入的“物自身”。就是说，只要把物看做是外在于意识的东西，二者的鸿沟将永远无法弥合。黑格尔的策略是，把物统摄到意识或思维之中，把二者看成是本质上同一的东西：存在即

海德堡

思维，思维即存在。“思想的真正客观性应该是：思想不仅是我们的思想，同时又是事物的自身”。[14]“一切真实的事物，就它们之为真理而言，即是理念。”[15]就是说，概念或范畴虽说是思维本身的功能，但并不因此是主观的，它们同时是事物的本质。看一个人是否具有哲学思维，一个重要标准就是看他能不能看清物的本质也是概念或理性。如果把物看作物，把我看作我，那只是一种素朴的观点。“哲学的最高目的就在于确认思想与经验的一致，并达到自觉的理性与存在于事物中的理性的和解，亦即达到理性与现实的和解。”[16]这就是黑格尔的思维与存在同一说。

谈到黑格尔的思维与存在同一说，不能不提他的一个重要命题：“凡是合乎理性的东西就是现实的，凡是现实的东西就是合乎理性的”。这个思想最初见于《法哲学原理》的“序言”。在那里，黑格尔提出这一思想的主旨是为国家特别是普鲁士王国做辩护的，认为国家是合理的，甚至是地上的“神物”。该思想提出后一度引起很多人的“诧异和反对”。后来，在《小逻辑》再版时，黑格尔又重提这个思想并做了详细的发挥和澄清，这部分内容主要见于《小逻辑》第 6 节和第 142 节。关于“凡是现实的东西就是合乎理性的”，黑格尔特别强调“现实”与“现存”的区别：现实的东西是具有存在必然性的东西，这样的东西当然是合乎理性的，甚至就是理性自身。“就定在一般说来，一部分是现象，仅有一部分是现实。在日常生活中，任何幻想、错误、罪恶以及一切坏东西、一切腐败幻灭的存在，尽管人们都随便把它们叫作现实。但是，甚至在平常的感觉里，也会觉得一个偶然的存在不配享受现实的美名。因为所谓偶然的存在，只是一个没有什么价值的、可能的存在，亦即可有可无的东西。”[17]

关于“凡是合乎理性的东西就是现实的”，黑格尔强调，人们之所以难以理解这个命题，关键在于常识或“一般的表象”习惯于割裂理念与现实，一方面认理念为缺乏任何现实性的幻想，与主观观念、计划、意向等同义，一方面认为现实与外在的感性存在同义。实际上，“一方面观念或理念并不是仅藏匿在我们的头脑里，理念一般也并不是那样薄弱无力以致其自身的实现与否，都须依赖人的意愿。反之，理念乃是完全能起作用的，并且是完全现实的。另一方面现实也并不是那样地污浊、不合理，有如那些盲目的、头脑简单的、厌恨思想的实行家所想象的那样。现实就其有别于仅仅的现象，并首先作为内外的统一而言，它并不居于与理性对立的地位，毋宁说是彻头彻尾地合理的。任何不合理的事物，即因其不合理，便不得认作现实。”[18]“哲学所研究的对象是理念，而理念并不会软弱无力到永远只是应当如此，而不是真实如此的程度。所以哲学研究的对象就是现实性”。[19]实际上，黑格尔上述命题完全可以包含一种深刻的革命性意义：凡是合乎理性的东西，一定会成为现实。对此，诗人海涅有过下述记载：“我有一天对于‘凡是现实的都是合理的’这句话感到不高兴时，他怪笑了一笑，然后对我说：‘也可以这么说：凡是合理的必然都是现实的。’他连忙转过身来看看，马上也就放心了，因为只有亨利希·贝尔听到了这句话。”[20]

二、《逻辑学》题解

逻辑学是黑格尔哲学体系的重要组成部分。如果说《精神现象学》是迫于种种外部压力在“匆忙”中完成的，那么，其逻辑学著作则是他精雕细琢的产物。1812年年底，《大逻辑》的“本质论”部分出版后，黑格尔在致葛尔特的信中写道：“这部书的全部写作经过是这样的，我在这上面差不多花了十年工夫，继续不断地加工，以便使每一个论点都能为公众所了解。”[21]虽然黑格尔确信，该书的主要论点是能够为公众所接受的，但这部以“纯概念”为研究对象的著作，毫无疑问不是普通读者可以理解的。所以，在同一封信中，黑格尔写道：“我很抱歉，人们抱怨这书在表述上难懂。这样抽象的对象的本性自身，就决定它的表述不能像一本普通教本那样轻而易举。真正的思辨哲学既不能穿洛克哲学的外套，也不能着普通法国哲学的上装。在一个外行人看来，真正的思辨哲学很像是一个颠倒了的世界，是和他们的日常观念相矛盾的。”[22]黑格尔的逻辑学是一种什么样的“科学”呢？《小逻辑》导论性部分“逻辑学概念的初步规定”对此做了回答。

（一）逻辑学是研究事物本质的科学

逻辑学无疑是研究思维的科学。提到逻辑学，人们首先会想起由亚里士多德创立的形式逻辑。传统的形式逻辑只研究思维的形式和规律，不涉及思维的内容。“如果逻辑除了使人仅仅熟习于形式思维的活动外，没有别的任务，则逻辑对于我们平时已经同样能够做的思维活动，将不会带来什么新的东西。其实旧日的逻辑也只有这种地位。”[23]“概念的逻辑通常被认作仅是形式的科学，并被理解为研究概念、判断、推论的形式本身的科学，而完全不涉及内容方面是否有某种真的东西；殊不知关于某物是否真的问题完全取决于内容。如果概念的逻辑形式实际上是死的、无作用的和无差别的表象和思想的容器的话，那么关于这些形式的知识就会是与真理无涉的、无聊的古董。但是事实上，与此相反，它们（逻辑形式）作为概念的形式乃是现实事物的活生生的精神。”[24]黑格尔的逻辑学不是形式逻辑，因为它不是单纯地以思维形式为自己的研究对象，它是关于真理的科学。“什么是逻辑学的对象？对于这个问题的最简单、最明了的答复是，真理就是逻辑学的对象。”[25]而且，“真正讲来，真理应是客观的”。[26]

在黑格尔看来，作为逻辑学研究对象的思维不是单纯主观的东西，而是包含着事物及其各种规定，只有深入事物实质或本质的思想才是真正的思想。这样，逻辑学就成了研究事物的科学，逻辑学也就是本体论或形而上学。“思想，按照这样的规定，可以叫作客观的思想，甚至那些最初在普通形式逻辑里惯于只当作被意识了的思维形式，也可以算作客观的形式。因此逻辑学便与形而上学合流了。形而上学是研究思想所把握住的事物的科学，而思想是能够表达事物的本质性的。”[27] 对此，卡尔·弗里德里希也评论道：“《逻辑学》完全不是传统意义上的逻辑学，而且黑格尔很以这一事实为荣。因为这种传统逻辑关注的是黑格尔所说的‘抽象物’以及关于这些抽象物的僵死的推理。真正的逻辑学关注的是存在的根据，这个全部哲学的起点和终点。简言之，逻辑学是本体论。”[28]

而且，这种具有本体论或形而上意义的逻辑学完全不是静态的，而是动态的逻辑学。“这种逻辑学偏离了以往所有逻辑学的概念和图式：它是运动的。思想成了移动的东西。事实上，由于它是活的思想，而不是语词的僵死的分类，所以，它始终是移动的。一个凝固的共相，一个不变的定义，一个固定的命题，绝不能把握真理。因为真理是活生生的真理。直抵生命内在神秘的新逻辑必定是一种活生生的、流动的逻辑。”[29]

就逻辑学不仅研究思维的形式，而且研究思维的内容而言，黑格尔的逻辑学是康德“先验逻辑”的继续。正如泰勒所说：“如果我们只记住为我们所熟悉的形式逻辑，《逻辑学》这一书名就会产生极大的误导。但实际上黑格尔在这里是在康德‘先验逻辑’意义上使用这一书名的。”[30] 当然，黑格尔的逻辑学在下述两个方面不同于康德的先验逻辑：第一，康德的范畴是先验的，黑格尔的概念则是客观的；第二，康德的先验逻辑是“现象的逻辑”，黑格尔的逻辑学则是“本质的逻辑”。逻辑学是关于事物本质的科学。

（二）逻辑学是研究纯粹思想的科学

这是就逻辑学在《哲学全书》中的地位和作用对逻辑学的研究对象所做的规定。逻辑学不研究思想的经验内容，只研究纯粹思想。“逻辑学是以纯粹思想或纯粹思维形式为研究的对象。”[31]“除了属于思维本身，和通过思维所产生的东西之外，它不能有别的内容。所以，逻辑学中所说的思想是指纯粹思想而言。”[32]比如，在通常的思想中，我们会说“这里有一个茶杯”，这个命题就包含了经验内容（茶杯）。《逻辑学》撇开这种经验内容，专门研究像“有”（存在）、“一”这样最普遍的概念或思想规定。在黑格尔看来，《逻辑学》所研究的纯粹思想或概念构成了事物的灵魂或本质。他举例说，一个真朋友，就是其言行举止符合友谊的概念；一件真的艺术品，就是与艺术品的概念相符合的艺术品。在这里，思想或概念是在先的，当然是逻辑在先，而不是时间在先。

由于逻辑学以纯粹思想或概念为研究对象，所以，它在《哲学全书》中居于基础性地位。“如果依前此所说，认为逻辑学是纯粹思维规定的体系，那么别的部门的哲学科学，如像自然哲学和精神哲学，似乎就是应用的逻辑学，因为逻辑学是自然哲学和精神哲学中富有生气的灵魂。其余部门的哲学兴趣，都只在于认识在自然和精神形态中的逻辑形式，而自然或精神的形态只是纯粹思维形式的特殊的表现。”[33]“逻辑学是使一切科学生气勃勃的精神，逻辑学中的思维规定是一些纯粹的精神力量。”[34]

三、思想对客观性的三种态度

既然《逻辑学》是研究思想或理念的科学，而且，在黑格尔看来，思想或理念同时就是事物的本质，所以，《逻辑学》实即对于思想与客观性关系的研究。黑格尔分别考察了在他之前“思想对客观性的三种态度”，并把这种考察视为“逻辑学进一步的导言”。

（一）思想对客观性的第一态度：形而上学

这里的形而上学指的是康德以前的旧形而上学，特别是近代的大陆唯理论。在黑格尔看来，这种态度没有意识到思维自身所包含的矛盾，武断地认为思想可以把握事物本身，事物的真实性质就是思想所认识的那样，因而是一种“素朴的态度”。这种态度的主要特点“在于以抽象的有限的知性规定去把握理性的对象，并将抽象的同一性认作最高原则。”[35]“但真理本身是无限的，它是不能用有限的范畴所能表达并带进意识的。”[36]灵魂、世界和上帝是大全，属于理性的理念，不能通过有限的谓词加以规定。但旧形而上学不知道这个道理，比如，它用“存在”去规定上帝。“存在并不单纯是一种肯定的东西，而是一太低级的规定，不足以表达理念，也不配表达上帝。”[37]在这一点上，旧形而上学远逊于东方哲人。后者看到了形而上学对象的无限性和不可穷尽性，所以使用许多名字多角度地规定神或无限。

黑格尔指出，用有限的知性规定去把握无限的整体，必然陷入独断论，即固守非此即彼的思维方式，坚执片面的知性规定，而排斥其反面。比如，世界不是有限的，就是无限的，二者必择其一。“殊不知，具体的玄思的真理恰好不是这样，恰好没有这种片面的坚执，因此也非片面的规定所能穷尽。玄思的真理包含有这些片面的规定自身联合起来的全体，而独断论则坚持各分离的规定，当作固定的真理。”[38]黑格尔对旧形而上学的各主要分支即本体论、理性心理学、理性宇宙论、理性神学分别进行了批判考察。他强调，虽然从哲学史的角度说这种形而上学已经过去了，但这种思想方式即“单纯用抽象理智的观点去把握理性的对象，却仍然一般地总是出现的。”[39]黑格尔对旧形而上学的批评，在很大程度上是康德对旧形而上学批判的继续。

（二）思想对客观性的第二态度：经验主义和批判哲学

与第一态度相反，第二态度认为无限的整体不是通过有限概念可以认识的。这种态度分为两种：一种认为无限的整体不可知，因而可以不予理睬；一种认为无限整体虽不可知，但可以通过信仰达到。前者是经验主义，后者是康德的批判哲学。黑格尔认为，经验主义呼吁“不要驰骛于空洞的抽象概念之中，而要注目当前，欣赏现在，把握住自然和人类的现实状况。”[40]其中包含了不少真理，因为“以此时，此地，当前世界去代替那空洞虚玄的彼岸，去代替那抽象理智的空想和幻影，当然是很合算的交易。”[41]经验主义的问题是：第一，以知觉为把握当前对象的方式，而知觉总是个别的和变化的，所以不能达到普遍性和永久性的原则。而且，经验主义会使道德律和宗教信仰“显得带有偶然性，而失掉其客观性和内在的真理性”。[42]第二，为了形成经验，经验主义必须诉诸分析方法。“但经验主义在分析对象时，便陷于错觉：它自以为它是让对象呈现其本来面目，不增减改变任何成分，但事实上，却将对象具体的内容转变成为抽象的了。这样一来，那有生命的内容便成为僵死的了，因为只有具体的、整个的才是有生命的。”[43]第三，经验主义一般假定一个作为感觉来源的外部世界，因而是一种不自由的学说。“因为自由的真义在于没有绝对的外物与我对立，而依赖一种‘内容’，这内容就是我自己。”[44]

对于康德的批判哲学，黑格尔主要从以下三个方面进行了批判：第一，与旧形而上学的独断论相比，康德对人的认识能力的批判考察无疑是一大进步。但要在求知前考察认识能力，这容易造成一种误解，仿佛认识能力可以和实际认识过程分开，如同学习游泳可以和下水实际游泳分开一样。实际上，“我们必须在认识的过程中将思维形式的活动和对于思维形式的批判，结合在一起。”[45]第二，康德虽然强调知识的客观性，但他所理解的客观性主要是普遍性和必然

柏林的纪念教堂

性，知识的形式即时空和范畴仍然是先天的、主观的。“康德所谓思维的客观性，在某意义下，仍然只是主观的。因为，按照康德的说法，思想虽说有普遍性和必然性的范畴，但只是我们的思想，而与物自体间却有一个无法逾越的鸿沟隔开着。”[46] 就是说，范畴只属于我们，而不是对象的规定，所以，真正说来，康德哲学还是主观唯心论。第三，康德最早提出了知性与理性的区分，认为知性以有限的现象为对象，理性以绝对的事物为对象，这是康德哲学的一大成果。但“如果只认理性为知性中有限的或有条件的事物的超越，则这种无限事实上将会降低其自身为一种有限或有条件的事物，因为真正的无限并不仅仅是超越有限，而且包括有限并扬弃有限于自身内。”[47] 在黑格尔看来，康德的物自体只是思维的产物，“是空虚的自我或不断趋向纯粹抽象思维的产物”，“是一个极端抽象，完全空虚的东西”，是“剩余的渣滓或僵尸”。

（三）思想对客观性的第三态度：直接知识或直观知识

第一态度坚持思维与存在的同一性，认为知性范畴可以把握绝对；第二态度否认思维与存在的同一性，认为绝对不可知；第三态度坚持绝对的可知性，但认为把握绝对不能靠思想和概念，只能通过神秘的直观。黑格尔在这里批判了雅柯比的直接知识说。黑格尔认为，雅柯比坚持知识的直接性，排斥任何中介性，“这种孤立的排他性表明，这种观点仍然陷于坚持着非此即彼的形而上学的理智观念里，亦即事实上仍然陷于外在的间接关系中，所谓外在的间接关系，即是基于坚持着有限的或片面的范畴的关系。”[48] 实际上，“知识的直接性不但不排斥间接性，而且两者是这样结合着的：即直接知识实际上就是间接知识的产物和成果。”[49] 比如，就宗教和伦理方面的知识而言，尽管它们是一种信仰和直接知识，但仍然是中介性的，就是说，是发展、教育和教养的产物。黑格尔还就雅柯比和笛卡尔做了对比，认为尽管他们都坚持直接知识说，但笛卡尔毕竟还讲方法，而雅柯比则放弃了一切方法，于是，“这种观点便放纵于想象与确信之狂妄的任意中，沉溺于道德的自大和情感的傲慢中，或陷入于粗鲁的独断和枯燥的辩论中，所有这些，都强烈地反对哲学和哲学的研究。哲学当然不容许单纯的武断或妄自尊大，也不容许任意无端的往复辩论。”[50]

四、存在论

《逻辑学》分为存在论（The Doctrine of Being）、本质论（The Doctrine of Essence）和概念论（The Doctrine of the Notion）三个部分。在黑格尔看来，这既是逻辑概念自身的发展过程，也是人的认识不断深化的过程。存在论是“关于思想的直接性——自在或潜在的概念的学说。”[51] 本质论是“关于思想的反思性或间接性——自为存在和假象的概念的学说。”[52] 概念论是“关于思想返回到自己本身和思想的发展了的自身持存——自在自为的概念的学说。”[53] 单纯的存在，只是直接性的东西；单纯的本质，只是间接性的东西，因而二者都不是真理。“只有概念才是真理，或更确切点说，概念是存在和本质的真理，这二者若坚持在其孤立的状态中，决不能认为是真理。”[54]

那么，我们为什么要从不真的阶段开始，而不直接从真的阶段即从概念论开始呢？黑格尔的回答是：真理必须证实自己是真理，就是说，必须经过中介过程从而在更高的阶段返回自身。“逻辑的目的即在于求思想性的或概念式的知识，正因为这样，就不能自真理开始，因为真理，如果一开始就直说出来，也不过只是提出些单纯的论断而已。而建立在思想上的真理，则由思维予以证明和检验。”[55] 黑格尔把存在论、本质论和概念论的关系比作上帝及其造物的关系。“上帝既是真理，我们要认识他的真面目，要认识他是绝对精神，只有赖于我们同时承认他所创造的世界，自然和有限的精神，当它们与上帝分离开和区别开时，都是不真实的。”[56]

存在论诸概念都可用“是”加以指谓。在此阶段，人们的认识尚停留于直接性阶段，没有深入到事物背后的本质。存在论包括质（quality）、量（quantity）、尺度（measure）三个环节。这个排列显然不同于康德的范畴排列。在康德那里，量被置于质的前面。黑格尔认为，就认识的实际顺序而言，我们一定是先认识质，然后才认识量。质和事物的存在具有直接同一性。“质首先就具有与存在相同一的性质，两者的性质相同到这种程度，如果某物失掉它的质，则这物便失其所以为这物的存在。”[57]“质”的范畴包括“存在”（Being）、“定在”（Being determinate）和“自为存在”（Being-for-self）三个环节。“存在”又分为“纯有”（pure Being）、“无”（nothing）、“变”（becoming）。

“纯有”就是除了“有”之外没有任何进一步规定。“纯有”是最抽象、最贫乏的概念，是《逻辑学》的真正开端。在黑格尔看来，“逻辑开始之处实即真正的哲学史开始之处。我们知道，哲学史开始于埃利亚学派，或确切点说，开始于巴曼尼得斯的哲学。因为巴曼尼得斯认‘绝对’为‘有’，他说：‘唯‘有’在，‘无’不在。’”[58]“纯有”没有任何规定性，这样的“有”无异于“无”，这就从“有”过渡到了“无”。从历史上看，与“无”相对应的是佛教。单纯的“有”和单纯的“无”都是空虚的和片面的，“因此，‘有’与‘无’的真理，就是两者的统一。这种统一就是变易。”[59]变就是既存在，又不存在。黑格尔认为，“变易既是第一个具体的思想范畴，同时也是第一个真正的思想范畴。在哲学史上，赫拉克利特的体系约相当于这个阶段的逻辑理念。”[60]

变易必有结果，这个结果就是“定在”。“定在或限有是具有一种规定性的存在”。[61]“定在”是彼此界限分明的，就是说，在一个“定在”之外还有他物限制自己，而这个他物作为一个“定在”复又受它之外的另一个他物限制，如此类推，以至无穷，黑格尔把这样的无限叫作“坏的无限”（bad infinity）。在“坏的无限”中，无限始终在有限之外。“这种无限不是别的东西，只是有限事物的否定，而有限事物仍然重复发生，还是没有被扬弃。”[62]与此相反，如果把他物看做构成此物的一个环节，把从此物到他物的过渡看做“在别物中回复到自己”，这样的无限才是“真正的无限”（genuine infinity）。“当某物过渡到别物时，只是和它自身在一起罢了。而这种在过渡中、在别物中达到的自我联系，就是真正的无限。”[63]有了这样的无限观，就从“定在”过渡到了“自为存在”。“自为存在是完成了的质，既是完成了的质，故包含存在和定在于自身内，为其被扬弃了的理想的环节。”[64]德谟克利特的原子约略相当于“自为存在”。

“自为存在”是“一”，这就从“质”过渡到了量。和“质”不同，“量”和存在不具有直接同一性，就是说，在一定范围内，量的变化不影响事物的存在。比如，无论大一点，还是小一点，不影响一所房子之为一所房子；无论深一点，还是浅一点，不影响红色之为红色。毕达哥拉斯的“数”约略相当于“量”的概念。黑格尔批评了单纯用量来衡量事物的“极端的数学观点”，因为量是不能表达事物的丰富内涵的。“量”分为“纯量”（pure quantity）、“定量”（quantum）和“程度”（degree）。“程度”概念表明，“量”发展到一定程度会具有“质”的特征，这种有“质”的定量就是“尺度”。

“尺度”是“质”和“量”的统一，它以“质”和“量”为构成自己的环节。黑格尔举了很多例子说明量变达到一定的“尺度”就会引起“质变”。比如，一粒麦可以形成一堆麦，从马尾上拔去一根毛可以形成一秃的马尾，农夫为驴子再加一两负担使其倒下，等等。“在这个观念里包含有一个一般的信念，即举凡一切人世间的事物——财富、荣誉、权力甚至快乐痛苦等——皆有其一定的尺度，超越这尺度就会招致沉沦和毁灭。”[65]黑格尔在此表达了一个重要思想——理性的机巧。“理性是有机巧的，同时也是有威力的。理性的机巧，一般说来，表现在一种利用工具的活动里。这种理性的活动一方面让事物按照它们自己的本性，彼此互相影响，互相削弱，而它自己并不直接干预其过程，但同时却正好实现了它自己的目的。”[66]量变质变的原理就表现出了这种“机巧”：量的变化最初好像完全无足轻重似的，到一定的“度”，突然发生了质的变化。黑格尔认为，事物从一种“质”到另一种“质”的变化，仅仅是“状态”的变化，而不是“本质”的变化。于是，“存在论”过渡到了“本质论”。

五、本质论

本质论的特点是反思或反射（reflection）。“这里我们所要认识的对象，不是它的直接性，而是它的间接的反映过来的现象。我们常认为哲学的任务或目的在于认识事物的本质，这意思只是说，不应当让事物停留在它的直接性里，而须指出它是以别的事物为中介或根据的。事物的直接存在，依此说来，就好像是一个表皮或一个帷幕，在这里面或后面，还蕴藏着本质。”[67]黑格尔说本质论是逻辑学中最困难的一个部门，因为形而上学和科学的范畴都包含在这个部分。

“本质论”包括三个环节：作为实存根据的本质（essence as ground of existence）、现象（appearance）、现实（actuality）。“作为实存根据的本质”包含纯反思规定（pure principles of reflection）、实存（existence）和物（thing）三个环节。纯反思规定包括同一（identity）、差别（difference）、根据（ground）三个环节。“同一”

是全部本质论的第一个环节，在这个阶段，本质尚未表现于外，而是表现于自身之内。“本质映现于自身内，或者说本质是纯粹的反思；因此本质只是自身联系，不过不是直接的，而是反思的自身联系，亦即自身同一。”[68] 但这种同一不是形式的或知性的同一，即脱离差别的同一，而是包含差别于自身之内的具体的同一。“不要把同一单纯认做抽象的同一，认做排斥一切差别的同一。这是使得一切坏的哲学有别于那唯一值得称为哲学的哲学的关键。”[69] “概念以及理念，诚然和它们自身是同一的，但是，它们之所以同一，只由于它们同时包含有差别在自身内。”[70] 这样，“同一”就过渡到了“差别”。

差别最初表现为“直接的差别或差异”。“所谓差异［或多样性］即不同的事物，按照它们的原样，各自独立，与他物发生关系后互不受影响，因而这关系对于双方都是外在的。”[71] 这是知性所理解的差别，只停留于区分一头骆驼与一支笔的水平。差别的下一个环节是“反思的差别或特定的差别”，即看到异中之同，同中之异。差别的最高环节是“本质的差别”，即肯定与否定之间的差别，亦即正相反对、因而具有同一性的事物之间的差别。“因此本质的差别即是‘对立’。在对立中，有差别之物并不是一般的他物，而是与它正相反对的他物；这就是说，每一方只有在它与另一方的联系中才能获得它自己的［本质］规定，此一方只有反映另一方，才能反映自己。”[72] 这样，“差别”就过渡到了“根据”。根据是同一与差别的统一和真理。根据实际上就是本质。“根据就是内在存在着的本质，而本质实质上即是根据。根据之所以为根据，即由于它是某物或一个他物的根据。”[73] 有根据之物即是“实存”。“实存就是从根据发展出来的存在，经过中介的扬弃过程才恢复了的存在。”[74] 根据与实存的对立统一就是“物”。物均处于相互作用之中，这种相互作用使物具有了各种规定性。

本质一定要表现出来，表现出来的本质就是现象。“显现或映现是本质之所以是本质而不是存在的特性。发展了的映现就是现象。因此本质不在现象之后，或现象之外，而即由于本质是实际存在的东西，实际存在就是现象。”[75]黑格尔认为，哲学思维与普通意识的一个重要区别，就在于哲学思维可以把普通意识认为独立自存的东西，看成是现象即本质的表现。康德哲学的一个重大失误就是对于现象的错误理解，即认为本质（物自身）在现象之外。“他只理解到现象的主观意义，于现象之外去坚持着一个抽象的本质、认识所不能达到的物自身。殊不知直接的对象世界之所以只能是现象，是由于它自己的本性有以使然，当我们认识了现象时，我们因而同时即认识了本质，因为本质并不存留在现象之后或现象之外，而正由于把世界降低到仅仅的现象的地位，从而表现其为本质。”[76]在“现象”阶段，黑格尔还对形式与内容、全体与部分、内与外等范畴做了论述。

“本质论”的最高阶段是“现实”，“现实”是本质和现象的统一。这部分内容涉及黑格尔关于可能性与现实性、偶然性与必然性以及实体关系、因果关系和交互关系等范畴的论述。关于可能性与现实性的关系，黑格尔强调，现实性高于可能性，因为事物的可能性最终取决于现实性，而现实性并不是此时此地的特定存在，而是和必然性联系在一起的。在普通人的抽象思维看来，一切皆有可能：月亮今晚可能会落到地球上，土耳其的皇帝可能成为罗马教皇，等等。“一个人愈是缺乏教育，对于客观事物的特定联系愈是缺乏认识，则他在观察事物时，便愈会驰骛于各式各样的空洞可能性中。”[77]“再也没有比关于这种可能和不可能的说法更空无意义的了。”[78]关于偶然性与必然性，黑格尔认为，偶然的事物并非指没有根据之物，而是说这种根据不在事物自身之内。“偶然的事物系指这一事物能存在或不能存在，能这样存在或能那样存在，并指这一事物存在或不存在，这样存在或那样存在，均不取决于自己，而以他物为根据。”[79]黑格尔告诫人们：尽管

柏林大学（1850 年左右）

科学和哲学的任务在于透过偶然性认识必然性，但它们绝不能排斥偶然性。必然性就是根据在自身之内，因而摆脱了他物的限制。“我们所要达到的必然性，即一物之所以是一物乃是通过它自己本身，这虽然可以说是中介性的，但它却同时能扬弃其中介过程，并把它包含在自身之内。”[80]

六、概念论

“概念论”是“存在论”和“本质论”的统一，分为“主观概念”（subjective notion）、“客体”（object）和“理念”（idea）三个环节。“主观概念”部分包含了黑格尔关于概念、判断和推论的论述。在“概念”环节，黑格尔提出了“具体概念”的思想。知性所了解的概念往往是“抽象概念”，这种概念仅仅是排除了特殊规定性的“共同之点”或“抽象的普遍性”，因而是空洞的、空疏的，只是些“抽象的格式和阴影”；此外，这样的概念是凝固的和非此即彼的，不能相互转化。在黑格尔看来，具体概念首先是包含特殊的普遍。于是，具体概念包含三个环节，即普遍性、特殊性和个体性。这里的个体性不是直接的个体性，比如，一个个具体的人或事物，而是包含了普遍性和特殊性诸环节的整个概念。“个体或主体，是被设定为全体的概念。”[81] 其次，具体概念是可以相互转化和过渡的。“概念的运动就是发展，通过发展，只有潜伏在它本身中的东西才得到发挥和实现。”[82] 黑格尔认为，具体概念才是真正具体的东西，而人们通常所说的具体事物，只不过是一堆外在地拼凑在一起的杂多性。

概念诚然是主观的，但这种主观性不是和客体完全隔绝的。“主观性自身既是辩证发展的，它就会突破它的限制，通过推论以展开它自身进入客观性。”[83] 客体就是概念的实现。“客体”包含机械性

（mechanism）、化学性（chemism）和目的性（teleology）三个环节，可以说，这也是客体存在的三种状态。机械性的客体是一种直接的无差别的客体，是由诸多彼此外在的规定性凑合起来的东西。黑格尔批评了近代以来盛行的机械性的思维方式，这种思维方式在“本当用与单纯机械性范畴不同的较高的范畴去理解之时，却仍然固执地坚持着单纯用机械的范畴去解释，不顾这些机械范畴与朴素的直观所提供的情况相矛盾，因而阻碍了对于自然获得正确知识的道路。”[84] 化学性的客体是表现出差别并与他物相联系的客体。目的性的客体则是机械性和化学性的统一，而“目的的实现就形成了到理念的过渡。”[85]

主观性和客观性是对立的。“科学，特别是哲学，除了通过思维以克服这种对立之外，没有别的任务。认识的目的一般就在于排除那与我们对立的客观世界的生疏性，如人们所常说的那样，使我们居于世界有如回到老家之感。这就无异于说，把客观的世界导回到概念”。[86] 理念就是概念和客观性的统一，因而是自在自为的真理。在“理念”环节，黑格尔着重讨论了其“符合论”的真理观，但这种“符合”不是概念符合于对象，而是对象符合于概念。“理念就是真理；因为真理即是客观性与概念相符合。”[87]“譬如，当我们说到一个真的国家或一件真的艺术品，都是指这种较深意义的真理而言。这些对象是真的，如果它们是它们所应是的那样，即它们的实在性符合于它们的概念。”[88] 理念是一个发展过程，这个过程包括生命（life）、认识（cognition in general）和绝对理念（absolute idea）三个阶段。其中，“生命”是直接性的、自在存在着的理念，表现为灵魂与肉体的统一。“认识”是自为存在着的理念，是中介性或差别性的理念，主体和客体发生分化并彼此外在，包括“理论的理念”和“实践的理念”两种形态。“绝对理念”是逻辑学的最高概念，是理论理念与实践理念、主观的理念与客观的理念、生命理念与认识理念的统一，因而是自在自为存在着的理念。

绝对理念既是逻辑发展的最后阶段，同时也可以说是真正的开端及其展开过程。“构成理念的内容和意义的，乃是整个展开的过程。”[89]黑格尔把绝对理念比作一个饱经沧桑的老人，同样的真理经他之口说出，便具有了完全不同的含义，因为他全部生活的意义都浓缩在了那个看似简单的真理之中了。真理就是全体。

黑格尔还在世的时候，他的追随者就已经围绕着这位“哲学教皇”形成了所谓的“黑格尔派”。但在他死后不久，黑格尔派开始解体。“在一个相对短暂的时期之后，他的影响力开始减弱，到了世纪中叶，已经被叔本华和康德哲学——他曾经竭力证明这种哲学的‘抽象’和‘主观主义’——的复兴所取代。到了世纪末，特别是在德国大学中，黑格尔已经死亡，尽管在英国思想界有新黑格尔主义的重要发展。”[90]一时间，黑格尔成了一只“死狗”。拉松对于黑格尔和黑格尔主义在当时的处境做了如下描述：“人们普遍不愿沾惹这个名字。有前程的哲学家一想到人们会把他称作黑格尔主义者就会觉得几分惊恐。人们把黑格尔主义当作一种稀奇古怪的东西，远离最终发现出来的哲学思维的正轨。人们宁愿从一开始就拒绝同黑格尔主义者发生争论。”[91]克洛纳认为，黑格尔哲学的衰落标志着由康德开始的德国唯心论的终结，而且这种终结带有历史的必然性。“发展的推动力在黑格尔这里已全部用尽，前进和上升已经完成。超过他已不再可能。康德在运动中所建立的思想不再能在已开拓出来的方向上前进；它已经到了非止步不可的地步。”[92]

20世纪初期开始，由于狄尔泰等人的工作，黑格尔哲学开始在德国复活。在此前后，一场声势浩大的黑格尔复兴运动即新黑格尔主义（neo-Hegelianism）席卷全球。在英国有斯特林

（J.H.Stirling，1820—1909）、格林（T.H.Green，1836—1882）、布拉德雷（F.H.Bradley，1846—1924）、鲍桑魁（B.Bosanquet，1848年—1923）、麦克塔加尔特（John McTaggart Ellis McTaggart，1866—1925）和芬德莱（J.N.Findlay，1903—1987）等；在德国有克洛纳（R.Kroner，1884—1974）、格罗克纳（H.Glockner）和拉松（G. Lasson）等；在美国有罗伊斯（Josiah Royce，1855—1916）、布兰夏德（B. Blanshard，1892—1987）、缪勒（Gustav E. Mueller，1898—1987）等；在意大利则有克罗齐（B. Croce，1866—1952）、詹梯利（G. Gentile，1875—1944）等。当然，这种"复活"是有选择的复活，正如克罗齐的著名著作所表明的那样，黑格尔的这些后继者们区分了"黑格尔哲学中活的东西和死的东西"。

二次世界大战以后，新黑格尔主义的影响逐渐减弱。英美分析哲学和存在主义哲学都对黑格尔主义的"绝对形而上学"发起了猛烈的攻击。黑格尔哲学再一次被打入"冷宫"。但攻击和反叛也是一种影响。考夫曼说："最好把黑格尔时代以来智力领域的许多重大事件理解为对黑格尔影响的一系列反抗。……重要的是，如果不理解黑格尔，人们就比较难于理解黑格尔以来的许多运动"。[93] 上世纪 70 年代以来，黑格尔哲学出现了新一轮的复兴。人们发现，不但现象学运动可以追溯到黑格尔，而且，"在某种意义上，黑格尔可以被置于导向理解语言之当代方式的发展路线之中。"[94] 晚近甚至出现了"分析哲学向黑格尔的转向"。[95] 纳曹（Angelica Nuzzo）在其主编的《黑格尔与分析传统》一书中期望，对于黑格尔的共同兴趣也许可以把大陆哲学和英美分析哲学更好地结合在一起。"当分析哲学开始注意黑格尔、大陆哲学开始转向英美哲学的时候，我们可能正在接近'分析'哲学和'大陆'哲学这种长期分离的终结。"[96]

为什么人们在后现代的今天还要读黑格尔？毕竟我们已经失去了

对“绝对”或“大全”的偏好，两次大战之后，我们甚至失去了对于“进步”的信念，而绝对和进步恰恰是黑格尔哲学的核心观念。[97]答案只有一个：黑格尔哲学具有永恒的价值。考夫曼说：“只有少数哲学家在他们的著作中向我们相当详尽地描述了世界的模样，而黑格尔即为其中一个。从这一点看，应当把他与柏拉图和亚里士多德、阿奎那和斯宾诺莎、康德与尼采归于一类。”[98]彼得·辛格说：“在19世纪或20世纪的哲学家中，没有一个人像黑格尔那样对世界产生了如此巨大的影响。对于这一总括性的说法，唯一可能的例外大概只有卡尔·马克思，而马克思本人又是深受黑格尔影响的。没有黑格尔，150年来人类理性和政治的发展就会是另一番景象。”[99]汤姆·罗克摩尔则把黑格尔视为有史以来最伟大的哲学家。“黑格尔是康德之后最重要的德国哲学家，甚至是整个哲学史上最重要的哲学家，而且甚至是现时代最重要的哲学家。”[100]

一百多年以来，人们从来未曾真正摆脱过黑格尔。

注释

1　*Hegel's Logic*, trans. William Wallace, Oxford University Press, 1982, vi .
2　黑格尔：《小逻辑》，第40页。
3　同上。
4　同上书，第38页。
5　同上书，第70页。
6　同上书，第40页。
7　同上书，第37页。
8　同上书，第39页。
9　同上书，第40页。
10　同上书，第42页。
11　黑格尔：《精神现象学》上卷，第20页。
12　黑格尔：《哲学史讲演录》第一卷，第25页。

13 黑格尔:《小逻辑》，第 43 页。
14 同上书，第 120 页。
15 同上书，第 399 页。
16 同上书，第 43 页。
17 同上书，第 44 页。
18 同上书，第 206 页。
19 同上书，第 45 页。
20 海涅:《论德国宗教和哲学的历史》，商务印书馆，1974 年，第 161 页。
21 《黑格尔通信百封》，第 220 页。
22 同上。
23 黑格尔:《小逻辑》，第 67 页。
24 同上书，第 331 页。
25 同上书，第 64 页。
26 同上书，第 77 页。
27 同上书，第 79 页。
28 Carl J. Friedrich ed. , *The Philosophy of Hegel*, Random House, Inc.1954, xl.
29 Hegel, *Early Theological Writings*, trans. T. M. Knox, University of Pennsylvania Press, p.30.
30 查尔斯・泰勒:《黑格尔》，第 343 页。
31 黑格尔:《小逻辑》，第 83 页。
32 同上。
33 同上书，第 83—84 页。
34 同上书，第 84 页。
35 同上书，第 109 页。
36 同上书，第 96 页。
37 同上书，第 97 页。
38 同上书，第 101 页。
39 同上书，第 95 页。
40 同上书，第 112 页。
41 同上。
42 同上书，第 116 页。
43 同上书，第 113 页。

44 黑格尔:《小逻辑》，第 115 页。
45 同上书，第 118 页。
46 同上书，第 120 页。
47 同上书，第 126 页。
48 同上书，第 159 页。
49 同上书，第 160 页。
50 同上书，第 170—171 页。
51 同上书，第 185 页。
52 同上。
53 同上。
54 同上。
55 同上书，第 326 页。
56 同上书，第 185—186 页。
57 同上书，第 188 页。
58 同上书，第 191 页。
59 同上书，第 195 页。
60 同上书，第 199 页。
61 同上书，第 202 页。
62 同上书，第 206 页。
63 同上书，第 209 页。
64 同上书，第 211 页。
65 同上书，第 235 页。
66 同上书，第 394 页。
67 同上书，第 242 页。
68 同上书，第 247 页。
69 同上书，第 249 页。
70 同上书，第 249—250 页。
71 同上书，第 251 页。
72 同上书，第 254—255 页。
73 同上书，第 259 页。
74 同上书，第 266 页。
75 同上书，第 275 页。

76 黑格尔:《小逻辑》, 第 276 页。
77 同上书，第 299 页。
78 同上书，第 298 页。
79 同上书，第 301 页。
80 同上书，第 306 页。
81 同上书，第 332 页。
82 同上书，第 329 页。
83 同上书，第 371 页。
84 同上书，第 380 页。
85 同上书，第 379 页。
86 同上书，第 378 页。
87 同上书，第 397 页。
88 同上书，第 399 页。
89 同上书，第 423 页。
90 Carl J. Friedrich ed., *The Philosophy of Hegel*, lx.
91 《新黑格尔主义论著选辑》上卷，商务印书馆，1997 年，第 637 页。
92 同上书，第 530 页。
93 沃·考夫曼:《黑格尔——一种新解说》, 第 291 页。
94 查尔斯·泰勒:《黑格尔》, 第 870 页。
95 汤姆·罗克摩尔:《黑格尔：之前和之后》, XI。
96 Angelica Nuzzo ed., *Hegel and the Analytic Tradition*, Continuum International Publishing Group, 2010, p.3.
97 Frederick Beiser，Hegel, Routledge, 2005, pp.1—2.
98 沃·考夫曼:《黑格尔——一种新解说》, 第 301 页。
99 彼得·辛格:《黑格尔》, 中国社会科学出版社，1992 年，第 1 页。
100 汤姆·罗克摩尔:《黑格尔：之前和之后》, 第 60 页。

第十六章　费尔巴哈：人本学与自然学

哲学的开端不是上帝，不是绝对，不是作为绝对或理念的宾词的存在。哲学的开端是有限的东西、确定的东西和实际的东西。没有有限者，无限者是根本不能设想的。

宗教——至少是基督教——,就是人对自身的关系,或者,说得更确切一些,就是人对自己的本质的关系，不过他是把自己的本质当作一个另外的本质来对待的。属神的本质不是别的，正就是属人的本质，或者，说得更好一些，正就是人的本质，而这个本质，突破了个体的、现实的、属肉体的人的局限，被对象化为一个另外的、不同于它的、独自的本质，并作为这样的本质而受到仰望和敬拜，因而，属神的本质之一切规定，都是属人的本质之规定。

我的学说或观点可以用两个词来概括，这就是自然界和人。从我的观点看来，那个做人的前提，为人的原因或根据，为人的产生和生存所依赖的东西，不是不叫作神（这是一个神秘的、含糊的、多义的词），而是并且叫作自然界（这是一个明确的、可捉摸的、不含糊的名词和实体）。至于那个自然界在其中化成有人格、有意识、有理性的实体的东西，在我的学说中则是并且叫作人。

—— 费尔巴哈

费尔巴哈

路德维希·安德烈斯·费尔巴哈（Ludwig Andreas Feuerbach，1804—1872）于1804年7月28日出生于德国巴伐利亚的兰茨胡特（Lantz Huth）。他的家庭是一个典型的学者之家，父亲保罗·约翰·安塞姆·里特·冯·费尔巴哈（Paul Johann Anselm Ritter von Feuerbach，1775—1833）是哲学博士，德国著名刑法学家、法官和人本主义者，曾任耶拿大学、基尔大学和兰茨胡特大学法学教授，慕尼黑（政府）枢密院顾问。老费尔巴哈育有8个子女，长子约瑟夫·安塞姆是著名的考古学家（其子安塞姆·费尔巴哈是后来的德国著名画家）、弗莱堡大学古典语文学教授，次子卡尔·威尔海姆是著名数学家、埃尔兰根大学数学教授，三子爱德华·奥古斯特是埃尔兰根大学法学教授，哲学家路德维希排行第四，他的弟弟弗里德里希是东方文学学者。在慕尼黑完成小学学业后，路德维希进入安斯巴赫（Ansbach）文科中学，16岁左右表现出强烈的宗教信仰。1823年，他以神学系学生的身份在海得堡大学注册。在该校神学教授、新教神学家卡尔·道布（Karl Daub，1765—1836）的影响下，逐渐对黑格尔的理性哲学发生兴趣。为了亲自聆听大师的教诲，路德维希于1824年春前往黑格尔所在的柏林大学。由于作为康德主义者的父亲厌恶黑格尔哲学，路德维希谎称他旨在追随柏林的著名神学家施莱尔马赫，才得到父亲的勉强同意。

起初，费尔巴哈注册的是神学系，但他心仪的是黑格尔哲学。“虽然我只不过才听了四个星期的课，但收益却已经多得无可估量。听道布讲学时一知半解、感到晦涩、至少是觉得根据太薄弱的地方，我现在听了黑格尔的几次讲演后，都已能了解得很透彻，并且也看得出这道理的必要性；本来在我身上仅仅像火绒一般微微燃烧着的东西，现在却觉得很快就要燃起熊熊的火焰。”[1] 1825年，在道布的劝说下，他的父亲终于同意他转入哲学系。在写给哥哥的信中，费尔巴哈兴奋地说：“我已从神学转到哲学。哲学之外没有幸福！”[2] 同一年，在写给父亲的信中，费尔巴哈写道：“你应当和我一同高兴了，因为在我内心里开始了一种新的生活、新的时代；应该高兴，因为我从神学家这一帮人逃脱了出来，并且又交了像亚里士多德、斯宾诺莎、康德、黑格尔这样有天才的朋友。——如果想使我再回到神学去，不啻想抓住精神再放到它的已经死了的躯壳中去，使蝴蝶再回到蛹里去。”[3] 费尔巴哈把柏林看作自己的精神故乡，把黑格尔视为自己的再生之父。[4]

在两年的时间里，路德维希聆听了黑格尔除美学以外的全部讲座。随着对黑格尔哲学日益深入的了解，他开始对黑格尔哲学发生怀疑。“老实说，在柏林时我已经同思辨哲学告别了。我同黑格尔告别时大概是这样说的：我听了您两年的课，两年我把自己完全投身于研究您的哲学；现在呢，我体会到需要转向直接同思辨哲学对立的其他科学：转向自然科学。”[5] 1826年，由于经济原因费尔巴哈转入埃尔兰根大学，并把学习重心放在植物学、解剖学和生理学上。但他在这些科学上最多只能说是一个有天赋的业余者，从未像他所期望的那样达到对于自然的深入了解。[6] 两年以后，他以题为《论理性的无限性、统一性和普遍性》的论文获得博士学位。这篇博士论文仍然深受黑格尔思想的影响，属于德国唯心论的传统。

获得博士学位以后，费尔巴哈以编外讲师的身份在埃尔兰根大学讲授哲学。1830年，他匿名发表了《论死与不朽》一书，公然对灵魂不朽加以否定。书虽然是匿名的，但很快作者的身份即被确定，不但书全部被官方没收，他也因此被学校辞退，此后再也未能在大学谋得教席。在接下来的几年时间里，他陆续出版了《从培根到莱布尼茨的近代哲学史》（1833）、《对莱布尼茨哲学的叙述、分析和批判》（1836）和《皮埃尔·培尔》（1838）等哲学史著作，逐渐在哲学界崭露头角。

1834年，费尔巴哈结识了比自己年长一岁的女友伯莎·略温（Bertha Löw），相爱3年后俩人步入婚姻殿堂。费尔巴哈没有工作，略温在一家陶瓷厂拥有的部分股份，成为俩人的生活来源。在随后的20多年间，费尔巴哈一直隐居于布鲁克堡 (Bruckberg)，以独立学者的身份从事哲学研究和写作，成为一个"只是通过著述同世界保持联系的人"。"我的一生的最美好的部分不是在讲坛上度过的，而是在乡村中度过的；不是在大学的教室中度过的，而是在自然界的庙堂中度过的；不是在沙龙和会客厅中度过的，而是在我的书斋的孤寂生活中度过的。"[7]"我在这里，在大自然的泉源上，又完全洗掉了那些由柏林的国家哲学撒在我脑子里的沙子——撒进脑子里倒是应该的，可惋惜的是，他们把沙子也撒进我眼睛里去了。逻辑学我是在德国的一个大学里学的，但光学——观看的艺术——却是在一个德国乡村中学的。"[8]

费尔巴哈是作为黑格尔的信徒走上哲学舞台的，直到30年代中期，他一直被视为一个忠实的黑格尔主义者。1837至1838年左右，他开始有意识地脱离黑格尔。1839年，《黑格尔哲学批判》的发表，标志着他和黑格尔的公开决裂。3年以后，费尔巴哈在《未来哲学原理》中继续对黑格尔哲学加以批判，并声称用一种基于经验和感性的"新哲学"取代黑格尔的思辨哲学。1841年，费尔巴哈发表了《基督教的本质》，该书被认为是费尔巴哈最为重要的著作，对马克思、恩格斯、瓦格纳和施特劳斯等人发生了巨大影响。恩格斯曾经说："这部书的解放作用，只有亲自体验过的人才能想象得到。那时大家都很兴奋：我们一时都成为费尔巴哈派了。"[9]施特劳斯甚至说："他的理论是这个时代的真理。”实际上，在费尔巴哈那里，对基督教的批判和对黑格尔哲学的批判是同一个过程，因为在他看来黑格尔哲学和基督教是一脉相承的。

从 1846 至 1866 年，十卷本《费尔巴哈选集》陆续出版。据说费尔巴哈曾经有移居美国的念头，但因为缺乏经费没有成行。1859 年，妻子的瓷厂倒闭，他和妻子搬到了慕尼黑附近的赖辛贝格（Rechenberg）。一位富有的仰慕者奥托·吕宁（Otto Luening）在费尔巴哈追随者中间发起了募捐，并设法从席勒基金会为他申请了一笔生活费。1870 年夏，费尔巴哈患中风，并于 1872 年 9 月 13 日因脑溢血在纽伦堡去世，享年 68 岁。

费尔巴哈不是一个体系性的哲学家，[10] 他的名言是：我的哲学就是无哲学。“没有任何宗教便是我的宗教；没有任何哲学便是我的哲学。”[11] 按照他自己的说法，在他的思想发展历程中，第一个思想是上帝，第二个思想是理性，第三个，也是最后一个思想则是人。

一、思辨哲学的秘密是神学

费尔巴哈认为，思辨哲学和基督教联姻，阻碍了人类文化的进步。所以，对思辨哲学的批判构成了费尔巴哈哲学的重要内容。在他眼中，斯宾诺莎是近代思辨哲学的开创者，谢林是这种哲学的复兴者，而黑格尔则是它的完成者。费尔巴哈以“精神上的自然科学家”自居，认为思辨哲学是本末倒置的哲学，它所使用的语言并非“属人的语言”，而是“没来历”的语言，这样的哲学绝非真正的哲学，而是神学的变种。费尔巴哈的矛头所向，主要是黑格尔的唯心论。

黑格尔的思辨哲学体系始于《逻辑学》。按照黑格尔，《逻辑学》是关于事物本质的科学，而事物的本质即是理念，而且，理念是逻辑上在先的东西。费尔巴哈认为，《逻辑学》所讨论的诸逻辑规定，比如有、无、限有、有限、无限、本质和现象等等，实即对存在于自然中的种种规定所做的抽象，因而是在后的东西，但黑格尔对之做了颠倒的解释，其操作策略完全是神学的。“黑格尔的逻辑学，是理性化和现代化了的神学，是化为逻辑学的神学。”[12] 逻辑学讨论的是思维的种种规定，但这些规定完全脱离了具体的、现实的人。“神学的本质是超越的、被排除于人之外的人的本质。黑格尔逻辑学的本质是超越的思维，是被看成在人以外的人的思维。”[13] 在费尔巴哈眼中，《逻辑学》是头脚倒置的逻辑，是典型的非逻辑。

黑格尔思辨哲学体系的第二部分是《自然哲学》。在费尔巴哈看来，这是黑格尔解决“物质的存在”问题的一种努力，而这个问题正是令有神论和思辨哲学难堪的问题，因为“神学无论在生活上或在思想上，一遇到物质，就破产了。”[14] 在思辨哲学的历史上，斯宾诺莎试图以泛神论来协调上帝和自然：它把精神和物质视为上帝的两个属性，从而把有神论转化为“神学唯物论”。费尔巴哈认为，泛神论是矛盾的，“因为泛神论是站在神学立场上对神学的否定”，这一矛盾鲜明地体现在黑格尔哲学中，特别是体现在其《自然哲学》中。按照黑格尔，为了实现自身，精神或绝对必须外化为物质或自然，“于是物质本身就得到了精神和理智，物质就作为绝对本质的一个存在环节、构成环节和发展环节被容纳进绝对本质之中了。”[15] 但是，为了实现自身的自由，精神必须扬弃物质这一“虚幻的、不真实的实体”。表面看来，黑格尔把自然或物质放到了上帝中，就是说，把物质当作上帝来看待，但实质上他仍然假定了神学本质的真理性，因为只有克服了物质，上帝才能成为上帝。所以，“黑格尔辩证法的秘密，最后只归结到一点，就是：他用哲学否定了神学，然后又用神学否定了哲学。”[16]

在黑格尔的体系中，精神发展的最高阶段是“绝对精神”。在费尔巴哈看来，绝对精神只不过是抽象的主观精神，其形成过程和上帝的形成过程如出一辙。“黑格尔的绝对精神不是别的，只是抽象的、与自己分离了的所谓有限精神，正如神学的无限本质不是别的，只是抽象的有限本质一样。”[17] 没有抽象，就没有绝对精神，如同没有抽象，就没有凌驾于人之上的神圣本质。“抽象就是假定自然以外的自然本质，人以外的人的本质，思维活动以外的思维本质。黑格尔哲学使人与自己异化，从而在这种抽象活动的基础上建立起它的整个体系。”[18] 黑格尔自己也承认绝对精神通过艺术、宗教和哲学表现出来，在费尔巴哈看来，这本身就道出了绝对精神的秘密：它是经过改装的有限的主观精神。

无论是哲学还是宗教，都只能从有限的东西开始。它们当然可以从有限上升为无限，只是不应忘记：有限是在先的因而是更为真实的东西。无限者的真理是有限者，而不是相反。“哲学的开端不是上帝，不是绝对，不是作为绝对或理念的宾词的存在。哲学的开端是有限的东西、确定的东西和实际的东西。没有有限者，无限者是根本不能设想的。”[19] 在费尔巴哈看来，思辨哲学和神学犯了同样的错误，它们都颠倒了有限与无限的真实关系，就是说，它们都是从无限者引出有限者，从不确定的东西引出确定的东西，从抽象的东西引出具体的东西。“从这样的道路，永远不能达到真实的、客观的实在，永远只能做到将自己的抽象概念现实化，正因为如此，也永远不能认识精神的真正自由，因为只有对于客观实际的本质和事物的直观，才能使人不受一切成见的束缚。”[20]

费尔巴哈强调，一切存在都以时间和空间为自己的存在形式，只有时间和空间中的存在才是真正的存在。“一种无时间性的感觉，一种无时间性的意志，一种无时间性的思想，一种无时间性的实体，乃

爱尔兰根—纽伦堡大学

是不存在的东西。”[21] 思辨哲学正是以谈论超越时间和空间的存在为特征，在费尔巴哈看来，这样的存在乃是彻头彻尾的非存在。“思辨哲学将脱离时间的发展当作‘绝对’的一种形式、一种属性。这种使发展脱离时间的做法，却是思辨哲学任意妄为的一件真正杰作，它有力地证明了：思辨哲学家对于‘绝对’的所作所为，与神学家对于上帝的所作所为是完全一样的：上帝具有人的一切欲望而没有欲望，爱而不爱，怒而不怒。没有时间的发展，也就等于不发展的发展。‘绝对实体自行发展’这个命题，只有颠倒过来，才是一个真实的、合理的命题。所以应当说：只有一种发展的、在时间中展开的实体，才是一种绝对的、亦即真正的、实际的实体。”[22]

按照黑格尔，哲学高于宗教，思辨哲学尤其高于宗教。在费尔巴哈看来，思辨哲学和神学完全是一而二、二而一的。“思辨哲学的本质不是别的东西，只是理性化了的、实在化了的、现实化了的上帝的本质。思辨哲学是真实的、彻底的、理性的神学。”[23] 思辨哲学的任务实即用理性或理论去论证上帝。所以，“谁不扬弃黑格尔哲学，谁就不扬弃神学。黑格尔关于自然、实在为理念所建立的学说，只是用理性的说法来表达自然为上帝所创造、物质实体为非物质的、亦即抽象的实体所创造的神学学说。”[24]

二、神学的秘密是人本学

对神学的批判是费尔巴哈哲学的另一个重要内容，考虑到神学和思辨哲学的内在关联，甚至可以说，神学批判是费尔巴哈哲学的唯一主题。费尔巴哈说过，他的所有著作“都只有一个目的、一个意志和思想、一个主题。这个主题正是宗教和神学，以及与之有关的一切东西。”[25] 他还说：“我在我的一切著作里面从来没有放过宗教问题和神学问题；它们一直是我的思想和我的生命的主要对象。”[26] 范·哈维甚至说：在西方文化中，从未有任何一个思想家像费尔巴哈那样痴迷于、致力于宗教批判。[27] 费尔巴哈的神学批判有两个阶段：第一个阶段把神学归于人本学，代表作是《基督教的本质》；第二个阶段把神学归于自然学，代表作是《宗教的本质》。

（一）人的本质

费尔巴哈的宗教哲学从对人的本质的讨论开始。人不同于动物：动物靠本能生存，人则靠意识生活。意识的特征之一是：它可以把握“类”。动物往往着眼于当前的个别事物，而人则具有把握“类”或“本质”的能力，这种能力即是意识。“只有将自己的类、自己的本质性当作对象的那种生物，才具有最严格意义上的意识。”[28] 意识的特征之二是：它可以把握无限。个体是有限的，而类或本质则是无限的。意识可以而且必然把无限的东西作为自己的对象。“严格意义或本来意义下的意识，是同对无限者的意识不可分割的；有限的意识不是意识；意识的本质特性，就是总括一切、无限。”[29] 在费尔巴哈看来，有限性与虚无性是等同的，人的意识绝不会仅仅指向虚无，它必定指向某种无限的东西，从而获得一种无限的乐趣。这种无限性实即人自身，即作为类的人。

意识的特征之三是：它是知（理性）、情（爱）、意的三位一体。在对意识的看法上，费尔巴哈颇具现代特征。亚里士多德说，求知是人的本性。在西方历史的不同时期，人类意识生活的三个重要因素即知、情、意受到了不同程度的割裂，特别是近代以来，人成了单纯的认识主体。费尔巴哈明确指出，“一个完善的人，必定具备思维力、意志力和心力。思维力是认识之光，意志力是品性之能量，心力是爱。理性、爱、意志力，这就是完善性，这就是最高的力，这就是作为人的人的绝对本质，就是人生存的目的。人之所以生存，就是为了认识，为了爱，为了愿望。但是，理性的目的是什么呢？就是理性。爱的目的是什么呢？就是爱。意志的目的是什么呢？就是意志自由。我们为认识而认识，为爱而爱，为愿望而愿望——愿望得到自由。真正的存在者，是思维着的、爱着的、愿望着的存在者。”[30] 意识活动的三位一体体现了人的完善性。

意识的特征之四是：它在对象那里实现自我意识。在费尔巴哈看来，存在跟自我意识是同一的，我说我存在，正因为我有自我意识。自我意识和对象意识也是同一的，离开了对于对象的意识，自我意识或我的存在就无从谈起。“没有了对象，人就成了无。”[31] 所以，一切意识都是自我意识。人在对象那里所发现的，不是别的，只不过是人自己的本质。“主体必然与其发生本质关系的那个对象，不外是这个主体固有而又客观的本质。”[32] “人由对象而意识到自己：对于对象的意识，就是人的自我意识。你由对象而认识人；人的本质在对象中显现出来：对象是他的公开的本质，是他的真正的、客观的‘我’。不仅对于精神上的对象是这样，而且，即使对于感性的对象，情形也是如此。即使是离人最远的对象，只要确是人的对象，就也因此而成了人的本质的显示。”[33] 所以，人们在感性的对象那里，发现的是感性的力量，在理性的对象那里，发现的是理性本身的力量，而在意志的对象那里，发现的则是意志的威力。“不管我们意识到什么样的对象，我们总是同时意识到我们自己的本质；我们不能确证任何别的事情而不确证我们自己。”[34]

人们在意识活动中所获得的快乐，无非是对于自己的本质、对于自己的完善性和无限性的自我陶醉。“意识是自我确证、自我肯定、自爱，是因了自己的完善性而感到的喜悦。意识是完善的存在者所特有的标志；意识只存在于满足了的、完成了的存在者里面。”[35] 无论人在自己的对象那里发现何种伟大而无限的属性，实际上它们都是自己的本质力量的投射。“人绝不能越出他自己真正的本质。他虽然可以借幻想而表象出属于所谓另一个更高的种的个体，但他决不能再进一步脱离掉自己的类、自己的本质；他给予这另一个个体的本质规定，总只是从他自己的本质中汲取出来的规定；就是说，他只是在这种规定中摹绘出自己，使自己对象化而已。”[36]比如，一个人在一段美妙的音乐中所欣赏到的，无非是他自己内心的声音。

（二）宗教的本质

上帝也是人的一个对象，和其他对象一样，人们在他那里所看到的不外是人自身的本质。“人之对象，不外就是他的成为对象的本质。人怎样思维、怎样主张，他的上帝也就怎样思维和主张；人有多大的价值，他的上帝就也有这么大的价值，绝不会再多一些。上帝之意识，就是人之自我意识；上帝之认识，就是人之自我认识。你可以从人的上帝认识人，反过来，也可以从人认识人的上帝；两者都是一样的。人认为上帝的，其实就是他自己的精神、灵魂，而人的精神、灵魂、心，其实就是他的上帝：上帝是人之公开的内心，是人之坦白的自我；宗教是人的隐秘的宝藏的庄严揭幕，是人最内在的思想的自白，是对自己的爱情秘密的公开供认。”[37]“宗教——至少是基督教——，就是人对自身的关系，或者，说得更确切一些，就是人对自己的本质的关系，不过他是把自己的本质当作一个另外的本质来对待的。属神的本质不是别的，正就是属人的本质，或者，说得更好一些，正就是人的本质，而这个本质，突破了个体的、现实的、属肉体的人的局限，被对象化为一个另外的、不同于它的、独自的本质，并作为这样的本质而受到仰望和敬拜，因而，属神的本质之一切规定，都是属人的本质之规定。”[38]

人是按照自己的尺度设想其对象的，而人的绝对尺度就是“类”的尺度。宗教所赋予上帝的那些属性，就是人自身的本质属性，即作为类的人的属性。自然人只能具有自然神的观念，而住进房子里的文明人，也就会让他的神住进教堂里。宗教的本质和人的本质是同一的。“宗教，就是跟人的本质同一的世界观和人生。”[39]“知道上帝而自己又不是上帝，认识福乐而又不亲自享受福乐，这是一种分裂，是一种不幸。”[40]“你相信爱是上帝的属性，因为你自己也在爱；你相信上帝是一个智慧的、仁慈的存在者，因为就你自身来说再也不知道有什么比智慧和仁慈更好的了；你相信上帝实存着，相信他是主体或本质——实存着的，就是本质，不管被规定为和称呼为本体还是人格，或者某种别的东西——，因为你自己生存着，你自己是本质。你把爱、善良和智慧看作是人最高的善美；同样，你把一般地生存着、做一个存在者，看作是最高的幸福。”[41]在这个意义上，也只有在这个意义上，我才不会怀疑上帝，因为“怀疑我自己的上帝，就好比怀疑我自己。”[42]

每个人都是个体与类的集合体。作为个体，我是有限的；但作为类，我却是无限的。有限性的意识令人不快，于是，“个体在对完善存在者的直观里面摆脱这种痛苦；在这种直观里面，个体占有了自己所欠缺的东西。对基督徒来说，上帝不外意味着使他们能够直观到类跟个体性的直接统一，直观到普遍的本质跟个别的本质的直接统一。”[43]上帝就是人的类概念和类本质。所以，在宗教中，起点和终点都是人。“人是宗教的始端，人是宗教的中心点，人是宗教的尽头。”[44]“在上帝之中和通过上帝，人只是以自己为目的。当然，人以上帝为目的，但是，既然上帝的目的只不过是在道德上永远拯救人，那么，人仍然只是以自己为目的。属神的活动并不有别于属人的活动。”[45]一句话，有什么样的人，就有什么样的神。

宗教是人对他本质的关系，但宗教把这种关系异化了。在宗教中，人的本质“并不被当作他自己所固有的本质来看待，而是被当

纽伦堡的费尔巴哈纪念碑

作一个另外的、跟他区别开来的、甚至正跟他相对立的存在者；这里面，就包含了宗教之不真、宗教之限制、宗教之与理性及德性相矛盾，就包含了宗教狂热之祸根，就包含了残酷的人祭之至高无上的、形而上学的原则，简言之，也即包含了宗教史悲剧中一切残虐、一切令人战栗的场面之原始根据。”[46] 在宗教的童年期，把属人的本质与属神的本质区别开来，是一个自然的过程。当宗教成为神学时，这种分离便成了一个蓄意的行为，目的是掩盖宗教的人本学实质。“人使他自己的本质对象化，然后，又使自己成为这个对象化了的、转化成为主体、人格的本质的对象。这就是宗教之秘密。”[47]

所以，就其公开的本质而言，宗教是属神的本质和属人的本质的分离；而就其隐秘的本质而言，宗教则是上帝跟人的统一。在宗教中，我们看到信仰和爱是矛盾的。“爱使人跟上帝、上帝跟人同一化，因而也就是使人跟人同一化，而信仰却使上帝跟人分离开来，因而也就是使人跟人分离开来；因为，上帝不外就是人类之神秘的类概念，从而，把上帝跟人分离开来就意味着把人跟人分离开来，解除共同的纽带。由于信仰，宗教跟人的道德性、理性、简单的真理感相矛盾；而由于爱，宗教又跟这个矛盾相对抗。”[48] 当然，在宗教特别是基督教中，爱是从属于信仰的。“爱与信仰都包含在基督教教义之中，但是，信仰在幕后操纵着爱；爱只是基督教之道德，而信仰却是基督教之宗教。”[49] 所以，基督教的爱并不是真正的爱，而是一个受到信仰限制的爱，一个自相矛盾的爱。

宗教固守其对象的外在性，它把人自己的本质投射到自身之外，却无法在那个对象上再找到自己的本质。所以，宗教固然是人的本质，但真正说来它“是人类童年时的本质”。幼稚的人类在宗教中制造了属神的本质和属人的本质对立的假象。“为了使上帝富有，人就必须赤贫；为了使上帝成为一切，人就成为无。”[50] 为什么人心甘情愿地被“剥夺”呢？因为实际上他并没有丧失什么，只不过换了一种拥有方式而已。“人从自己那里取去的、人在自身中所缺乏的，他却以无比高的和丰富的程度在上帝里面享受到。”[51] 比如，僧侣放弃了性爱，但他却在玛利亚身上获得了女性的影像；人放弃了自己的人格，但他在上帝那里重新获得了这种人格；人放弃了自己的理性，但上帝被塑造成按照人的理性思考的存在者；人否定了自己的荣耀，但他通过上帝享有更高的荣耀。

三、神学的秘密是自然学

（一）宗教源于对自然的依赖感

早期的费尔巴哈把神学归于人本学。后来，他逐渐认识到：他的学说“有着一个很大的缺陷”，这就是“把自然界撇开不谈”，仿佛属人的实体“是从虚无中产生的”，是“无需前提的东西”。于是，他于1845年出版了《宗教的本质》用以完善和补充《基督教的本质》一书的观点。“被设想为不依赖于任何东西而自在地存在的、绝对的属人的实体，乃是一种无稽之谈，是一种唯心主义的妄想。但是那个做人的前提的、人必然要与之发生关系的、否则就不能设想人的存在和本质的实体，先生们，不是别的，正是自然界，而不是你们的上帝。”[52]“如果我以前拿‘神学就是人本学’这个公式来概括我的学说，那么现在为了全面起见，我必须做如下的补充：‘神学就是人本学和自然学。’”[53]“所以，我的学说或观点可以用两个词来概括，这就是自然界和人。从我的观点看来，那个做人的前提，为人的原因或根据，为人的产生和生存所依赖的东西，不是不叫作神（这是一个神秘的、含糊的、多义的词），而是并且叫作自然界（这是一个明确的、可捉摸的、不含糊的名词和实体）。至于那个自然界在其中化成有人格、有意识、有理性的实体的东西，在我的学说中则是并且叫作人。”[54]

和其他动物一样，人是依赖自然的。“人的依赖感，是宗教的基础；而这种依赖感的对象，亦即人所依靠并且人也自己感觉到依靠的那个东西，本来不是别的，就是自然。”[55]这种意义上的宗教可以说是与生俱来的，因为人生来即是一个依靠自然的存在物，而且，人意识到自己对自然的这种依赖，他感到没有这种依赖他就不会存在。动物当然也依赖自然，但他的依赖全靠本能，而没有反思。“这种依赖性在动物和动物阶段的野蛮人中，是个不自觉、不自省的依赖性；将它提升到意识中，表象它、思量它、承认它，就是进入宗教。”[56]所以，宗教是为人所独有的现象。“宗教根源于人跟动物的本质区别：动物没有宗教。”[57]在健全的人类眼中，他所依赖的对象“并不是人以上的，而是人以下的事物”。[58]自然界是宗教的第一个对象。对于自然的依赖感是宗教的心理根源。

构成宗教对象的往往是具有下述相反性质的自然物：可怕的和可爱的。一方面，人们对自然中那些可怕的力量表示敬畏，比如，人们对于海洋、疾病，雷雨、闪电的畏惧，产生了各种相应的神灵。另一方面，人们对自然中那些可爱的力量表示感谢，比如，人们对于太阳、月亮、土地和果实的感激，产生了另一批相应的神灵。“畏怖是对这样一种对象的依赖感，没有这对象或者由于这对象我都可以化为乌有，这对象有权力毁灭我。快乐、爱和感恩则是对这样一种对象的依赖感，由于这对象我才成为某种东西，它给我感情和意识，我由于它而活着，由于它而存在。既然我靠着自然界或神而活着和存在着，所以我爱它；既然我由于自然界而受难和毁灭，所以我害怕它、畏惧它。简言之，凡是给人提供幸福生活的手段或源泉的，人就爱它；凡是夺去这些手段或有力量夺去这些手段的，人就怕它。但是这两者都联合在宗教的对象里。”[59]

依赖感表明了人的有限性。所以，宗教和人的有限性、必死性相关。“依赖感和有限感本是一个东西。但是，最容易被人感觉到并且最使人痛苦的一种有限感，就是人们感觉到并且意识到，他总有一天确实是要完结的，是要死去的。如果人是不死的，如果人永远活着，因而世上根本没有死这回事，那么也就不会有宗教了。……只有人的坟墓才是神的诞生地。”[60] 当然，这不是说有限的人必然是有神论的。费尔巴哈认为，有神论源于人的无能，源于人病态的、僭妄的要求和愿望。“有神论者不能根据自然来解释生命，就将自己的这种‘不能’说成自然之不能从自身产生出生命，因此把自己的理智的界限当作自然的界限。”[61]

（二）依赖感的根据是利己主义

宗教的直接对象是自然界，但人们却并不把它作为单纯自然的东西加以崇拜，相反，人们把它作为有人格的东西加以崇拜。人们假定：他们所崇拜的自然对象是有感情、有人心的。是什么力量竟然把自然的东西变成了人性的东西呢？是幻想和想象力。“一个对象，惟有在它成为幻想或想象力的一个本质、一个对象时，它才被人拿来做宗教崇拜的对象。”[62]“凡是宗教的对象，不管它是一个蜗牛壳也好，一块石卵也好，只要作为宗教的对象，便只是一个心情的实体、想象的实体、幻想的实体。”[63] 在费尔巴哈看来，所谓的信仰，其实就是想象力。正是借助于想象力，饼变成了救主的肉，酒变成了救主的血。所以，上帝只存在于宗教里，只存在于信仰里，而不存在于现实中。上帝是人心、幻想或想象的产物。“你只有在信仰中，只有在想象中，只有在人心中找到他；因为上帝本身并不是别的，只是幻想或想象的实体，只是人心的实体。”[64] 上帝基于信仰，而“信仰就是把不是的想象为是的”。[65]

正是借助于想象力，生活在自然中的人先是把自然人化，继而

民主德国发行的费尔巴哈诞辰 175 周年纪念银币

把人神化，即“把一个自然对象在他自己身上所激起的那些感觉，直接看成了对象本身的一些性态。……因此人们不由自主地、不知不觉地——亦即必然地，虽然这必然只是个相对的、有历史条件的必然——将自然本质弄成了一个心情的本质，弄成了一个主观的、亦即人的本质。无怪乎人也就直率地、故意地把自然弄成一个宗教的、祈祷的对象，亦即弄成一个可以凭人的心情、人的祈祷和侍奉而决定的对象了。人使自然同化了他的心情，使自然从属于他的情欲，这样，他当然就把自然弄得顺从他、服从他了。”[66] 所以，人在宗教中只是和他自己发生关系，他的上帝不是别的，不过是他自己的本质。自然宗教如此，基督教也是如此。

宗教的基础是依赖感，而宗教的目的则是自我感即对自然的摆脱。人“去献祭时，是自然的奴仆，但是献祭归来时，是自然的主人。因此，对自然的依赖感诚然是宗教的根源，但是这种依赖感的消灭，从自然手中获得解放，则是宗教的目的。换句话说，自然的神性诚然是宗教的、并且是一切宗教以及基督教的基础，但是人的神性则是宗教的最终目的。”[67]“宗教的第一条基本原则是在自然面前我算不了什么，在我面前一切都是神，一切都引起我的依赖感，一切都可以带给我幸福和不幸、安宁和灾害……另一方面宗教的结论则是在我面前一切都算不了什么，一切星辰的庄严、多神教最高的神的庄严在人类灵魂的庄严面前都消失了，世界的一切威力在人心的威力面前都消失了，一切死的无意识的自然的必然性在人的有意识的本质的必然性面前都消失了，因为一切都只是为我的手段。”[68] 从时间上看，自然界是第一位的，而从地位上看，则人是第一性的。宗教的最后的暗藏的根据是利己主义。“没有利己主义，也就没有依赖感。”[69]

（三）超越宗教

费尔巴哈的宗教批判表明：宗教的秘密实际上是无神论，但这样一种认识只有成熟了的人类才能达到。只要人尚未摆脱幼稚期，人就不可能摆脱宗教。费尔巴哈坚信:“历史上必然会出现这样一个转折点，到那时，人们就公开地供认和承认，对上帝的意识不外乎就是对类的意识；人所能够和应当超越的，只不过是自己的个体性或人格性之界限，而并不是自己所属的类之规律、本质规定；除了属人的本质以外，人不能够把任何别的本质当作绝对的、属神的本质来思维、拟想、表象、感觉、信仰、期望、爱和尊崇。”[70] 对于宗教的正确态度，不是简单的否定，而是要进行批判，把被颠倒的东西重新颠倒过来。人与人的关系（父子、夫妻、朋友等）本来就是宗教的即神圣的，但它们之所以神圣，是由于它们自身，而不是什么外在的原因使然。宗教的错误不在于把人神化，而在于贬低人。“只要我们把宗教上的关系颠倒过来，始终把宗教设定为手段的东西理解为目的，把被宗教认为是从属的、次要的东西，把被宗教认为是有条件的东西，提升为主要的东西，提升为原因，这样，我们就会打破幻觉而看到真理的纯净光辉。”[71] 可见，如果解开宗教的密码，我们就会发现，宗教实际上包含着关于人的本质和生存的真知灼见。正因如此，费尔巴哈才能说，他是宗教的朋友，而不是宗教的敌人。[72]

费尔巴哈说，他虽然强调人，却并不想把人变成神学和宗教信仰意义下的神；虽然他重视自然，却不想把自然神化。“我可以爱一个人、尊敬一个人，而不致因之把他神化，甚至不致因之而看不见他的错误和缺点。同样地，我也可以承认自然界是我缺了它即成为乌有的实体，而不致因此忘记它缺乏唯有人才有的感情、理性和意识，从而也不致因此陷入将自然界神化的自然宗教和哲学泛神论的错误。人的真正教养和真正任务，就在于如实地认识事物和说明事物，按照它本来的样子既不夸大，也不缩小。自然宗教和泛神论则把自然界夸大得过多，正像唯心主义、有神论和基督教反过来把自然界缩小得过小以至等于零一样。我们的任务就在于避免宗教情感的极端、过分或夸张，把自然界恰如其分地当作我们的母亲来加以看待、应付和尊敬。”[73]

费尔巴哈把其对宗教的批判视为“病理学的或生理学的”，而这种批判的目的则是“治疗学的”，他要“提倡精神水疗法；教导人运用和利用自然理性之冷水；在思辨哲学的领域上，首先在思辨宗教哲学的领域上，恢复古老而朴实的伊奥尼亚水学。”[74] 使人们“从神的朋友转变为人的朋友，从信仰者转变为思想者，从祈祷者转变为工作者，从彼世的候补者转变为今世的研究者，从基督教徒（他们自己供认，他们‘一半是禽兽，一半是天使’）转变为人，转变为完全的人。”[75]

四、新哲学是自然学和人本学的统一

作为思辨哲学的“直接反对物”，费尔巴哈提出了自己的“新哲学”。“新哲学”不是无前提的，她不能从自身开始，而是从非哲学开始，这个非哲学就是存在。费尔巴哈所理解的存在，不是思辨哲学的精神性存在，而是具体的、实际的存在。“哲学的开端不是上帝，不是绝对，不是作为绝对或理念的宾词的存在。哲学的开端是有限的东西、确定的东西和实际的东西。”[76] 新哲学坚持从存在引出精神，而不是相反。“思维与存在的真正关系只是这样的：存在是主体，思维是宾词。思维是从存在而来的，然而存在并不来自思维。存在是从自身、通过自身而来的，存在只能为存在所产生。存在的根据在它自身中，因为只有存在才是感性、理性、必然性、真理，简言之，存在是一切的一切。”[77] 从存在开始也就是从自然开始，因为存在的本质就是自然的本质。新哲学是一种自然学。“自然界是最初的、原始的、非派生的东西。”[78]“我所说的自然界，就是人拿来当作非人性的而从自己分别出去的一切感性的力量、事物和本质之总和。……自然界是光，是电，是磁，是空气，是水，是火，是地，是动物，是人。”[79]

新哲学回归肉体、感官、感觉和感性的真理。“我不能承认肉体是从我的精神派生出来，因为，试举一个例来说，我必须先吃饭或先能吃饭，然后思想，而不是先思想，然后吃饭，我没有思想却能吃饭，譬如动物，但我没有吃饭却不能思想；我不能承认感官是从我的思想能力、从理性派生出来，因为理性是以感官为前提的，感官却不是以理性为前提，我们能说动物没有理性，但不能说没有感官；——同样我更不能承认自然界是从神派生出来。”[80]新哲学的出发点是“我是一个实在的感觉的本质，肉体总体就是我的‘自我’，我的实体本身。”[81]新哲学“是愉快地、自觉地承认感性的真理性的：新哲学是光明正大的感性哲学。”[82]黑格尔说，真实的东西一定不是直接的，而是中介性的。费尔巴哈则说：“只有那种不需要任何证明的东西，只有那种直接通过自身而确证的，直接为自己作辩护的，直接根据自身而肯定自己，绝对无可怀疑，绝对明确的东西，才是真实的和神圣的。但是只有感性的事物才是绝对明确的；只有在感性开始的地方，一切怀疑和争论才停止。直接认识的秘密就是感性。”[83]

感觉构成了人的本质，也构成了人与动物的差别。“人只因为他是感觉论的有生命的最高级，是世界上最感性的、最敏感的生物，而有别于动物。感官是人和动物共通的，但只有在人身上，感官的感觉从相对的、从属于较低的生活目的的本质成为绝对的本质、自我目的、自我享受。只有人，对星星的无目的的仰望能够给他以上天的喜悦，只有人，当看到宝石的光辉、如镜的水面、花朵和蝴蝶的色彩时，沉醉于单纯视觉的欢乐；只有人的耳朵听到鸟儿的叫声、金属的铿锵声、溪流潺潺声、风的飒飒声时，感到狂喜；只有人把‘多余的’嗅觉当作神的本质来焚香献礼；只有人才能够从‘曼妙地伴随着那甜蜜情话'的手的一触之中，汲取无限的享乐。因此，人之所以为人，就因为他的感性作用不像动物那样有局限。"[84] 所以，"否定感官是一切堕落、仇恨、人类生活中一切病态的源泉，肯定感官是生理上、道德上和理论上健康的源泉。"[85]

在费尔巴哈那里，感性的范围是十分宽泛的。"感觉的对象不只是外在的事物，而且是内在的事物，不只是肉体，而且还有精神，不只是事物，而且还有'自我'——因此一切对象都可以通过感觉而认识，即使不能直接认识，也能间接认识，即使不能用平凡的、粗糙的感觉认识，也能用有训练的感觉认识，即使不能用解剖学家或化学家的眼睛认识，也能用哲学家的眼睛认识。"[86] 感觉和感性不仅可以认识现象，而且可以认识本质。就是说，为了从现象进入本质，人们不必超出感觉，因为"本质和现象之间、原因和结果之间、实体和属性之间、必然和偶然之间、思辨和经验之间的差别，并不是建立了两个王国或两个世界——一个超感性的、属于本质的世界；一个感性的、属于现象的世界，这些差别是属于感性范围以内的。"[87]

新哲学是一种人学，即关于有血有肉的、感性的人的哲学。"这个新哲学，与迄今为止的哲学具有本质上的区别，它是与人之真正的、现实的、整个的本质相适应的，正因为如此，所以是与一切由于沉迷于超乎人的、反人的和反自然的宗教和思辨之中而执迷不悟的而相抵触的。这个新哲学，正像我在另外一个地方已经说过的那样，并不将鹅毛笔当作唯一适合于启示真理的用具，而是有眼有耳，有手有脚；它并不将关于事物的思想跟事物本身等同起来，并不借助于写字笔而把现实的存在还原为单纯纸上的存在；相反，它将二者分别得清清楚楚，正由于这种分别而达到了事物本身。"[88]

我们看到，费尔巴哈的毕生追求都是围绕两个关键词进行的，这就是自然和人。早在柏林求学期间，费尔巴哈就表达了这样的愿望：

“我要把大自然——那懦怯的神学家对它的幽邃感到惊慌失措的大自然——我要把人，就是说把完整无缺的人——不是神学家、解剖学家或法学家而只是哲学家的对象的人——拥抱在我的怀里。”[89] 人们一般用人本学作为费尔巴哈哲学的标志，但费尔巴哈强调，“人不是导源于天，而是导源于地，不是导源于神，而是导源于自然界；人必须从自然界开始他的生活和思维。”[90] 所以，“新哲学将人连同作为人的基础的自然当作哲学唯一的、普遍的、最高的对象——因而也将人本学连同自然学当作普遍的科学。”[91] 费尔巴哈呼吁：“观察自然，观察人吧！在这里你们可以看到哲学的秘密。自然是与存在没有区别的实体，人是与存在有区别的实体。没有区别的实体是有区别的实体的根据——所以自然是人的根据。”[92]

在 1840 年代，费尔巴哈曾经是一位风云人物：《基督教的本质》出版后不久，乔治·艾略特就将之译成了英文。一时间，该书成了包括鲍威尔兄弟、马克思、恩格斯和瓦格纳在内的一批革命思想家的圣经。但很快，人们就逐渐忘记了他。在接下来的几十年里，费尔巴哈的名字大多是通过恩格斯《路德维希·费尔巴哈和德国古典哲学的终结》一书为人们所知。有人说，他是一个悲剧性人物，因为他没有达到人们所期望的，他本可以轻而易举达到的理智高度，而这又和他未能在大学做教授，而是隐居乡间有关。1920 年以后，费尔巴哈哲学重新引起人们的兴趣，特别是 1950 年以后，随着费尔巴哈著作的出版和再版，人们开始重新审视这位曾经被遗忘的非学院哲学家。范·哈维说，费尔巴哈预示了 20 世纪哲学的很多主题：马克思主义的异化理论、弗洛伊德对于希望和欲望之作用的强调、经验主义对于感觉经验的重视、现象学家对于身体的关注、存在主义者对于死亡和焦虑的关注，等等。[93]

注释

1 《费尔巴哈哲学著作选集》上卷，商务印书馆，1984 年，第 222 页。
2 同上书，第 223 页。
3 同上书，第 223—224 页。
4 Eugene Kamenka, *The Philosophy of Ludwig Feuerbach*, Routledge & Kegan Paul, 1970, p.69.
5 《费尔巴哈哲学著作选集》上卷，第 5 页。
6 Van A. Harvey, Feuerbach and the Interpretation of Religion, Cambridge University Press, 1995, p.8.
7 《费尔巴哈哲学著作选集》上卷，第 6—7 页。
8 同上书，第 239 页。
9 恩格斯:《费尔巴哈与德国古典哲学的终结》，人民出版社，1972 年，第 13 页。
10 Eugene Kamenka, The Philosophy of Ludwig Feuerbach, p.x.
11 《费尔巴哈哲学著作选集》上卷，第 250 页。
12 同上书，第 103 页。
13 同上。
14 同上书，第 138 页。
15 同上书，第 148 页。
16 同上书，第 149 页。
17 同上书，第 104 页。
18 同上书，第 104—105 页。
19 同上书，第 107 页。
20 同上书，第 108 页。
21 同上书，第 109 页。
22 同上书，第 110 页。
23 同上书，第 123 页。
24 同上书，第 114 页。
25 《费尔巴哈哲学著作选集》下卷，商务印书馆，1984 年，第 507 页。
26 同上书，第 508 页。
27 Van A. Harvey, Feuerbach and the Interpretation of Religion, p.3.
28 费尔巴哈:《基督教的本质》，商务印书馆，1984 年 , 第 29 页。

29 同上书，第 30 页。
30 同上书，第 31 页。
31 同上书，第 32 页。
32 同上书，第 33 页。
33 同上。
34 同上书，第 34 页。
35 同上书，第 35 页。
36 同上书，第 41 页。
37 同上书，第 43 页。
38 同上书，第 44 页。
39 同上书，第 51 页。
40 同上书，第 49 页。
41 同上。
42 同上书，第 52 页。
43 同上书，第 209 页。
44 同上书，第 246 页。
45 同上书，第 64 页。
46 同上书，第 262 页。
47 同上书，第 63 页。
48 同上书，第 321 页。
49 同上书，第 341 页。
50 同上书，第 58 页。
51 同上书，第 59 页。
52 《费尔巴哈哲学著作选集》下卷，第 521 页。
53 同上书，第 523 页。
54 同上。
55 费尔巴哈：《宗教的本质》，商务印书馆，1999 年，第 1—2 页。
56 同上书，第 2 页。
57 费尔巴哈：《基督教的本质》，第 29 页。
58 费尔巴哈：《宗教的本质》，第 3 页。
59 《费尔巴哈哲学著作选集》下卷，第 538 页。
60 同上书，第 534 页。
61 费尔巴哈：《宗教的本质》，第 16 页。

62 《费尔巴哈哲学著作选集》下卷，第 680 页。
63 费尔巴哈:《宗教的本质》，第 40 页。
64 同上书，第 72 页。
65 同上。
66 同上书，第 28 页。
67 同上书，第 32 页。
68 同上书，第 68 页。
69 《费尔巴哈哲学著作选集》下卷，第 580 页。
70 费尔巴哈:《基督教的本质》，第 349 页。
71 同上书，第 355 页。
72 Van A. Harvey, *Feuerbach and the Interpretation of Religion*, pp.5—6.
73 《费尔巴哈哲学著作选集》下卷，第 539 页。
74 费尔巴哈:《基督教的本质》，第 6 页。
75 《费尔巴哈哲学著作选集》下卷，第 788 页。
76 《费尔巴哈哲学著作选集》上卷，第 107 页。
77 同上书，第 115 页。
78 《费尔巴哈哲学著作选集》下卷，第 589 页。
79 同上书，第 591 页。
80 同上书，第 587 页。
81 《费尔巴哈哲学著作选集》上卷，第 169 页。
82 同上。
83 同上书，第 170 页。
84 同上书，第 212—213 页。
85 同上书，第 213 页。
86 同上书，第 172—173 页。
87 同上书，第 173 页。
88 费尔巴哈:《基督教的本质》，第 14 页。
89 《费尔巴哈哲学著作选集》上卷，第 223 页。
90 《费尔巴哈哲学著作选集》下卷，第 677 页。
91 《费尔巴哈哲学著作选集》上卷，第 184 页。
92 同上书，第 115—116 页。
93 Van A. Harvey, *Feuerbach and the Interpretation of Religion*, p.30.

后 记

2006—2007 年春季学期，我为北大哲学系 2006 级本科生讲授了主干基础课“西方哲学导论”。此后，又先后在北大开设了全校公选课和通选课“近代西方哲学”。《近代西方哲学的精神》一书系根据这些课程的讲稿整理而成。

同先前出版的《现代西方哲学的精神》一样，本书也不是一本面面俱到的教科书。它集中于近代西方十一位有代表性的哲学家，并力求通过这些“大家”及其哲学传递出近代西方哲学的精神。

为了增加趣味性和可读性，本书配发了若干图片资料。这些图片以直观的形式把近代哲学家的生活和风采展现在了我们面前。培根做大法官时的画像和曾经囚禁他的伦敦塔的照片，使我们直观地看到了为什么“居高位的人是三重的仆役：君主或国家的仆役；名声的仆役；事业的仆役。”（培根语）斯宾诺莎那简朴的书房，令人信服地表明：什么才是哲学家的最高追求。康德打台球的图片，则仿佛一下子颠覆了我们关于康德生活的固有看法。

商务印书馆的陈小文博士一如既往地为本书的写作提出了很好的建议，更为本书的出版付出了辛勤的劳动。北京大学外国哲学研究所为本书的写作提供了经费资助。在此一并致谢！

李超杰

2011 年 6 月于韦伯豪

修订版后记

自本书第一版问世至今，已经过去五年的时间。此次再版，主要增加了第十六章“费尔巴哈：人本学与自然学”。

曾几何时，在我国哲学界，唯物主义哲学一度被认为是“正确的”哲学，而唯心主义哲学则被视为“错误的”哲学。然而，一个不争的历史事实是：在举世公认的“大哲学家”中，唯心主义哲学家占大多数。当然，这并不表明唯心主义哲学才是“正确的”哲学。实际上，我比较认同威廉·詹姆斯的说法：哲学和哲学家的个人气质相关，“硬心肠的人”往往偏爱唯物主义，而“软心肠的人”则每每喜欢唯心主义。如此看来，两种“主义”之争，实为两种“气质”之别，并无对错之分。当然，有人也许会提出这样的反驳：“世界”毕竟“在此”，“世界”之“观”怎会没有对与错？撇开“‘在’是什么”这个“千古之谜”不论，我只想说：其一，也许并没有一个“现成的”叫作“世界”的东西“摆在那里”供人去“认识”和“赏玩”。“世界”本是“人”之“建构”，一个人具有怎样的“气质”，就会有怎样的“世界”向他“呈现”。在此意义上，没有“人”，便没有所谓的“世界”。其二，鉴于人的“气质”多样，立足的“观点”各异，各种不同的“世界”便会同时得以“呈现”：“物质的世界”、“精神的世界”、“二元的世界”等等，不一而足。作为“有限的理性存在者”，任何“观点”或“角度”都不可能是“全景式的”或“绝对正确的”，都是“一家之言”或“一孔之见”而已。

本人的气质偏向“软心肠”，费尔巴哈的唯物主义哲学并非我之所爱，因而在本书第一版所收入的哲学家中，虽然有些人在某些问题上显示出唯物主义的倾向，却不见费尔巴哈这样的“铁杆”唯物论者。考虑到唯物主义哲学毕竟是“近代西方哲学”的组成部分，此次再版增加了“费尔巴哈”一章。当然，《近代西方哲学的精神》毕竟不是一本教科书式的著作，所以，仍然有许多近代哲学家未能收录，尤其是十八世纪法国唯物主义哲学家。

商务印书馆陈小文博士为本书的修订提供了很好的建议与支持，关群德博士为本书再版付出了辛勤的劳动。北京大学外国哲学研究所为本书的修订和再版提供了经费资助。在此一并致谢！

李超杰

2017 年元月于京西徜徉集